国家社科基金
GUOJIA SHEKE JIJIN HOUQI ZIZHU XIANGMU
后期资助项目

《刑法》第13条但书与刑事制裁的界限

Proviso to Article 13 of the Criminal Law and the Boundaries of Criminal Sanctions

彭文华 著

中国人民大学出版社
· 北京 ·

国家社科基金后期资助项目
出版说明

后期资助项目是国家社科基金设立的一类重要项目，旨在鼓励广大社科研究者潜心治学，支持基础研究多出优秀成果。它是经过严格评审，从接近完成的科研成果中遴选立项的。为扩大后期资助项目的影响，更好地推动学术发展，促进成果转化，全国哲学社会科学工作办公室按照“统一设计、统一标识、统一版式、形成系列”的总体要求，组织出版国家社科基金后期资助项目成果。

全国哲学社会科学工作办公室

序

陈兴良[①]

但书是我国《刑法》第 13 条关于犯罪概念规定的重要内容，因为它采取了具有补充性的“但是”这一传统立法用语，因而在刑法理论中称为但书。我国刑法中的但书并不是独创，而是仿照了 1962 年《苏联刑法典》第 7 条第 2 款，该款规定：“形式上虽然符合本法典分则所规定的某种行为的要件，但是由于显著轻微而对社会并没有危害性的作为或者不作为，都不认为是犯罪。”应当指出，《苏联刑法典》第 7 条第 1 款对犯罪采取了实质概念，而第 2 款则是从形式上对犯罪范围加以限制，将显著轻微而对社会并没有危害性的行为排除在犯罪之外，因而具有对犯罪认定的限制机能。我国《刑法》第 13 条但书规定：“情节显著轻微危害不大的，不认为是犯罪。”这一规定同样具有将犯罪情节显著轻微危害不大的行为排除在犯罪之外的机能。但书对于我国刑法立法和司法都具有重要意义。就立法而言，但书确立了我国刑法中犯罪概念的数量要素，刑法分则对具体犯罪的规定，设立了数额较大、情节严重等入罪门槛。就司法而言，但书为犯罪情节轻微危害不大的行为提供了法定的出罪事由，有助于实现刑法谦抑主义。

我国刑法学者重视对但书的研究，例如储槐植教授从但书中引申出我国刑法中犯罪概念的定量因素的命题，揭示了但书规定的价值蕴含。[②] 此后，张永红出版了《我国刑法第 13 条但书研究》的专著（法律出版社 2004 年版）。这些论著对但书的研究，都极大地推进了对犯罪概念的深入研究，对于形成具有我国特色的刑法理论作出了学术贡献。现在彭文华教授的《〈刑法〉第 13 条但书与刑事制裁的界限》一书，是在前述研究的基

---

① 陈兴良，北京大学博雅讲席教授，博士生导师。

② 储槐植：《我国刑法中犯罪概念的定量因素》，《法学研究》1988 年第 2 期；储槐植、张永红：《刑法第 13 条但书的价值蕴含》，《江苏警官学院学报》第 18 卷第 2 期。

础上，从刑事制裁的界限的角度，对我国刑法中的但书规定的进一步研究，因而值得嘉许。

彭文华教授在本书中对我国刑法学界关于但书研究的资料和争议都作了系统的综述和梳理，并且在很大程度上拓展了但书的研究视野。例如，彭文华教授将但书与德国学者韦尔策尔提出的社会相当性理论进行了对接，认为社会相当性理论与但书在本质上是一致的，在犯罪的评价上社会相当性理论与但书有异曲同工之妙。这样一种比较性的论述，对于我们正确理解但书的性质以及功能定位都是具有重要意义的。当然，德国刑法学界对于社会相当性理论的体系性地位还是存在争议的。有些学者认为社会相当性是对构成要件的实质审查，因而具有构成要件的限缩机能。有些学者则认为社会相当性是一种实质违法性理论，属于违法阻却的实质根据。无论如何，德国刑法学界都认同社会相当性理论具有限制犯罪范围的作用。在这个意义上，说社会相当性与但书具有性质上的相同性，并无不可。当然，社会相当性和但书还是存在明显区分：社会相当性属于一种学说，而但书是一种法律规定。如果说，学说只是理论创造物，那么，法律规定就具有规范性，对于司法活动具有约束力。

在某种意义上说，德国刑法理论中的社会相当性和我国刑法中的社会危害性，在概念和内容上更具有相似性。如果进一步深究，为什么不是将社会相当性与社会危害性对比，而是将但书与社会相当性对比，这是一个有趣的问题。就机能上来说，社会相当性确实只能与但书对比而不能与社会危害性对比。这是因为在德国三阶层的犯罪论体系中，构成要件本身先具有对于入罪的形式性限制功能，基于形式判断先于实质判断的规则，只能在具备形式上的构成要件的基础上，才能进行社会相当性的判断，因而社会相当性为形式上符合构成要件的行为注入了实质内容，同时又将那些虽然形式上符合构成要件但不具有社会相当性的行为排除在犯罪之外。在这种情况下，社会相当性只能具有对犯罪范围的限缩机能，而不可能具有独立于构成要件的入罪机能。而我国的社会危害性是《刑法》第 13 条前段规定的犯罪概念的实质内容，即我国学者所称的本质特征。在此应当指出，本质特征在我国刑法学中是一个没有厘清、十分混乱的用语。只有在某个事物所要求的数个特征同时具备的情况下，我们才能说其中某个特征是该事物的本质特征，因为该特征对事物具有决定作用。但如果脱离了这一特殊语境，就会在只要具有该特征，事物就存在的意义上使用本质特征这个概念，因而陷入形式虚无主义或者实质主义的泥淖。例如，根据我国《刑法》第 13 条的规定，只有同时具备社会危害性、刑事违法性和应受处罚性这三个特征，犯罪才能成立。在以上语境中，就犯罪成立的三个特征而言，断言社会危害性是犯罪的本质特征，这是正确的。但如果将社会危害性是犯罪的本质特征理解为，只要具备社会危害性犯罪就能成立，则就会误入歧途。也许有人会说，这种误会是个别人的理解问题，并不影响理论的正确性。但是，如果一种理论总是被误解，那就不能不说该理论本身存在问题。例如，在朱某侵入他人股票账户对股票采用高买低卖的方式造成财产损失是否构成故意毁坏财物案中，法官以故意毁坏财物罪的本质特征是使他人财产受损失这个大前提，推导出朱某造成他人财产损失，因而构成故意毁坏财物罪的结论。这就是以犯罪的本质特征作为定罪根据而不顾犯罪的构成要件形式要素的典型案例。从这个案例再来反思但书与社会危害性的关系，也就是我国《刑法》第13条前段与后段的关系，对于正确理解但书具有重大启迪。在本书中，彭文华教授对但书与社会危害性之间的关系进行了较为充分的论述，认为社会危害性是但书的理论依据。应该说，本书对社会危害性理论与但书之间的关系进行了较为深入的论述。

本书将但书置于整个刑法学体系进行考察，例如对但书与犯罪构成的关系进行了论述，而这部分内容也正是确定但书的体系性地位的重大理论问题。尤其是涉及与犯罪构成理论的衔接问题，存在较大的争议。我国传统的是四要件的犯罪论体系，而现在三阶层的犯罪论体系也开始占据学术市场。四要件是建立在立法既定性又定量的基础之上的，而三阶层则是建立在立法定性司法定量的基础之上的。在四要件中，定量因素是在犯罪构成客观要件中解决的，例如数额、情节以及其他定量因素都被纳入犯罪构成的客观要件。至于但书，可以视为兜底性的出罪事由。但在引入三阶层的犯罪论体系以后，如何安置我国刑法中的定量要素，这确实是一种难题。其中，客观处罚条件说、可罚的违法性说等德日理论都被用来解决这个难题，但还是未能获得共识。同样，我国刑法中的但书如何与三阶层的犯罪论体系相契合，也还是一个有待进一步探讨的问题。这里主要涉及但书的出罪机能。可以说，在我国刑法中但书具有一个兜底性的出罪机能，具有明显的刑事政策蕴含。而在三阶层的犯罪论体系中，出罪事由具有阶层的区分：构成要件阶层的出罪事由、违法性阶层的出罪事由和有责性阶层的出罪事由。在这种情况下，但书作为一个出罪事由在三阶层的犯罪论体系中如何安置，就是一个需要认真对待的问题。

在本书中，彭文华教授对但书作了全方位的论述，其理论广度是以前关于但书的论著所不能及的，作者力图建立完整的犯罪概念的但书理论，使之成为犯罪概念理论的重要组成部分，这表明我国学者对但书研究的进一步深入。在这种以广度见长的论述中，一般采用以小见大的方法，所作的是一种相关性的论述。例如，论述但书与社会危害性和犯罪构成等范畴的关系，难免要对社会危害性和犯罪构成等范畴进行铺垫性的论述。但如果分寸拿捏不好，就会出现离题的现象：将过多的笔墨投放在相关范畴，而对本题反而着墨较少。这些现象在本书中也同样存在。但瑕不掩瑜，本书作为一部我国刑法中但书的专著，无论是广度还是深度都超过以往的作品，从而将我国刑法中但书研究推向了一个新的高度，因而值得向读者推荐。

是为序。

谨识于杭州隐寓轩寓所

2019 年 10 月 2 日

目　　录

绪 论

改革开放伊始，我国刑法理论基本上与苏联刑法理论一脉相承，包括犯罪成立、犯罪构成以及犯罪停止形态等在内的诸多理论问题，主要是在承继苏联刑法理论的基础上发展起来的。彼时，我国刑法理论研究处于起步阶段，人们在借鉴苏联刑法理论时，多半重视结构上、形式上的吸纳，并没有深入思考理论体系内在机理及其合理性。事实上，批判地吸收欧洲大陆特别是德国刑法理论的沙俄、苏联刑法理论，并没有很好地处理犯罪成立的社会危害程度要素与刑事制裁界限的关系。这一问题同样存在于刑法的相关规定中。如犯罪构成要件（要素）的具体内容，正当防卫、紧急避险的限度以及预备犯、未遂犯的处罚范围等，就一直存在争议。这样一来，关于刑事制裁的界限，无论是刑法理论还是刑法规范，均不可避免地给司法实践带来诸多困惑与纠结，乃至留下许多遗憾。

要想弄清问题的根源，有必要追根溯源，从我国刑法以及刑法理论的“母版”——苏俄刑法及其刑法理论的渊源说起。众所周知，19 世纪的俄国是一个落后的封建农奴制国家，沙皇专制下的司法制度私密且腐败，充满着等级特权与不平等。但是，传统上作为欧洲国家的沙俄还是受到欧洲大陆资产阶级先进的法治文化影响，刑事立法以及刑法理论得到很大发展。当时，在刑事立法上，沙皇俄国仿效欧洲大陆法系国家制定了刑法与刑事诉讼法。“在一八三二年出版了共十五卷的法律集。在这十五卷中，包含了刑法和刑事诉讼法。刑法集分总则与分则两部分。总则的某些条例，是受了亚历山大一世时所起草而未颁布施行的法典草案的影响。刑法集清楚的说明那些是现行法，并且废止了一六四九年法典与军事法规以及从一六四九年所颁布的一切法令。但这个法律只是研究沙皇刑事立法的初步。”[①] 1881 年，沙皇政府决定起草新的刑法典，由俄国最著名的古典学

---

① 〔苏联〕前苏联司法部全苏法学研究所主编：《苏联刑法总论》（上册），彭仲文译，大东书局 1950 年版，第 94 页。

派刑法学者塔甘采夫领衔起草工作。该法典模仿 1810 年法国刑法典的体系和内容，反映了古典学派的观点。①

在古典学派的影响下，沙俄涌现了一大批刑事法理论工作者，著名的有塔甘采夫、斯巴索维奇、基斯佳科夫斯基等，他们在犯罪构成及其他犯罪论相关课题上提出了许多创造性的观点，在一定程度上发展了当时欧洲的刑法理论。以犯罪构成理论为例，四要件平面犯罪构成体系在 1875 年出版的基斯佳科夫斯基教授的《普通刑法初级读本》中就有体现。基斯佳科夫斯基教授认为，"作为类的概念的犯罪构成是由下列各项必要的与本质的因素组成的：（1）犯罪的主体或犯罪实施人，（2）客体或犯罪加于其上的对象，（3）主体的意志对犯罪行为所持的态度，或是它所表现的活动（也就是主观方面——作者），（4）行为本身及其结果，或是主体的外部活动及其结果（也就是客观方面——作者）"②。值得一提的是塔甘采夫及其犯罪论体系。"塔甘采夫是革命前俄罗斯最伟大、最有影响的刑法学者。他领导制定的 1903 年俄罗斯新刑法典，在当时就产生了很大的影响。1993 年，在纪念 1903 年《刑法典》90 周年的科学大会上，人们指出该法典'极高的学术水平和立法技术上的完善程度'。他的《俄罗斯刑法教程》先后于 1892 和 1902 年再版，代表了俄国革命前刑法理论的最高水平。他创立的沙俄犯罪论体系，在 1903 年《刑法典》和《俄罗斯刑法教程》中得到了充分的体现。"③ 塔甘采夫在保持费尔巴哈犯罪构成理论的完整性和统一性的同时，为了充分揭示犯罪构成内部结构和要素，创立了主体—中介—客体的犯罪论体系。

不难看出，在十月革命前沙俄的刑法理论形成和发展演变过程中，德国等国的刑法理论是影响至深的。19 世纪末 20 世纪初，宾丁、贝林格等人的刑法理论及学说相继传到俄国，俄国刑法学界对这些刑法理论基本上采取批判吸收的态度，因而以德国为首的欧洲刑法理论在俄国并没有得到大的发展。十月革命后，受意识形态的影响，对于在苏联业已扎根的大陆法系国家刑法理论加以辩证扬弃，就变得难以避免。以犯罪构成理论为例，特拉伊宁在构建苏联刑法犯罪构成理论时，始终以法的阶级性为纲，

① 何秉松：《（中俄、德日）两大犯罪论体系比较研究——塔甘采夫体系 VS 贝林格体系（讨论稿）》，中国政法大学刑事法律研究中心 2008 年版，第 244 页。

② 〔苏联〕A. H. 特拉伊宁：《犯罪构成的一般学说》，王作富等译，中国人民大学出版社 1958 年版，第 99 页。

③ 何秉松：《犯罪论体系》，载《全球化时代的刑法理论新体系》（国际研讨会文件之二）中国政法大学刑事法律研究中心 2007 年版，第 178 页。

对刑事古典学派和刑事实证学派的观点给予否定。在批判资产阶级割裂主观与客观的构成要件论的基础上，特拉伊宁立足于本国刑法，从马克思列宁主义关于犯罪的阶级性这一根本原理出发，把犯罪构成要件的客观因素和主观因素辩证地统一起来。这样一来，在苏联犯罪论体系中，刑事责任就不与主观要素和客观要素处于对立和分裂的地位，认定犯罪必须根据行为人及其具有的身份要素、行为及其产生的后果等所有情况，去客观、辩证地考察。于是，主客观相结合的犯罪构成就成为刑事责任的唯一根据。"这种犯罪构成理论的特点是，赋予犯罪构成以社会政治的实质内容，在社会危害的基础上建构犯罪构成，使犯罪构成成为社会危害性的构成。尤其是将大陆法系刑法理论中作为犯罪成立条件之一的构成条件论改造成犯罪条件之全部的犯罪构成论，形成了完整的犯罪构成理论。"①

无论是吸纳大陆法系国家刑法理论中的合理因素，还是对之加以辩证扬弃，这些本都无可厚非。但是，苏联刑法的相关规定以及刑法理论中的诸多课题，在发展演变过程中却不经意地忽视了一个重要环节，即未将对刑事制裁界限具有决定性影响的因素——行为的社会危害程度考虑在内。其根源在于，确定行为的社会危害程度作为犯罪成立的条件后，与刑事制裁界限相关的诸多课题没有与时俱进地加以适当的改进和完善，乃至留下遗憾。

起初，苏俄刑法也采取罪质定罪。1922 年的《苏联刑法典》第 6 条规定，"犯罪系指危害工农政权在走向共产制度的过渡时期所建立之苏维埃制度与法律秩序的基础之一切社会危险行为或不行为而言"②。该规定表明，罪质是犯罪的充分必要条件。以这一概念为基础，参照德国犯罪论体系，苏联刑法学界建立了自己的犯罪理论体系。"我们的'刑法总则'这一本作为高等法律学校学生主要教材的教科书，目前已有四个版本（全苏法学研究所编，1938 年版，1939 年版，1943 年版，1948 年版）。在所有这些版本中，总则的体系，都是按照上述资产阶级刑法教科书的死板公式——刑事法律、犯罪、刑罚——建立起来的。而且教科书的作者们不但没有想对这种从资产阶级教科书中套过来的公式加以批判或怀疑，反而把它说成是一种不容争辩的论点。"③ 苏联刑法学界之所以参照德国刑法理

① 陈兴良：《犯罪构成的体系性思考》，《法制与社会发展》2000 年第 3 期，第 50 页。

② 前苏联司法部全苏法学研究所主编：《苏联刑法总论》（上），彭仲文译，大东书局 1950 年版，第 141 页。

③ 中国人民大学刑法教研室编译：《苏维埃刑法论文选译》（第 1 辑），中国人民大学出版社 1955 年版，第 169 页。

论建立犯罪论体系，是因为革命前俄国刑法学传统受德国的影响极大，彼时许多俄国刑法学者都是从德国的大学毕业并获得硕士学位的。① 尽管特拉伊宁试图对这种理论体系和原理进行社会主义改造，但也只是局限在对少数理论问题的理解上，多数理论原理仍然沿袭以往观点。② 不过，鉴于1922年的《苏联刑法典》根据罪质确定犯罪类型没有体现社会主义特色，苏联立法机关后来对犯罪概念作了修改。这种修改是从刑事诉讼法开始的。"一九二五年二月九日全俄中央主席团对苏俄刑事诉讼法第四条加以补充。根据此补充条文，检察官与法庭有权'拒绝提起刑事诉追，并有权停止刑事案件的审理——在以下场合：被追诉之行为虽具备刑法法典所规定之犯罪要件，但因其结果细微、不足道，而不能认为具有社会危险性时，或提起刑事诉追或继续实行审理已觉不适宜时'。"③ 与此对应，1926年的《苏联刑法典》第6条增设了附则，将危害显著轻微的行为排除在犯罪之外，于是，一定的社会危害程度成为犯罪的充分条件。"按照第6条附则，'凡一行为，形式上虽与本法典分则任何条文所规定之要件相符合，但因其显著轻微，且缺乏损害结果而失去社会危害性者，不认为是犯罪行为'。"④ 问题在于，虽然犯罪概念被修改，但以修改前的犯罪概念为基础制定的刑法规范、构建的理论体系，并没有作出相应的改变，这自然会造成犯罪概念与刑法中许多涉及刑事制裁界限的规定存在不协调与冲突之处。于是，刑法理论亦存在类似的问题，俄国刑法学界未能科学、合理地解读刑法的相关规定，留下困惑在所难免。

由于历史的原因，我国现行刑法关于犯罪概念的规定，与1926年《苏联刑法典》第6条的规定一脉相承。同时，苏联刑法理论中的许多理论原理也基本上被移植到我国。虽然我国在某些具体问题上有过修正，但基本的理论框架并无多大变化。"我国的犯罪论体系是以苏维埃犯罪论体系为蓝本建立起来的，这在建国初期的特定历史条件下，是能够为人们所理解和接受的。"⑤ 直至今日，多数教科书仍然在维持原有理论体系的基

---

① 库兹涅佐娃、佳日科娃：《俄罗斯刑法教程》（上卷·犯罪论），黄道秀译，中国法制出版社2002年版，第172页。

② 〔苏联〕A. H. 特拉伊宁：《犯罪构成的一般学说》，王作富等译，中国人民大学出版社1958年版。

③ 前苏联司法部全苏法学研究所主编：《苏联刑法总论》（上），彭仲文译，大东书局1950年版，第309页。

④ 中国人民大学刑法教研室编译：《苏维埃刑法论文选译》（第3辑），中国人民大学出版社1957年版，第2页。

⑤ 张明楷：《犯罪论原理》，武汉大学出版社1991年版，第15页。

础上，研究犯罪论体系、排除犯罪性行为、犯罪停止形态、共犯形态以及刑法分则具体犯罪的定罪标准等，尽管有时也会对某些具体问题进行探讨、修改甚至完善，但总体来看并无实质改变。也就是说，我国刑法以及传统刑法理论中关涉刑事制裁界限的诸多课题，是建立在以行为性质为定罪的充分必要条件基础上的，并没有顾及行为所具有的一定的社会危害程度，而现行《刑法》第13条但书①却明确将刑法规定的行为类型作为犯罪成立的充分条件，将行为具有一定的社会危害程度作为犯罪成立的必要条件，这使得我国刑法及刑法理论中关于刑事制裁界限的相关规定及理论，与《刑法》第13条但书规定不协调。

近些年来，随着大陆法系国家犯罪成立理论的引进，其对我国刑法学界的影响越来越大。然而，上述不协调并没有引起人们应有的重视。相反，借鉴大陆法系国家刑法的定罪模式（即只根据行为性质定罪的模式）的呼声日盛。客观地说，以德、日为首的大陆法系国家刑法理论严谨的结构体系、精深的学术见解，无疑对于开拓我国理论界与实务界的视野，发展和繁荣我国刑法学说及相关理论具有重要意义，吸纳其中的合理成分是可行的，甚至是必需的。但是，应当看到，大陆法系国家刑法在界定犯罪成立时与我国刑法存在显著不同。大陆法系国家刑法中的犯罪成立决定于行为性质（以下简称“罪质”），刑法规定的行为便是犯罪，不受行为的社会危害程度的影响。与大陆法系国家刑法的规定不同的是，我国《刑法》第13条但书明确规定定罪既要根据刑法规定的行为类型，也要求行为的社会危害达到一定程度。这种定罪上的不同要求，对犯罪论体系、排除犯罪性行为的限度、犯罪停止形态的处罚范围、共犯形态的认定等，将产生直接影响。

根据大陆法系国家刑法，行为是定罪的决定性因素，“犯罪概念的中心要素是行为”②。以行为为核心，大陆法系国家刑法规定了与之基本相适应的刑事制裁范围，刑法理论也构建了与之相适应的定罪模式。“由于犯罪是由行为、构成要件该当性、违法性、有责性（责任）等四要素所构成，故根据一定之原理而将此等要素组织化之成果，即称为犯罪论体系。”③ 以紧急避险为例，《日本刑法典》第37条对紧急避险的限度规定

① 以下若无特别说明，一律将“《刑法》第13条但书规定”简称为“但书规定”。换句话说，后文所称“但书规定”无特别说明即“刑法第13条但书规定”。

② 〔日〕大塚仁：《犯罪论的基本理论》，冯军译，中国政法大学出版社2003年版，第24页。

③ 陈子平：《刑法总论》，中国政法大学出版社2009年版，第77页。

是“所造成的损害不超过其所欲避免的损害”，《西班牙刑法典》第20条第5项对紧急避险的限度规定是“造成的损害不应大于其所避免的损害”。这里对紧急避险限度采取小于说，是立足于行为而言的，并没有考虑行为的社会危害程度，因为在定罪只根据行为类型的情况下，当紧急避险造成的损害大于所避免的损害时，是可以认定为犯罪的。然而，在我国，但书将一定的社会危害程度规定为定罪的充分条件，却没有将小于说确定为紧急避险限度的认定标准，而是规定“造成不应有的损害”的才成立避险过当。这意味着，紧急避险超过一定限度，具有社会危害的不一定构成犯罪，只有造成不应有的社会危害的才成立犯罪。客观地说，刑法关于紧急避险限度的规定，是与但书规定相契合的。因此，在理解紧急避险的限度时，我们不能照搬德日等国刑法所规定的标准，不能照搬其刑法理论的有关观点。

遗憾的是，由于众所周知的原因，我国刑法以及传统刑法理论在一定程度上忽视了《刑法》第13条但书对定罪的影响，导致在罪与非罪等的认定上，出现诸多与之不相适应的规定及理论，如刑法规定处罚预备犯、未遂犯以及传统刑法理论对紧急避险限度采取小于说等，就是典型例证。事实上，不仅是正当行为的限度，在犯罪停止形态、共犯形态、罪刑体系等诸多问题上，也存在与但书规定不契合的问题。对但书的意义和功能的认识，不但在理论上存在理解上的差异，在司法实践中也存在理解上的分歧。例如，关于醉酒驾驶入罪是否需要考虑其他影响社会危害程度的主客观因素，司法实践就存在很大分歧。有的地方司法机关将醉酒驾驶一律认定为犯罪；有的地方司法机关则认为醉酒驾驶是否构成犯罪需要考虑其他因素，因而并没有一律将醉酒驾驶认定为犯罪。这说明，司法机关对醉酒驾驶的性质在理解和认识上存在分歧。

另外，对但书意义和功能的理解差异，还直接影响具体犯罪的定罪标准。众所周知，我国刑法以及相关的司法解释往往将数额作为财产犯罪的定罪依据，这等于将财产犯罪的定罪标准限定在数额上。然而，近些年这种定罪依据发生了很大变化，值得理论界重视。如对盗窃罪的定罪标准的变迁就是典型例证。早先我国刑法及司法解释只将数额较大作为认定盗窃罪成立的依据；后来先后增加了次数、入户、携带凶器等作为盗窃罪定罪的依据。不仅如此，在根据数额认定盗窃罪时，也不是纯粹以数额较大为绝对标准，而是增加了没有达到数额较大标准构成犯罪的情形，以及超过数额较大标准不构成犯罪的情形。又如，《刑法修正案（九）（草案）》修改了根据数额大小认定贪污罪的规定，将犯罪情节作为认定犯罪成立的依据。这些迹象表明，刑法越来越倾向于摈弃将犯罪数额等作为认定犯罪的唯一根据的做法，在定罪标准上越来越呈现出多元化倾向。因此，进一步深入分析、研究但书的功能和价值，对如何科学、理性地确定个罪的定罪标准，无疑具有重大的理论价值与实践意义，特别是在我国刑法规定的许多犯罪依旧以较为单一的标准作为定罪依据的背景下，其现实价值与意义尤为突出。

研究但书对于罪刑体系和结构的改革与完善也具有重要意义。根据但书规定，刑法规定的任何犯罪都可能存在情节显著轻微危害不大的情形，也都可能存在情节轻微、危害较大而构成犯罪的情形，而且其中的轻微犯罪的存在必将占有很大比例。这意味着，传统理论简单地将犯罪区分为重罪与轻罪的做法是不妥当的，事实上轻微犯罪才是刑法中犯罪“大家庭”中的主体部分。于是，如何区分轻微犯罪与行政违法行为、民事违法行为，应当成为刑法关注的重点。而要解决这些问题，需要我们重新认识和划分刑法中的犯罪体系，需要进一步建构和完善犯罪体系和结构。同时，犯罪体系和结构的完善，必然要求刑罚体系与结构的完善。因为刑罚体系与结构总是决定于犯罪体系，缺乏相匹配的刑罚体系与结构，将会使刑事制裁的效果大打折扣。可见，但书对定罪的要求，必然会影响罪刑体系和结构的改革与完善，故罪刑体系和结构的改革与完善亦将是本书研究的重要内容之一。

总之，本书的研究立足于《刑法》第 13 条但书规定，同时结合近些年来我国刑法与司法解释在罪刑方面的相关规定，拟对但书及其理论根据、但书视野下的犯罪构成论体系、排除犯罪性事由的限度、犯罪停止形态、共同犯罪的处罚范围、刑法分则定罪模式以及罪刑体系的改革及完善等问题加以深入研究，期待能借此进一步完善刑法的有关规定以及相关刑法理论，并为司法实践提供有益参考。

第一章 《刑法》第13条但书概述

近些年来，我国《刑法》第13条但书①的规定在刑法理论上引发了不少的争议。不少学者认为，但书完全没有必要，应当像德日等大陆法系国家刑法那样，不对行为成立犯罪的社会危害程度作出特别要求。传统刑法理论则坚持但书是必要、不可或缺的，其在认定犯罪以及判断罪与非罪的界限上功不可没。客观地说，对但书的不同见解均有其合理性。本章内容主要论述但书的含义及其与《刑法》第13条前段规定的关系，并就但书的功能及其适用展开论述。

第一节 但书的含义

一、但书含义的解读

我国《刑法》第13条规定："一切危害国家主权、领土完整和安全，分裂国家、颠覆人民民主专政的政权和推翻社会主义制度，破坏社会秩序和经济秩序，侵犯国有财产或者劳动群众集体所有的财产，侵犯公民私人所有的财产，侵犯公民的人身权利、民主权利和其他权利，以及其他危害社会的行为，依照法律应当受刑罚处罚的，都是犯罪，但是情节显著轻微危害不大的，不认为是犯罪。"其中，"但是情节显著轻微危害不大的，不认为是犯罪"在刑法理论上被称为但书。根据但书规定，一切犯罪行为如果存在情节显著轻微危害不大的情形，不能认定为犯罪。

学界通说认为，"情节显著轻微"中的情节，是指影响行为的社会危害性的一切主客观情节。例如，实施诽谤情节显著轻微的，并非仅指诽谤

① 以下若无特别说明，一律将"刑法第13条但书"简称为"但书"。换句话说，后文所称"但书"无特别说明，即为"刑法第13条但书"之意。

对被害人的人格名誉造成的损害结果显著轻微，也并非仅指行为人的主观恶性显著轻微。有时，如果诽谤对被害人的人格名誉造成的损害结果显著轻微，但行为人的主观恶性很大或者诽谤本身造成恶劣的社会影响，就不能认定诽谤行为属于“情节显著轻微”。只有结合诽谤行为以及行为人的主观恶性等一切与危害行为有关的情节，经过综合判断最终得出情节显著轻微的结论，才能认定为“情节显著轻微”。

不过，对于情节是否包括罪前情节和罪后情节，学界观点不一。一种观点认为，“‘情节显著轻微’中的情节应是定罪情节和概括情节，既包括罪中情节，也包括罪前情节和罪后情节。犯罪是否显著轻微的判定，通常需要从以下方面进行分析：犯罪的时间、地点、场所和环境，犯罪的手段和方法，犯罪侵害的对象，犯罪的动机，犯罪的次数，以及犯罪的后果”①。另一种观点认为，“其中的‘情节’是指行为过程中影响行为的法益侵犯性与非难可能性的各种情况，如法益的性质、行为的方法、行为的结果、行为人的故意、过失内容、动机与目的等等，但不应包括行为前后的表现”②。笔者认为，情节不应当包括罪前情节和罪后情节，即行为前后的表现。理由在于：作为定罪情节，只能指与行为直接相关的主客观事实。如果将行为前后的表现也包括进去，等于将与行为间接相关的情节也纳入定罪的情节范畴，这显然是不妥的。

至于“危害不大”，则是经过对于危害行为及与其相关的所有情节考量后，得出的行为对社会产生的危害的综合性客观结论，并非仅指通常所说的客观危害后果。“危害不大，是指综合考察犯罪的共同要件和全案的情节，行为对社会的危害尚不属于严重，即行为对社会的危害在量上还未达到一定程度。危害不大既包括行为客观方面的内容，也涵括主观方面内容，是从主客观相统一的角度来阐释行为的社会危害性的。”③其中，主观包括罪过、主观恶性、人身危险性；客观包括行为及其危害结果等。④

那么，如何理解情节显著轻微和危害不大之间的关系呢？对此，理论上有观点认为，“情节侧重说明行为人的主观恶性（当然也在一定程度上说明了行为的客观危害性），而危害侧重说明行为的客观后果，两者相结合就构成了社会危害性的全部内涵。因此，在适用《刑法》第13条但书

①③ 储槐植、张永红：《刑法第13条但书与刑法结构——以系统论为视角》，《法学家》2002年第6期，第43页。

② 张明楷：《刑法原理》，商务印书馆2011年版，第70页。

④ 张小虎：《人身危险性与客观社会危害显著轻微的非罪思辨》，《中外法学》2000年第4期。

时，必须同时具备情节显著轻微和危害不大这两个条件，仅有情节显著轻微或者危害不大是不能适用但书的"①。该观点之所以对"情节显著轻微"和"危害不大"作不同理解，主要是因为"如果将《刑法》第13条中的危害不大视为社会危害性不大且与情节显著轻微并列，是一种不必要的重复"②。

对此，笔者不敢苟同。如果认为情节侧重说明行为人的主观恶性，将会导致刑法总则与分则规定的不协调。众所周知，但书规定"是对刑法分则诸多具体犯罪构成数量要件（直接规定的和实际内含的）的概括"③，也是对犯罪定量作出的纲领性宣示，具有指导分则具体罪名的作用。如果认为情节侧重说明行为人的主观恶性，那就意味着刑法分则中具体犯罪中的情节也是侧重说明行为人的主观恶性，这是无论如何也让人接受不了的，也背离刑法的立法本意。另外，论者这样的理解存在相互矛盾之嫌。根据论者观点，"情节，指除客观损害结果外影响行为社会危害程度的各种情况（包括犯罪构成要件），如行为的方法、手段、时间、地点，行为人的动机、目的、一贯表现等"④。在这里，情节却不限于主观恶性，还包括行为的方法、手段、时间、地点等客观要素，足见论者观点之不协调。

笔者认为，"情节显著轻微"与"危害不大"虽然不是同一概念，却是相辅相成的，具有同等意蕴。其中，"情节显著轻微"侧重通过影响行为的社会危害程度的一切主客观要素，揭示危害行为的基本特征和状态，以之为根据可以让人窥见危害行为的动态发展与演变。"危害"则体现了行为最终对社会造成的危险和损害，揭示的是行为业已造成的状况和样态，以之为根据可以让人切身感受到危害行为的静态结局与效果。因此，"情节显著轻微"与"危害不大"乃分别从不同角度揭示危害行为的情状，展现了危害行为由始到终、由动到静的发展、演变过程。

"情节显著轻微"与"危害不大"还可以看作是对行为所进行的事实判断与价值判断。如前所述，情节是指影响犯罪成立的一切主客观事实，而"情节显著轻微"显然是对所有影响犯罪成立的情节加以判断后得出的结论。因此，"情节显著轻微"可以看作是对行为进行的事实判断。作为

①② 储槐植：《刑事一体化论要》，北京大学出版社2007年版，第95页。

③ 储槐植、汪永乐：《再论我国刑法中犯罪概念的定量因素》，《法学研究》2000年第2期，第36页。

④ 储槐植：《刑事一体化论要》，北京大学出版社2007年版，第94页。

对情节进行判断后得出的结论，“危害不大”显然不是简单的事实能够等同的。换句话说，对影响犯罪成立的情节进行判断后，即使得出“情节显著轻微”的结论，也并非可以直接等同于“危害不大”。这是因为，“危害不大”是一种建立在事实判断基础上的价值判断，是介入了人的主观评价的。应当说，一定的情节会对应一定的危害，这样看来危害具有其客观性。但是，不同的人对同样的情节进行判断时，由于介入个别化的主观认识和评价，因而评价结果不一致，即对危害的大小的评价不一。可见，对同样的情节得出的危害大小评价不一的结果，是价值判断之差异使然。这样看来，犯罪认定其实也应当是事实判断与价值判断的有机统一。

通过上述分析可知，无论是“情节显著轻微”还是“危害不大”，任何一个均可以作为排除犯罪性的依据。这也得到了司法解释的肯定。例如，最高人民法院《关于审理非法集资刑事案件具体应用法律若干问题的解释》（以下简称《非法集资案件的解释》）第3条第4款就规定，非法吸收或者变相吸收公众存款，情节显著轻微的，不作为犯罪处理。这里只强调“情节显著轻微的”不作为犯罪处理，并不要求危害不大，足见两者具有同等含义。总之，“情节显著轻微”与“危害不大”虽然所包含的具体内容有所不同，但在刑法上具有同等意蕴，不应有所差异。即凡是“情节显著轻微”的行为便是“危害不大”的行为；凡是“危害不大”的行为必然是“情节显著轻微”的行为。

至于认为“情节显著轻微”与“危害不大”若具有同等含义便有重复之嫌，笔者认为不足为据。如上所述，“情节显著轻微”与“危害不大”是从不同角度揭示危害行为的情状，能够让人更加深刻地认识罪与非罪的区别，因而各自有其独特的意义。即便两者在含义上有共性，也不能简单地认为是重复，更不能认为是不必要的。退一步说，即便是毫无意义的重复，以此推断两者具有不同含义，也是极为勉强的。我们甚至可以认为是立法存在表述等方面的问题，因而造成不必要的重复，没有必要非得作出不同定义而节外生枝。总之，无论从哪个角度看，将情节理解成侧重主观恶性，将危害理解成侧重客观后果，均是难以成立的，不利于刑法总则与分则规定之协调，是违背立法本意的。

对于“不认为是犯罪”，学界有种观点认为是指某种行为已经构成犯罪，仅仅是不作为犯罪处理。这种理解是值得商榷的。其实，在起草刑法的过程中，有关讨论稿、修订稿等对该问题如何进行表述有过多次变动，曾用过的表述如“不以犯罪论处”“可不以犯罪论处”“可不认为是犯罪”等，但这些表述均有所不足。如“不以犯罪论处”可以理解成构成犯罪，但在处罚上不按照犯罪论处；“可不以犯罪论处”很容易让人理解为可以构成犯罪，只是不以犯罪处理；“可不认为是犯罪”则容易让人理解为既可认为是犯罪，也可认为不是犯罪，于是将其作为犯罪处理也在情理之中。“不认为是犯罪”则不然，其强调的是性质上的界分，即在定性上不能认定为犯罪。如此，就不存在构成犯罪而不以犯罪论处的问题，也不存在既可以犯罪论处又可不以犯罪论处的问题。“不认为是犯罪”是在刑法上得出的一种结论，是对刑法规定的危害行为进行定性后得出的结局性定论。

二、但书与前段规定的关系

就《刑法》第 13 条而言，但书与前段规定究竟属于何种关系，学界意见不一。具体地说，主要存在以下观点。

（一）补充说

传统观点认为，但书并非在刑事违法性之外另设立一个社会危害性的犯罪评判标准，实质上只不过是对前段的补充。① 也就是说，从刑法规定的犯罪概念来看，“情节显著轻微危害不大的，不认为是犯罪”的规定，并没有设立新的犯罪认定标准，而是对“依照法律应当受刑罚处罚”的一种补充说明，除了具有进一步补充、明确的功能外，不应当有其他特殊含义。在传统观点看来，这种补充规定是必要的。“法律规定这个原则界限，就要求我们不要轻易地把轻微违法都宣布为犯罪。我们自觉去做，有利于缩小打击面，有利于安定团结。如果没有这个要求，那就会把许许多多轻微违法分子当成犯罪分子，这样，我们国家犯罪的数量就会大大增加，就会给许多人背上严重的政治包袱。这样，对安定团结不利。”②

客观地说，补充说多少削弱了但书规定的法律地位，为批判者提供了反诘的机会。因为，既然但书规定是对前段规定的补充，那么这种补充的规定在地位上显然不可与前段规定相提并论。这样，在对前段规定进行某种解释或者说扩充性的解释以后，能够在一定程度上弱化但书规定的实质意义，其在刑法上的地位岌岌可危就是理所当然的了，因此，不必要说的出现在所难免。

（二）不必要说

学界也有部分学者认为，但书完全没有必要，纯属画蛇添足。如有学

① 高铭暄主编：《新编中国刑法学》（上册），中国人民大学出版社 1998 年版，第 41 页。

② 王作富：《中华人民共和国刑法概论》，中央第二政法干部学校内部教材，1984 年版，第 57 页。

者认为："这个定义在逻辑上也存在矛盾。'一切危害国家主权……都是犯罪，但是情节显著轻微危害不大的，不认为是犯罪。'从这样的定义分析，除了'一切'之后所列6类行为之外，均不是犯罪；在'一切'这样的外延之下，但书是不应该存在的。要么，用'一切'就不用但书，要用但书就不应用'一切'。从另一方面看，在以规范为界定标准的情况下，'依照法律应当受刑罚处罚的'这几个字所表达的内容完全可以把但书所讲的内容包含进去，如果再讲但书，就有重复之嫌。因为，如果'情节显著轻微危害不大'，当然就不具有'应当受刑罚处罚'性，立法机关肯定不会把这种行为规范进刑法典之中的。'情节显著轻微危害不大'的行为是不是犯罪，若刑法典认为是犯罪，就是犯罪；刑法典不认为是犯罪，那么这样的行为就不会写进法典，根据'法无明文规定不为罪，法无明文规定不处刑'的罪刑法定原则，但书所述行为肯定不为罪。故但书部分纯属画蛇添足之败笔。罪刑法定原则的确立，并非只是废除刑事类推制度，将罪刑法定原则明文写进刑法典那么简单，在整个刑法中如何一以贯之地体现罪刑法定的原则精神，实现刑法的科学化仍任重而道远。"①

有学者进一步指出，但书也存在一些值得研究的问题，尤其是在1997年我国较为全面地修改刑法后，这一规定的问题就显得更加突出。主要有以下方面：一是"情节显著轻微危害不大的，不认为是犯罪"的规定与犯罪概念中体现的犯罪特征相矛盾；二是这一规定与我国刑法罪刑法定的原则不完全一致；三是"情节显著轻微危害不大的，不认为是犯罪"的规定在执行中有可能对立法权造成侵犯；四是情节显著轻微适用范围的不明确，影响严格执法；五是"情节显著轻微"是一个模糊的概念。② 据此，论者提出应当在慎重研究的基础上，在适当的时候对刑法中的犯罪概念进行修改，这种修改不是简单化的，是要将刑法总则犯罪的概念和分则的具体规定结合起来进行综合考虑。③ 还有学者认为，从理论上看犯罪概念中的定量因素缺乏科学根据，从实践上看犯罪概念中的定量因素有弊无利，犯罪概念中的定量因素不是法制中的创新，而是法制发展滞后的表现。④

---

① 樊文：《罪刑法定与社会危害性的冲突》，《法律科学》1998年第1期，第28页。

② 王尚新：《关于刑法情节显著轻微规定的思考》，《法学研究》2001年第5期，第20-24页。

③ 参见上书，第25页。

④ 李居全：《也论我国刑法中犯罪概念的定量因素——与储槐植教授和汪永乐博士商榷》，《法律科学》2001年第1期。

对于否定者的批判，不少学者进行了反驳。如有学者认为，上述观点的不当之处“在于没有把但书纳入我国刑法中犯罪的立法定义之中，把刑法第13条的前段当成了立法定义的全部，认为它已经划定了犯罪圈。而实际情况是，我国刑法中犯罪圈的划定是由刑法第13条的正文和但书两段结合共同完成的。根据前段，一切具有社会危害性、刑事违法性和应受刑罚惩罚性的行为都是犯罪，这就大致框架了我国刑法的犯罪圈，但框入圈内的行为有些并非犯罪；根据但书，那些已被框入圈内但情节显著轻微危害不大的行为，不认为是犯罪，就将一部分行为排除出去，这才是最终划定的犯罪圈。因此，对我国刑法关于犯罪的立法定义完整的理解是：除了情节显著轻微危害不大的行为外，一切危害国家主权，都是犯罪”①。还有学者认为：“刑法第13条中‘一切危害……以及其他危害社会的行为’的规定是对犯罪概念中社会危害性的质的规定性的概括表述，而但书部分则从反面说明了社会危害性的量的规定性。因此，对于刑法第13条犯罪概念的完整理解应当是：除了情节显著轻微危害不大的行为外，一切危害……的行为，依照法律应当受刑罚处罚的，都是犯罪。可见，刑法第13条但书不仅不与前段相矛盾，相反，其恰恰起到了为划定犯罪圈‘把关’的作用。它把社会危害性轻微没有必要用刑罚惩罚的行为拒之‘圈’外，这不仅符合刑法谦抑原则的要求，而且便于集中有限的司法资源重点打击那些严重危害社会的行为，提高刑罚效益。”② 不难看出，这些对不必要说的反驳是有一定的道理的，但总体上给人的感觉是缺乏足够的说服力，也没有令不必要说的论者信服。在这样的背景下，必要说应运而生。

（三）必要说

有学者立足于另一视角对补充说加以进一步的理论诠释，并据此提出了必要说。论者指出，立法刑法学的“立罪论”与司法刑法学的“定罪论”逻辑建构不同。《刑法》第13条犯罪的司法概念应当遵循司法从类型到个别、从形式到实质理性的逻辑位阶。③ 一方面，“‘……是犯罪，……不认为是犯罪’结构，体现了犯罪认定的位阶递进。‘徒法不足以自行’，法律规定需要司法主体执行。因此，无论是‘是犯罪’还是‘不认为是犯

---

① 储槐植、张永红：《善待社会危害性观念——从我国刑法第13条但书说起》，《法学研究》2002年第3期，第91页。

② 王志祥、姚兵：《论刑法第13条但书的功能》，载赵秉志：《刑法论丛》（第18卷），法律出版社2009年版，第131-132页。

③ 王强：《我国〈刑法〉第13条但书规定新解——兼论但书在犯罪构成理论中的展开》，《法律科学》2011年第5期，第89页。

罪’的判断都是司法者的判断。既然如此，为什么司法者在得出‘是犯罪’的结论后，又否定了自己结论——不认为是犯罪呢？原因只能是两个‘犯罪’不是在同一层次使用的概念，后者显然是终极意义上使用的概念，而前者只能是前阶段性的犯罪概念”①。另一方面，“‘一切……都是犯罪’表明判断的一般性、类型化和积极成立面。‘但是……不认为是犯罪’表明判断的具体性、个别化和消极阻却面。但书从实质判断，排除具有刑事违法性行为的犯罪性，是在刑事违法性判断基础上的实质理性的社会危害性的阻却犯罪判断。如果行为具有刑事违法性而无社会危害性，则依据但书，该行为属于‘情节显著轻微危害不大’而不认为是犯罪”②。不难看出，这种观点是立足于司法刑法学视域解读但书的，认为在司法层面上但书不是不必要的，不是补充规定，而是与前段规定相辅相成、不可或缺的。有学者从传统的法文化与现实的冲突的角度阐述但书规定的必要性。“我国自古沿袭并且影响广远的‘法不治众’的文化传统要求我们的刑事立法必须以缩小打击面为宗旨，注重刑法的谦抑性。而达到缩小打击面最为简约的方式便是从犯罪构成的量上进行控制，把没有达到一定‘数量界限’的危害行为排除在犯罪圈之外。因此，可以说我国刑法中定量犯罪概念的存在是我国传统法文化的当然体现。只要这种传统法文化在广大社会公众中的影响依然存在，那么刑法中就不应轻易地彻底舍弃犯罪概念的定量因素。”③

如何看待上述争议？但书究竟与前段规定是怎样的关系？其独立存在有无必要？要想弄清这些问题，需要从《刑法》第13条前段规定说起。

在《刑法》第13条前段规定中，“一切危害国家主权、领土完整和安全，分裂国家、颠覆人民民主专政的政权和推翻社会主义制度，破坏社会秩序和经济秩序，侵犯国有财产或者劳动群众集体所有的财产，侵犯公民私人所有的财产，侵犯公民的人身权利、民主权利和其他权利，以及其他危害社会的行为”，是具有泛指意义的，既包括刑法上规定的危害行为，也包括民法、行政法上的违法行为。由于一切危害行为的范围太宽，不可能都认定为犯罪，因而限制其范围很有必要。于是，“依照法律应当受刑罚处罚的，都是犯罪”的规定，就将行为的范围由一切危害行为限缩到刑法规定的危害行为——犯罪。其中的“法律”，显然是指刑法，因为只有

①② 王强：《我国〈刑法〉第13条但书规定新解——兼论但书在犯罪构成理论中的展开》，《法律科学》2011年第5期，第89页。

③ 储槐植、汪永乐：《再论我国刑法中犯罪概念的定量因素》，《法学研究》2000年第2期，第42页。

刑法规定的行为才能被认定为犯罪，否则这样的规定就没有任何意义。但是，“依照法律应当受刑罚处罚的，都是犯罪”的规定，只是从规范上对行为类型加以形式上的划分，即能被认定为犯罪的是刑法上的行为，其与民法、行政法上的危害行为是不同的。除此之外，该规定并不具有实质界定违法行为和犯罪的功能。例如，寻衅滋事行为可以构成刑法上的寻衅滋事罪，也可以成为违反治安管理处罚法的行政违法行为。如果仅根据刑法规定，是很难将作为犯罪的寻衅滋事与作为行政违法行为的寻衅滋事区分开来的，因为这两种行为从形式上看完全是同一行为，在特征上也不应该有任何区别。这样一来，界定犯罪和违法行为就成为问题。如何解决这一问题呢？对此，不同国家的立法在具体做法上有所不同。

德、日等大陆法系国家的通常做法是，按照行为类型或性质不同对行为属于犯罪行为还是违法行为作出界分。换句话说，凡是规定在刑法中或者明确规定给予刑罚处遇的行为，就是犯罪；凡是规定在民法、行政法等法律中或者明确规定不能给予刑罚处遇的行为，就属于民事或者行政违法行为。这样，行为的类型或者说行为的性质就直接决定了其属于犯罪还是违法行为，犯罪行为与民事或行政违法行为之间水火不相容，不存在任何交叉之处。这就是所谓的行为定性的归罪方法，即行为本身（类型或性质）决定行为的性质（是构成犯罪还是成立违法行为），进而决定是否成立犯罪。

在我国，刑法与其他部门法的关系显然不是通过行为类型或者性质来确定的。这是因为，有的行为既可能是刑法上的行为类型，也可能是民法、行政法上的行为类型，如伤害、故意毁坏、寻衅滋事、聚众斗殴等就是如此。这样一来，就无法通过行为类型或者性质来区分犯罪行为与民事或行政违法行为。这就意味着，仅根据刑法上的行为类型或性质，并不能得出成立犯罪的结论。例如，刑法规定了故意伤害行为，但我们不能仅根据行为属于刑法规定的故意伤害行为，就认定成立故意伤害罪，因为故意伤害行为也可能只是违反治安处罚法的行为。除了需要根据刑法规定的行为类型或性质进行判断外，还需要判断这种行为究竟危害到何种程度，才能决定其是否构成犯罪。根据刑法规定，伤害行为只有达到一定的社会危害程度（轻伤），才能认定为故意伤害罪。正因如此，有学者就指出，我国的犯罪概念界定采取的是定性＋定量模式，既对行为的性质进行考察，又对行为中所包含的数量进行评价，是否达到一定的数量对决定某些行为是否构成犯罪具有重要意义。换句话说，我国在刑法总则规定的犯罪的一般概念和刑法分则规定的诸多具体犯罪的概念都体现了定量因素，这是我国刑法的创新。[①] 由此不难看出，至少在中国的法律体系和框架下，但书是十分必要的，其与《刑法》第13条前段规定是相辅相成、协调一致、缺一不可的。

需要指出的是，对于我国刑法分则规定的所有犯罪行为都必须达到一定的量才能构成犯罪，但书并没有具体明确，这也意味着但书具有运用上的概括性与普遍性。换句话说，有些行为即使性质十分严重，仍然可以根据社会危害性程度作出能否构成犯罪的判断。例如，对于背叛国家，抢劫枪支、弹药等极其严重的行为，构成犯罪依旧要受行为的量的制约。从刑法规定来看，虽然该类行为有关的犯罪最低刑都是10年有期徒刑，可谓“社会危害重大之极”，其性质本身就十分严重，但是不可否认的是，这类行为仍然存在情节显著轻微、危害不大的情形。这是因为，这类行为之所以归类到危害严重，主要是根据行为性质而言的，即其行为类型决定其本身的危害是相对重大的。但是，如果将除行为性质之外的、所有与犯罪有关的情节综合起来考虑，就不一定得出必然构成犯罪的结论。例如，行为人抢劫枪支、弹药的数量处于最低限度的枪支、弹药数量标准，且没有抢劫得逞，也没有伤害他人或者损坏财物或者造成其他社会危害，在主观上是基于极为良善的动机，如为了反击恐怖分子袭击等。对于这样的抢劫枪支、弹药行为，不认定为犯罪是完全符合刑法规定的，也与立法意旨不相矛盾。

另外，刑法的某些规定并非排除定量因素作为犯罪成立要件。如《刑法》第347条第1款规定，“走私、贩卖、运输、制造毒品，无论数量多少，都应当追究刑事责任，予以刑事处罚”。《刑法》第357条第2款规定，“毒品的数量以查证属实的走私、贩卖、运输、制造、非法持有毒品的数量计算，不以纯度折算”。这两款规定只是为了强调严厉惩罚毒品犯罪而已，不能认定为排除定量因素作为走私、贩卖、运输、制造毒品罪的构成要件。如果行为人将1克毒品混入1 000公斤面粉中，相信谁也不会根据上述刑法规定，对行为人以制造1 000公斤零1克毒品论处。

第二节 但书的功能

一、有关但书功能的理论争议

但书具有何种功能，关系但书的性质及其在定罪量刑中的地位和作

---

① 储槐植、汪永乐：《再论我国刑法中犯罪概念的定量因素》，《法学研究》2000年第2期。

用。关于但书的功能，学界存在不同见解。有学者认为，某种行为根本不可能给社会带来危害，法律就没有必要把它规定为犯罪，也不会对它进行惩罚。某种行为虽然具有社会危害性，但是情节显著轻微危害不大的，也不认为是犯罪。由此可见，行为没有社会危害性，就不构成犯罪；社会危害性没有达到相当的程度，也不构成犯罪。① 显然，这种观点认为但书具有出罪功能，是排除行为构成犯罪的法律依据。有学者则指出，"犯罪概念不是认定犯罪的具体标准，同样，刑法第 13 条的但书也不是宣告无罪的具体标准。司法机关只能根据刑法规定的犯罪成立条件认定行为是否成立犯罪，而不是直接以社会危害性的大小认定犯罪。如果行为符合犯罪成立条件，当然成立犯罪；如果行为不符合犯罪成立条件，自然不成立犯罪。如果行为符合犯罪成立条件，却又根据第 13 条但书宣告无罪，便使刑法规定的犯罪成立条件丧失应有的意义，也违反了刑法第 3 条的规定"。不难看出，该观点并不认可但书的出罪功能，而是认为但书从反面说明了什么不是犯罪。有学者将该观点归纳为"入罪限制条件说"，认为但书的实质在于，通过具体判断行为的社会危害性程度来决定行为是否具有刑事违法性，因而但书规定的是入罪限制条件，要求所有入罪行为的社会危害性均不得是"情节显著轻微危害不大"②。通俗地说，这是一种肯定但书的入罪功能的观点。

从内容来看，至少在形式上人们首先容易想到的是但书的出罪功能。关于但书的出罪功能，理论上存在肯定说与否定说两种不同意见。

肯定说认为，但书具有出罪功能。如有学者认为，《刑法》第 13 条中的但书是我国刑事立法中犯罪定义的有机组成部分，它把人类认识发展史上达到的新水平的产物"定量分析"引进刑法领域，使对犯罪的界定在定性的基础上首次实现了定量的限制。这是我国刑事立法的一个重大创新。但书的存在告诉我们，并非具有社会危害性的行为都是犯罪，只有那些社会危害性达到一定程度的行为才构成犯罪。但书和作为其具体体现的分则中的数量要件，将刑事犯罪与一般违法行为区分开来。③ 有学者指出，但书在我国刑法中并非可有可无，而是具有重大的理论意义与实践价值的，其出罪功能对于刑法分则所有罪名的司法认定都具有适用可能性。主要理

① 高铭暄、马克昌主编：《刑法学》，北京大学出版社，高等教育出版社 2011 年版，第 44 页。

② 王昭武：《犯罪的本质特征与但书的机能及其适用》，《法学家》2014 年第 4 期。

③ 储槐植、张永红：《刑法第 13 条但书的价值蕴涵》，《江苏警官学院学报》2003 年第 2 期，第 51 页。

由包括：一是但书符合罪刑法定主义的精神，有利于保障人权，且与《刑法》第3条的规定并不矛盾；二是但书满足我国“立法定性＋立法定量”犯罪构成模式的需要；三是立法定量问题无法通过单纯由分则规定的方式解决，因而但书有其存在的独特意义；四是犯罪概念与犯罪构成的关系之中外差异是造成理论聚讼的重要成因，借此否定但书的价值并不合理；五是但书具有司法适用的刑事政策根据；六是但书是司法实践中合理厘清犯罪与一般违法行为界限的重要依据。①

否定说则认为但书不具有出罪功能。如有论者认为，我国《刑法》第3条对于罪刑法定的表述，即“法律明文规定为犯罪行为的，依照法律定罪处刑；法律没有明文规定为犯罪行为的，不得定罪处刑”，实际上强调的是犯罪的刑事违法性标准，而《刑法》第13条却在一个定义中同时使用了社会危害性与刑事违法性两个相互冲突、相互排斥的标准来界定犯罪，势必影响罪刑法定原则在犯罪概念中的充分体现，使犯罪这个基本定义乃至整个刑法典的科学性大打折扣。② 还有论者认为，罪刑法定原则要求刑法对个罪构成的规定要具体、确定，而“情节显著轻微危害不大，不认为是犯罪”的规定则使刑法个罪的罪与非罪的标准永远处于一个不确定的状态，从而与罪刑法定之确定性要求相悖。③

此外，还有学者提出，但书只具有单纯的宣示功能。如有学者认为，《刑法》第13条前段是对犯罪概念的定义，而犯罪概念与刑法分则各罪的犯罪构成之间是抽象和具象的关系，二者在本质上是一致的，对《刑法》第13条总体应作具有宣示功能之定位。这种定位表现在三个方面：一是在刑法体系中的统领宣示功能，即它是刑法分则（犯罪构成）的抽象概括和归纳，是分则惩罚犯罪精神的体现；二是对民众的教育宣示功能，即民众通过《刑法》第13条可以初步地理解什么是为刑法所禁止的犯罪行为，从而约束自己的行为，并自觉同犯罪行为作斗争；三是对司法活动的宣示功能，即通过《刑法》第13条，人们很容易对一般违法行为和犯罪行为作出区分，从而决定该行为是否进入司法程序，而不是直接展开犯罪构成的分析，即所谓的“犯罪概念之大类定位功能”④。事实上，主张但书具

---

① 杨忠民、陈志军：《刑法第13条“但书”的出罪功能及司法适用研究》，《中国人民公安大学学报（社会科学版）》2008年第5期，第72-77页。

② 郑金火：《犯罪概念的梳理与评价》，《中国刑事法杂志》2004年第5期。

③ 王尚新：《关于刑法情节显著轻微规定的思考》，《法学研究》2001年第5期。

④ 殷磊：《论刑法第13条功能定位——兼论（醉酒型）危险驾驶罪应一律入刑》，《政治与法律》2012年第2期，第136-137页。

有宣示功能，实质上等于变相否定但书的出罪功能。

不管是否定但书的出罪功能，还是认为但书只具有宣示功能，其目的在于将定量因素排除在犯罪成立的范畴之外，这将对整个犯罪论体系甚至量刑等问题都造成深远的影响。但书出罪功能的否定者的一个重要的理论依据是，但书本身与犯罪构成没有实质关系。因此，“若要肯定‘但书’的出罪功能，就必须对‘但书’与犯罪构成的关系给出合理的解释。”① 否定论者之所以认定但书与犯罪构成没有关系，是因为在传统犯罪构成理论中无法找寻到量度要件，因而但书在认定犯罪时并未发挥作用，如此认为其具有出罪功能十分勉强。确实，根据传统犯罪构成理论，犯罪构成由犯罪客体、犯罪客观方面、犯罪主体和犯罪主观方面四个要件组成，这四个要件中无一能承担定量的功能，这样看来犯罪构成与但书似乎没有关系。实则不然。必须注意的是，犯罪构成理论只是学者基于认定犯罪的需要创造的理论体系，但其能否充分反映刑法规定及法定的认定犯罪的需要，则完全是另一回事。毕竟，理论的创造者——人有时并非总是能够精确地揭示事物的真实面目，我国传统的犯罪构成理论就是如此。如果《刑法》第 13 条但书将定量因素作为犯罪成立的必要条件加以规定，而犯罪构成理论却无法直接反映这一规定，那么只能说犯罪构成理论并不符合刑法规定，此时需要改进的是理论本身，而不能以理论的缺憾否定刑法规定本身及其存在的意义。这样看来，以但书没有在传统犯罪构成理论中得以体现，否认但书具有的功能和作用，这显然犯了本末倒置的错误，是难以令人信服的。因此，但书的出罪功能不容否定，它是刑法明确规定的认定犯罪必须具备的要素。

二、但书的出罪功能与入罪功能

根据但书的规定，情节显著轻微危害不大的行为，不认为是犯罪，这便是其出罪功能。但书的出罪功能在我国刑法分则中随处可见。例如，刑法分则许多犯罪都明确将“情节恶劣”“后果严重”“数额较大”作为犯罪成立的条件，其背后的含义是如果情节不恶劣、后果不严重、数额不大，那么就不能以犯罪论处。可见，这些所谓的情节犯、结果犯、数量犯等就是但书的出罪功能在刑法分则中的具体、明确的体现。正因如此，但书具有出罪功能，这在刑法学界应当说已得到普遍肯定。“虽然贯穿着社会危

① 杨忠民、陈志军：《刑法第 13 条“但书”的出罪功能及司法适用研究》，《中国人民公安大学学报（社会科学版）》2008 年第 5 期，第 75 页。

害性理论的犯罪概念之‘但书’在出罪方式上分歧迥然，但对于其所具有的出罪功能却分歧甚微。”① 与出罪功能相适应，但书的入罪功能也是显而易见的，这是其出罪功能当然的逻辑结果。理由在于：既然我们可以根据但书规定将“情节显著轻微危害不大”的行为不认为是犯罪，那么同样可以推断出，如果刑法规定的行为不属于“情节显著轻微危害不大”的情形，当然就构成犯罪。因此，但书的出罪功能与入罪功能是相辅相成的，分别从正反两个方面确定构成犯罪与不构成犯罪需要具备的条件，故不应当将其出罪功能与入罪功能割裂开来。

问题在于，一些犯罪没有将情节、后果、数额等条件设定为犯罪成立的条件，如故意杀人罪、抢劫罪等，是否就等于只要实施该类行为就构成犯罪，而对犯罪情节没有要求呢？答案是否定的。主要原因在于以下方面。

首先，但书中的情节、危害，是由多种因素组合而成的或者说是由多种因素决定的，不可能在每一种犯罪中都能归列出准确决定犯罪成立的因素，因而对每一种犯罪明确其成立的标准和要求是不现实的。

如前所述，但书中的“情节”是综合各种具体情节的一种概括性情节，是由诸多犯罪要素组成的。这些具体情节，既包括犯罪的客观具体情节，如行为结果、行为对象、行为手段、行为的时间和地点以及行为条件等因素，也包括犯罪目的和动机、犯罪的故意和过失等各种犯罪的主观具体情节。只有综合所有这些情节，才能得出情节是否轻微的结论。情节的多样性使立法者在具体的犯罪条款中，难以一一列举、明示。否则，不但可能造成入罪的不合理，也会使刑法条文臃肿、膨胀，得不偿失。例如，对于行为结果、行为对象、行为手段、行为的时间和地点、行为条件、犯罪的目的和动机、犯罪的故意和过失等各种情节，究竟达到怎样的调适程度才能科学、合理地体现出整体的犯罪情节是显著轻微还是严重，是一个非常难以把握的问题，会受到很多因素的制约。在这样的情形下，与其由立法者加以明确，不如交给法官具体问题具体分析更为可取。另外，即使立法者能够把握分寸，合理地调适各种情节作为认定整体的犯罪情节是否显著轻微的标准，也会使刑法条文极度臃肿、膨胀，这显然是不妥的。

不仅如此，在司法实践中，由于影响行为的社会危害性的情节复杂多样、千变万化，立法者有时根本不可能对诸多情节加以整体上的界定、判断。主要理由在于：一方面，各种各样的犯罪情节是不可能穷尽的，因为

① 刘艳红：《目的二阶层体系与“但书”出罪功能的自洽性》，《法学评论》2012年第6期，第46页。

随着社会经济的发展和人们的道德思维、观念等变化，影响定罪的新情节会层出不穷，这使立法者立法时无法对这样的情节加以预测，所以不可能规定在刑法之中。例如，在计划经济时代，投机倒把是一种犯罪行为，诸如长途贩私属于投机倒把行为，那么与投机倒把相关的情节就会被纳入犯罪成立的判断之中。但是，实行市场经济后，由于实行市场经济在我国属于破天荒的事件，人们（包括立法者）不可能预见市场经济下的影响犯罪成立的各种情节。例如，是否具有经营特种烟酒等资质，是决定企业或者个人能否合法经营特种烟酒等物品的关键。行为人如果具有经营特种烟酒等资质，其经营特种烟酒等就属于合法行为，如果不具有经营特种烟酒等资质，经营特种烟酒等就可能构成非法经营罪。然而，在计划经济时代，烟酒等特种物质是按照计划由特定部门专门经营的，不属于限制经营的范畴。如果其他人经营烟酒等特种物质，将一律构成投机倒把罪。由于计划经济时代的立法者难以对市场经济时代的投机倒把情节作出明确判别，也就不可能在刑法中明确规定非法经营罪的入罪情节。另一方面，决定犯罪成立与否的情节有时会随着情势变迁而发生变化，这种变化在立法时也是无法预见的，因而不可能在刑法中加以明示。以性犯罪为例，随着人们的性价值观念的变化，性犯罪所具有的社会危害性是会发生变化的。例如，在古代崇尚贞洁观念的情形下，即使是通奸行为也是严重的犯罪。但是，新中国成立以后随着贞洁观念的淡化，通奸行为被排除在犯罪之外是理所当然的。同样，如果人们对性的价值观念日渐开明而非保守，那么性犯罪的社会危害性相应地会降低。在这样的情形下，性犯罪的入罪情节自然会发生相应的变化，同样的情节其社会危害也会发生变化，此时如果固守特定的入罪情节，以之作为犯罪成立的依据，就会背离立法本意。例如，司法实践对聚众淫乱罪的处罚，就会根据具体情形分别而论。可以说，除了少数聚众淫乱行为外，社会上的大多数聚众淫乱行为没有被作为犯罪绳之以法。虽然说导致司法机关如此做法的原因是多样的，但社会的性价值观念变迁的影响无疑是其中的原因之一。

其次，情节具有开放特征，不将情节在每一种具体的犯罪中加以明示，可以增加犯罪认定的灵活性与能动性，更好地实现刑法的立法目的。

不对每一种具体的犯罪的情节进行规定，能够使作为认定犯罪的情节具有开放特征，从而增加犯罪认定的灵活性与能动性，使犯罪认定更为精确、合理，能保证更好地实现刑法的立法目的。但书中的“情节”是一种整体性、概括性的情节，需要综合各种影响犯罪成立的情节加以一体化判断。以抢劫罪为例，刑法对该罪没有规定入罪的情节要素，那么对抢劫行为是否构成犯罪，司法机关就可以根据但书灵活处理。例如，笔者曾经接触过这样一个案例：甲男，时年21岁。某日在乡间公路上跟随一名年仅16周岁的女孩乙，欲行抢劫。在公路少有人烟之处，甲并没有实施抢劫行为。后至某村附近时，甲开始实施抢劫，从背后用左手抓住乙的左腿，右手伸入乙的右边裤兜掏取财物。乙发觉后大喊，同时用右手摁住甲的头部，双方僵持了几分钟。后由于某村保安人员闻讯赶来，甲未劫得财物而逃走，但他并没有落荒而逃，而是跑进附近村庄，被两保安赶上时未反抗而是蹲地就擒。后经鉴定，甲的智商为65，属于限制刑事责任能力人。后经询问，乙的口袋里只有几十元财物。该案中，甲既是限制刑事责任能力人，抢劫又未得逞，且抢劫的财物数量极少，没有对被害人造成任何伤害，被追捕时没有任何反抗。综合其犯罪情节，完全可以认定为情节显著轻微危害不大，不认定为抢劫罪。最后司法机关也是这样认定的。像该案中的犯罪情节，立法者是不可能在刑法中完全规定清楚的。而刑法没有对抢劫罪的入罪情节作出明确规定，为司法机关将上述抢劫行为排除在犯罪之外提供了契机，这显然是合情合理的，与刑法的立法目的相吻合。

相反，虽然有时刑法规定了具体的入罪情节，但由于犯罪的成立需要综合各种情节判断，此时将个别的、具体的情节作为入罪依据，会造成适用上的困惑，影响犯罪认定的合理性，有违刑法的立法目的。最典型的例子是司法解释对盗窃罪的入罪标准的不同规定。早先刑法对于盗窃行为入罪，是采取数额决定的标准，即仅根据犯罪数额判断盗窃是否构成犯罪。后来，在司法实践中人们发现这样的入罪标准并不合理。于是，司法解释对盗窃罪的入罪情节就作了适当修改。例如，"两高"《关于办理盗窃刑事案件适用法律若干问题的解释》（以下简称《盗窃刑事案件解释》）第3条规定：盗窃数额是构成盗窃罪的重要标准，但不是定罪量刑的唯一标准。除根据盗窃财物数额外，还应当根据犯罪的其他具体情节和犯罪分子的认罪态度、退赃表现等，进行全面分析，正确定罪量刑。个人盗窃公私财物，具有下列情形之一的，"数额较大"的标准可以按照前条规定标准的50%确定：（1）曾因盗窃受过刑事处罚的；（2）一年内曾因盗窃受过行政处罚的；（3）组织、控制未成年人盗窃的；（4）自然灾害、事故灾害、社会安全事件等突发事件期间，在事件发生地盗窃的；（5）盗窃残疾人、孤寡老人、丧失劳动能力人的财物的；（6）在医院盗窃病人或者其亲友财物的；（7）盗窃救灾、抢险、防汛、优抚、扶贫、移民、救济款物的；（8）因盗窃造成严重后果的。个人盗窃公私财物数额较大，行为人认罪、悔罪，退赃、退赔，且具有下列情形之一，情节轻微的，可以不起诉或者免予刑事处罚；必要时，由有关部门予以行政处罚：(1) 具有法定从宽处罚情节的；(2) 没有参与分赃或者获赃较少且不是主犯的；(3) 被害人谅解的；(4) 其他情节轻微、危害不大的。由此，不难看出，如果以数额大小作为盗窃是否入罪的唯一标准，等于用单个情节代替了整体、概括的情节，这显然背离但书的立法初衷，是于情于理于法不合的，故而司法解释修改盗窃罪的入罪情节理所当然。除了盗窃罪，司法解释对诸如诈骗罪、敲诈勒索罪等，均不再以犯罪数额大小作为行为入罪的唯一标准。

如果说上述不以犯罪数额作为入罪唯一标准的做法，依然是建立在一定的数额基础上的，即并没有摆脱数额这一入罪标准拘束的话，那么刑法在有些犯罪中完全摈弃入罪标准绝对化的做法，无疑宣示了对入罪情节多元化的肯定与认可，这在财产犯罪中表现得尤为明显。如上所述，以往刑法对财产犯罪的入罪情节，一般限定为数额较大等，即使不以数额作为唯一入罪标准，数额也是入罪的唯一参考依据。现在，这种局面已经得到改善。例如，对于盗窃罪的入罪情节，除了数额较大以外，还包括盗窃次数、扒窃、携带凶器盗窃、入户盗窃等。又如，故意毁坏财物罪的入罪情节除了造成公私财物损失5 000元以上以外，还包括毁坏公私财物3次以上、纠集3人以上公然毁坏公私财物以及其他情节严重的情形。

总之，要求将各种决定犯罪成立的情节具体地规定在每一种具体犯罪中，既不现实也不客观，还会给司法实践造成巨大的困惑，有所不妥。"可以肯定地说，刑法分则中的每一个具体犯罪都可能涉及'但书'所指向的'情节显著轻微危害不大'的情形。正因为如此，期望将所有定量因素都无一遗漏地在分则各罪的条文中具体规定，不仅在立法技术上无法实现，以致出现'捉襟见肘'、'顾此失彼'的尴尬状态，而且会使分则条文内容散乱庞杂，无异于立法技术的倒退。"① 因此，立法者不可能也没有必要在刑法中对每种犯罪的定罪情节都作出具体规定。

第三节 但书的适用

一、但书适用的可塑性

(一) 情节显著轻微危害不大并非一成不变，而是具有可塑性

但书只是规定入罪与出罪的量度标准，即刑法规定的危害行为若属于

① 杨忠民、陈志军：《刑法第13条"但书"的出罪功能及司法适用研究》，《中国人民公安大学学报（社会科学版）》2008年第5期，第74页。

情节显著轻微危害不大的，则不认定为犯罪；否则，将以犯罪论处。在这里，但书所规定的影响入罪与出罪的情节，是指与行为的主客观方面直接相关的、体现行为的社会危害程度的一切因素。那么，究竟怎样的情节属于显著轻微危害不大呢？换句话说，究竟情节达到何种程度才不属于情节显著轻微危害不大的情形，乃至于认定为犯罪呢？对此，刑法显然没有具体明确。但是，在具体犯罪中，刑法或者司法解释通常会设定一定的入罪标准。例如，司法解释通过设置具体的入罪数额或者造成的危害后果等，确定具体犯罪的定罪标准。

刑法规范或者司法解释在确定相应的入罪标准后，往往在一定的期间内会修改相应的标准。这表明，一定的入罪标准并非固定的、一成不变的。例如，盗窃罪的入罪数额就发生过变化，以前司法解释的规定为 500～2 000 元，而现在司法解释将数额确定为 1 000～3 000 元。不但国家对行为的入罪标准会作出修改，就是在同一个省市之内入罪标准也会发生变化。例如，广州市对盗窃罪的入罪标准曾确定为 2 000 元，后来降至 1 000 元甚至 500 元。可见，行为的入罪情节以及社会危害性并非一成不变，而是会随着时间的推移发生变化的，从这一点来看，但书在适用时是具有可塑性的。

但书适用时的可塑性，所造成的直接后果便是入罪标准的变化，这种变化不仅仅是数量、后果等方面的变化，还直接关系入罪标准的高低差异。而入罪标准的高低差异，将直接造成犯罪圈的限缩与扩张，这一点在有关司法解释中得以充分体现。"'扒窃'成为盗窃罪独立的不法行为定型，同样表明刑法修正案八较之过去下调了刑法干预起点，扩张了刑罚处罚范围。"① 这就意味着，当入罪标准较之原有标准限缩或者下调时，原来不被认定为犯罪的行为将被纳入犯罪圈，此时犯罪圈就会明显放大。例如，将盗窃罪的入罪数额由 2 000 元调至 1 000 元时，盗窃 1 000 元以上不满 2 000 元的行为，原来不能被认定为犯罪，而现在将被认定为犯罪，这样犯罪圈较之原来的明显放大。当入罪标准较之原有标准扩张或者上调时，原来被认定为犯罪的行为将被排除在犯罪圈之外，此时犯罪圈就会明显缩小。例如，将盗窃罪的入罪数额由 500 元调至 1 000 元时，盗窃 500 元以上不满 1 000 元的行为，原来能被认定为犯罪，而现在不能被认定为犯罪，这样犯罪圈较之原来的明显缩小。客观地说，入罪标准的可塑与改变，是非常必要的。因为对行为实施的价值评价，不可能是一成不变的，

① 梁根林：《但书、罪量与扒窃入罪》，《法学研究》2013 年第 2 期。

随着时空变化而发生相应的变化，是刑法适应现实需要的体现，也是刑法始终具有强大的生命力的保证。

（二）情节可塑性的影响因素

确定具体犯罪构成定量因素的依据，主要是社会发展水平与国家管理需要。[①] 可以说，从宏观上讲，社会发展水平与国家管理需要是影响定罪情节的主要因素。从微观上看，影响情节的可塑性的因素很多，包括刑法没有规定的犯罪客观事实以及体现国家和社会对犯罪的价值评价的一切非规范性评价因素，故正确认定非规范性评价因素对于理解情节的可塑性至关重要。司法实践中，常见的非规范性评价因素包括情境变迁、文化背景和传统以及价值观念等。

1. 情境变迁

法律需要保持稳定，但法律绝不能因噎废食。无论站在国家、社会还是民众的立场，要想对行为评价保持精确，体现公正，就必须考虑情境变迁的需要。“评价者在此时此刻需要进行什么样的评价，评价能达到什么精度，在很大程度上都受着评价情势的制约。评价情势从客观方面规定了评价的必要性和任务，相应地也大致规定了评价者对所进行的评价的期望值和精度要求。”[②] 定罪同样如此。遗憾的是，理论界与实务界虽然注意到了情境因素对定罪的影响，却将之限定在政治、经济和社会治安形势方面。通说认为，“评价犯罪的社会危害程度时，还要适当考虑国家的政治、经济和社会治安形势”[③]。甚至在有关量刑的司法解释中也存在同样的问题。例如，最高人民法院《关于常见犯罪的量刑指导意见》也规定：“量刑要客观、全面把握不同时期不同地区的经济社会发展和治安形势的变化，确保刑法任务的实现……”这样规定至少存在两个问题：一是所谓的政治、经济形势过于概括、抽象，缺乏可操作性。在司法实践中，常见的是司法机关根据社会治安形势的需要，对特定犯罪加重或减轻处罚，而真正根据政治、经济形势变化量刑的现象很少发生。这主要是因为政治、经济形势范畴过于宽广，在没有进行具体分类的情况下，缺乏可操作性。司法机关也不可能以“政治形势变化”或者“经济形势变化”这样的理由，作为量刑从重或者减轻的理由。二是情境因素具有多元化与多样性，并非政治、经济和社会治安形势能够概括的。例如，在经济犯罪、财产犯罪等

① 储槐植：《我国刑法中犯罪概念的定量因素》，《法学研究》1988 年第 2 期，第 29 页。

② 马俊峰：《评价活动论》，中国人民大学出版社 1994 年版，第 364 页。

③ 高铭暄、马克昌主编：《刑法学》，北京大学出版社、高等教育出版社 2011 年版，第 252 页。

犯罪中，时空变迁对行为的社会危害性影响就十分明显。因为经济犯罪、财产犯罪往往通过财物的货币值来评价其社会危害性，而在不同的时空条件下，同样的货币值所体现的社会危害性是完全不同的。通常，随着经济、社会发展，物价呈现上涨态势，相同货币值代表的价值是递减的，体现的社会危害性也必然递减。例如，改革开放以来（1978—2008）的30年间，我国居民消费价格指数（CPI）平均上涨5.5%[①]，广义货币发行量M2则由1978年的1 159亿元增加到2009年的606 225亿元，增加了522倍。[②] 这意味着，同样数量的货币值的实际价值，从1978年到2008年会发生数十甚至成百倍的贬值，在犯罪中所体现的社会危害性也必大幅降低。因此，对经济犯罪、财产犯罪的定罪，必须考虑不同的时空条件下货币增值或者贬值而引起的社会危害性变化，否则，难以保证准确定罪。

2. 文化背景和传统

基于自身特殊性质，刑法在相当长一段历史时期成为法律活动的主要形式。如果说法律与一定的文化背景和传统相联系并由后者决定其实施的方式与职能，那么刑法作为与社会伦理秩序、文化背景和传统联系最为紧密的部门法律之一，其实施方式和职能必然受后者的影响更大。“从一定意义上说，一定的刑罚反映了人类对待犯罪的一定的文化态度，其中凝结着或者从一个侧面体征着人类的思维模式、价值模式和审美模式。”[③] 在国外，文化因素对定罪量刑的影响随处可见。例如，2012年3月29日，美国艾奥瓦州21岁的中国留学生唐某以租房为借口强奸女房主而遭到美国警方逮捕。随后，唐某父母赶赴美国，试图用金钱贿赂受害人让其改变口供，亦被逮捕起诉。同年4月20日，该州约翰逊县检察官莱尼斯确认，已撤销对唐某父母企图贿赂受害人的指控。理由在于：文化差异可能导致唐某父母并非有意触犯美国法律，他们只是想在庭外与受害人解决这件事。[④] 下面以亲属犯罪为例谈谈文化因素对定罪量刑的影响。

历史上，我国特别重视通过不同的刑罚手段来惩罚该类犯罪，以维系家庭亲缘、伦理关系。这就使犯同一罪时，对发生在亲属之间的处罚较之发生在普通人之间的处罚，往往会重些或者轻些。以性犯罪为例，《唐律

① 纪敏、伍超明：《改革开放以来我国几次物价上涨分析》，《中国金融》2010年第23期，第66页。

② 俞立平、燕小青、熊德平：《金融规模、金融调控与经济增长——基于中国改革开放以来的实证研究》，《山西财经大学学报》2012年第8期，第14页。

③ 许发民：《刑法的社会文化分析》，武汉大学出版社2004年版，第259页。

④ 《美国人撤诉：“文化差异”》，《广州日报》2012年4月22日第A3版。

疏议》规定："诸奸缌麻以上亲及缌麻以上亲之妻，若妻前夫之女乃同母异父姊妹者，徒三年；强者，流二千里；折伤者，绞。妾，减一等。诸奸从祖祖母姑，从祖伯叔母姑，从父姊妹，从母及兄弟妻、兄弟子妻者者，流二千里，强者绞。诸奸父祖妾、谓曾经有父祖子者。伯叔母、姑、姊妹、子孙之妇、兄弟之女者，绞。即奸父祖所幸婢，减二等。"① 1928年《中华民国刑法》第243条规定：直系或旁系尊亲属对于卑幼犯前三条之强奸罪，监护人、保佐人对于其所监护或保佐之人犯前三条之强奸罪，加重本刑三分之一。② 西方国家刑法的规定同样如此。例如，《德国刑法典》第173条、第174条、第180条等许多条款对亲属犯罪等规定了特别处罚；《意大利刑法典》第576～578条等规定了对亲属间侵犯个人生命或健康的犯罪的加重或者减轻处罚，第11章第2节中专门规定了侵犯家庭道德的犯罪的特别处罚；《法国刑法典》第222—3条、第222—10条、第222—23条等针对合法直系尊亲或非婚尊亲等之间的酷刑、野蛮暴行、暴力、强奸犯罪等，也作了加重处罚的规定。

中国古代、近代法律以及现当代西方国家刑法对亲属间性犯罪的特别规定，与我国现行刑法规定形成鲜明对比。事实上，较之西方国家，在我国文化中家庭对于个人和国家具有更特殊的意义。"家庭在中国人生活里关系特见重要，尽人皆知；与西洋人对照，尤觉显然。"③ 这就更让人很难理解现行刑法对于应当对亲属犯罪给予特殊处遇的忽略。无怪乎有学者感叹："把我国现行刑法典和欧美任一国家（比如法国）的刑法典摆在一起，删去所有表示'国籍'的字眼，让孔子、孟子这些中华文化传统的精神代表们的在天之灵来辨认：哪一个是中国的？他们肯定会异口同声地指着后者说：'此当为中国之法。虽经两千余年演变，然精神尚在，尚可辨认。'至于前者，他们肯定会说：'此当为外邦之法，因不见我中华精神之痕迹。'先圣此语必使我们尴尬莫名、羞愧难当。"④ 可以说，刑法忽视对亲属犯罪的针对性定罪，与我国文化背景和传统是相背离的，并使对该类犯罪的量刑有失公正。这在一定程度上也助长了亲属犯罪的发生，近些年来频频出现的近亲之间的人身犯罪、性犯罪就是很好地说明。

其实，我国司法解释注意到文化背景和传统对定罪量刑的影响。例如，最高人民法院《关于审理抢劫、抢夺刑事案件适用法律若干问题的意

① 《唐律疏议》，刘俊文点校，法律出版社1999年版，第531-532页。
② 王宠惠属稿：《中华民国刑法》，李秀清点校，中国方正出版社2006年版，第69-70页。
③ 梁漱溟：《中国文化要义》，上海人民出版社2011年版，第30页。
④ 范忠信：《中西法文化的暗合与交流》，中国政法大学出版社2001年版，第170-171页。

见》规定，为个人使用，以暴力、胁迫等手段取得家庭成员或近亲属财产的，一般不以抢劫罪定罪处罚。最高人民法院、最高人民检察院《关于办理诈骗刑事案件具体应用法律若干问题的解释》（以下简称《诈骗刑事案件的解释》）规定，诈骗近亲属的财物，近亲属谅解的，一般可不按犯罪处理。最高人民法院、最高人民检察院《盗窃刑事案件解释》规定，偷拿家庭成员或者近亲属的财物，获得谅解的，一般可不认为是犯罪。这些规定能够较好地体现文化背景和传统对定罪的影响，但问题是这样的规定非常少。事实上，在侵占罪、故意毁坏财物罪等犯罪中，亲属关系也应当属于影响行为入罪的情节以及行为的社会危害性的因素，然而司法解释对侵占罪、故意毁坏财物罪等大多数犯罪没有特别规定亲属犯罪的定罪问题，这令人感到遗憾。

值得提出的是，我国刑法还是涉及文化背景和传统对定罪量刑的影响的。例如，《刑法》第90条规定："民族自治地方不能全部适用本法规定的，可以由自治区或者省的人民代表大会根据当地民族的政治、经济、文化的特点和本法规定的基本原则，制定变通或者补充的规定，报请全国人民代表大会常务委员会批准施行。"但是，该规定很难将文化因素与量刑联系起来。主要理由在于：首先，该规定只针对少数民族适用，范围非常狭窄，对诸如汉族内部不同文化背景的情形等就不能给予考虑。其次，该规定实施程序严格复杂，即需要由自治区或者省的人民代表大会制定变通或者补充的规定，并报全国人民代表大会常务委员会批准后才能施行。最后，内容不明确，所谓不能全部适用本法具有概括性、模糊性，难以与量刑直接联系起来。这些就导致在司法实践中，文化背景和传统对量刑的影响极为有限。

3. 价值观念

事实认知绝不可能是一个超脱于价值的过程，而是一个受主体性价值观念影响的过程，事实只可能通过价值实践而进入人的视野。[①] 人们根据自己对一定事物的判断形成价值观念，一定人群的价值观念一旦形成，就会形成某一群体评价事物的基本依据。因此，"价值观作为人们心目中的'天平'和'尺子'，它的作用是非常大的"[②]，会对行为的社会危害性形成直接的影响。例如，我国民众对待死刑的价值观念，就能对死刑裁量产

① 陈金钊等：《法律解释学》，中国政法大学出版社2006年版，第269页。

② 李德顺：《我们心目中的"天平"和"尺子"——谈价值与价值观念》，《观察与思考》2012年第5期，第58页。

生影响。据新浪网的一项调查显示："死刑存废问题的帖子条数连续一周占据'热点评论'条数榜首，帖数总数超过4 600条。据不完全统计，其中约有75.8%主张坚决保留死刑，约有13.6%支持废除死刑，约有10.6%为中间派别，认为须视中国发展情况而定死刑存废。"① "当被更具体地问及对特定犯罪的死刑支持度时，78%的受访者支持对故意杀人适用死刑，远高于对死刑的一般支持度。"② 这表明，在我国要想废除死刑，特别是废除故意杀人罪的死刑是不具有可行性的，李昌奎案、药家鑫案就是例证。否则，定罪将失之公正，难以获得社会认同。

价值观念的变化存在于众多领域。某领域价值观念发生变化，会对该领域所涉及犯罪的定罪产生直接影响。以我国社会的性价值观念为例，其深刻变化是有目共睹的。例如，在摆脱传统、保守的性观念约束后，人们通常更愿意把性行为、性价值看作是个体的主动选择，在性行为上也表现出更大胆、更开放的倾向。据调查也表明，广州的婚前性行为比例高达八成，上海近七成，中国人对性的态度趋于开放，童贞等观念变化很大。③这种观念的转变，使得社会对性价值取向的多元化采取宽容态度。在这样的前提下，某些性犯罪的社会危害性，如与卖淫嫖娼相关的犯罪等，在人们的价值判断中会相应下降，这应当对其定罪产生影响。

需要指出的是，与犯罪事实等规范因素相比，非规范性评价因素往往具有多元化、流变性与地域性等特征。"评价情势具有极强的流变性，因为时间、地点、事件、人物都处在不停的变动之中，组合出十分不同的评价情势。"④ 究其根源，在于"每种社会生活皆为一项数量变量，在不同的社会位置或方向上有更多或更少的量。每种社会生活都是一个程度问题，就像热、声音或光那样"⑤。例如，随着我国汽车制造技术和质量等的不断提高，海关管制会相应放松，走私汽车的社会危害性会相应降低，这对走私汽车的犯罪的定罪将会产生影响。又如，不同地域的人们会有不同的性价值观念，汉族区和某些少数民族区的性价值观念就存在很大差别，这对性犯罪的定罪与量刑是有直接影响的。"法律就是地方性知

---

① 曲新久：《推动废除死刑：刑法学者的责任》，《法学》2003年第4期，第43页。

② 武汉大学刑事法研究中心，德国马普外国刑法与国际刑法研究所主编：《中国死刑态度调查报告》，元照出版有限公司2010年版，第11页。

③ 彭文华：《我国性价值观的发展与性犯罪立法的完善》，《山东警察学院学报》2012年第4期，第37页。

④ 马俊峰：《评价活动论》，中国人民大学出版社1994年版，第364页。

⑤ 〔美〕布莱克：《正义的纯粹社会学》，徐昕、田璐译，浙江人民出版社2009年版，第168页。

识：地方在此不只是指空间、时间、阶级和各种问题，而且也指特色，即把对所发生的事件的本地认识与对可能发生的事件的本地想象联系在一起。”①

二、定罪情节的适用方法

（一）犯罪是事实判断与价值判断的有机统一

对于犯罪究竟是事实、规范还是价值判断，学界历来存在不同见解。该问题关系犯罪的本质属性，也是犯罪赖以成立的哲理基础，对此，需要加以深入研究。具体地说，对于犯罪的基本属性，学界存在以下不同见解。

一是事实论与规范论。如有学者认为，犯罪构成是认定犯罪的法律标准，应根据刑法规范来确定其内容。符合犯罪构成的事实本身不是犯罪的法律标准，故应当区分事实与规范。刑事司法之所以能够将现实发生的事实与规范相对应，是因为有“事物本质”的调和，它是现实与价值相互联系的方法论上的所在。因此，从事物推论至规范，或者从规范推论至事实，是一种有关“事物本质”的推论。合理区分事实与规范，才能通过“事物本质”正确判断事实是否被涵摄于规范之内，从而区分构成要件、构成事实与构成要件符合性的判断。② 还有学者认为，犯罪构成乃规范与事实之对接工具，是由规范到事实之过渡桥梁。刑法理论家们在事实与规范的两岸之间搭建起一座桥梁——犯罪构成理论，这样在规范与事实之间的穿梭往返就如履平地、来去自如，既安全可靠，又方便快捷。③

二是事实判断与价值评价。有学者认为，在欧陆诸国，对犯罪的整体判断是通过对递进式的犯罪成立条件的讨论来完成的，是一种先事实后价值的判断。事实判断主要与对犯罪构成符合性的判断有关，构成要件的该当性是一个中性的、无价值偏向的判断。犯罪论体系中的价值评价涉及违法性、责任的判断，但多数情况下主要指对违法性的判断。④ 刑法学中的犯罪论体系是客体、客观方面、主体、主观方面四要件齐备的闭合式构

---

① 〔美〕克利福德·吉尔兹：《地方性知识：事实与法律的比较透视》，邓正来译，载梁治平编：《法律的文化解释》，生活·读书·新知三联书店 1997 年版，第 109 页。

② 张明楷：《犯罪构成理论的课题》，《环球法律评论》，2003 年秋季号，第 271-272 页。

③ 冯亚东等：《中国犯罪构成体系完善研究》，法律出版社 2010 年版，第 40-42 页。

④ 周光权：《犯罪构成理论与价值评价的关系》，《环球法律评论》，2003 年秋季号，第 296-297 页。

造，其基本特征是经验论的、整体主义的：犯罪构成诸要件互相支撑，彼此印证，形成一个完整的证明体系，从而共同维持着犯罪事实的整体性。①

三是犯罪构成体系是价值评价模式。有学者提出，之所以要强调犯罪构成体系是价值评价模式，是因为苏联和我国学界都存在一种观点，认为犯罪构成体系是事实判断的模式，不应该含有价值要素。在论者看来，对一般人而言，犯罪构成仅仅是一种认识模式；对法官而言，犯罪构成则是一种评价模式。②

第一种观点注意到了行为事实的存在及其与规范的犯罪构成的区别，认为事实与规范相对应是因为有“事物本质”的调和，这并无不可。不过，论者对什么是“事物本质”没有作进一步诠释，留下遗憾。至于认为事实与规范对接的工具是犯罪构成理论，则值得商榷。根据论者观点，犯罪构成理论应当是刑法理论家认定犯罪建构的模型。③ 既然如此，那么将犯罪构成理论理解为事实与规范对接的工具，就有些自相矛盾了，因为刑法理论家认定犯罪需要借助事实与规范，而犯罪构成理论不只是充当两者的桥梁。

第二种观点从事实判断与价值判断的角度分析犯罪构成，有其合理性。不过，论者认为中国传统犯罪构成论体系是经验论，并不客观。经验主义作为西方哲学中的经典命题，从来就没有成为中国传统犯罪构成论体系构建的哲理基础。另外，论者对于事实判断与价值判断及两者之间的关系并没有深入探究，有言犹未尽之感。事实上，我国传统犯罪构成论体系同样存在价值评价，而不仅仅是事实判断。

第三种观点站在价值评价的角度对不同的犯罪构成论体系作了分析，有可取之处。缺陷是：首先，针对“犯罪构成体系是事实判断”的论断针锋相对地提出犯罪构成体系是价值评价模式，在逻辑上是存在纰漏的。因为就事实判断与价值评价而言，犯罪构成论体系未必要非此即彼，兼具事实判断与价值评价也未尝不可。其次，在论者看来，犯罪构成之于一般人是认识模式，之于法官是评价模式，意味着在一般人看来犯罪构成仅仅是事实，在法官看来则只能是价值事实，这种看法值得商榷。且不说一般人对行为也存在价值评价，即便是法官也不可能仅仅根据个别认识对行为作出纯粹的价值评价，因为价值事实不可能离开客观事实而独立存在。价值事实本为主客体之

① 周光权：《刑法诸问题的新表述》，中国法制出版社 1999 年版，第 333 页。

② 欧阳本祺：《犯罪构成体系的价值评价：从存在论走向规范论》，《法学研究》2011 年第 1 期，第 131－132 页。

③ 冯亚东等：《中国犯罪构成体系完善研究》，法律出版社 2010 年版，第 45 页。

间价值关系运动所形成的一种客观的、不依赖于评价者主观意识的存在状态，它存在于价值关系运动的现实的或可能的效果、结果之中，是作为价值关系运动后果的事实。[①] 将犯罪构成理解成价值评价，抹杀了客观事实与价值事实的界限，是不可取的。"'价值'作为哲学范畴，在一定意义上是相对于'事实'而言的。"[②] 其后果将导致对犯罪的评价沦为法官自由裁量的工具，有违罪刑法定原则。

对事实与价值的探究，表明人们对犯罪构成论体系的关注已透过表象进入本质。遗憾的是，对犯罪构成论体系本质的关注没有进一步深入。在人类思想史上，关于事实与价值的各种争论，概括起来主要是从两个方面进行的：一是事实和价值的区分是否可能。质言之，两者能否相互独立存在，构成不同的事实世界与价值世界，形成截然不同的事实判断与价值评价。二是如果可能，二者之间有无联系，是绝对对立、互不相干的，还是相互联系、彼此贯通的。[③] 关于第一个方面，若割裂事实与价值并主张两者相互独立的是二元论的态度；若主张事实与价值辩证统一的是一元论的态度。第二个方面涉及两个问题：首先，事实与价值关联的程度。这对二元论与一元论的区分有一定意义。如二元论虽然主张事实与价值相互独立，但并非意味着非此即彼，承认对方的存在是相对二元论的一种态度。其次，事实、价值与规范如何联系。即对行为加以事实判断与价值判断后，为什么就能成为刑法上适格的犯罪。纵观德、日等国犯罪构成论体系的发展沿革，无不围绕上述问题展开。

笔者认为，不管是犯罪还是犯罪构成，甚至是犯罪成立，均为事实判断与价值判断共同作用的结果，是事实与价值的统一。恩格斯在驳斥休谟和康德等人否认认识世界的可能性或者至少是否认彻底认识世界的可能性时指出，"辩证法就归结为关于外部世界和人类思维的运动的一般规律的科学，这两个系列的规律在本质上是同一的，但是在表现上是不同的，这是因为人的头脑可以自觉地应用这些规律，而在自然界中这些规律是不自觉地、以外部必然性的形式、在无穷无尽的表面的偶然性中实现的，而且到现在为止在人类历史上多半也是如此"[④]。因此，前述观点将犯罪论理解成价值判断，忽视、淡化犯罪论的客观基础，令人费解。犯罪作为客观世界的行为事实，是主体评价的对象，需要借助主体评价才能进入规范视野。但是，主体评价并不能抹杀对象的客观性。"犯罪存在论是以行为决定

---

① 李德顺：《价值论》，中国人民大学出版社2007年版，第235-236页。

②③ 袁贵仁：《价值学引论》，北京师范大学出版社1991年版，第33页。

④ 《马克思恩格斯选集》（第4卷），人民出版社1995年版，第243页。

论为基础，那么，犯罪价值论就是以意志自由论为前提的。犯罪存在论着眼于对客观存在的犯罪现象的描述性分析；而犯罪价值论则立足于对犯罪人及其犯罪行为的价值性判断。”① 犯罪在本质上是事实与价值的统一，因而犯罪论也必然是事实判断与价值判断的统一。在犯罪论中，事实判断属于实然，即某一行为怎样；价值判断属于应然，即某一行为在刑法上应当怎样。由于应然是在实然基础上进行的价值判断，故人们很容易根据最终的应然评价去认识某一事物，乃至常常夸大主观认识的作用，导致唯价值论，忽视甚至否定事实判断在犯罪论中的作用和地位。“由此便产生了一种错觉，好像法律是以意志为基础的，而且是以脱离现实基础的自由意志为基础的。”②

综上所述，在犯罪论评价体系中，事实判断是对外界客观行为的实然认识。某一行为是否构成犯罪，有其发生、发展的自然规律，具有不以人的主观评价为转移的客观必然性。这就要求立法者必须认真对待行为入罪，不能肆意妄为。价值判断是主体对客观事实的应然判断。现实生活中，实然的行为事实复杂多样，即使同一性质的行为也不一雷同，如何在刑法上评价形形色色的行为事实，确保行为入罪与出罪的公正与合理，取决于立法者的价值观念以及刑事法治国理念。价值判断作为犯罪论的必备要素，要求立法者、司法者必须慎重考虑怎样的行为才能入罪，避免随性擅断。事实判断是价值判断的前提和基础，价值判断是事实判断的发展与升华。如果说事实判断为犯罪论区分了基本行为类型，划定了严格的犯罪圈，从而为贯彻罪刑法定原则确定了方向，那么价值判断则是对基本的行为类型进行细致刻画、精雕细琢，使最终被纳入犯罪圈的行为更为精准、恰当，从而避免了罪刑法定原则走向绝对与机械。因此，在犯罪论中，事实判断是犯罪论之维③，相当于犯罪论的横坐标；价值判断是犯罪论之度④，相当于犯罪论的纵坐标。两者具有各自独特的意义和作用，协调统一地评价行为入罪与否，共同组成犯罪论的维度。

（二）对定罪情节的评价必须坚持事实判断与价值判断相结合

定罪要想保持公正，必须以事实和规范为基础，并将能够体现价值判

---

① 陈兴良：《走向哲学的刑法学》，法律出版社1999年版，第342页。

② 《马克思恩格斯选集》（第4卷），人民出版社1972年版，第69-70页。

③ 维，说文解字曰车盖维也，“也比喻一切事物赖以固定的东西”。（夏征农：《辞海》，上海辞书出版社1990年版，第1329页。）维有“大纲、准则”之意，亦指几何学和空间理论称每个构成空间的因素（如长、宽、高）为一维。（胡裕树主编：《新编古今汉语大辞典》，上海辞书出版社1995年版，第686页。）

④ 度，说文解字曰法制也，是“一定事物保持自己的质的稳定性的数量界限”。（夏征农主编：《辞海》，上海辞书出版社1990年版，第962页。）度有程度、限度、界限之意，亦指根据一定标准确立的计量事物的单位。（胡裕树主编：《新编古今汉语大辞典》，上海辞书出版社1995年版，第501页。）

断的非规范性评价等要素纳入定罪体系之中。“在刑法里，法的理性化亦以理性的、不论是伦理的或是功利的‘刑罚目的’，来取代唯结果是问的复仇，并且借此而同样是将非形式的要素逐渐带入法实务当中。”① 遗憾的是，无论在理论上还是在司法实践中，对定罪的价值判断都没有充分考虑。

根据刑法以及司法解释的某些规定，定罪更侧重于对号入座式的规范判断，对行为的社会危害性的评价也往往被规范要素所束缚。这种形式化倾向，甚至将对社会危害性的评价局限在数额、次数等特定因素上，致使定罪取决于个别要素。根据单一情节定罪的弊端在于，如果存在其他定罪情节，就会出现定罪不公现象。另外，受不同地区社会经济发展的差异或者不同法官的评价标准不同等因素影响，对相同或者相似的案件的定罪同样会出现很大差异，影响定罪公正。将定罪情节规范化，旨在统一法律适用标准，规范裁量权，实现公平正义。其主要优点在于：克服了根据单一情节定罪的弊端，有利于解决不同区域、不同法官对相同或者类似的案件定罪时存在的不均衡问题，使定罪充分体现直观简练、明确稳定的特点，便于司法人员的具体操作。毕竟，通过简化决策过程并突出某些不理想的成果、规则，有助于解决某些困境或协作的问题，从而使一个有理由参与并协助某些合作事业取得成效的人，有理由遵守该事业中生成的规则。②

问题在于，由于定罪的非规范性评价因素难以完全规范化，这就造成司法实践中更多且更主要的是根据既有或显而易见的情节定罪，因而使定罪呈现出“重事实、轻价值”的特点，难以适应惩罚形形色色犯罪的需要。缺乏必要的价值判断，定罪不可避免地存在着片面追求稳定性、量化、形式化等弊端，在某种程度上会阻碍准确定罪。毕竟，规则不能允许一个决策用其他方式作出，并能阻止此外更适合的并确实最佳的决定。如果环境要求背离过去而不是膜拜过去，采用规则基础模式的决策制定机构将会发现：自己受到了阻碍而非准许。③ 另外，缺乏必要的价值判断，定罪规范化很容易造成犯罪人丧失合理申辩机会，使正义难以伸张。“规则的细密与刚性也往往导致公正实现的困难，这种情况下国民连诉说的机会都没有！刚性的立法不公与弹性的立法公正在实际的操作中结果是很难预料的，但有一点可以肯定，与刚性的立法相比，弹性立法使国民有选择的

---

① 〔美〕克利福德·吉尔兹：《地方性知识：事实与法律的比较透视》，邓正来译，载梁治平编：《法律的文化解释》，生活·读书·新知三联书店1997年版，第324页。

② Frederick Schauer, Playing by the Rules: A Philosophical Examination of Rule-Based Decision-Making in Law and in Life, Oxford: Clarendon Press, 1991, p. 125.

③ Ibid., pp. 173-174.

机会，在法律之内有抗辩的可能。”①

（三）适时调整定罪及其情节的评价依据和标准

改革开放的 40 余年来，我国经济发展不断迈上新的台阶，社会发展也日新月异。这便给人们的生活水准、价值观念等带来巨大变化，从而必然带动包括法律制度在内的各项社会制度的变革。“在发明活跃的时候，在工业、商业和交通带来新的人类关系，并且在群体关系由于道德规范和伦理观念的扩充而发生变化，法律能够随着社会这种广泛而深远的变化而保持相应的步伐。‘旧’的法律往往会让路给‘新’的法律。”② 这些变化理应要求定罪及其情节评价与时俱进，不能故步自封。

然而，从我国刑法和相关司法解释的规定来看，许多犯罪的定罪标准一经确定后，在若干年内基本保持不变，这很难称得上公正。以盗窃罪为例，相当长的时间内，其入罪标准都是固定的。例如，司法机关在 1998 年颁布过盗窃罪的入罪标准是 500～2 000 元，这一标准一直保持到 2013 年才被修正，整整经过了 15 年，这一标准未发生变化，这很难说是可取的。又如，自 1997 年以来，我国性观念发生巨大变化，人们对性行为的态度变得更为宽容和开放，这样的变化理应在定罪中得到充分反映，即与卖淫嫖娼等相关的性犯罪因社会危害相应降低而适当被给予从轻处罚。“现在人们了解了其他种类的性行为，包括婚内和婚外性行为，于是娼妓和性犯罪在社会中的道德和心理重要性下降了。娼妓在美德与邪恶、好女人与坏女人的戏剧中所扮演的角色也不那么重要了。结果，公众的注意力无论在加强法纪或为娼妓提供便利两方面都减弱了。”③ 然而，我国刑法对卖淫嫖娼犯罪的入罪标准却一直没有作出相应调整，这也是有违公平的。④ 僵化的、形式化的定罪标准在刑法和司法解释中随处可见，严重妨

---

① 李洁：《论定罪规范化应当缓行——以我国现行刑法立法模式为前提的研究》，《吉林大学社会科学学报》2011 年第 1 期，第 120 页。

② 〔美〕亚狄瑟：《法律的逻辑：法官写给法律人的逻辑指引》，唐欣伟译，法律出版社 2007 年版，第 278 页。

③ 〔美〕约翰·盖格农：《性社会学——人类性行为》，李银河译，内蒙古大学出版社 2009 年版，第 263 页。

④ 我国刑法对卖淫嫖娼犯罪规定的法定刑极为严厉，在世界上都很罕见。刑法对组织卖淫罪与强迫卖淫罪规定的法定最低刑是 5 年有期徒刑，最高刑是无期徒刑，协助组织卖淫罪法定最高刑为 10 年，引诱、容留、介绍卖淫罪，引诱幼女卖淫罪的法定最高刑均为 15 年有期徒刑。相应地，国外对卖淫嫖娼犯罪规定的法定刑相对较轻。如德国刑法对严重的拐骗妇女卖淫罪规定的最高刑为 10 年自由刑，《意大利刑法典》第 531 条～第 536 条规定，对于以经营卖淫场所为目的将房屋或场所予以租赁等 8 种行为，处以 2 年至 6 年有期徒刑；美国模范刑法典规定，卖淫犯罪的重罪最高刑为 5 年监禁，轻罪最高刑为 1 年监禁，微罪最高刑为 30 日以下监禁；挪威刑法对卖淫犯罪处罚较单一，为 5 年以下监禁刑。

碍犯罪认定的科学性与合理性。

“数字化”定罪标准本无可厚非，但如果因为追求稳定而走向僵化，就会与经济发展、社会进步脱节，难以充分揭示行为在不同情势下的社会危害性。“无数原因可以促使货币的价值改变；所以改变后同一金额已不再是同一的东西了。”① 也许，有人会说刑法和司法解释对“数字化”定罪通常会确定一个幅度，并非绝对量化。问题在于，一定的法定刑幅度如果不能真实地反映经济发展所带来的变化，就有可能造成定罪不公正。例如，1998 年司法解释规定的盗窃罪的“数额较大”幅度为 500～2 000 元，只存在 3 倍差距。如果 1998 年至今社会发展所带动的物品价值变化远远超过 3 倍，那么即使将盗窃罪数额较大的标准由 500 元调至 2 000 元，也不能真实反映同一数额的盗窃所代表的社会危害程度的变化。

在司法实践中，我们更多的是考虑如何细化、量化形形色色的定罪情节，并没有充分认识到定罪情节与时代发展变化的价值流变。然而，我国刑法或者司法解释一经确立定罪的情节标准，若干年几乎保持不变，这显然难以适应司法实践的需要。因此，适时调整定罪及其情节的评价依据和标准，是充分体现定罪的实然裁判的保证，对准确定罪极为重要。“由于判决所针对的社会环境变化了，判决制造者们对适用于实现目的之手段的看法也变化了，因而，解释规则的方法也必须变化。”②

（四）赋予法官适度的自由裁量权

在司法实践中，同案不同性质、定罪价值判断不一致的问题一直存在。而定罪情节的固定化、形式化、规范化似乎成为理论上和实务上认定犯罪的主要依据。定罪情节的规范化必然造成犯罪评价呈现形式化特征，借此达到定罪公正和平衡的目标，维护国家法律的统一实施。定罪情节更多的是以量化、形式化的评判出现的，对司法自由裁量权起了很大的限缩作用。

例如，刑法将诈骗罪的定罪情节限定为达到较大数额，1996 年司法解释又将具体的定罪数额规定为 2 000 元。这样，即使出现其他影响诈骗行为的社会危害性的情节，也难以在定罪过程中得到评价，这显然是不科学的。只要加以对比就会发现：在不具有其他特别情节的情形下，行为人诈骗 2 000 元，即可认定为诈骗罪。如果行为人诈骗 1 900 元，且将被害

① 〔法〕孟德斯鸠：《论法的精神》，张雁深译，商务印书馆 2006 年版，第 391 页。

② 〔美〕昂格尔：《现代社会中的法律》，吴玉章、周汉华译，译林出版社 2008 年版，第 167 页。

人打成轻微伤，造成恶劣的社会影响，也导致被害人受到严重损失，却对行为人不能以诈骗罪论处。后者较之前者虽然在数额上少了100元，但打伤了被害人并给其造成一定的损失，还造成恶劣的社会影响，这些情节加在一起体现的社会危害性，远非100元的损失所能比拟。从实质上考察，后者的定罪情节要比前者的恶劣，社会危害性也要大，对前者定罪而对后者不以犯罪论，这是无论如何也难以让人信服的。之所以造成这样的矛盾，主要是因为刑法及司法解释对定罪情节加上了量化、形式化的评价，这种评价乃至于对司法自由裁量权起了很大的限缩作用。

比较而言，司法解释对交通肇事罪的定罪情节的评价相对就要科学、合理些，此罪的司法自由裁量权也要大得多。根据最高人民法院《关于审理交通肇事刑事案件具体应用法律若干问题的解释》第2条的规定，交通肇事具有下列情形之一的，处3年以下有期徒刑或者拘役：一是死亡1人或者重伤3人以上，负事故全部或者主要责任的；二是死亡3人以上，负事故同等责任的；三是造成公共财产或者他人财产直接损失，负事故全部或者主要责任，无能力赔偿数额在30万元以上的。同时，该条还规定，交通肇事致1人以上重伤，负事故全部或者主要责任，并具有下列情形之一的，以交通肇事罪定罪处罚：一是酒后、吸食毒品后驾驶机动车辆的；二是无驾驶资格驾驶机动车辆的；三是明知是安全装置不全或者安全机件失灵的机动车辆而驾驶的；四是明知是无牌证或者已报废的机动车辆而驾驶的；五是严重超载驾驶的；六是为逃避法律追究逃离事故现场的。不难看出，较之诈骗罪等，关于交通肇事的定罪情节的评价相对多样化，具有一定的灵活性。当然，司法解释采取穷尽式的定罪情节评价方式，也多少是要留下缺憾的。毕竟，如前所述，影响定罪的主客观情节有时是很难一一穷尽的，有的情节能够影响行为的社会危害性，却因没有为司法解释规定而被排除在犯罪评价之外，这于情于法均有所不妥。

由上可知，定罪时将情节评价固定化、形式化、规范化，是限缩司法自由裁量权的体现，但有走向另一个极端之嫌。在刑法发展史上，法官的自由裁量权过大，确实容易产生罪刑擅断等弊端，纵容司法不公，这才需要罪刑法定。但是为了遏制罪刑擅断等便极力限制司法自由裁量权，也并非可取途径。因为这样容易滑入绝对罪刑法定的泥淖中，致使刑法难以适应司法实践的需要。因此，给予法官适当的自由裁量权，成为相对罪刑法定主义的内在要求。定罪情节的规范化力图将定罪情节量化、细化，导致司法自由裁量权严重受限，有所不妥。其实，为司法自由裁量权留有相当的余地是很多国家的做法。“在某些情况下，根据法院的自由裁量，出现任何此类因素都可以使偏离合法化。相似的，即使偏离理由在确定指南幅度时已经纳入考虑（例如，一个特殊的犯罪特征或其他调整规则），法院也可以偏离指南，只要法院决定，由于情况异常，指南规定的该因素的分量尚不充分或过重。”① 即使在崇尚规范治理的大陆法系国家，“法官的独立性价值和与行为人有关的制裁的个别化的价值被作为论据提了出来”②，其自由裁量权也是得到了应有的尊重的。当然，赋予法官自由裁量权存在偏离正确定罪以及罪刑法定的危险。但是，为了使定罪能够充分反映对各种各样的入罪情节的评价，对这样的危险是有理由允许其存在的。“司法裁判不可避免会有不确定的危险，这是必须接受的。”③ 因为，许多存在于规范之外影响定罪的因素，需要借助价值判断来评价，这离不开法官的自由裁量权的运用。从这一角度来讲，法官最重要的特征便在于他的价值体系与从事价值判断的能力，唯有在不同的理由尤其是实质理由之间进行协调，才能让一位法官清楚地体现出他的价值。④

是否坚持定罪情节的规范化，在一定程度上涉及司法自由裁量权与量化、形式化的规范制约之间的博弈与平衡。如果将定罪情节的规范化理解为定罪的量化、形式化，那么司法自由裁量权势必将受到极大约束，这极有可能使定罪偏离公正；如果对定罪不予以规范化，那么又会因司法自由裁量权的不当行使而导致同罪不同罚、定罪不均等现象滋生。显然，偏向任何一极的做法都是不可取的。“还是应该给法官稍微多一点的自由裁量权，要有所控制，但不能过于限制。”⑤ 理想的选择是在定罪情节的规范化与保障司法自由裁量权之间找到一个合适的支点，以便最大可能地实现定罪公正。总之，赋予法官适度的自由裁量权，使定罪充分体现价值判断，是具有重要的现实意义的。

三、但书中“情节”之具体运用

如前所述，即使是抢劫罪、故意杀人罪等重罪，也应该存在显著轻微危害不大的情形。不过，近些年来刑法修正案增加的一些罪名或者犯罪的

① 吕忠梅主编：《美国定罪指南——美国法官的刑事审判手册》，法律出版社2006年版，第390页。

② 〔德〕耶赛克、魏根特：《德国刑法教科书》（总论），徐久生译，中国法制出版社2001年版，第1046页。

③ 〔德〕卡尔·拉伦茨：《法学方法论》，陈爱娥译，商务印书馆2005年版，第175页。

④ Robert S. Summers, Two Types of Substantive Reasons: The Core of a Theory of Common-Law Justification, 63 Cornell Law Review, 1978, pp. 707, 710.

⑤ 周光权：《定罪规范化：可行性与难题》，《法律适用》2004年第4期，第63页。

行为类型，引起了人们对于犯罪的定量因素是否存在的争议。其中最典型的是醉酒驾驶与扒窃入罪。下面将以醉酒驾驶与扒窃入罪为例，具体阐述但书中“情节”的理解与适用。

（一）醉酒驾驶入罪情节的理解与适用

1. 醉酒驾驶是否受但书制约的理论争议

《刑法》第133条之一第1款规定，“在道路上驾驶机动车，有下列情形之一的，处拘役，并处罚金：（一）追逐竞驶，情节恶劣的；（二）醉酒驾驶机动车的……”该条规定的是危险驾驶罪，乃《刑法修正案（八）》增设的罪名。其中，醉酒驾驶由于不像追逐竞驶那样需要情节恶劣才构成犯罪，被不少人解读为根据行为类型（性质）入罪。于是，醉酒驾驶构成犯罪究竟是否受但书制约，有没有必要考虑其他情节、危害等，不同司法部门对此也存在不同的解读，理论界更是存在较大争议。

司法部门的表态就令人感到迷惑。对于醉酒驾驶是否仅仅根据行为类型（性质）入罪，公安部和最高人民检察院持肯定态度。“公安部方面透露，在刑法修正案（八）和修改后的道路交通安全法施行后，公安部门对经核实属于醉酒驾驶机动车的一律刑事立案。根据公安部的统计，目前全国各地已有646件案件侦查终结并移送检察院审查起诉，占案件总数32%。”① 最高人民检察院及其工作人员则表示，“对于公安机关移送至检察机关的醉驾案件，经检察机关查明，案件的醉驾事实清楚、证据确凿充分，会一律按照法律程序办理。对于醉驾情节轻微案件，白泉民表示，会按照刑法修正案（八）及相关法律上的条款起诉，不会存在选择性”②。与公安部和最高人民检察院不同的是，最高人民法院对此持否定态度，认为醉酒驾驶入罪必须受但书制约。“当打击‘醉驾’正热火朝天之际，最高法院副院长张军却泼下一瓢冷水，表示‘勿将醉驾一律认定为犯罪’。张军副院长的发言引起争议，认为是否会导致‘选择性执法’。在各界的质疑声中，最高法院针对‘醉驾入刑’下发通知，要求各级法院‘在具体追究刑事责任上，慎重稳妥。已经采取强制措施的，可视案情，变更强制措施，保证程序合法’。文件精神与张军副院长的发言是一致的。”③

与司法部门一样，理论界对醉酒驾驶入罪是否受但书制约也存在很大

① 闫晓光：《公安部：醉驾一律刑事立案》，《信息时报》2011年5月19日第09版。
② 《最高检表态只要证据充分醉驾一律起诉》，《北京晚报》2011年5月24日。
③ 同①。

争议。肯定说认为，醉酒驾驶入罪应当受但书制约。如有学者认为，醉酒驾驶入罪必须受但书制约。"'醉驾入罪'的司法适用需要注意两点：一是危险驾驶罪作为犯罪的具体类型，其司法认定需要遵从罪刑法定原则和犯罪概念的制约。虽然根据罪刑法定原则，一般不能直接依据犯罪概念判断具体犯罪的成立与否，但是，认定犯罪成立绝不能超越犯罪概念的约束，这是总则指导性、制约性的体现，也是罪刑法定原则的实质化判断的需要——借助犯罪概念将不具有严重社会危害性的行为出罪化。二是司法者把醉驾行为认定为危险驾驶罪时，必须把'情节显著轻微危害不大的'情形排除在犯罪圈之外。作为犯罪的具体类型，不但要符合危险驾驶罪的具体犯罪构成，同时犯罪行为须符合严重社会危害性特征。前者的判断依赖于刑法条文的明文规定，后者的考量则需要结合案件情节予以审慎斟酌。总之，不能因为刑法修正案（八）第二十二条没有为醉酒驾驶机动车设定情节限制，就突破刑法总则第十三条关于犯罪特征的相关规定；'醉驾不能一律入罪'正是承认刑法总则效力的必然结果，也是其应有之意。"①有学者指出，"尽管《刑法修正案（八）》规定的醉驾入罪的条件并不严格，其没有设置'情节恶劣'或者'情节严重'的要件，但这并不意味着只要达到醉酒标准而驾驶机动车的，就一律构成刑事犯罪。一方面，我们应当判断醉驾是否造成了特定的危险状态，如果没有造成任何危险状态，我们应以行为不符合危险驾驶罪的构成要件为由，不认定为犯罪；另一方面，即使醉驾造成了特定的危险状态，并符合危险驾驶罪的其他构成要件，我们也还应当正确理解和适用'但书'条款，将一些'情节显著轻微危害不大'的醉驾排除出犯罪，从而正确把握'醉驾违法'和'醉驾犯罪'之间的界限"②。还有学者认为，刑法虽然没有对危险驾驶设定入罪犯罪情节，但犯罪情节是暗含其中的。"'在道路上醉酒驾驶机动车'其实是危险驾驶定性描述与罪量要素的同体。立法者已经根据'但书'的指引，以暗示罪量要素方式，将罪量要素规定在法条之中。刑法解释与适用的任务就是，从法秩序统一性的立场出发，对我国现行法律体系关于危险驾驶不法行为的行政罚与刑事罚的安排进行体系性解读，并通过刑法条文关于'在道路上醉酒驾驶机动车'的法教义学解释，发现刑法条文真正的规范含义。"③

---

① 赵秉志、张伟珂：《醉驾入罪的法理分析》，《检察日报》2011年5月17日第3版。

② 刘宪权、周舟：《〈刑法〉第13条"但书"条款司法适用相关问题研究——兼论醉驾应否一律入罪》，《现代法学》2011年第6期，第106页。

③ 梁根林：《"醉驾"入刑后的定罪困扰与省思》，《法学》2013年第3期，第54页。

否定说认为，醉酒驾驶入罪乃根据行为类型（性质）入罪，不应当受但书制约。如有学者认为，肯定论者曲解了我国传统的刑法理论，其观点严重违反罪刑法定原则，值得反思。首先，“醉驾型”危险驾驶罪排斥“但书”的适用。其理由如下：一是作为刑法分则规定的“醉驾型”危险驾驶罪并不当然属于《刑法》总则第13条但书的适用对象；二是从“醉驾型”危险驾驶罪的罪状表述看，“醉驾型”危险驾驶罪是抽象危险犯，其成立不以情节严重或情节恶劣为要件；三是从全国人民代表大会法律委员会关于《刑法修正案（八）（草案）》审议结果的报告关于醉驾行为构成犯罪的罪状表述变化以及审议过程争论的焦点看，“醉驾型”危险驾驶罪的判断是类型化判断，不存在因情节显著轻微而不构成犯罪的例外适用。其次，承认醉驾行为一律入罪与我国区分犯罪概念与违法概念的二元做法并不矛盾。① 有学者提出，醉酒驾车不是“情节显著轻微危害不大的”行为，不能不予定罪。理由如下：第一，但书条款只是犯罪概念中用来从反面说明什么样的行为才是犯罪的说明性概念，它本身不是认定行为是否构成犯罪的标准或者条件。第二，从立法理由来看，醉酒型危险驾驶罪是抽象危险犯，是立法者根据大量的统计数据以及生活经验，认为实施这种行为很可能对社会造成危害，因而有必要对其提前处以刑罚以预防实害结果的发生，才规定为犯罪的。第三，在本罪中，刑法仅规定处罚醉酒驾驶者，而没有规定处罚饮酒后驾驶者，说明立法者已经考虑到了两者的社会危害程度差异。第四，从刑法和道路交通安全法的适用衔接来看，两法对饮酒后驾驶和醉酒驾驶的处罚是泾渭分明并且相互衔接的，不存在交叉适用的可能。②

学界在讨论醉驾入罪时，还通常涉及抽象危险犯问题。人们争议的焦点不在于危险驾驶罪是不是抽象危险犯，而在于如何认识和理解抽象危险犯。换句话说，对抽象危险犯而言，是否只要实施了构成要件的行为，对之就要以犯罪论处，即是否只要具备侵害法益的危险就能够认定抽象危险犯成立。毫无疑问，对抽象危险犯的不同理解，会造成但书规定对危险驾驶罪具有不同的限定功能。例如，有学者认为，醉驾型危险驾驶罪是抽象危险犯，应当一律入罪，没有适用但书规定的余地。因为醉酒驾驶在性质上属于抽象的危险犯，行为人只要实施醉酒后驾驶机动车的行为即构成危

---

① 谢望原、何龙：《“醉驾型”危险驾驶罪若干问题探究》，《法商研究》2013年第4期，第109页。

② 黄丽勤：《醉驾型危险驾驶罪司法适用问题研究》，载朱孝清等主编：《社会管理创新与刑法变革》（下），中国人民公安大学出版社2011年版，第1265页。

险驾驶罪，司法中无须证明醉驾行为的危险程度。[①] 有学者则指出，“抽象危险犯场合，危险仍然是独立于行为的犯罪成立要素，行为和危险不是完全一体的，在很大程度上仍然是分离的。既然我国区分犯罪和一般违法，犯罪场合的违法必须达到刑法可罚的程度，那么，在抽象危险犯的场合，即便行为人实施了构成要件的行为，完全可能出现没有法益侵害危险而不构成犯罪的情形；或者即便出现了法益侵害，也完全可能没有达到刑法要求的‘严重程度’。所以，刑法‘但书’在抽象危险犯场合应当有适用余地，应该是当然的结论”[②]。根据这种观点，抽象危险犯并不以实施构成要件的行为或者造成侵害法益的危险为成立标志，危险仍然是独立于行为的犯罪成立要素，但书在抽象危险犯场合应当有适用余地。此外，有学者虽然也主张醉酒驾驶行为不应一律入罪，却不同意根据“情节显著轻微危害不大”的但书规定来出罪。主要原因在于：首先，以但书“情节显著轻微危害不大”作为出罪依据不符合《刑法》第 133 条之一的立法目的；其次，与外国的立法例相比较，根据“情节显著轻微危害不大”这一标准来进行醉酒驾驶行为的出罪化也不妥当。[③]

还有学者提出，“由于抽象危险犯不以法律所保护的社会利益受到实际侵害或存在具体危险为要件，行为的危险性由立法者拟制，一旦该种法律拟制与事实情况不符，且行为人有证据证明实际上不存在任何风险，完全可能产生形式上符合抽象危险犯的构成要件但实质上没有制造成立抽象危险犯所要求的法律禁止的风险。作为抽象危险犯构成要件形式化表现的法条与作为实质内涵的风险便无法形成统一解释。与此同时，危险行为在社会现实中也会出现拟制风险与实际风险的明显背离”[④]。该观点实质上是对抽象危险犯提出了另一种理解，即所谓的拟制的抽象危险犯，并把醉酒型危险驾驶罪视为拟制的抽象危险犯。该观点认为当这种拟制的危险不存在时，应当对行为予以出罪。根据这种对抽象危险犯之危险的理解，对于不可能对道路交通安全制造风险的醉驾行为，我们应当适用但书规定予以出罪；否则，不能适用但书规定予以出罪。对此，有学者不予认同。

① 殷磊：《论刑法第 13 条功能定位——兼论（醉酒型）危险驾驶罪应一律入刑》，《政治与法律》2012 年第 2 期。

② 何荣功、罗继洲：《也论抽象危险犯的构造与刑法“但书”之关系——以危险驾驶罪为引例》，《法学评论》2013 年第 5 期，第 53 页。

③ 冯军：《论〈刑法〉第 133 条之一的规范目的及其适用》，《中国法学》2011 年第 5 期。

④ 谢杰：《“但书”是对抽象危险犯进行适用性限制的唯一根据》，《法学》2011 年第 7 期，第 31 页。

"在我看来，拟制的危险主要是针对侵害法益的损害无从确定的情形，醉酒型危险驾驶罪的危险并非法律拟制的危险，而是类型性的行为危险。这种危险存在于行为之中，无须司法认定。因此，不存在情节显著轻微危害不大，需要借助但书规定予以出罪的情形。"①

如何看待上述分歧呢？这关系对醉酒驾驶的情节应当如何认定的问题。笔者认为，醉驾入罪不受但书制约显然是经不起推敲的。其最大的不足在于：将醉酒这一情节当成是醉酒驾驶入罪的全部情节，漠视醉酒驾驶入罪的其他情节的存在，既不客观也不符合刑法的立法精神。诚然，醉酒属于醉酒驾驶入罪的重要情节，这一点是无法否认的。"醉酒驾驶犯罪虽然不是总则或分则规定的概括情节犯，却正是由分则规定的具体情节犯，该犯罪情形明文规定的具体情节就是'醉酒'。醉酒驾驶犯罪情形作为分则的具体情节犯，决定了它不能同时是总则第 13 条规定的概括情节犯。"② 从这一点来看，认为醉酒驾驶属于行为犯显然是片面的。因为行为犯的成立取决于法定的行为本身，通常不考量其他情节，如参加恐怖组织便是如此。就醉酒驾驶而言，驾驶是行为，醉酒则是驾驶时行为人的一种特殊状态，并非必然附随于驾驶行为。既然醉酒是驾驶的情节，而醉酒驾驶并非不可分割的一体化的行为，那么不能认为醉酒驾驶属于行为犯。

抽象危险犯的问题在理论上本来就十分微妙。目前，学界对抽象危险犯和具体危险犯的区分标准并没有定论，可谓争议很大。传统观点主张，具体危险犯是以发生危险作为构成要件要素的犯罪，抽象危险犯虽然也以发生危险作为处罚根据，却是不以发生危险作为构成要件要素的犯罪；也有观点认为上述传统观点存在缺陷，提出具体危险犯与抽象危险犯都是以对法益侵害的危险作为处罚根据的犯罪，但前者的危险是需要司法上具体认定的，后者的危险是立法上推定的；还有观点提出，具体危险是"作为结果的危险"，抽象危险是"行为的危险"；更有观点认为具体危险犯与抽象危险犯只是危险程度不同。③ 既然抽象危险犯是个悬而未决的理论概念，那么以之作为认定犯罪成立的理论依据本身就存在疑问。事实上，即使承认抽象危险犯的存在，也并非可以断言只要实施了构成要件的行为，或者说只要具备侵害法益的危险，就能够认定抽象危险犯成立。"在具体

① 陈兴良：《但书规定的法理考察》，《法学家》2014 年第 4 期，第 63 页。

② 夏勇：《作为情节犯的醉酒驾驶——兼议"醉驾是否一律构成犯罪"之争》，《中国刑事法杂志》2011 年第 9 期，第 19 页。

③ 张明楷：《外国刑法纲要》，清华大学出版社 2007 年版，第 112 页。

案件中，行为是否存在抽象的危险，并非完全不需要判断，只是不需要像具体危险犯那样判断，而是需要一般性的、类型性的判断。”① 抽象危险犯的成立，同样需要考虑但书规定，否则将成为于法无据的空洞概念。因此，以抽象危险犯作为理论根据认定醉酒驾驶入罪不应考虑但书规定，是缺乏说服力的。

醉酒驾驶中的“醉酒”只是其入罪的情节之一，尽管其对于醉酒驾驶成立犯罪极其重要，甚至可以说是核心情节，但终究不能替代醉酒驾驶的全部犯罪情节。如前所述，根据但书的立法意旨，行为构成犯罪，通常需要综合行为结果、行为对象、行为手段、行为的时间和地点、行为条件、犯罪主体智力发育程度或精神状态、主体身份、犯罪的目的和动机、犯罪的故意和过失等各种与犯罪有关的主客观具体情节。一般情形下，如果行为人醉酒驾驶，且其他犯罪情节并无特别之处，如没有体现行为人具有良善的犯罪心理或动机，或者没有体现行为人保护合法利益等，由于醉酒这一情节已经具有严重的社会危害性，综合醉酒驾驶的犯罪情节认定不符合但书规定，因而被认为是犯罪，这是值得理解。

如果行为人虽然醉酒驾驶，却还具有其他相对较轻的情节或者说对社会有益的情节，此时综合醉酒驾驶的各种情节，认为符合但书规定而不认为是犯罪，是完全符合刑法规定的。例如，甲喝酒后，血液中的酒精含量达到80mg/100ml，他在路上看到乙昏厥在小车上，遂驾驶小车将乙送到医院治疗。因抢救及时，乙并无大碍，且甲醉酒驾驶也没有造成任何不良后果。该案中，甲醉酒程度并不严重，其醉酒驾驶行为产生了对社会有益的较大后果，既保住了乙的生命健康，又没有造成其他不良后果。综合甲醉酒驾驶的全部情节，对其根据但书不以犯罪论处是完全可以的。又如，2011年11月12日1时许，犯罪嫌疑人罗某与其家人在某市一家KTV饮酒后，由其姐姐到车库开车。因其姐姐驾驶的起亚越野车在车库内和另外一辆车相堵，罗某遂帮其姐将车开出车库，然后由其姐驾车。当车行驶至本市某出城车站时被公安民警拦下盘问，罗某主动交代了其在车库开车的事实。经重庆市公安局物证鉴定中心鉴定，罗某血液中的乙醇含量为97.8mg/100ml。② 此案中，罗某的醉酒驾驶行为只是体现在帮其姐将车开出车库这一层面上，他的行为本身的性质和社会危害性，显然与一般的

① 张明楷：《危险驾驶罪的基本问题——与冯军教授商榷》，《政法论坛》2012年第11期，第138页。

② 夏阳：《“醉驾”案件如何定性与量刑》，《人民检察》2012年第12期，第41页。

醉酒驾驶不能相提并论：首先，罗某的醉酒驾驶时间很短；其次，罗某醉酒驾驶只是在车库，其危险性不能与在经常有人来往的公共道路上醉酒驾驶的相比；再次，罗某血液中的乙醇含量为97.8mg/100ml，醉酒程度并不很严重；最后，罗某主动交代了其在车库开车的事实，表明其主观恶性并不大。不难看出，虽然罗某醉酒驾驶，但综合所有与行为有关的情节，完全可以根据但书对罗某不以犯罪论处。由此看来，肯定说更具有说服力。

另外，认为醉酒驾驶受但书制约，也是刑法的谦抑性与经济性的需要。如果对所有的醉酒驾驶行为一律以犯罪论处，既会因不太现实而置司法于尴尬境地，也会花费很多宝贵的司法资源，可谓得不偿失。“立法是一项理性的活动，规定犯罪与刑罚的刑法应有其理性。立法时，特别是在将一种行为规定为犯罪时，不但要考虑其必要性，更应关照其可行性。欠缺可行性的立法，不但是宝贵立法资源的浪费，也会将司法者置于尴尬的境地，产生不可欲的后果。”① 从这一点来看，醉酒驾驶受但书制约也是有必要的。

2. 醉酒驾驶入罪的情节分析

既然醉酒驾驶也要受到“情节显著轻微危害不大”的制约，那么如何评价影响醉酒驾驶入罪的情节呢？对此，一种观点认为，应当考虑以下三个方面：一是醉驾的时空环境。醉驾的时空环境主要是指影响醉驾行为危害性，包括时间、人流和车流状况等要素在内的路况环境。二是醉酒人血液中的酒精含量。酒精含量是指单位血液中酒精成分所占的比重。酒精含量对危险驾驶罪的犯罪情节的影响就在于特定情况下，处于最低醉酒标准状况下的行为人可能不会对道路交通安全造成威胁。三是醉酒原因。从司法实践的情况来看，醉酒的原因是多种多样的，能够作为犯罪情节显著轻微危害不大的醉酒行为，主要是指因食用了含有酒精的食物、药品如豆腐乳、糟鸡（肉）、藿香正气水以及使用漱口水漱口等造成的轻微醉酒的行为。② 另一种观点认为，对于“醉酒驾车”情节的认定，应当从司法实务操作方面加以考量，避免因难以认定而对司法实践造成困扰，防止影响打击犯罪的力度。然而路段的时空条件难以作为情节掌握，血液中酒精含量与犯罪情节不具有客观的关联性，车速不应当成为认定犯罪情节的依据。

---

① 付立庆：《刑法修正案八中的浪漫主义思维——以醉酒驾驶入罪为切入的反思》，《云南大学学报（法学版）》2011年第5期，第107页。

② 赵秉志、张伟珂：《醉驾入罪的法理分析》，《检察日报》2011年5月17日第3版。

当前可以作为情节显著轻微予以认定的，只有驾驶的距离，但也应严格限定。①

笔者认为，就影响醉酒驾驶入罪的情节而言，第一种观点所列举的情形理应属于其列，但醉酒驾驶的情节之范围显然不限于此。第二种观点将醉酒驾驶的情节限定为驾驶的距离，既无法律依据又缺乏合理性，并不可取。事实上，如上所述，与醉酒驾驶行为以及行为人有关的、影响行为的社会危害性的一切主客观情节，都应成为影响醉酒驾驶入罪的情节。

当然，也许有人会说，如果这样考虑，那么入罪情节就有不确定性，势必影响刑法的安定性与可预测性，有所不妥。客观地说，入罪情节的多元化与不确定化确实会影响刑法的安定性与可预测性。但是，行为入罪情节的绝对化与固定化，很容易使刑法在评价行为时陷入窘境，严重影响刑法适用的灵活性与能动性，背离刑法的公平与正义。所以，比较妥当的方式是，刑法需要设置相对确定的入罪情节，哪怕这种情节是特定的、受限制的。这种特定的、受限制的情节一般在司法实践中具有典型意义，能适用于相对多数的案件，并能够解决行为入罪的多数情形。但是，这只是入罪的一般情节。如果在某些特定情形下，出现其他较为特殊的、影响行为入罪的情节，那么就不能将特定的、受限制的情节作为唯一的入罪标准，而应该将之作为入罪的参照标准之一。换句话说，在一般情形下，如果没有其他特别影响定罪的主客观情节，醉驾入罪并无不妥。但是，如果存在特别影响定罪的主客观情节，此时醉驾只能是入罪的情节之一，需要根据但书来判断行为的出罪或入罪。“虽然不能否认一般情况下，只要行为人醉酒驾驶机动车在道路上行使，就具有了严重社会危害性，从而排除‘但书’的适用。但由于例外情况的存在，这就使得‘但书’在抽象危险犯中具有了适用的余地。”② 这样考量行为入罪的情节，既能确保特定的、受限制的入罪情节适用于一般行为的入罪评价，使刑法具有安定性与可预测性，又能保证刑法的灵活性与能动性，使刑法能够最大限度地实现公平与正义。

(二) 扒窃入罪情节的理解与适用

扒窃入罪也是《刑法修正案（八）》规定的。毫无疑问，扒窃在本质

---

① 张凯、张君：《“醉酒驾车”情节显著轻微的理解与适用》，载朱孝清等主编：《社会管理创新与刑法变革》（下），中国人民公安大学出版社2011年版，第1262-1263页。

② 何荣功、罗继洲：《也论抽象危险犯的构造与刑法“但书”之关系——以危险驾驶罪为引例》，《法学评论》2013年第5期，第53页。

上也属于盗窃的一种，但又不是一般的盗窃。扒窃的特殊就在于其中的“扒”，这是其与其他盗窃行为不同的关键所在。要弄清扒窃入罪的情节要素，首先要正确理解何谓扒窃行为。对于扒窃，学界主要存在以下三种不同观点。

第一种观点认为，扒窃的概念应界定为“采用割包、掏包的方式窃取他人随身携带的财物”的行为。① 根据这种观点，扒窃有两个不同于普通盗窃的独特之处：一是手段的特殊性，即采用割包、掏包的方式；二是针对的是他人随身携带的财物。

第二种观点认为，扒窃是指在公共场所窃取他人随身携带的财物的行为。“扒窃是指行为人以非法占有为目的，在公共场所秘密窃取他人随身携带财物的行为。”② 还有学者进一步阐述扒窃成立盗窃罪在客观上必须具备的条件：第一，行为发生在公共场所，即行为发生在不特定人可以进入、停留的场所以及有多数人在内的场所，如人行道、公共汽车、地铁、火车、公园、影剧院、大型商场等。第二，所窃取的应是他人随身携带的财物，即他人带在身上或者置于身边附近的财物。例如，在公共汽车上窃取他人口袋内、提包内的财物，在火车、地铁上窃取他人置于货架上、床底下的财物的，均属于扒窃。第三，所窃取的财物应是值得刑法保护的财物。例如，扒窃他人口袋里的信用卡、交通卡、身份证等财物的，宜认定为盗窃罪。③ 根据该观点，扒窃有两个不同于普通盗窃的独特之处：一是发生在公共场所；二是针对的是他人随身携带的财物。

第三种观点认为，“扒窃概念，是指盗窃他人贴身携带的财物。由于盗窃的财物是处于被害人贴身空间之内，因此，行为人是以一种违反贴身禁忌的方式盗窃他人的财产，从而比单纯的盗窃财产的行为具有更高的危害性，提升了行为的不法内涵”④。这种观点还对第二种观点进行了批驳。“‘扒窃’在文义上是指贴近被害人人身窃取其随身携带的财物。一方面，必须指出，公共场所并非扒窃的核心要素。根据经验，扒窃一般发生在公共交通工具上或者诸如车站、码头、广场、商场、影剧院、体育场馆等公共场所，但也完全可能发生在上述公共场所以外的其他不对公众开放的特

① 陈兴良：《口授刑法学》，中国人民大学出版社2007年版，第613页。

② 陈家林：《论刑法中的扒窃——对〈刑法修正案（八）〉的分析与解读》，《法律科学》2011年第4期，第97页。

③ 张明楷：《刑法学》，法律出版社2011年版，第881页。

④ 车浩：《“扒窃”入刑：贴身禁忌与行为人刑法》，《中国法学》2013年第1期，第119页。

定场所。没有任何证据表明，在公共场所贴近被害人人身窃取其随身携带的财物，较之在其他场所贴近被害人人身窃取其随身携带的财物，就类型化地具有更为丰富的不法内涵与相对更高的不法程度，因此，前者就需要作为盗窃罪的不法行为定型加以明确规定，而后者只能作为一般盗窃行为予以评价。如果将扒窃人为地界定为在公共场所扒窃，而将在其他场所扒窃排除在外，可能会不适当地限缩刑罚处罚范围。因此，笔者并不认同张明楷教授关于扒窃必须发生在公共场所的界定。另一方面，必须肯定被害人随身携带财物是扒窃的核心要素，但不宜过于泛化地解读。由扒窃的行为特性所决定，扒窃只能是窃取他人随身携带的财物，即他人身着的衣物口袋或者随身拎挎的提包内的财物。这样的财物相对于被害人的人身具有依附性，不能脱离人身而被占有，更不能远离人身而被占有。”① 根据该观点，扒窃有两个不同于普通盗窃的独特之处：一是针对的是他人随身携带的财物；二是他人随身携带的财物必须是贴身的。

笔者认为，第三种观点相对而言更具有说服力。应当肯定的是，三种观点均在一定程度上认可扒窃是针对被害人随身携带的财物实施的盗窃。不同的是，在如何盗取被害人随身携带的财物或者被害人随身携带的财物处于何种状态方面，三种观点存在不同理解。第一种观点强调盗窃方式对取得被害人随身携带的财物的意义，并以此作为认定扒窃的另一重要因素。这种观点虽然有一定道理，但缺陷也是显然的。一方面，盗窃他人随身携带的财物的方式是多种多样的，即便限定为采用割包、掏包的方式，但这并不能说明这种方式就足以使盗窃被害人随身携带财物的行为构成犯罪。而比割包、掏包的方式更为严重或者更为轻微的手段大量存在，为什么偏偏限定为这两种方式呢？人们不得而知。另一方面，割包、掏包均是针对包而言的，然而被害人随身携带的装财物的工具往往并不限定为包裹，还可能是其他工具，因而将扒窃限定为割包、掏包有所不妥。第二种观点强调盗窃的场所性，即发生在公共场所，正如第三种观点所言，也是存在问题的，不足以使扒窃行为独立成罪。第三种观点将随身与贴身区别开来，强调盗窃他人随身携带的财物必须是贴身的，才能成立扒窃，具有一定的说服力。确实，贴身禁忌是人（包括动物在内）的一种空间概念，贴身禁忌也是使一个人面对他人时产生安全感的原因之一，因而扒窃行为与普通盗窃行为确实有所不同。正是因为扒窃侵犯贴身禁忌进而侵犯他人随身携带的财物，才使之入罪无须受到数额制约。“贴身禁忌，是指未经

① 梁根林：《但书、罪量与扒窃入罪》，《法学研究》2013年第2期。

允许或缺乏法律根据，不得侵入他人的贴身范围。这里强调的是人的身体的隐私和尊严。每个人的贴身范围都是一个禁忌空间。在法律秩序上，这也是人身权和人格权的一部分。恰恰在这一点上，表现出扒窃与其他普通盗窃的区别之处，扒窃行为在打破他人占有取走财物这个所有盗窃行为共有的财产危害性之外，多出了一块侵入他人贴身空间、违反贴身禁忌的危害性，因此，不计数额，也可以定罪。从贴身禁忌的角度来理解扒窃，既是受到其他学科研究成果的启发，也是源自对刑法本身规定的解读。”①

由上可知，扒窃之所以得以不计数额入罪，是因为其与一般的盗窃行为相比，具有独特的情节。不管这种情节是独特的方式或手段，还是被限定在特定的场所，抑或是财物与被害人的人身关系，都说明了扒窃入罪是受情节制约的，是但书在具体的犯罪行为方式上的体现。当然，扒窃侵犯贴身禁忌，也说明了但书中的情节认定的复杂性与多样性，这也是需要理论界与实务界特别关注的地方。

第四节　但书与域外理论中相关概念之比较

一、但书与社会相当性

（一）大陆法系国家的社会相当性理论概述

社会相当性理论又称社会恰当性理论，最早是由韦尔策尔发展起来的。韦尔策尔认为，“在历史中形成共同生活的社会道德制度内部活动”的各种行为，就是“社会恰当的”，从来也不会隶属于一个行为构成，即使人们能够根据原文文字将其如此加以归类。② 根据社会相当性理论，所有那些情况，即凡是在行为时间和行为地点为人们知晓者是可以客观认识的，以及一个有认识能力的人作为行为人对此可以预见的，皆构成成立相当性判决的基础；对于超出这些情况之外的行为人的“特别知道”，不予顾及。③

德国刑法理论普遍认为，《德国刑法典》的不少条文都体现或蕴含了

---

① 车浩：《“扒窃”入刑：贴身禁忌与行为人刑法》，《中国法学》2013年第1期。

② 〔德〕罗克辛：《德国刑法学总论》（第1卷），王世洲译，法律出版社2005年版，第192页。

③ 〔德〕韦塞尔斯：《德国刑法总论：犯罪行为及其构造》，李昌珂译，法律出版社2008年版，第102页。

社会相当性的思想，德国的司法判例在说明判决理由时，也时常会援引社会相当性的概念。社会相当性在立法和判例中典型的表现包括：一是正当科研艺术教育活动。《德国刑法典》第 86 条第 1 款规定了散布违宪组织宣传品罪的构成要件。该条第 3 款又规定："如果宣传品或行为是为了向国民进行教育，防止违宪企图的出现，从事艺术或者科学事业，进行研究或者教学活动，对当代的事件或者历史进行报道，或者与之类似的目的而服务，那么第一款的规定不适用之。"刑法理论将该第 86 条第 3 款称为"社会相当性条款"。二是照顾管教者的特殊权利。《德国刑法典》第 131 条第 1 和第 2 款规定了描述暴力罪的构成要件。该条第 3 款规定："如果行为实为报道当代的事件或者历史而服务，那么第一和第二款的规定不适用之。"刑法理论一般认为，刑法中诸如上述等特别针对教育领域的出罪规定，也体现了社会相当性的思想，还有学者进一步将之称为"教育的相当性领域"。三是家庭内部的侮辱性言论。德国刑法理论界和实务界都一致认为，只在狭小的家庭内部散布的针对他人的侮辱性言论，不构成《德国刑法典》第 185 条规定的侮辱罪。在家庭内部发表侮辱性言论的行为之所以不符合侮辱罪的构成要件，是因为法秩序承认家庭本应是一个毫无拘束的交流空间，如果家庭成员都害怕他们之间的交流会受到刑罚处罚，那么家庭就无法发挥这一交流空间的功能了。四是体育竞技中的身体伤害。《德国刑法典》第 228 条规定了身体伤害罪。刑法理论的通说认为，体育竞技活动所造成的身体伤害是通过被害人承诺而得到正当化的，这包括行为完全符合竞技规则的情况，也包括由于轻微过失而违反规则的情况。五是选举中正常的接受资助。《德国刑法典》第 331 条和第 333 条分别规定了收受利益罪和给予利益罪。但是，德国联邦最高法院认为，如果资助选举的款项只是为了让公务员在连任后，使其履行公务的方式能够符合利益提供者在经济上或政治上的一般想法，那么谋求连任的公务员不构成《德国刑法典》第 331 条所规定的收受利益罪。当然，如果获得选举经费的交换条件是，公务员连任成功后需要作出某个以增加资助者的利益为目的的具体决定，那么该行为就符合收受利益罪的构成要件。①

（二）社会相当性的体系定位

大陆法系国家刑法理论对社会相当性在犯罪构成论体系中如何定位，

① 陈璇：《社会相当性理论的源流、概念和基础》，载陈兴良主编：《刑事法评论》2010 年第 2 期。

存在不同的看法。具体地说，主要存在以下不同观点。①

一是作为一般解释原理的社会相当性理论。该观点认为，虽然社会相当性观点在犯罪体系内不具有任何自身的价值，但作为进行构成要件用语的意义一致性解释的辅助手段及一般解释原理，是具有意义和作用的。

二是作为构成要件符合性排除事由的社会相当性理论。该观点主张，社会相当性理论原本就具有排除或修正构成要件符合性的机能。作为构成要件符合性排除事由的社会相当性理论，正是试图把构成要件限制在狭义的不法构成要件即犯罪类型性行为之立场的逻辑所得出的必然的结论。

三是作为违法阻却事由的社会相当性理论。该理论主张，社会相当性是针对在“技术与交通领域”中通常发生的危险行为进行一般性适用的超法规的正当化事由。该理论是把社会相当性视为阻却属于共同生活伦理秩序范围内的构成要件符合行为的违法性的“习惯法的正当化事由”的见解。

四是作为责任阻却事由的社会相当性理论。弗洛伊德在社会相当性具有重要意义的体系上的领域是责任而不是违法的前提下，把社会相当性理解为责任阻却事由。他从按照规则驾驶的汽车司机虽然实施了社会相当的行为但社会没有必要甚至忍受基于其行为发生的某种危险的立场出发，主张其行为在社会意义上相当时，只是阻却责任。

五是客观归属论的替代。由于概念的暧昧模糊性与尺度的不明确性，因而该立场试图以客观归属论的尺度替代构成要件限制可能性相对不稳定的社会相当性的基准。该立场认为，客观的归属论能够比社会相当性理论在排除行为的可罚性与构要件符合性的判断上提供更为明确的、客观的基准。

上述观点均为赞成社会相当性理论的肯定说。事实上，在大陆法系国家刑法理论中也存在否定说。客观地说，社会相当性理论也是存在不足的。如有学者认为，社会相当性理论在释义学方面的薄弱之处，在于它是在错误的地方对条件理论的无边宽度提起了争论：在实际上应该对条件理论所主张的构成责任成立的重要性予以否定的地方，它否认的却是因果上的关联；社会相当性理论没有将结果的造成与归责分离开来。② 社会相当

① 以下内容参见〔韩〕金日秀、徐辅鹤：《韩国刑法总论》，郑军男译，武汉大学出版社 2008 年版，第 239-242 页。

② 〔德〕韦塞尔斯：《德国刑法总论：犯罪行为及其构造》，李昌珂译，法律出版社 2008 年版，第 102 页。

性理论存在缺陷，是否定论者主要的理论依据。许多学者认为，社会相当性理论不仅弊大于利，而且在功能上完全可以被其他的理论所替代，因而没有继续存在的必要。具体理由如下：一是社会相当性的判断标准过于模糊不清，有损于法治国所要求的法律的明确性原则；二是试图运用社会相当性来解决的问题，完全可以借助其他更为精确可靠的理论来化解。①

当前，在大陆法系国家，肯定说相对而言处于有利地位。在肯定说的诸观点中，作为构成要件符合性排除事由的社会相当性理论处于多数说地位。

（三）但书与社会相当性

社会相当性的本质是什么呢？对此，韦尔策尔认为，社会相当性是法律建立的内在原则，它不仅适用于法律已经对社会相当性给予明示或暗示规定的情形（明示的情形，例如《德国民法典》第 276、242 条；暗示的情形，例如《德国刑法典》第 253 条），同时也适用于全部的构成要件。根据事实与价值的两分法，他进一步提出：社会相当性不仅是一个功能性的秩序概念，而且还是一个价值性的秩序概念。② 既然社会相当性包含功能性的秩序与价值性的秩序，那么我们完全可以认为，社会相当性是包含一切能够体现功能性的秩序与价值性的秩序要素的总和，非此不足以说明其所具有的双重功能。所有体现功能性的秩序与价值性的秩序的要素，当然不限于客观的违法要素，也不限于主观的归责要素，而是理所当然地涵盖客观的违法要素与主观的归责要素；甚至不属于客观的违法要素与主观的归责要素的要素，只要能体现功能性的秩序与价值性的秩序的，都应包括在内。

其实，根据大陆法系国家刑法理论中的多数说——作为构成要件符合性排除事由的社会相当性理论，也能够推断社会相当性的本质。作为构成要件符合性排除事由的社会相当性，顾名思义是指能够排除构成要件符合性的事由。根据大陆法系国家刑法理论中有力的观点，构成要件符合性是违法、有责的行为类型，符合构成要件的行为通常是具有违法性与有责性的。据此，能够排除构成要件符合性的事由通常也是能够排除违法性与有责性的事由。这样一来，社会相当性就成为决定犯罪成立与否的事由。由于社会相当性包含功能性的秩序与价值性的秩序，这就需要综合所有能够影响功能性的秩序与价值性的秩序的因素加以整体评价，才能得出行为是

①② 陈璇：《社会相当性理论的源流、概念和基础》，载陈兴良主编：《刑事法评论》2010 年第 2 期。

否构成犯罪的相当性结论。换句话说，综合所有能够影响功能性的秩序与价值性的秩序的因素加以整体评价后，可能出现虽然刑法规定为犯罪，但根据社会相当性可以不以犯罪论处，进而认定不构成犯罪的情况。从这一点来看，社会相当性在形式上具有出罪功能。当然，这也从侧面说明，综合所有能够影响功能性的秩序与价值性的秩序的因素加以整体评价，如果不存在出罪的社会相当性，那么就应当以犯罪论处。

不难看出，社会相当性理论与但书在本质上是一致的。有学者就指出，由于我国采用“全构成要件”式的犯罪论体系，故社会相当性理论在我国的犯罪论体系中不仅不存在任何障碍，也许更为合适。“由于‘我国的犯罪构成，是我国刑法规定的、决定某一具体行为的社会危害性及其程度，而为该行为构成犯罪所必须具备的一切客观要件与主观要件的有机统一体’，因此，犯罪构成本身，就是决定行为社会危害性及其程度的一个实质标准，而非形式标准，从而犯罪构成的判断就成为实质违法性的判断。与我国犯罪构成判断性质与对象相同，由于社会相当性理论在违法性判断上也采用实质的违法性，而非形式的违法性。故而，该理论与我国当前的犯罪构成体系就存在着极大的协调性与一致性。”① 另外，我国《刑法》第 13 条但书规定属于实质的合理性的判断，即根据所有犯罪情节综合判断行为的整体社会危害性，得出情节显著轻微危害不大的行为不认为是犯罪，同时也可推断出犯罪是具有一定的社会危害性的行为，其所揭示的是犯罪的实质特征。而社会相当性理论也一反大陆法系国家刑法强调犯罪的形式特征的惯例，旨在从犯罪的实质特征上揭示犯罪本质。“社会相当性理论的核心思想在于，应当结合社会现实状况和一般价值观念对构成要件进行实质的把握，从而将那些虽然在条文用语上与构成要件相符，但实质上却并不具有作为犯罪类型之基础的社会危害性的行为排除出犯罪的框架。这就促成了对构成要件的实质化解释，从而克服了形式构成要件论的缺陷。”② 从这一点来看，在犯罪的评价上，社会相当性理论与但书有异曲同工之妙。

社会相当性理论的提出，是大陆法系国家司法实践在处罚轻微行为时，不得已作出的现实选择。“作为例子的，首先是那种人们通常试图作为‘社会适当性’（第 10 节，边码 33 以下）来排除行为构成的案件。在

① 于改之：《社会相当性理论的体系地位及其在我国的适用》，《比较法研究》2007 年第 5 期，第 32 页。

② 陈璇：《社会相当性理论的源流、概念和基础》，载陈兴良主编：《刑事法评论》2010 年第 2 期。

上文（第 10 节，边码 40）中已经说明，例如，向邮递员赠送新年礼物，用很小的注进行赌博，或者在最小的家庭圈子里秘密地说贬低他人的话，尽管有关法律的文字包括的范围很广泛，但是，有关的行为构成并没有得到满足，因为根据其实质的内涵，这种举止行为的方式并没有损害相应的法益。”① 根据大陆法系刑法规定，行为类型（性质）决定犯罪成立，因而犯罪认定往往是形式认定，所认定的犯罪也通常被称为形式的犯罪，具有形式违法性。根据形式违法性，行为是否违法取决于行为性质（类型），与行为的社会危害程度没有关系。“形式的违法性不允许提高等级，也不允许在数量上进行区分。一个一万马克的盗窃，在形式意义上并不比一个 10 马克的盗窃有更大的违法性，因为在这两个案件中都同样违反了第 242 条。同样，谋杀罪的形式违法性，作为一种对禁止性规定的违反，与盗窃罪的违法性并没有什么不同。”② 与形式违法性相反，实质违法性则强调行为的实质危害，即使是同一行为类型，如果造成的社会危害不同，违法性就有所不同。“相反，一个盗窃一万马克的实质性不法，超过一个偷窃 10 马克的实质性不法 1 000 倍。同样，就像一个杀人的社会危害性大大地超过了一个盗窃的社会危害性，并且，与之相比属于完全不同的性质一样。”③ 可见，形式违法性不能合理解释轻微违法行为排除犯罪性的现象，而实质违法性则能很好地说明该问题。不难发现，实质违法性发挥作用的过程在本质上与根据社会相当性评价行为是否构成犯罪是相同的，可以认为实质违法性是社会相当性在违法性判断中的具体体现。从这一点来看，社会相当性的意旨在于弥补刑法规范将行为类型（性质）作为决定犯罪成立的唯一依据所带来的缺陷与不足，从而为轻微危害行为出罪提供了充足的理论支撑。

当然，在德、日刑法理论中，区分犯罪与一般违法行为理论依据并非只有实质违法性，可罚的违法性理论也被时常用来说明轻微危害行为为什么出罪。只不过，可罚的违法性理论由于漏洞百出而支持者甚寡。不管可罚的违法性理论是否合理，至少说明大陆法系国家刑法理论界迫切想找到说明轻微危害行为出罪的理论根据，这所揭示的是德、日刑法也重视对行为的社会危害性进行程度大小的实质分析，以试图区分犯罪与一般违法行为的界限。这从某种程度上证实，我国《刑法》第 13 条但书规定是具有

---

① 〔德〕罗克辛：《德国刑法学总论》（第 1 卷），王世洲译，法律出版社 2005 年版，第 391 页。

②③ 参见上书，第 390 页。

重大的理论意义与实践价值的。

二、但书与社会常规

社会常规是韩国刑法典中的概念。《韩国刑法典》第 20 条规定：其他不违背法律的行为不予处罚。该规定被韩国学者解读为刑法明文规定社会常规成为违法性阻却事由的一般标准。“行为在满足全部构成要件，且不属于某一个别的违法性阻却事由时，若不违背社会常规，则违法性被阻却，故不能处罚。”① 所谓社会常规，是指以国家秩序的尊严性为基础的公民一般的健全的道义感，或者公正思维的一般人的健全的伦理情感。因社会常规是指公民一般的健全的道义感或者一般人的健全的伦理情感，故不违背社会常规的行为是指比照法律秩序整体精神或社会伦理可以被容忍的行为。②

韩国学者认为，社会常规与社会相当性是两个不同的概念：首先，社会常规具有通过将对此不违反的行为视为没有实质违法性进而排除违法性的法的性质。与此相反，社会相当性作为“属于历史上形成的社会伦理共同生活秩序内的行为”的判断基准，具有构成要件符合性排除事由的法的性质。其次，社会相当性作为解释构成要件基本原理的一种，具有构成要件符合性的消极一面：在判断构成要件符合性中通过否定行为无价值的成立排除行为的构成要件符合性。与此相反，社会常规具有不法的消极一面：以行为的构成要件符合性的成立为暂定的前提，在判断实质的违法性阶段中排除行为的违法性。③

通常，社会常规适用的对象包括以下几类：一是义务冲突的情况。所谓义务冲突，是指义务者虽然具有同时应该履行的两个以上的作为义务，但义务者只能履行其中某一个义务，而不能履行的其他义务将成为符合构成要件的可罚行为的情况。二是被容许的危险的情况。被容许的危险在构成要件符合性排除层面上也作为所谓具有社会相当性的一类型或客观归属的一尺度而成为问题。具有一定的危险创出之危险性的行为既是正常的又是在历史上形成的社会秩序范围内一般被容许的行为，所以不能视为在构成要件上具有意义的危险创出行为。三是其他不违背社会常规的行为。其

①② 〔韩〕李在祥：《韩国刑法总论》，韩相敦译，中国人民大学出版社 2005 年版，第 253 页。

③ 〔韩〕金日秀、徐辅鹤：《韩国刑法总论》，郑军男译，武汉大学出版社 2008 年版，第 333-334 页。

他为韩国判例所认定的不违背社会常规的行为有以下几种：邻居家的大人惩戒犯错误的他人子女的情况，这种法令上无惩戒权之人的惩戒行为客观上在惩戒行为的应有范围之内，主观上也被认定为存在教育目的的情况；威胁他人如果不履行被害赔偿义务就进行告诉或拘留的情况，这种为行使权利而进行的行为虽然具有胁迫的内容，但没有达到脱离社会常规的程度；为躲避相对方的挑拨、暴行、强制拽走等的消极的防御行为的情况；等等。①

不难发现，符合社会常规的行为并非因为情节显著轻微危害不大而不构成犯罪，而是因为行为本身就符合法秩序整体的精神或者存在于其背后的社会伦理或社会通念，所以不存在社会危害性问题。而我国《刑法》第 13 条但书所规定的行为是具有社会危害性的行为，并不符合社会常规，只是因为情节显著轻微危害不大而不构成犯罪。因此，但书规定在性质上不同于符合社会常规的行为。

---

① 〔韩〕金日秀、徐辅鹤：《韩国刑法总论》，郑军男译，武汉大学出版社 2008 年版，第 335 页以下。

第二章　但书与社会危害性理论

谈到但书规定，离不开对社会危害性理论的理解和运用。这是因为，但书规定本质上说的是行为的社会危害性及其程度的问题。只有具备严重社会危害性的行为，才能被认定为犯罪；如果行为的社会危害性不大，即情节显著轻微危害不大，对其就不能以犯罪论处。可见，如何正确、合理地理解和运用社会危害性理论，直接关系对但书规定的功能、性质以及意义等的认识与理解。可以说，社会危害性理论是科学诠释但书规定的重要理论依据。

第一节　但书是社会危害性理论的立法化

一、社会危害性理论及其争议

一直以来，我国刑法学界传统理论秉承苏联刑法学说，认为据以定罪的主要理论根据是社会危害性理论。那么什么是苏联刑法理论中的社会危害性理论呢？简而言之，就是犯罪的本质特征是行为的社会危害性。因此，社会危害性是决定行为入罪的核心要素，社会危害性理论又被称为社会危害性中心论。“根据苏联刑法学者建构的社会危害性中心论的刑法学体系，社会危害性既是犯罪的阶级本质与社会本质所在，也是犯罪的其他法律特征的渊源。因此，社会危害性是犯罪的本质特征。它决定了犯罪的应受刑罚惩罚性。”①

对于苏联刑法理论中的社会危害性理论，近年来我国不少学者提出了质疑。有学者指出，社会危害性这类对犯罪在规范外的实质定义的致命弱点在于，在这个基础上建立起来的犯罪体系完全依赖于行为的规范属性，

---

①　陈兴良：《刑法哲学》，中国政法大学出版社 1997 年版，第 690 页。

因而从本质上放弃了实质犯罪概念。因为，如果我们宣称犯罪的本质是行为的社会危害性，由于危害社会的并不都是犯罪，那么区别犯罪与其他危害社会行为的唯一标准就不可避免地只能决定于刑法是否禁止这个行为，也就是行为的形式违法性。这种所谓实质认识由此也就成了一种文字游戏般的东西，其实质变成了由法律形式所决定的，也就是形式的犯罪而已。① 该观点对学界产生了很大影响，此后其他学者也陆续从不同角度对社会危害性理论进行了批评。如有学者认为，社会危害性理论所显现的实质的价值理念与罪刑法定主义所倡导的形式的价值理念之间，存在着基本立场上的冲突。基于刑事法治的理念，应当理性地审视社会危害性理论，在注释刑法学中应当坚守形式理性，否定社会危害性理论，只有这样才能使罪刑法定原则真正得以实现。② 论者还对社会危害性理论作了进一步的批判性清理，主要是立足于社会危害性的形成史，进行了历史考察，对犯罪概念，包括形式概念、实质概念与混合概念进行了法理论证，指出了社会危害性与刑事违法性之间的相悖性以及由此形成的犯罪认定中犯罪构成的形式判断与社会危害性的实质判断之间的对立性，并对犯罪构成体系中的社会危害性观念作了评析。③

否定社会危害性理论的观点遭到了不少学者的反驳。针对一些刑法学研究者基于罪刑法定原则的立场对社会危害性进行的质疑和挑战，对社会危害性的批评几乎呈一边倒之情势，有学者以《刑法》第 13 条但书为切入点，通过论证但书与罪刑法定原则在价值和功能上的一致性，提出应该善待我国刑法中的社会危害性观念。④ 有学者主张，我国刑法中的犯罪概念正是因为规定了社会危害性理论才更显其合理性；社会危害性理论不与罪刑法定原则相冲突，反而体现出与罪刑法定相一致的价值立场；继续以社会危害性为中心的我国刑法理论是可行的，也是必要的。⑤ 有学者肯定在罪刑法定原则下社会危害性概念暴露出一些缺陷，但认为承认社会危害性的地位，并不是对罪刑法定原则的破坏，相反，社会危害性理论和罪刑法定原则一起成为保障人权、限制随意发动刑罚权的两道防线。因而，不应简单地将这一概念完全抛弃，而应重新科学地确定其地位，发挥其应有

① 李海东：《刑法原理入门》，法律出版社 1998 年版，第 7 页。

② 陈兴良：《社会危害性理论——一个反思性检讨》，《法学研究》2000 年第 1 期。

③ 陈兴良：《社会危害性理论：进一步的批判性清理》，《中国法学》2006 年第 4 期。

④ 储槐植、张永红：《善待社会危害性观念——从我国刑法第 13 条但书说起》，《法学研究》2002 年第 3 期。

⑤ 刘艳红：《社会危害性理论之辨正》，《中国法学》2002 年第 2 期。

的价值。[①]

不难看出，否定说的某些理由确有其道理这是不容反驳的。而肯定说的合理之处也是一目了然的，是难以推翻的。那么，为什么会出现这种情况？问题的关键在于，社会危害性理论从渊源上看本身就存在问题，因而从苏联被生搬硬套过来后水土不服，没有准确揭示我国刑法规定的犯罪的本质特征。其缺陷与不足在所难免。

二、传统理论的法律渊源及其内在缺陷

如前所述，社会危害性理论源自苏联刑法理论，并被移植到我国学界。那么苏联的社会危害性理论是从何而来的呢？这里不得不提到《苏联刑法典》第 6 条附则之规定。

如前所述，《苏联刑法典》第 6 条附则规定的是行为的社会危害程度对犯罪成立的制约。[②] 不仅如此，"'苏俄刑法典'中规定不适用刑法第八条，也是根据这一原则制定：'凡一具体行为在其实施时，依本法第六条规定系属犯罪'，或实施这一行为的人在侦查或法院审判时，已失去对社会的危害性者。"[③] 不难看出，附则规定之中明显存在矛盾和冲突：一方面，该规定肯定存在"显著轻微"的危害行为，且明确这种行为"不认为是犯罪行为"；另一方面，该规定将犯罪与行为的社会危害性等同，认定犯罪是具有损害结果和社会危害性的行为，不构成犯罪就意味着"缺乏损害结果而失去社会危害性质者"。本来，具有显著轻微社会危害性与不具有社会危害性是完全不同的两个概念，前者意为具有社会危害性但显著轻微，后者根本就不具有社会危害性，但该规定却将具有显著轻微社会危害性与不具有社会危害性完全混淆成等同概念，其矛盾之处不言自明。

对于《苏联刑法典》第 6 条附则、第 8 条规定之内在矛盾与冲突，一些苏联学者并没有给予充分关注，而是在刑法理论中予以照单全收，并据此形成了所谓的社会危害性理论。如特拉伊宁就认为："犯罪构成学说充分地明确了对第 6 条附则的理解：这个规范规定在通常都要构成危害社会

---

① 王政勋：《论社会危害性的地位》，《法律科学》2003 年第 2 期。

② 《苏联刑法典》第 6 条附则规定："凡一行为，形式上虽与本法分则任何条文所定之特征相符合，但因其显著轻微，且缺乏损害结果而失去社会危害性质者，不认为是犯罪行为。" A. H. 特拉依宁：《犯罪概念和犯罪构成》，载《苏维埃刑法论文选译》（第 2 辑），中国人民大学出版社 1956 年版，第 2 页。

③ A. H. 特拉依宁：《犯罪概念和犯罪构成》，载《苏维埃刑法论文选译》（第 2 辑），中国人民大学出版社 1956 年版，第 2-3 页。

行为的那些构成因素的总和中，在特殊情况下缺乏社会危害性，并根据这种理由排除了对形式上含有犯罪特征的那些行为的责任，因为在社会主义刑法上，形式的与实质的东西未能彼此相脱离。”① “第 8 条所规定的情况是指：‘具体行为，在实施的时候，依照本法典第 6 条的规定是犯罪，但在进行侦查或法院审理的时候，由于刑事法律的修改或社会—政治情势变更的一种事实，已失去危害社会的性质；或者依照法院的意见，在进行侦查或法院审理的时候，不能认为实施这种行为的人是对社会有危害的。’ ”② 可见，正是由于法律依据上的矛盾与冲突，因而社会危害性理论自在苏联创立伊始就存在内在的冲突与矛盾，即将社会危害性等同于犯罪，完全忽视不构成犯罪却具有显著轻微社会危害性的违法行为的存在。对于这一点，有学者还是有所洞察的。如苏联学者毕昂特科夫斯基就认为，该规定在性质上不过是总的政治上的评定。“‘苏俄刑法典’第六条所规定的犯罪的一般概念，它所担负的任务只是对苏维埃刑法上的犯罪作出总的政治上的评定，即认为犯罪乃是危害苏维埃制度的基础或社会主义法律秩序的行为。”③ 换句话说，该规定在性质上只是从政治上对犯罪作出的一般说明，并不具有实质的法律意义，也不具有理论上的指导意义。可惜的是，特拉伊宁对这一真知灼见视而不见，反而给予不确切的批判，令人难以理解。“可惜得很，在 A. A. 毕昂特科夫斯基的‘社会主义法制的巩固与犯罪构成学说的基本问题’一文中，却出现了这样的解释。作者硬说‘苏联刑法典’第六条对犯罪行为所规定的一般概念，仅负有从政治上对苏维埃刑法中的犯罪行为作一般说明的任务。”④

我国学者对社会危害性理论的分歧，与社会危害性理论自产生起所具有的内在冲突与矛盾不无关系：一方面，正如否定说所指出的，社会危害性理论由于将犯罪的本质归于行为的社会危害性，无形中将危害社会却并不都是犯罪的行为纳入犯罪之列，造成犯罪的实质特征的形式化，致使刑法规定失去应有的价值和意义。这是社会危害性理论的不足。另一方面，诚如肯定说所言，由于犯罪的成立与否确实与社会危害性有关，因而完全否定社会危害性理论似乎有所不妥。此为社会危害性理论之可取之处。然

① A. H. 特拉依宁：《犯罪的实质定义与“苏俄刑法典”第 6 条附则和第 8 条》，载《苏维埃刑法论文选译》（第 3 辑），中国人民大学出版社 1957 年版，第 4－5 页。

② 参见上书，第 5 页。

③ A. A. 毕昂特科夫斯基：《社会主义法制的巩固与犯罪构成学说的基本问题》，载《苏维埃刑法论文选译》（第 1 辑），中国人民大学出版社 1956 年版，第 81 页。

④ A. H. 特拉依宁：《犯罪概念和犯罪构成》，载《苏维埃刑法论文选译》（第 2 辑），中国人民大学出版社 1956 年版，第 4 页。

而，无论是否定说还是肯定说，均忽视了苏联刑法与我国现行刑法规定之差异：我国《刑法》第 13 条规定并没有将社会危害性等同于犯罪，而是严格区分犯罪与情节显著轻微危害不大的行为，因而该规定避免了《苏联刑法典》第 6 条附则所体现出来的内在冲突和矛盾。

根据我国《刑法》第 13 条但书规定，将社会危害性作为犯罪的本质特征显然是不妥的。因为，这将导致犯罪与一般违法行为难以区分，乃至将犯罪的实质特征形式化，混淆行为的社会危害性与刑事违法性，这是完全不可取的。

其实，对于犯罪与社会危害性之间的关系，只是在新中国成立初期有学者将两者混同。“在五十年代，有的论文中提出，只有犯罪才具有社会危害性，‘犯罪’与‘社会危害行为’是一个意思。社会危害性是犯罪行为所独具的特征，因而是区分罪与非罪的较为鲜明的标准。他们认为，违反民法、行政法的行为虽然也对社会不利，但这还不能称之为社会危害性。”① 后来，许多人也意识到这种理解的片面之处。“另有些同志认为，社会危害性不仅是犯罪行为的基本特征，而且也是其他违法行为的重要特征和实际内容，它们之间，只是社会危害性程度不同而已。社会危害行为用它的质（社会危害性）与非社会危害行为（不抵触法律的行为）相区别，而用它的量（社会危害程度）把各种社会危害行为区别开来。社会危害性是社会危害行为的一种属性，从极小到极大，它本身没有质的区别，只有量的区别，但是它的程度大小的变化，却可以引起行为本身的质的变化。这种观点，在当时得到了刑法学界的普遍赞同。”② 遗憾的是，也许是受制于苏联社会危害性理论，在具体理解时，人们并没有对犯罪与社会危害性作出界分，依旧将后者认定为犯罪的本质特征，乃至混淆了犯罪与一般违法行为的界限。“刑法颁布以后，绝大多数同志都接受了这一观点，认为社会危害性在犯罪概念中具有决定性的意义，犯罪的其他特征都是以此为基础的。行为没有社会危害性，也就不存在刑事违法性和应受刑罚处罚性。有些同志还认为，只有把握行为的社会危害性，才能从本质上回答某种行为之所以被认为是犯罪，而其他行为则认为是犯罪的问题。”③ 客观地说，正是由于人们对社会危害性存在表里不一的认识和理解，因而社会危害性理论才遭到质疑。

---

①②③ 高铭暄主编：《新中国刑法学研究论述（1949—1985）》，河南人民出版社 1986 年版，第 98 页。

三、但书的理论依据新论

鉴于传统的社会危害性理论的缺陷与不足，已故著名刑法学家马克昌教授立足于《刑法》第13条但书规定，提出犯罪的本质特征是具有“严重社会危害性”。他认为，“只有行为的严重社会危害性才能说明犯罪的根本特征，才能用以将犯罪与一般违法行为区别开来。同时，认为行为的严重社会危害性是犯罪的本质特征，也是符合我国刑法的规定和马克思主义创始人的犯罪观的”①。这样的理解显然是十分中肯的。严重的社会危害性理论得到了许多学者的认同。如王世洲教授认为，“根据我国目前的《刑法》规定，具有严重的社会危害性的确还是犯罪的重要特征。是否具有严重的社会危害性，就成为罪与非罪之间的重要界限和是否适用刑罚的关键之点。这个要点，在我国刑法学中被通俗地称为‘起刑点’。在我国的法律制度中，没有达到严重社会危害性程度的行为，也就是还没有达到起刑点的行为，虽然不构成犯罪，但是仍然可能构成违反《治安管理处罚法》的行为或者属于严重违反党纪、政纪的行为，因而会受到治安管理处罚、党纪、政纪等各种处分”②。为了表述方便，笔者将该观点称为新社会危害性理论。新社会危害性理论的优点在于：将罪量作为犯罪成立的充分条件，从而将犯罪与一般违法行为区分开来，准确地揭示了犯罪的实质特征，避免了从形式上认定犯罪的缺陷，具有相对的合理性与科学性。

众所周知，大陆法系国家刑法典通常以罪质作为犯罪成立的判断依据，即刑法规定的都是犯罪，并不考虑行为的社会危害程度。我国一些学者也正是据此排斥社会危害性理论，主张以行为类型为基础构建阶层犯罪论体系。其实，这是对大陆法系国家犯罪评价的一种误解。正如前文所述，在任何一个规定盗窃是犯罪的国家，不可能根据刑法将诸如盗窃一张白纸这样的行为认定为犯罪。在德、日等国，大量情节显著轻微危害不大的行为同样是不被认定为犯罪的，也不可能全部被认定为犯罪。只不过，它们是在刑事诉讼程序中而不是根据实体法将这些行为排除在犯罪之外的。换句话说，在许多以罪质作为犯罪认定法律依据的大陆法系国家，认定犯罪同样离不开罪量，只不过罪质是由刑法等实体法确定的，罪量问题是在诉讼程序中解决的。因此，大陆法系国家认定犯罪，同样是根据新社会危害性理论作出评判的，而不是以罪质为唯一依据。

---

① 马克昌主编：《犯罪通论》，武汉大学出版社1999年版，第19页。

② 王世洲：《现代刑法学》（总论），北京大学出版社2011年版，第74页。

应当说，较之通过实体和程序认定犯罪的综合模式，我国通过刑法解决犯罪认定的一体化模式有其科学与合理之处。因为，这使犯罪认定具有严格的法律依据，从而为人们的行为提供规范和指引，有利于维护刑法的安定性与可预测性，实现刑法的社会秩序维护机能。根据新社会危害性理论，社会危害性有质与量的不同。质的社会危害性，是指行为具有危害社会的性质，而量的社会危害性则是针对行为的社会危害程度而言的。对于所有犯罪而言，不管其行为性质是否严重，行为的社会危害需要达到一定程度才能构成犯罪，这是不容置疑的。即便像故意杀人这样的通常被认为成立严重犯罪的行为，也存在情节显著轻微危害不大的情形。例如，2014 年 1 月 18 日晚 6 点，杨某以杀人故意，在东莞厚街一间出租屋内用菜刀将常年瘫痪在床的母亲砍伤（经鉴定为轻伤）。后来，检方考虑到杨某案十分特殊，即杨某一个人在东莞无依无靠，多年独自照顾瘫痪的母亲，因生活所迫被逼无奈意图弑母，且受害者只受轻伤，杨某还存在犯罪中止、自首等情节。综合来看犯罪情节很轻，发生这种事也算情有可原，遂宣布不起诉。①

由于新社会危害性理论充分肯定了罪质与罪量在犯罪评价中的决定性作用，并以严重的社会危害性科学地、准确地揭示了犯罪的本质特征，与《刑法》第 13 条规定完全契合，因而理所当然地成为但书的理论依据。也可以说，但书是社会危害性理论在刑法中的具体体现，社会危害性理论的立法化成就但书。

第二节　社会危害性的基本属性

一、社会危害性具有客观性

通说认为，行为的严重社会危害性是犯罪的本质特征，是主客观要素的统一。造成客观上损害的人的行为是受人的主观因素即意识和意志支配的，是行为人主观恶性的表现，社会危害性不可能离开人的主观因素，必然是主观因素与客观因素统一。社会危害性的有无以及程度，不只由行为在客观上所造成的损害来评价，还应考虑行为人主观方面的要件。② “根

① 韩成良：《法外有情·检方不起诉弑母孝子》，《南方都市报》2014 年 4 月 4 日第 AA01 版。

② 高铭暄、马克昌主编：《刑法学》（上编），中国法制出版社 1999 年版，第 72-73 页。

据我国刑法的规定，社会危害性首先表现为客观上的危害，这是毫无疑义的。我国刑法规定的许多犯罪，都以物质性或非物质性的客观损害结果作为构成犯罪的必备要件之一。但是，造成这些客观损害结果的行为是受人的主观意思和意志支配的，是主观恶性的体现，是主观见之于客观的东西。因此，任何犯罪都是主观和客观的统一。”①

对通说，有学者提出反对意见，认为社会危害性是犯罪的客观属性，并主张行为若被认定为犯罪，还必须具备主观属性，即实施行为的故意与过失，这也是犯罪不可缺少的特征之一。② 还有学者进一步分析后，认为在判断行为的社会危害性时，考虑行为人的主观要素，会导致客观属性的主观化。“如果说社会危害性是指行为对刑法所保护的社会关系或者合法权益的‘实际侵害或者现实威胁’，那么，其判断的对象和基础当然应当是行为所造成的实际损害或者现实威胁，而行为人的主观要素不得考虑在内。因为主观意思在没有转化为外部行为或者结果的时候，是不存在‘实际损害或者现实威胁’的。在社会危害性的判断中考虑行为人的主观意思，会导致同样的行为或者结果因行为人的主观意思不同而结论不同的后果。在现实司法实践中，常见的‘没有中饱私囊的贪污行为或者将受贿所得用于扶贫的行为没有社会危害性，不能作为犯罪看待’的观点就是其体现。本来，没有中饱私囊或者没有用于挥霍，只能说是行为人的主观恶性较小、责任较轻，但并不能抹杀贪污、受贿行为本身所具有的社会危害性，而上述观点却完全无视这一点。可见，一旦将主观要素作为社会危害性的评价基础，便会产生颠倒黑白、模糊罪与非罪界限的效果。因此，在社会危害性的判断上掺入主观要素，是社会危害性概念所存在的致命缺陷，也是导致其备受责难的主要原因。笔者认为，在判断行为的社会危害性时，不应考虑行为人的主观内容，而只能从该行为客观上是否侵犯了刑法所保护的社会关系或者利益的角度来考虑，否则就会使社会危害性的认定丧失统一标准，导致犯罪认定的任意化、主观化。”③ 该观点还指出，在行为社会危害性的认定上，将主观要素排除在认定基础之外，具有以下两方面的意义：一是在理论上可以彻底坚持客观主义的刑法观；二是在司法实践中能够更好地实现刑法保障人权的机能。

笔者的观点是，社会危害性为主客观统一，虽有其合理之处，但不尽

---

① 陈兴良著：《刑法适用总论》（上卷），法律出版社 1999 年版，第 85 页。

② 《中国大百科全书·法学》，中国大百科全书出版社 1984 年版，第 119 页。

③ 黎宏：《判断行为的社会危害性时不应考虑主观要素》，《法商研究》2006 年第 1 期，第 99 页以下。

科学。认为社会危害性包括主观要素，混淆了犯罪的主观要素与行为的意识因素的界限。例如，对于排除社会危害性的行为，通说一般就认为这种行为表面上符合犯罪构成，行为人具有主观罪过，只是行为实质上不具有社会危害性。其实，这种理解并不客观，因为该类行为根本不构成犯罪，何来犯罪主观要素呢？不过，排除社会危害性中的意识因素，将社会危害性理解为单纯的客观现象，容易将产生社会危害结果的自然灾害、婴幼儿的举动也认定为刑法规范的对象，这是不妥的。刑法中的社会危害性应指在人的意识支配下表现于外的客观效果，由于正常人的意识也是一种客观存在，故社会危害性的客观性应当被肯定。理由有以下几点。

其一，行为的社会危害性是国家在制定刑法时，依据国家和社会对行为在客观上的肯定与否定评价来决定的。如果在制定刑法时考虑主观要素的话，那么对于任何行为，都难以将之规定为犯罪，因为立法者是不能排除客观上危害社会的行为，在主观上是没有罪过的。也许有人会说，照这样说犯罪岂不是没有考虑主观罪过在内？这样理解显然是片面的。立法者制定刑法时，没有必要考虑社会危害性的主观要素，只要行为是在人的意识支配下的就可以了。这样的裁判标准相对客观，能够进行统一评断。在确定对社会有害的行为范围后，再将主观上没有刑法要求的罪过的行为排除出犯罪化的范围，剩下的才是符合犯罪构成的犯罪行为。这样的两个过程并不矛盾。如果认为坚持在立法上排除行为犯罪化的主观要素是不正确的，则加上主观要素也未必正确。如过失毁坏他人财物的行为，具有主客观因素，同样不是犯罪行为。这说明犯罪行为规范化时还是存在着筛选过程的。可见，将行为的社会危害性理解为客观的并没有不妥。

其二，行为的社会危害性的判断主体最终是国家，只能从国家的立场出发进行认定。站在国家的立场上，对正常人的行为意识应当不难认定，但对于行为是否具有危害社会的主观认识却不可能准确判断。要求以刑法上的主观标准来规范人们对社会危害性的统一认识，在现实中也是不可能的。以抢亲行为为例，有的少数民族认为这是正常的，汉族则认为这显然是暴力干涉婚姻自由行为。而且，由于习惯、沿袭的认识的固定性与有些行为的社会危害性的变化性，行为在人们认识与法律规定中被确定为截然相反的性质，此时要求个人适应时势，都必须在主观上认识这种差异，简直不可想象。例如，1992年我国社会主义市场经济正式确立后，有关贩卖私粮的行为实质上是不具有社会危害性的，但是由于刑法将此类行为规定为投机倒把罪，故这类行为还是违反刑法的，人们的认识与法律规定显然存在不一致之处，事实上司法实践中对该类行为一般也没有以投机倒把罪论处。此外，如我国《刑法》第13条规定犯罪的概念，显然是从国家和统治者的立场出发加以归纳的，其成立标准并不以个人意愿为转移。如警察枪决人犯不具有社会危害性，个人杀死人犯则具有社会危害性，决定因素在于是否得到国家允许，这也说明社会危害性属于国家判断的范畴。如果要求公民个人，特别是犯罪者的认识与国家认识保持一致，不但不可能，还会抹杀刑法的阶级性，是很不合理的。

其三，将主观因素纳入社会危害性的范畴，会造成刑法规定与处断上的不协调。例如，排除社会危害性的行为，就是在人们对其性质认识不清时，由国家宣示其对社会有益。假如依照行为人的认识，行为人基本上都是认识到“自身行为”的社会危害性的。例如，在正当防卫杀人的场合，行为人通常认识到自己的杀人行为是有“社会危害”的，为了帮助、鼓励这种实质上没有社会危害性的行为，刑法才特别强调正当防卫行为的合法性。可见，如果依照主客观统一的社会危害性判断，是难以分辨排除犯罪性的行为与一般犯罪行为的。又如对迷信犯，通说一般不主张追究刑事责任。如甲与乙有仇，甲在家画乙的肖像并天天以针刺之，意图致乙于死地。甲的行为是不构成故意杀人罪的，之所以如此认定，主要依据是行为在客观上不具有致乙死亡的社会危害性。但是，误把白糖等无毒物当作砒霜等毒药去杀人，使用空枪、坏枪、哑弹去射杀人等行为，通说却认为成立故意杀人罪的未遂犯。① 实质上，如果依照主客观统一的社会危害性判断，这类行为“无论如何也不可能引起危害结果的发生，根本不符合我国刑法规定成立故意犯罪必须是‘明知自己的行为会发生危害社会的结果’的要求”②，更不应当认为是犯罪。反观迷信犯之迷信行为，至少是在行为人“明知自己的行为会发生危害社会的结果”的心理状态下实施的。因此，不处罚迷信犯而处罚手段、工具错误的未遂犯，依据的不是主客观统一的社会危害性标准，只能是客观的社会危害性标准。因为前者不具有引起危害社会的可能性，而后者则存在危害社会的潜在可能性。总之，将主观因素纳入社会危害性的范畴，会造成刑法规定与处断上的不协调，也会带来一些理论困惑。

综上所述，社会危害性是在人的意识支配下对社会关系造成的实际危害或现实威胁。社会危害性具有客观性，这种客观性既表现为行为对社会

---

① 高铭暄主编：《新编中国刑法学》，中国人民大学出版社1998年版，第220页。

② 黎宏：《判断行为的社会危害性时不应考虑主观要素》，《法商研究》2006年第1期，第104页。

的客观危害效果，也表现为行为人的主观意识的现实性。这样看来，社会危害性是具有客观性的，故不能认为社会危害性是客观性与主观性的有机统一，只能说社会危害性在内容上是主客观因素的有机统一。如果认为社会危害性是客观性与主观性的有机统一，容易将个别化的主观判断纳入其中，导致社会危害性认定的随意性与多样性，这显然是不可取的。正如有的学者在论述行为的学说时指出，有意行为说"把意思的存在与意思的内容相分离，正好说明一个是构成要件的行为问题，一个是构成要件的主观要素问题。所以在我们看来，当以有意行为说为可取"①。该论述不无道理，虽然该论述针对行为而言，但考虑到社会危害性只能是行为的社会危害性，故在说明社会危害性问题时，该论述具有同等效用。

二、社会危害性是事实判断与价值判断的有机统一

社会危害性是主客观因素的有机统一，揭示了社会危害性的形式特征，传统刑法理论正是以此为基础，将犯罪构成要件划分为客观要件和主观要件的。但是，从实质特征上讲，刑法上的社会危害性与犯罪一样，属于事实判断与价值评价的有机统一。

在西方哲学中，对事物本质属性的认识，是围绕着事实与价值关系展开的，并经历了事实与价值二元论到一元论的演变过程。事实与价值二元论割裂事实与价值的关系，认为两者是相互独立的，其倡导者为休谟。在他看来，"心灵所接受的无非是影像或知觉。人不能证明知觉是外在的东西所引起的，这种东西尽管类似知觉（如果可能的话），却和知觉完全不同。在这里，经验无能为力，因为人心所感受的只是知觉"②。休谟的二元论主张得到了部分学者的赞同。如罗素就认为，"表达我们自己的感情"与客观事实是毫不相干的。③ 由于二元论认为事实与价值相互独立，故根据立场不同可以划分为事实论与价值论。经验主义作为事实论的代表，认为所有的意识观念均来源于知觉，是纯粹描述的经验事实。如霍布斯认为，哲学只关心物体的原因和特征，物质的和精神的事件只不过是运动中的物体而已。人的心灵以各种方式进行活动，从感知、想象、记忆到思想基本上都是同一种活动，因为它们全都是在我们身体之中的活动。④ 价值

① 马克昌：《比较刑法原理——外国刑法总论》，武汉大学出版社2002年版，第171页。

② 〔美〕梯利、伍德：《西方哲学史》，葛力译，商务印书馆2007年版，第231页。

③ 〔英〕罗素：《宗教与哲学》，何兆武、李约瑟译，商务印书馆1982年版，第123页。

④ 〔美〕斯通普夫、菲泽：《西方哲学史：从苏格拉底到萨特及其后》，匡宏、邓晓芒等译，世界图书出版公司北京公司2009年版，第192-193页。

论认为一切事物均源自人的意识观念。笛卡儿是唯价值论的代表人物。他的经典名言是“我思故我在”，并据此提出认识的总则：“凡是我领会得十分清楚分明的东西都是真实的。”① 二元论对法学产生了显著影响。如韦伯认为，各种实际的价值判断，尤其是伦理判断可以要求哪些不同程度的规范等级，这是价值哲学的问题，而不是经验科学的方法论问题。后者所重视的只是，作为规范的实际绝对命令的有效性和经验事实命题的真理有效性，这两者分属绝对不同的领域。② 拉德布鲁赫则指出，我们这里要谈的不是实然事实和价值判断之间的因果关系，而是实然和价值之间的逻辑关系；不是要宣称，价值判断不是由实然事实引起的，而是要阐明，价值判断不能从实然事实中得以证明。③

事实与价值二元论对犯罪构成论体系的构建产生了深刻影响。纵观欧陆国家以构成要件为核心的犯罪构成论体系的演变发展过程，它们几乎都是围绕着事实与价值的关系展开的。行为事实与主体评价在犯罪成立中的地位之主次及关系，直接关系到犯罪构成论体系的模式，古典犯罪论体系、新古典犯罪论体系、目的论体系以及新古典暨目的论综合体系等不同的犯罪构成理论体系正是以此为哲理基础创建的。不过，无论是事实论体系还是价值论体系，均存在不足。德国学者在评价古典犯罪论体系时就指出：古典犯罪概念是从法律实证主义的法学思考方式出发的。自然主义理解的行为、客观—叙述性理解的构成要件、客观规范限制的违法性界限和主观—叙述性理解的罪责之间应当加以区分，在追求法的安全与公正和在对法官的约束中实现法治国家思想。对此，人们理解一种被严格限制于制定法及其解释的见解，该见解试图解决所有具有概念—体系论点的法问题，而哲学评价、心理学认识和社会学事实应当被排除于法解释论之外，这就产生了一个极端形式的人的行为特征的画面。④ 还有学者在批评唯价值论时认为：“将‘评价’视为一种个人立场抉择的行为，对之无从为合理的论证，这种意见在学界迄今仍居支配地位。依此见解，将不能避免下述结论：在很多（而不仅是在若干临界）案件，法官的价值判断会取代立法者的价值判断，对之亦无从依客观标准作事后审查。对法学而言，其意

---

① 〔法〕笛卡儿：《第一哲学沉思集》，宫维明编译，北京出版社2008年版，第14页。

② 〔德〕马克斯·韦伯：《社会科学方法论》，韩水法译，中央编译出版社2008年版，第147页。

③ 〔德〕拉德布鲁赫：《法哲学》，三朴译，法律出版社2005年版，第9页。

④ 〔德〕耶赛克、魏根特：《德国刑法教科书》，徐久生译，中国法制出版社2001年版，第251-252页。

谓：在许多案件中，法学只能在有限的范围内以‘科学的方法’作事后审查，一旦法官必须作价值判断，对法学不能提供许多助力。”①

事实论与价值论的不足，在某种程度上揭示了二元论走向崩溃是在所难免的。在西方，自奎因在1951年攻击分析与综合的二分法，并论证了科学陈述不可能整齐划一地分离成“惯例”和“事实”以来，人们广泛地承认事实与价值二元论已经崩溃了。② 在我国，人们对二元论也基本上持否定态度。如有学者在评价罗素与瓦托夫斯基的事实与价值二元论时指出：“这两位以逻辑和语言分析的严谨性见长的学者却犯了一个逻辑上和科学上十分不‘严谨’的毛病：他们在说出了评价的语言‘表达感情’或‘传达情感状态’之后，立即断言这些是同任何客观事实毫不相干的。这里就暗含着一个前提：‘凡是感情或表达感情的，就不传达任何客观事实的信息。’在我看来，恰恰是这个前提本身，是需要从头论证，而不是可以直观武断的。”③ 在法学领域，“自然法和法律实证主义在坚持事实与价值二分的论证过程中，都无法避免出现论证上的‘无穷追溯’现象，最终将法律的终极效力建立在某种模糊的基础之上。对自然法和法律实证主义的理论检讨说明，事实与价值二分法在法哲学层面遭遇崩溃”④。

随着事实与价值二元论的崩溃，取而代之的是事实与价值一元论。一元论有关事实与价值关系的论断，在国内外基本获得认可。如普特南认为：“我已经论证，合理性的判断可以是客观的，我也已经论证，它们具有价值判断的所有典型的特征。总之，我论证了，我的实用主义的老师是正确的：‘事实知识预设价值知识。’”⑤ 我国学者袁贵仁指出：“我们并不否认在说明从事实转到价值判断的过程中还存在着许多逻辑学的和认识论上的问题需要解决，我们强调的是，人们实际上每时每刻都在从事实中推导出价值来。事实和价值有联系，这是一个客观事实，我们需要的是尽可能地从理论上解释、理解这一事实，而不是因理论研究不够就否认这一事实。”⑥ 一元论关于事实与价值的关系的论断，是符合唯物辩证法的。“辩证法就归结为关于外部世界和人类思维的运动的一般规律的科学，这

① 〔德〕拉伦茨：《法学方法论》，陈爱娥译，商务印书馆2003年版，第2页。
② 〔美〕希拉里·普特南：《事实与价值二分法的崩溃》，应奇译，东方出版社2006年版，第9页。
③ 李德顺：《价值论》，中国人民大学出版社2007年版，第235页。
④ 王彬：《事实与价值二分的法哲学检讨》，《学习与探索》2010年第6期。
⑤ 〔美〕希拉里·普特南：《事实与价值二分法的崩溃》，应奇译，东方出版社2006年版，第181-182页。
⑥ 袁贵仁：《价值学引论》，北京师范大学出版社1991年版，第37页。

两个系列的规律在本质上是同一的，但是在表现上是不同的，这是因为人的头脑可以自觉地应用这些规律，而在自然界中这些规律是不自觉地、以外部必然性的形式、在无穷无尽的表面的偶然性中为自己开辟道路的，而且到现在为止在人类历史上多半也是如此。”① 根据价值与事实一元论，事实与价值之间不存在谁是基础、谁不是基础的问题，也并非简单地承认对方存在，而是互为前提与基础、辩证统一的。从两者发生的先后顺序看，事实发生在前，是价值的前提，脱离客观事实，人的认识能力与价值判断将无法发挥作用；从人的需要角度出发，价值便是事实的基础，因为没有人的主观认识、评价需要，事实有时就难以进入人们的关注视野。“所谓价值不能从存在引申出来，只能从价值引申出来，是目的层面的方法论，而存在决定价值是手段层面的方法论；这两种方法论观点各有其正确性，并不互相对立，而是在不同层面同时存在，也就是互为辩证地存在。”②

根据事实与价值一元论，犯罪乃至社会危害性都应当是事实判断与价值判断的有机统一。“社会危害性是人们对犯罪行为危害社会这一社会事实的价值判断，它的基础只能是行为危害社会的事实以及行为人在实施犯罪过程中所体现出来的主观恶性，社会危害性也就是事实和价值的统一体。”③ 对于社会危害性而言，事实判断是对外界客观行为的实然认识，是决定行为构成犯罪的前提和基础；价值判断是主体对客观事实的应然判断，是决定行为构成犯罪的核心和关键。如果说事实判断为犯罪成立确定了基本的行为类型，使人们形成初步的、相对固定的犯罪观念形态，那么价值判断则是对基本的行为类型进行细致刻画、精雕细琢，使最终纳入犯罪圈的行为上升为犯罪这一过程变得更为精准、恰当。

我国《刑法》第13条的规定，充分体现了社会危害性是事实判断与价值判断的有机统一。其中，对各种危害社会的行为的描述，就属于事实描述。这种描述与刑法分则规定的具体行为结合起来，使犯罪的行为类型具有相对性与明确性。“依照法律应当受刑罚处罚的”，则属于价值判断，是对前述行为加以整体分析后得出的判断结果，故才有“都是犯罪”之结论。至于但书，则是在对行为事实加以分析后，得出的与“都是犯罪”截然相反的结论——不认为是犯罪，所揭示的亦为社会危害性的价值属性。

---

① 《马克思恩格斯选集》（第4卷），人民出版社1972年版，第239页。

② 许玉秀：《当代刑法思潮》，中国民主法治出版社2005年版，第151页。

③ 詹红星：《社会危害性理论研究的逻辑前提》，《法学评论》2008年第4期。

但书体现的是主体对行为事实分析后得出的综合价值判断，即情节显著轻微危害不大的行为，不构成犯罪。这表明，一定的行为事实只是客观现象，无法说明自身在刑法上的意义，还要经过对主体的认识和需要的分析，才能得出出罪与入罪的结论。在我国刑法中，情节向来就不限于主观恶性，行为的时间、地点以及方式等客观因素，也是情节的当然内容。所谓的“情节显著轻微危害不大”，显然是建立在对但书前面的行为加以价值评价的基础上的。“情节显著轻微”是对行为诸事实因素加以整体考量后的情状性评价，而“危害不大”则是一种结论性评价，两者只是表述不同而已，不存在实质差异。如果说刑法规定的行为类型是犯罪的事实判断，是犯罪成立的必要条件的话，那么揭示行为的社会危害程度的价值判断，则是犯罪成立的充分条件，一行为只有具备刑法规定的必要条件和充分条件，才能构成犯罪，这便是我国刑法中的社会危害性的基本内涵。

第三节　社会危害性理论与罪刑法定原则

自1997年刑法废除类推制度以来，社会危害性理论与罪刑法定原则的关系就备受关注。批评者认为，如果要处罚一个行为，社会危害性理论就可以在任何时候为此提供超越法律规范的根据，因为该说不仅通过其“犯罪本质”的外衣为突破罪刑法定原则的刑罚处罚提供一种貌似具有刑法色彩的理论根据，而且也在实践中对国家法治起着反作用。[①] 甚至有学者断言：传统的社会危害性理论已经完全成为吞噬个体正当权利的无底黑洞，成为扼杀法治生命和真谛的刽子手，只要社会危害性范畴在我国刑法领域内继续占据统治地位，刑事法治就永远难见天日，夭折在摇篮里是早晚的事。[②] 为了贯彻罪刑法定原则，否认社会危害性在犯罪认定中的作用似乎很有必要。“罪刑法定主义本身具有形式主义的特征，是建立在形式合理性基础之上的，必然以牺牲一定的实质合理性为代价。我们只能在形式范围内获得实质合理性，而不能超越形式去追求实质合理性。在形式合理性与实质合理性发生冲突的情况下，应以形式合理性优先，只有在有利于被告原则下，才能优先考虑实质合理性，这是罪刑法定主义的应有

---

① 李海东：《刑法原理入门》，法律出版社1998年版，第8页。

② 劳东燕：《社会危害性标准的背后》，载陈兴良主编：《刑事法评论》，中国政法大学出版社2000年第7期，第199页。

之义。”①

面对质疑，对社会危害性理论持肯定态度的观点分成两派：一是坚持社会危害性在认定犯罪中的核心地位。如有学者认为社会危害性理论是社会科学尤其是法学的基本概念，是刑法立法之圭臬、刑事司法不可或缺的标尺，是中外刑法共有的理论，它不能承载中国刑事法治成败之重担。从刑法学中“驱逐”社会危害性理论，既不可行也不可能。② 还有学者提出了社会危害性、刑事违法性与应受刑罚处罚性三元的犯罪本质论，认为继续以社会危害性为中心的我国刑法理论是可行的也是必要的。我国刑法中的犯罪概念正是因为规定了社会危害性理论才更显其合理性，社会危害性理论不但不与罪刑法定原则相冲突，而且体现出与罪刑法定相一致的价值立场。③ 二是承认社会危害性在认定犯罪中的重要作用，否认其核心地位。如有学者认为，在实质犯罪概念下，社会危害性中心论兴起并发展；在实质、形式统一的犯罪概念下，社会危害性中心论以类推为载体；取消类推后，皮之不存，毛将焉附？虽然如此，但书与罪刑法定原则在价值和功能上具有一致性，应该善待我国刑法中的社会危害性观念。④

不难看出，肯定说对相关批判并没有作出具有说服力的回应。如有学者就三元的犯罪本质论批评道：“如果社会危害性、刑事违法性和应受刑罚处罚性都是犯罪的本质特征，那么也就意味着本质的贬值。即使三者都是犯罪的本质特征，同样还是存在三者的关系问题。这样，我们又回到了谁决定谁这个根本问题上来，对此，犯罪的三元本质说也没有给予正面的回答。”⑤ 至于承认社会危害性重要作用而否认其核心地位的观点，则在某种程度上默认了上述质疑。无怪乎有学者感言：“对废除社会危害性的论点，虽然不少学者们已经作了较为充分的驳论，但从理论深度上看似乎仍有欠缺，从总的体系上看，也有失合理。”⑥ 在笔者看来，批评者的种种诘难是建立在对刑法中的社会危害性的片面理解乃至将之极端化的基础上的，值得商榷。

---

① 陈兴良：《社会危害性理论：进一步的批判清理》，《中国法学》2006年第4期，第8页。

② 赵秉志、陈志军：《社会危害性理论之当代命运》，《法学家》2011年第6期，第15页。

③ 刘艳红：《社会危害性理论之辩证》，《中国法学》2002年第2期，第164页。

④ 储槐植、张永红：《善待社会危害性观念——从我国刑法第13条但书说起》，《法学研究》2002年第3期，第94页。

⑤ 陈兴良：《社会危害性理论：进一步的批判清理》，《中国法学》2006年第4期，第12页。

⑥ 游伟、赵运锋：《“社会危害性”的刑法地位及其运用》，《法律适用》2010年第9期，第22页。

客观地说，以社会危害性作为行为入罪的标准并走向极端的话，可能会使刑事法治成为泡影，封建社会的罪刑擅断和纳粹时期的威权主义、国家主义的刑法观便是佐证。前述纳粹时期由于当时受刑事实证学派的影响，德国刑法学界出现了背离罪刑法定主义而片面追求实质合理的风潮，并使之在纳粹德国的刑法中得到体现。这就是典型例证。正是基于对社会危害性中心论可能走向极端的担忧，人们才推断出其会导致罔顾刑事法治的结果。然而，这样的担忧与推断似乎有些勉强。因为基于同样的逻辑，坚持罪刑法定原则并走向极端也会损害实质合理，1791 年制定的《法国刑法典》未能施行就是很好的说明。正是由于绝对罪刑法定主义会走向极端，而规范的模糊化与抽象化又会走向另一极端，相对罪刑法定主义便应运而生。相对罪刑法定主义主张刑法规范相对明确而非绝对化，从而赋予法官合理解释规范的权力。这无疑使定罪量刑更为科学、合理。

既然罪刑法定可以是相对的而不应加以绝对化理解，那么对社会危害性从实质合理的角度加以绝对化诠释并不妥，由此引起的担忧也是完全没有必要的。事实上，根据我国刑法规定，社会危害性应当是绝对性与相对性的有机统一。如前所述，我国刑法规定的行为类型是犯罪成立的必要条件，行为的社会危害程度是犯罪成立的充分条件，这决定了我国刑法中的社会危害性具有绝对性与相对性。其中，社会危害性的绝对性是由刑法规定的行为类型决定的，社会危害性的相对性则是由行为的社会危害程度决定的，其法律依据便是《刑法》第 13 条但书规定，即“情节显著轻微危害不大的，不认为是犯罪”。这一规定揭示的是，判断行为的社会危害的大小应当根据犯罪情节，这是我国刑法为社会危害性设定的特别判断依据。这里的“情节”，当然指影响行为的社会危害性的一切主客观事实。另外，根据我国刑法规定，对行为的社会危害性的评价，并非以纯粹的、绝对的实质合理为基础的，而是建立在对于行为及其诸事实要素加以判断基础上的价值评价，这与纳粹刑法的“主要支持者们在对民主理念发出警告（‘朝这一方向的每一步都会对帝国构成威胁’）和大肆宣扬法律理念的‘价值自由’体系”① 的国家主义刑法观存在本质不同。可以说，社会危害性的绝对性为行为入罪划定了明确、具体的界限，防止了以实质合理为依据肆意侵犯国家、社会和个人利益的现象发生。社会危害性的相对性则为法官评价行为提供了适当的尺度和标准，有利于防止滥施刑罚和放纵

---

① 穆勒：《恐怖的法官——纳粹时期的司法》，王勇译，中国政法大学出版社 2000 年版，第 7 页。

犯罪现象的发生。一个显而易见的事实是，在我国司法实践中，通过类推定罪破坏刑事法治、肆意滥施刑罚和放纵犯罪的事例，别说废除类推制度后未曾发生过，即便在刑法修改前允许类推的情况下，也只是个别现象，而且还受到严格的程序限制，这无疑最大限度地防止了以实质合理为根据曲解行为的社会危害性的现象产生，使规范治理得以有效贯彻。因此，担心以社会危害性为标准认定犯罪会冲击刑事法治是没有必要的。

部分学者之所以对社会危害性心生忌讳，可能源自对于一种古老而又偏执的中国式"浪漫"情怀——唯价值论的担忧。在中国的哲学观念中，人们更热衷唯价值论，这与西方的哲学观念有所不同。把认知活动和评价活动、事实判断和价值判断加以严格的区分，是西方哲学的一个优良传统。中国古代哲学则"重人生而不重知识"，把评价活动置于认知活动之上，因而评价论思想一直是古代认识论中的重要内容，并且其中有很多宝贵的思想，但由此产生的问题是：认知活动和评价活动有时不甚分明，甚至用评价活动来替代认知活动，这种倾向在程朱理学中尤其突出，这不能不说是中国古代认识论中的一个缺点。[①] 唯价值论使人们很容易产生一种基于实用主义的错觉，乃至于将坚持社会危害性理论与追求绝对的实质合理等同起来，并认为其实现将对规范治理造成不可避免的损害，这显然是不可取的。不难看出，唯价值论与社会危害性中心论存在本质不同，故担忧以社会危害性为中心会滋生唯价值论倾向，乃至于损害罪刑法定主义，是没有必要的。

严格地说，在以刑法规定的行为类型作为判断犯罪成立唯一依据的德、日等大陆法系国家，反而存在因片面规范刑法中的社会危害性，而导致司法实践出现与规范治理相脱节的现象。在德、日等大陆法系国家，刑法规定的行为便是犯罪，其与民法等其他部门法中的行为不存在交叉现象，是性质完全不同的行为类型。由于行为类型是决定行为具有犯罪的社会危害性的唯一因素，且该类型在刑法中是确定的、绝对的，相应地，行为的社会危害性也就具有绝对性。这种评价犯罪不考量行为的社会危害程度的规定，有漠视刑法中的社会危害性的相对性之嫌，导致司法实践不得不因为兼顾实质合理而背离规范治理。如前所述，在德、日等国的司法实践中，以社会相当性为根据将大量刑法规定的、危害十分轻微的行为予以非罪化，就是司法不得不舍弃规范治理的体现。尽管这样做多少有些无

① 陈新汉：《评价论导论——认识论的一个新领域》，上海社会科学院出版社 1995 年版，第 70 页。

奈，其所揭示的是不考虑行为的社会危害程度而形式化、绝对化地评价犯罪，将难以避免出现不足之处。既然如此，我们没有必要指责社会危害性中心论，相反还应对之尽力"呵护"。只要想想在坚持形式化、绝对化地评价犯罪的德、日等国司法实践中，以社会相当性为依据将情节显著轻微危害不大的行为排除在犯罪之外，就会发现《刑法》第 13 条但书规定确实有先见之明，其合理性与科学性不容置疑。

与社会危害性一样，罪刑法定其实也是绝对性与相对性的有机统一。罪刑法定的绝对性要求犯罪成立只能限于刑法规定的行为，不能超越刑法处罚其他类型的行为。罪刑法定的相对性要求刑法条文避免过于刻板、机械，不至于陷入绝对罪刑法定主义的泥泞中。例如，刑法规范为了适应司法实践的需要，必须包含一般的、概括性的用语，这便是相对罪刑法定主义的表现。因为，法律所调整的事实的无限性与法律规范数量的有限性要求之间的矛盾，必然在语言上产生如下结果：成文法规范必须包含普遍的、一般化的评价标准。这就需要使用"适当的""相应的"等不确定的法律概念，或者使用"重大事由""善良风俗"等一般条款。可见，在立法过程中必须有计划地使用不确定的法律概念和一般条款是预料之中的事。通过这种方式，就能够为相应的法律规则确立比较大的适用范围和裁量空间，法律也因而具备了灵活性。① 这种相对性在某种程度上也包含了价值判断。如果说相对罪刑法定主义要求刑法规范用语保持一定弹性，避免死板、绝对化，那么社会危害性的相对性则要求刑法规范不能沦落到以某种玄虚的"健全正义感"作为处罚依据，从而走向随意模糊化、不确定化的极端，而是必须受制于行为对象、行为手段、行为的时间和地点以及行为时的社会形势等。这样，在我国刑法中，社会危害性理论与罪刑法定原则在相对性上便找到了契合点。两者殊途同归，保证刑法规范适用能最大限度地实现社会秩序维护机能与人权保障机能，以充分实现刑法目的。从这一点来看，罪刑法定原则与社会危害性理论不但不存在矛盾和冲突，而且在本质上是相融通的。

第四节　社会危害性与刑事违法性

近些年来，关于犯罪概念之社会危害性与刑事违法性的关系及取舍，

① 魏德士：《法理学》，丁晓春、吴越译，法律出版社 2005 年版，第 84-85 页。

理论界进行了深入探讨。究其原因，是因为厘清社会危害性与刑事违法性在犯罪概念中的地位和作用，对于我国的刑事立法、司法以及执法具有十分重要的现实意义，同时还关系到罪刑法定原则能否顺利贯彻，对法治国的制度建设也将产生深远的影响。

一、通说及其遭遇的挑战

我国刑法理论通说认为，我国犯罪概念是社会危害性与刑事违法性的有机统一，刑事违法性是由社会危害性派生的。通说的刑法理论可以称为社会危害性理论，其刑法学体系可以称为社会危害性中心论的刑法学体系。① 按照通说观点，犯罪的社会危害性不仅是犯罪论的基石，而且是整个刑法学体系的基石，有关犯罪与刑罚的一切问题都应从犯罪的社会危害性来解释。换言之，社会危害性对于刑事立法、刑事司法乃至刑事执法均有重要意义。② 一定的社会危害性是犯罪的最基本的属性，是刑事违法性和应受惩罚性的基础。社会危害性如果没有达到违反刑法、应受刑罚惩罚的程度，也就不构成犯罪。③ 刑事违法性是社会危害性在刑法上的表现。只有当行为不仅具有社会危害性，而且违反了刑法，具有刑事违法性，才能被认定为犯罪。④ 社会危害性是第一性的，刑事违法性是第二性的，刑事违法性是由行为的严重危害性所决定的。⑤ 正是因为行为具有严重的社会危害性，刑法才将它规定为犯罪，并给予应受刑法惩罚的评价。否则，行为不具有严重的社会危害性，刑法就不可能将它规定为犯罪，并评价为应受刑罚处罚的行为，自然也就谈不上犯罪。⑥ 社会危害性与刑事违法性是统一的关系。立法机关认为行为的社会危害性达到了应当追究刑事责任的程度，才将该行为规定为刑法所禁止的行为。司法机关根据刑法认定为犯罪的行为，当然具有应当追究刑事责任程度的社会危害性。因此，不管是就观念上的犯罪（刑法所规定的犯罪）而言，还是就现实的犯罪（司法机关根据刑法认定的犯罪）而言，犯罪的本质特征是统一的，而不是分裂

① 陈兴良：《刑法哲学》，中国政法大学出版社 1996 年版，第 671 页以下。

② 高铭暄主编：《新中国刑法学研究综述（1949—1985）》，河南人民出版社 1986 年版，第 97 页。

③ 高铭暄主编：《新编中国刑法学》（上册），中国人民大学出版社 1998 年版，第 70－71 页。

④ 赵秉志：《新刑法教程》，中国人民大学出版社 1997 年版，第 81 页。

⑤ 马克昌：《犯罪通论》，武汉大学出版社 1999 年版，第 26 页。

⑥ 高铭暄、马克昌主编：《刑法学》（上编），中国法制出版社 1999 年版，第 78 页。

的。[①] 根据通说和"我国刑法理论的特色在于以社会危害性为中心的统一论"[②]，总之，社会危害性是犯罪成立的出发点和归宿，刑事违法性只不过是犯罪在刑法上的表征而已，我国《刑法》第13条规定的犯罪概念便是犯罪的实质概念与形式概念统一，是从犯罪的阶级实质和法律形式的统一上给犯罪所下的一个完整的定义。[③]

对社会危害性，通说的主要观点总结如下：其一，犯罪的社会危害性是犯罪论的乃至整个刑法学体系的基石，是有关犯罪与刑罚的一切问题的出发点，理所当然成为犯罪概念的中心；其二，一定的社会危害性是犯罪的根本属性，是刑事违法性和应受惩罚性的前提和基础，社会危害性是第一位的，刑事违法性是第二位的；其三，从对犯罪的意义来看，社会危害性是实质的犯罪，刑事违法性是形式的犯罪，与大陆法系刑法所主张的形式的犯罪与苏联刑法所规定的实质的犯罪不同的是，我国刑法坚持实质的犯罪与形式的犯罪相统一，但以社会危害性为核心；其四，一定的社会危害性是立法机关规范犯罪与司法机关认定犯罪的基础。

按照通说的观点，《刑法》第13条规定的是社会危害性与刑事违法性相结合的混合犯罪概念，具有其自身存在的合理性，社会危害性也具有其科学的价值取向。

首先，混合犯罪概念充分体现了法体系中概念的特点，是刑法面对主体的犯罪价值观变迁作出适当调节的结果，它具备优越于形式的犯罪与实质的犯罪概念的更为充分的合理性。混合犯罪概念将社会危害性作为犯罪行为的实质特征规定在犯罪概念里是完全合理的。其根据有三：一是混合犯罪概念具备存在的一般合理性。因为社会危害性作为犯罪的本质，是我国刑法理论一个公认的命题。社会危害性作为犯罪的本质回答的是犯罪是什么的问题，它告诉人们犯罪是危害社会的行为，将其规定在犯罪概念之中非但不存在逻辑上的混乱，而且恰恰是符合形式逻辑的。二是混合犯罪概念具备存在的优越合理性。形式的犯罪概念只规定了犯罪的法律特征，实质的犯罪概念只规定了犯罪的自然和社会性质，从方法论上讲，两者都丧失了作为法体系概念的科学性，且自身还存在一些无法克服的问题。而混合犯罪概念则将犯罪的法律特征与犯罪的自然和社会性质结合起来，符

① 张明楷：《刑法学》(上)，法律出版社1997年版，第84-85页。

② 齐文远、周详：《社会危害性与刑事违法性关系新论》，《中国法学》2003年第1期，第122页。

③ 马克昌：《犯罪通论》，武汉大学出版社1999年版，第14页。

合法概念的独特要求。三是混合犯罪概念符合价值主体的变异性要求。将形式与实质犯罪概念结合起来的混合犯罪概念是人们对犯罪认识发展到新的阶段为了解决新的问题而产生的一种新概念类型，它最恰当地满足了人们对犯罪认识的新的价值需求。作为随着情境及主体价值需求的变迁而作出调整之后的一种犯罪概念类型，混合犯罪概念无疑是最合理的。

其次，社会危害性原理与罪刑法定原则并不存在价值冲突。一方面，在犯罪圈外，形式合理性是实质合理性的制度保障。在罪刑法定原则下，对于刑法分则划定的犯罪圈以外的行为，因为刑法具有严密的分则体系和罪名规范，即使行为社会危害性再严重，也不可能将其当作犯罪论处。在罪刑法定原则这一形式的合理性限度以外，社会危害性因为其没有依存的框架——法律规范，因此，它自动让位于形式合理性，也即罪刑法定原则，根据罪刑法定原则定罪量刑属于当然之事，二者之间不存在冲突。另一方面，在犯罪圈外，实质合理性是形式合理性的实现手段。社会危害性通过发挥刑法解释机能来补充罪刑法定原则的内容，使之明确化、正确化，它是为罪刑法定原则服务的，而不是相反。至于突破罪刑法定原则的刑法解释，根本原因在于解释方法不当即解释者采用的类推解释所导致，而不是社会危害性本身的问题。①

近年来，有不少学者对于通说的上述观点提出了异议，认为社会危害性与刑事违法性具有对立的一面，刑事违法性才是犯罪概念的唯一根据。这是刑事违法性中心论。较早地对传统的社会危害性理论提出质疑的是贾宇和林亚刚两位教授。他们认为，社会危害性与刑事违法性相统一的混合犯罪概念，混淆了两个不同层次的问题，使本已清楚的实质概念与形式概念反而都模糊起来。犯罪的形式概念清楚、明了、容易操作，它告诉司法者和守法者，作为判定是否犯罪的唯一标准的，只有刑法的规定。而对于立法者来说，刑事违法性就远远不能解决问题了，立法者需要创制法律，要在原来并没有贴上标签的人类行为中框定一部分，作为应受刑罚处罚的行为，将其规定在刑法中，而这种框定是靠实质犯罪概念，即社会危害性来完成的。实质犯罪概念，只是指明了犯罪的一般特征，并不能给一般人提供一个犯罪的范围，所具有的只是刑事政策上的意义，对于刑事司法来说，意义不是很大。因此，混合犯罪概念是要解决立法问题的概念，还是要解决司法问题的概念？如果是要解决立法问题的概念，立法者要到何处去寻找已经具有刑事违法性的行为，然后把他规定为犯罪？如果是要解决

① 刘艳红：《社会危害性理论之辨正》，《中国法学》2002年第2期，第165页以下。

司法问题的概念，是否意味着司法者面对某一完全符合犯罪构成的全部法定要件时，还要另外考察该行为是否具有社会危害性？如果司法者认为该行为不具有社会危害性，是否可以据此认为该行为不构成犯罪？由此他们主张，在刑事立法中和刑事司法中采纳并立的形式概念与实质概念：在立法政策的意义上，犯罪是指应当受刑法惩罚的危害社会的行为；在司法准则意义上，犯罪是指刑法规定的应受刑罚惩罚的行为。①

还有学者还针对以社会危害性作为犯罪定义的标准提出了反对意见，认为在犯罪定义的界定上选择社会危害性作为标准，就会出现如下情况：一是社会危害性本身具有笼统、模糊、不确定性；二是社会危害性是一个社会政治的评估，并不是一个法律规范上的概念；三是社会危害性又是罪刑法定的对立面，即刑事类推适用的前提。② 还有学者进一步指出，社会危害性这类对犯罪在规范外的实质定义的致命弱点在于，在这个基础上建立起来的犯罪体系完全依赖于行为的规范属性，因而它又从本质上放弃了实质犯罪概念。如果我们宣称犯罪的本质在于行为的社会危害性，显然，危害社会的并不都是犯罪，那么区别犯罪与其他危害社会行为的唯一标准就不可避免地只能决定于刑法是否禁止这个行为，也就是行为的形式违法性。这种所谓实质认识由此也就成了一种文字游戏般的东西，其实质变成了由法律形式所决定的，也就是形式的犯罪而已。换言之，社会危害性的认定在这种理论中完全依赖于行为的形式违法性。③ 另有学者主张将社会危害性剔除刑法的范畴。“社会危害性与刑事违法性属于不同学科、不同领域内的两个问题。尤其是在‘罪刑法定’原则下，社会危害性更应当回归于犯罪学之中，而在刑法学中用法益侵害和严重法益侵害（在行为层面上叫一般违法和严重违法）取而代之，并且它们只有被明确规定在刑法中才能叫刑法法益侵害（在行为层面上也叫刑事违法性）。这样不仅剔除了‘社会危害性’这一广泛的、不确定的，甚至易受主观价值取向改变的犯罪定义标准，而且有利于刑事司法操作。加之，法益侵害和刑事法益侵害等都是十分规范的法律用语，如此使用和表述也将有利于立法术语和司法用语的统一和进一步规范，使得刑法学理论更加严谨和准确。”④

在坚持刑事违法性中心论的学者中，特别值得提出的是陈兴良教授。

① 贾宇、林亚刚：《犯罪概念与特征新论》，《法商研究》1996年第4期。

② 樊文：《罪刑法定与社会危害性的冲突》，《法律科学》1998年第1期，第27页。

③ 李海东：《刑法原理入门》，法律出版社1998年版，第7页。

④ 李晓明、陆岸：《社会危害性与刑事违法性辨析——重在从“罪刑法定”视角观之》，《法律科学》2005年第6期，第46页。

起初，他也赞同通说的理论观点，并通过对我国刑法和大陆法系刑法所规定的犯罪概念进行比较后认为，我国刑法中犯罪的刑事违法性是主观与客观的统一、形式与实质的统一。对于大陆法系刑法理论存在的客观的违法性与主观的违法性、形式的违法性与实质的违法性等二元的观点，我们必须彻底否定，应该把我国刑法中犯罪的刑事违法性正确地理解为形式和实质、主观和客观的统一，坚持刑事违法性问题上的一元观点。① 其后，他又转向犯罪社会危害性中心论。通过对刑事古典学派、刑事实证学派、苏联刑法学界的各种犯罪概念分析，并结合我国犯罪概念的由来和渊源，他提出了自己独特的见解。陈兴良教授认为，在我国刑法确定的罪刑法定原则的情形下，形式特征与实质特征相统一的犯罪概念会受到多方面的诘难。首先，两者的相统一使《刑法》第 13 条和第 3 条不协调；其次，形式与实质相统一的选择不符合罪刑法定原则的基本要求；最后，形式与实质相统一难以处理好法的一般公正与个别公正的关系。罪刑法定原则的最终确立，犯罪概念必须放弃实质合理性，转而采纳形式合理性，从而真正使理念中的罪刑法定原则成为制度中的罪刑法定原则。② “当我们清理了传统刑法理论中的犯罪概念，尤其是将社会危害性转换成为法益侵害，我们又回到注释刑法学中的犯罪概念上来。犯罪概念是刑法的基石范畴，它的确立直接关系到刑法理论的进路。在犯罪概念中消解了社会危害性以后，如何重构犯罪概念是一个值得研究的问题。在我看来，在确立刑法中的犯罪概念的时候，应当以刑事违法性为出发点，将刑事违法性作为犯罪的唯一特征。因此，只有法律规定的才是犯罪，法律没有规定的不是犯罪。根据罪刑法定原则，如果法律没有规定，即使行为的社会危害性再大，也不是犯罪。”③

刑事违法性中心论认为，社会危害性与刑事违法性相统一的混合犯罪概念，混淆了两个不同层次的问题，使本已清楚的实质概念与形式概念反而都模糊起来。其主要观点可以总结为以下内容：其一，刑事违法性是判定犯罪是否成立的唯一标准，社会危害性具有的只是刑事政策上的意义，两者是对立的；其二，确立刑法中的犯罪概念的时候，应当以刑事违法性为出发点，将刑事违法性作为犯罪的唯一特征；其三，从对犯罪的意义来

① 陈兴良：《刑法适用总论》（上卷），法律出版社 1999 年版，第 91−93 页。

② 陈兴良、刘树德：《犯罪概念的形式化与实质化辨正》，《法律科学》1999 年第 6 期，第 96−97 页。

③ 陈兴良：《社会危害性理论——一个反思性检讨》，《法学研究》2000 年第 1 期，第 17 页。

看，满足社会危害性的是实质的犯罪，满足刑事违法性的是形式的犯罪，在罪刑法定原则下，两者具有对立之处，坚持以社会危害性为犯罪概念的中心必然会与罪刑法定原则冲突，因而社会危害性与刑事违法性难以统一，应该分开；其四，立法者创制法律需要靠实质的犯罪概念，即社会危害性来完成，刑事违法性则指明了犯罪的一般特征，并给一般人提供一个犯罪的范围，因而对司法者具有重要意义。主张刑事违法性是刑法规定的犯罪概念的唯一依据的主要理由是：首先，这是坚持罪刑法定原则、排除类推解释的要求；其次，为划分罪与非罪、此罪与彼罪的界限提供具体的、具有可操作性的法定界限和标准；再次，为分析中国刑法理论中的各种基本问题和具体问题，划定了范围并奠定了基础；最后，为刑事立法中确定犯罪的工作，提供了应当考虑的基本构成要素与条件。①

对于上述观点，通说进行了相应的反驳。有学者通过分析认为，社会危害性（体现在实质犯罪概念中）与罪刑法定关系如何，是个重大的理论问题。如果认为罪刑法定原则与社会危害性理论是相冲突的，则必然推翻社会危害性理论，从而也否定了我国刑事立法与刑法理论的基石，故很有必要纠正这一偏差。② 由于通说进行反驳的立场基本上没有改变，通说对于刑事违法性中心论所指出的缺陷并没有进行有效的解答，因而从理论上说通说并没有有效地解决社会危害性中心论的种种不足，可以说，严格坚持通说的学者已经越来越少了。

通说所坚持的社会危害性中心论与反对者所主张的刑事违法性中心论各执己见，分别从不同的角度说明社会危害性与刑事违法性在刑法中的地位，很难说哪种观点占据绝对优势。于是，折中说应运而生。根据所依据的立场不同，折中说可以分为均衡说、协调说以及刑事违法性优先说。

均衡说认识到通说的缺陷，承认绝对的社会危害性中心论确实与罪刑法定原则有冲突，绝对的社会危害性中心论虽然有利于保护国家利益和社会秩序，却容易导致司法裁量权的过度膨胀乃至侵犯人权，从而与刑法保障人权的机能相矛盾。因此，该说认为《刑法》第 13 条规定既未采用纯粹的社会危害性标准，也未采用完全的刑事违法性标准，而采用一种刑事违法性和社会危害性相结合、规范标准和非规范标准互为补充的复合标准。为了反驳刑事违法性中心论对通说的批判，论者以《刑法》第 13 条

---

① 王世洲：《中国刑法理论中犯罪概念的双重结构和功能》，《法学研究》1998 年第 5 期，第 123 页。

② 李立众、李晓龙：《罪刑法定与社会危害性的统一——与樊文先生商榷》，《政法论丛》1998 年第 6 期，第 6 页。

但书为切入点，全面论证了但书与罪刑法定原则在价值和功能上的一致性，并呼吁应该善待我国刑法中的社会危害性观念。该观点认为，我国《刑法》第 13 条中规定："但是情节显著轻微危害不大的，不认为是犯罪。"该但书规定的含义是，情节显著轻微危害不大的行为，法律确定其不是犯罪。这里的不认为是犯罪，意思等于不是犯罪。据此，在学术上给犯罪下定义时，把我国《刑法》第 13 条但书概括进去，才能准确体现立法原义。我国刑法中犯罪的科学概念应当是：犯罪是社会危害达到一定程度而应予刑罚制裁的违法行为。该观点指出，但书的功能有二：其一，照应功能。我国刑法分则大部分具体犯罪概念中含有的定量因素，是总则一般犯罪概念中定量因素即但书的体现，将这些定量因素作为具体犯罪概念的一部分，在认定犯罪时便体现了但书的照应功能。其二，出罪功能。除了上述含有定量因素的犯罪外，我国刑法分则尚有一部分犯罪不含定量因素。这些不含定量因素的犯罪不管行为性质是否比较严重，都不能仅根据行为人实施该行为就足以断定其社会危害已经达到应受刑罚处罚的程度，对此，同样需要考虑定量因素，需要社会危害性作为入罪与出罪的标准。

根据《刑法》第 13 条但书的规定，该观点对于反对通说的论者在三个方面进行了反驳：一是认为《刑法》第 13 条规定的犯罪定义不存在社会危害性标准是难以成立的。我国《刑法》第 13 条关于犯罪的立法定义，既未采用纯粹的社会危害性标准，也未采用完全的刑事违法性标准，而采用一种刑事违法性和社会危害性相结合、规范标准和非规范标准互为补充的复合标准。也就是说，作出罪与非罪的判定，不仅要受刑事违法性的形式制约，而且要受社会危害性的实质限定。在这种复合标准之下犯罪认定可大致分为如下四种情况：具有刑事违法性且有相当程度的社会危害性的，构成犯罪（复合标准）；没有刑事违法性也没有相当程度的社会危害性的，不构成犯罪（复合标准的逻辑推论）；具有刑事违法性但没有相当程度的社会危害性的，不构成犯罪（但书）；没有刑事违法性但有相当程度的社会危害性的，不构成犯罪（罪刑法定原则）。至于刑事违法性和社会危害性能否互相结合呢？这就涉及社会危害性理论与罪刑法定原则的关系问题。二是社会危害性理论与罪刑法定原则并不冲突。该观点认为，但书的存在所形成的罪刑法定原则制约下的社会危害性格局（双重制约格局）具有重要的理论和实践意义，既可保证一般公正，又可实现个别公正，还可使犯罪的实质内容受到规范内的关照。三是强调了司法者判断社会危害性的必要性和可能性。①

总结均衡说的意见，可以表述为以下几点：其一，《刑法》第 13 条但书规定说明，犯罪定义不存在社会危害性标准是难以成立的；其二，社会危害性与刑事违法性并不存在谁是中心谁是唯一的问题，但社会危害性是犯罪成立的主要依据，刑事违法性则是犯罪成立的必要依据；其三，但书与罪刑法定原则在价值和功能上并不矛盾，而是具有一致性的；其四，社会危害性在司法实践中并非没有作用，司法者完全有判断社会危害性的必要性和可能性。

协调说则认为，《刑法》第 13 条规定是从不同的层次、不同的角度对社会危害性与刑事违法性的作用进行分工的，两者是协调一致的。"我国刑法第 13 条中有关犯罪概念的规定，表面上看，确实存在'混淆了两个层次的概念，使得本已清楚的实质概念和形式概念反而都模糊起来'的问题。但是，如果从另外一个角度来对本条进行解释的话，是可以消除这种缺陷，使实质概念和形式概念恢复其本来面貌的。换句话说，行为的刑事违法性和一定程度的社会危害性本来就不是一个层次上的概念。在说到某行为符合刑法分则的某一规定即具有刑事违法性的时候，实际上就意味着，该行为不仅在形式上符合该分则条文的规定，而且在实质上也具备该分则条文所要求的社会危害性。即，在说明形式的犯罪概念的时候，其中就考虑到了实质上具备该形式概念所要求的内容……关于犯罪的特征，在罪刑法定原则之下，只有一个，就是行为符合刑罚规范的规定，即具有刑事违法性。关于刑事违法性和应受刑罚惩罚程度的社会危害性的关系，可以说，后者是前者的基础，前者是后者的法律表现。如果说应受惩罚程度的社会危害性是犯罪的本质要素，那么，刑事违法性就是犯罪的法律特征。立法机关不会将没有社会危害性或社会危害性较小的行为在刑法中作为犯罪加以规定。犯罪是严重的社会危害性与刑事违法性的统一。在考察某种行为是否构成犯罪时，首先必须考察该种行为是否是构成刑法分则某一条文所规定的实行行为，如果该行为不能成立该条文所说的实行行为时，就直接认定该行为不构成犯罪就行了。"②

总结协调说的论述，其主要观点可以表述为：其一，犯罪是严重的社会危害性与刑事违法性的统一；其二，社会危害性是犯罪的本质要素，刑

---

① 储槐植、张永红：《善待社会危害性观念——从我国刑法第 13 条但书说起》，《法学研究》2002 年第 3 期，第 88 页以下。

② 黎宏：《罪刑法定原则下犯罪的概念及其特征——犯罪概念新解》，《法学评论》2002 年第 4 期，第 18-19 页。

事违法性是犯罪的法律特征；其三，行为的刑事违法性和一定程度的社会危害性本来就不是一个层次上的概念；其四，在罪刑法定原则之下，犯罪的特征只能是刑事违法性。从结果上看，协调说与均衡说在本质上是一致的，只不过前者是纵向的协调，后者是横向的均衡。

刑事违法性优先说则认为，刑事违法性在犯罪成立中处于主导地位，这是罪刑法定原则的内在要求，也是司法实践的必然选择，且并没有否定社会危害性在认定犯罪中的作用，只不过两者层次不同，刑事违法性显然处于优先地位。持该说的论者以均衡说所赖以立论的《刑法》第 13 条但书为出发点，强调刑事违法性在犯罪概念中的主导地位，同时也承认社会危害性在犯罪概念中的重要意义。还有学者在充分肯定社会危害性具有能够决定行为是否属于正当行为的功能、区分犯罪行为与一般违法行为的功能以及决定量刑的轻重的价值以后，认为，“虽然社会危害性不应该继续在刑法理论中处于至高无上的核心地位。但是，这并不是说要抛弃社会危害性的概念。社会危害性在理论刑法学上、在立法上具有重要价值，这是毋庸置疑的。对于司法者而言，社会危害性不能作为犯罪成立与否的标准。决定某一行为是否成立犯罪，应当以形式的正义为前提、基础，兼顾实质的正义。即首先根据罪刑法定原则的要求，考察行为是否具备分则所规定的犯罪构成；之后再进一步考察该行为是否具有犯罪的社会危害性、社会危害性程度是否达到了应当用刑罚制裁的程度，并最终根据行为的社会危害性的大小，决定对犯罪分子所判处的刑罚的轻重。所以，在刑法解释学上，社会危害性仍然具有限制的、补充的意义。承认社会危害性的地位，并不是对罪刑法定原则的破坏，相反，社会危害性理论和罪刑法定原则一起成为保障人权、限制随意发动刑罚权的两道防线。”①

总结刑事违法性优先说的观点，可以表述为以下几点：其一，《刑法》第 13 条但书规定说明了社会危害性对犯罪成立的重要意义，但社会危害性并不是处于核心地位；其二，社会危害性不能作为犯罪成立与否的标准，决定某一行为是否成立犯罪应当以刑事违法性为前提、基础，兼顾社会危害性；其三，但书与罪刑法定原则在价值和功能上是协调统一的，并不存在对立；其四，在罪刑法定原则之下，犯罪的成立的标准只能是行为符合刑罚规范的规定，即具有刑事违法性。司法者先考察的是行为的刑事违法性，之后才考察该行为的社会危害性。

无论是均衡说、协调说还是刑事违法性优先说，都是社会危害性中心

① 王政勋：《论社会危害性的地位》，《法律科学》2003 年第 2 期，第 35 页以下。

论与刑事违法性中心论各自在认识到自身的缺陷和不足之后，相互妥协的产物。从目前的情形来看，很难说哪一种学说占据主导地位。但可以肯定的是，主张以社会危害性为中心的通说遭到极大冲击。在批评者看来，社会危害性为中心论的主要缺陷在于过于重视社会保护机能，乃至忽视人权保障机能，有违背历史发展的潮流之嫌。

二、社会危害性中心论与刑事违法性中心论

关于社会危害性与刑事违法性在犯罪概念中的地位的争议，其渊源来自启蒙时期资本主义的罪刑法定主义对封建主义的罪刑擅断主义的批判。"人不对人进行裁判而产生的非正义，与人对人进行裁判而产生的非正义，两者相比较，显然是前者要严重得多。所以，人类自古以来就心甘情愿地忍受、容许并肯定人对人进行裁判而产生的非正义，直至今日。"① 可以说，在资本主义社会以前的封建社会，将"人不对人进行裁判而产生的非正义"发挥到了极限。封建主义国家是如此侧重于国家利益与秩序，完全忽视自由、民主与人权，导致司法实践中滥施罪刑、严重侵犯公民的权利的现象层出不穷，而封建罪刑擅断最主要的根据就是行为的社会危害性。② 历史上，封建社会奉行的是"刑不可知，则威不可测"的恐吓刑罚，但这并不等于他们不需要法律，封建统治者一切以统治阶级的利益为中心，片面追求对他们所认为的危害社会（自己的统治秩序）的行为给予严惩。于是出于需要，封建帝王乃至官员随意的话语就可能成为法律，这体现的是对人的价值的极端否认。"本来，犯罪是破坏社会生活的行为，因而不论是否有刑罚法规，都应当受到排斥，所以在古时候不管哪个国家，所采用的制度都是把什么是犯罪和对犯罪应当科以什么样的刑罚这件事，完全委托作为国家代表的法官去处理。但是，只要是没有确定什么样的行为是犯罪和对犯罪应当科以什么样的刑罚，就很难对一般人的权利和自由予以保障。"③ 对于封建社会的罪刑擅断的弊端，孟德斯鸠就一针见血地指出，在专制国家里，人们畏惧死亡甚于爱惜生活，人们的生命无保障，统治者则极端残酷，刑罚少到只要有剥夺生命一种就可以了。④

---

① 西原春夫：《刑法的根基与哲学》，顾肖荣等译，法律出版社2004年版，第3页。

② 在封建统治阶级看来，民众实施了具有社会危害性的行为，进行制裁是必要的，而且越严厉效果越好。当然，他们所认为的具有社会危害性的行为，是完全站在统治者的立场上评判的，民众只有接受惩罚的义务。因此，封建统治者可以根据自己的意愿，决定行为的社会危害性，并随心所欲地滥施刑罚制裁民众。

③ 泷川幸辰：《犯罪论序说》，法律出版社2005年版，第3页。

④ 马克昌主编：《近代西方刑法学说史略》，中国检察出版社1996年版，第18页。

正是出于对罪刑擅断主义的无比憎恨，古典学派坚决主张犯罪法定化，反对司法自由裁量权。如贝卡里亚就认为，只有法律才能为犯罪规定刑罚，只有代表根据社会契约而联合起来的整个社会的立法者才拥有这一权威，任何司法官员都不能自命公正地对该社会的另一成员科处刑罚，超越法律限度的刑罚就不再是一种正义的刑罚。① 在这里，贝卡里亚崇尚的是绝对的罪刑法定主义，与之相适应，刑事违法性在犯罪概念中自然处于核心地位。由于绝对的罪刑法定没有考虑到现实生活的复杂性，也没有注意保持刑法的必要弹性，以便协调解决法律的稳定性和社会现实的变易性、法律的抽象性和具体案情的复杂性之间的矛盾，因而从付诸实践之始就受到严峻的挑战。如 1791 年法国刑法典奉行的是绝对罪刑法定主义，但只实施不到 20 年，1810 年的刑法典就改采相对罪刑法定主义。可见，不管是坚持以社会危害性为中心，还是主张以刑事违法性为中心，都具有不足之处。

社会危害性和刑事违法性都是对行为的评价标准，但它们的价值取向存在差别：社会危害性关注的是行为给社会造成或可能造成的损害，强调刑法对社会秩序的有效保护，体现的是刑法的法益保护机能；而刑事违法性关注的是行为对刑法规范的违反，强调刑法应充分保障个体的人身自由，体现的是刑法的自由保障机能。因此，无论是坚持社会危害性标准还是主张刑事违法性标准，都是难以两全的。“相对于近代西方自由主义法学传统而言，一种是激进的或风险大的（high-risk）做法，即为了树立法制的威信而形成开放的体系，允许民众参与和批评法律，在涉及公共政策的问题上对法律与政治不加以严格的区分。另一种是稳健的或风险小的（low-risk）做法，强调法律自身的价值和守法的绝对性，主张法律完全独立于政治，变法只能通过既定的政治渠道去进行，而不能运用执法机关的裁量的方式。”② 社会危害性中心论许多情况下正是基于“民众参与和批评法律”（民愤），将刑法作为一种纯政治工具，开放行为进入刑法规范的途径，可谓是“激进的或风险大的（high-risk）做法”；而刑事违法性中心论则过于强调刑法自身的价值和守法的绝对性，主张刑法完全独立于政治，是一种过于“稳健的或风险小的（low-risk）做法”。这就决定了不管是社会危害性中心论，还是刑事违法性中心论，都是从一个极端走向另一

---

① 贝卡里亚：《论犯罪与刑罚》，中国大百科全书出版社 1993 年版，第 9 页。

② 季卫东：《社会变革的法律模式》，载 P. 诺内特、P. 塞尔兹尼克：《转变中的法律与社会：迈向回应型法》，中国政法大学出版社 2004 年版，第Ⅳ页。

个极端。

在这种情形下，以相对罪刑法定主义为核心的混合犯罪概念便出现了。混合犯罪概念是以协调社会危害性中心论和刑事违法性中心论的身份出场的，在理论上说应该是扬长避短，我国现行刑法中的犯罪概念正是体现这一精神的概念。

众所周知，新中国成立以来的我国刑事立法和刑法理论，都受到苏俄刑事立法和刑法理论的极大影响，即使在改革开放后这种状况有了很大的改观，1979年刑法典和1997年修改后的刑法典在犯罪概念的界定上也借鉴和吸收了《苏联和各加盟共和国刑事立法纲要》和1960年《苏联刑法典》有关犯罪概念的立法模式和内容。我国刑法典的犯罪概念却通过具体指出犯罪侵犯的客体来说明犯罪的严重的社会危害性，侧重点在于揭示犯罪的阶级和社会实质，强调犯罪对国家、社会和个人权益的侵犯和国家对犯罪的严厉否定态度。这与我国接受的苏联社会主义刑法观念和刑事立法的做法是一致的。然而，俄罗斯新刑法典的犯罪概念只是概括地指出了犯罪的社会危害性，而没有指出社会危害性的具体内容，侧重从犯罪概念逻辑结构的周延和科学角度揭示犯罪，有意或无意弱化了犯罪社会实质的阶级属性和意识形态特征。在解释俄罗斯新刑法典的教科书、专著和文章中，俄罗斯刑法学家对犯罪的刑事违法性和社会危害性特征的关系的认识已有明显的改变。大部分学者已摈弃了苏维埃刑法学有关社会危害性是犯罪的基础，而刑事违法性派生于社会危害性的传统观点。他们认为，犯罪的社会危害性和刑事违法性是相互联系、不可分割的犯罪的基本特征，而且有些学者直接指出，在法治社会里，刑事违法性特征应占首要的地位。①

由于我国刑法没有像俄罗斯刑法那样对苏联刑法加以相应的完善，侧重的还是揭示犯罪的阶级和社会实质，强调犯罪对国家、社会和个人权益的侵犯和国家对犯罪的严厉否定态度，并辅之以刑事违法性来制约，造成混合犯罪概念在司法实践中容易出现两难的局面：一种局面是行为具有社会危害性而不具有刑事违法性。“犯罪的形式特征和实质特征发生冲突，主要发生在某一行为存在一定的社会危害性，但刑法并未将其规定为犯罪，因而不具有刑事违法性的场合。”② 另一种局面是行为具有刑事违法

① 蒋慧玲：《俄罗斯当代刑事立法关于犯罪概念的变革——兼与中国现行刑事立法相比较》，《现代法学》2003年第5期，第75页。

② 陈兴良：《社会危害性理论——一个反思性检讨》，《法学研究》2000年第1期，第9页。

性而不具有社会危害性。即某种行为虽然符合刑法分则所规定的犯罪构成，但是该行为却不具有犯罪的社会危害性。① 对于这些针锋相对的矛盾，无论是社会危害性中心论与刑事违法性中心论，还是折中说，都难以妥善解决。这就不难理解前述一部分学者的主张：社会危害性与刑事违法性的冲突，主要发生在当某个行为存在一定的社会危害性，但刑法并未将其规定为犯罪，因而不具有刑事违法性的场合。这时，如果以社会危害性来衡量，必然得出需要对此行为予以定罪的结论，这样，社会危害性标准就很可能成为类推制度继续存在的理论基础，与罪刑法定原则形成根本冲突。所以，批评者主张将社会危害性的概念逐出刑法学领域。

而针对上述观点的另一些学者的观点同样也值得肯定：没有必要否认社会危害性概念本身，而应该通过对社会危害性标准的合理阐释来解决上述矛盾。如果明确社会危害性的核心内容就是法益侵害，所谓“法益”是指为刑法所保护而被犯罪所侵害的价值或利益，那么社会危害性就可以被看作违法性的实质或者实质违法性，而我国刑法理论中的刑事违法性就是形式违法性，社会危害性与刑事违法性的关系就成为实质违法性与形式违法性的关系。这样，就能够以实质违法性为指导来阐释刑法所规定的犯罪构成要件，使符合犯罪构成要件的行为具有实质违法性，定罪时就不必从形式违法性之外另寻社会危害性。按照这一理论，凡是符合犯罪构成要件的行为都既具有社会危害性，也具备刑事违法性。② 其结果是，复活了社会危害性中心论或者刑事违法性中心论，重犯从一个极端走向另一个极端的错误。

因为立法者与司法者不能科学地协调、考量二者的关系，而以社会危害性中心论或刑事违法性中心论，抑或是均衡说、协调说或刑事违法性优先说来指导刑事法律规范的立、改、废工作以及刑事司法的解释、立案、侦查、审判等整个刑事法律的创制、裁量工作，致使刑事立法与刑事司法中出现很多的偏差和漏洞，并造成了刑事立法与刑事司法之间的矛盾与冲突。

首先，坚持社会危害性中心论或均衡说、协调说的弊端在于：一是在立法上导致出入罪的界限不明确。由于过分强调或侧重社会危害性，一些具体规定表现出模糊性，这使在司法实践中判断一些行为是否具有刑事违

① 王政勋：《论社会危害性的地位》，《法律科学》2003 年第 2 期，第 35 页。

② 柴春元、沈海平：《犯罪本质特征的再认识——2002 年中国刑法学年会专题研究综述》，《人民检察》2003 年第 2 期，第 42 页。

法性时出现严重分歧。如非法经营罪中“其他严重扰乱市场秩序的非法经营行为”的规定就有“新口袋罪”的性质。另外，过多的情节性规定，如将“情节严重”“情节恶劣”作为罪与非罪的区分标准，具有很大的不确定性。① 二是在立法上造成具体犯罪罪状之间的重复、交叉太多。社会危害性在界定罪与非罪的总标准上无疑具有优势，但是对此罪与彼罪的区分却无能为力，以社会危害性作为主要依据指导刑法分则具体罪之罪状设定，必然会造成诸多罪与罪之间的模糊与含混。以侵犯财产罪为例，抢劫罪的罪状与抢夺罪、敲诈勒索罪、强迫交易罪等的罪状之间，都存在模糊之处；盗窃罪的罪状则与抢夺罪、侵占罪的罪状之间存在含混之处。这些或者需要依赖司法解释加以进一步界定，或是被迫将裁量权给予司法人员，纵容了司法裁决的随意性。三是导致司法解释的泛滥。如前所述，对于刑事立法没有规范的具有一定社会危害性的行为，过分强调社会危害性或以之为主导，将促使最高司法机关以解释的形式体现对社会危害性地位的尊重。从现实情况看，截至2005年年初，在1997年刑法修改废除类推后的约8年的时间里，司法解释之数量达166项之多，较之没有规定罪刑法定原则的修改前刑法所实施18年的时间发布的216项司法解释②，其发布的数量与频率无疑显著提升。四是造成司法解释直接与刑事立法相冲突。如2000年“两高”联合发布的有关交通肇事罪的司法解释规定，“交通肇事后，单位主管人员、机动车辆所有人、承包人或者乘车人指使肇事人逃逸，致使被害人因得不到救助而死亡的，以交通肇事罪的共犯论处”。这一过失共犯的规定，显然与刑法关于共犯的规定直接对立。又如，2000年最高人民法院关于强奸罪的有关司法解释规定，对于已满14周岁未满16周岁的人与幼女发生性关系，情节轻微、尚未造成严重后果的，不认为是犯罪。这一解释被认为与《刑法》第13条但书明显冲突，现已失效。还有司法解释规定对于以暴力、威胁方法阻碍国有事业单位人员（显然不属于国家机关工作人员）依法执行行政执法职务的行为以妨碍公务罪论处，对于明知是伪造高等院校印章制作的学历、学位证明而贩卖的（显然不同于伪造）以伪造事业单位印章罪的共犯论处，对盗窃罪的累犯设定加重处罚（与刑法关于累犯的处罚原则相矛盾，现已失效），等等。诸如此类司法权侵入立法领域的做法，明显不符合法治原则，实不足取，但遗憾的是为数还

---

① 柴春元、沈海平：《犯罪本质特征的再认识——2002年中国刑法学年会专题研究综述》，《人民检察》2003年第2期，第42页。

② 刘志伟等编：《刑法规范总整理》，法律出版社2005年版，第14页以下。

不少。

其次，坚持刑事违法性中心论或刑事违法性优先说的弊端在于：一是在立法上导致出入罪不合理。由于过分强调刑事违法的稳定性而忽视了社会危害的变易性，必将导致刑法的废、改、立工作相对滞后，这使一些已经只有较小甚至没有社会危害性的行为仍具有刑事违法性，或者某些严重危害社会的行为迟迟不能被赋予刑事违法性，或者由于立法技术造成的立法缺陷以及违背立法本意的司法解释不能被及时更正，这样，刑法的秩序保护机能与自由保障机能反而被削弱。如 1979 年《刑法》规定的投机倒把罪，直至 1997 年才被正式废除，实际上，贩卖私粮的投机倒把行为在 1992 年市场经济确立后就已退出了历史舞台。二是在司法中不能有效地预防和惩治具体犯罪。如强迫交易罪，其与抢劫罪相比要轻得多。但是，如果行为人假以交易为名，行抢劫之实，形式为强迫交易罪，实质为抢劫罪，如果过分强调刑事违法性就不能惩治该类借助强迫交易实施的抢劫犯罪。又如虚假广告罪，其与诈骗罪相比危害性要轻得多。如果行为人假以虚假广告之名，行诈骗之实，形式为虚假广告罪，实质为诈骗罪，如果过分强调刑事违法性就不能惩治该类借助虚假广告实施的诈骗犯罪。

三、社会危害性与刑事违法性的辩证统一

对《刑法》第 13 条规定的犯罪定义，有学者认为存在两个标准，即社会危害性标准和规范标准，并指出在一个定义中同时使用了两个互相冲突、排斥的标准来界定犯罪，使犯罪这个基本定义乃至整个刑法典的科学性大打折扣。① 这种观点引发了学界有关社会危害性与刑事违法性的关系之争。一种观点认为，“社会危害性与刑事违法性在刑法中具有不同的功能，彼此之间不存在根本性的冲突，因而能够并行不悖”②。还有学者认为，社会危害性与刑事违法性是一种对立统一的矛盾关系，并提出应通过在立法与司法两个过程中运用“应罚”与“可罚”之社会危害性观念，在承认实然的社会危害性与刑事违法性对立与冲突关系的前提下，努力追求二者的相互统一的理想状态。③ 目前，社会危害性与刑事违法性之间存在冲突，几乎成为学界共识，即便是坚持传统社会危害性理论的学者，也对

① 樊文：《罪刑法定与社会危害性的冲突——兼析新刑法第 13 条关于犯罪的概念》，《法律科学》1998 年第 4 期。

② 张智辉、陈伟强：《社会危害性的刑法价值》，《国家检察官学院学报》2010 年第 5 期。

③ 齐文远、周详：《社会危害性与刑事违法性关系新论》，《中国法学》2003 年第 1 期。

此予以认可。[1] 通常认为，我国刑法中的社会危害性与刑事违法性的冲突主要表现为两种情形：其一，具备刑事违法性但不具备严重的社会危害性的情形；其二，具备严重的社会危害性但不具备刑事违法性的情形。[2] 在所谓的冲突论的影响下，学界出现摈弃社会危害性、确定形式的犯罪概念的呼声。

笔者认为，社会危害性与刑事违法性的上述冲突并不存在。之所以认为两者冲突，是因为不少学者没有区别不同的刑法语境下刑事违法性所具有的不同含义，或者对行为入罪存在一些不确切的认识，人为造成两者之间存在冲突的假象。实际上，根据我国刑法规定，社会危害性与刑事违法性之间并不存在所谓的冲突，两者互为表里，是一种协调统一的关系。

第一种冲突，即具备刑事违法性但不具备严重的社会危害性的情形，在我国刑法语境中并不存在。根据我国刑法，构成犯罪的行为除了是刑法规定的行为外，还必须具备一定的社会危害程度。如果刑法规定的行为不具有一定的社会危害性，不构成犯罪。这种以行为性质作为入罪的必要条件、以行为的社会危害程度作为入罪的充分条件的规定，使刑事违法性与刑法规定的行为之间不具有等同含义：一行为具备刑事违法性表明该行为不但是刑法规定的行为，而且其社会危害还必须达到一定程度；即使是刑法规定的行为，如果社会危害性没有达到一定程度，也不能被认定为犯罪。这样一来，具备刑事违法性而不具备社会危害性的情形，就不可能客观存在。

以1997年我国《刑法》修改废除的投机倒把罪为例，表面上看来，许多投机倒把行为在社会主义市场经济确立后已经不具有社会危害性，此时《刑法》将该行为规定为犯罪直接导致具备刑事违法性但不具备社会危害性的冲突。其实不然。例如，贩卖私粮不具有社会危害性，但在性质上属于投机倒把，那么直接根据社会危害性理论就可以将该行为非罪化，不会导致将具有刑事违法性的行为非罪化的不合理现象发生。“当某一行为

---

① 赵秉志、陈志军：《社会危害性与刑事违法性的矛盾及其解决》，《法学研究》2003年第6期。

② 陈兴良：《社会危害性理论——一个反思性检讨》，《法学研究》2000年第1期。本文中的“严重的社会危害性”为笔者之见解。其实，在我国刑法中，受制于《刑法》第13条规定，并不存在社会危害性与刑事违法性的冲突，因为我国刑法中的犯罪并非刑法规定的具有社会危害性的行为，而是刑法规定的具有严重社会危害性的行为，故如果在犯罪评价上有冲突，也只能存在于严重的社会危害性与刑事违法性之间。认为社会危害性与刑事违法性之间存在冲突，显然是立足于德日等大陆法系国家刑法语境的，并不符合我国刑法规定。

随着时代变迁已经不具有社会危害性，或者社会危害性微乎其微时，即使刑法中还存在对这类行为的禁止性规定，也应当根据《刑法》第 13 条但书的规定，将这种行为排除在犯罪之外。”① 在司法实践中，之所以存在将该类行为确定为犯罪的现象，恰恰是因为司法人员没有将社会危害性作为判断犯罪成立的标准，乃至机械适用刑法分则条文或司法解释，将实质上没有社会危害性或者社会危害性没有达到严重程度的投机倒把行为认定为犯罪，背离了刑法立法的要求。

第二种冲突，即具备严重的社会危害性但不具备刑事违法性的情形，看似合理其实也不符合实际。这里需要对行为的社会危害性加以进一步认识。通常，根据主体的不同，行为的危害可以分为个别化危害和一般化危害：前者是指行为所具有的个别意义上的、特殊的危害，取决于个体的认识与评价；后者是指行为所具有的普遍意义上的、一般的危害，取决于国家、社会的认识与评价。社会危害性显然是指一般化危害。由于是国家、社会的评价，行为的社会危害性显然不是完全根据该行为发生时产生的危害确定的，而是根据一定时期所形成的国家、社会对其类型化、观念化、普遍化的印象确定的。

以性犯罪为例，远古时代，为应对自然灾害、洪水猛兽等灾难，人们生存需要以“群”（部落、氏族等）为单位，彼时无婚姻家庭概念可言，性行为亦杂乱无章，根本不存在性犯罪的概念。因为“为了使群能够组成，家庭的纽结须要放松，个体须要重新自由”②。随着生产力的发展，家庭成为基本生存单位，并进一步发展成以共同的女性祖先为纽带而组成的母系氏族。人类的性行为自此告别群居乱交时代，所有氏族内部成员之间严禁性行为。“自一切兄弟和姊妹间，甚至母方最远的旁系亲属间的性交关系的禁例一经确立，上述的集团便转化为氏族了，换言之，即组成一个确定的、彼此不能结婚的女系血缘亲属集团；从这时起，这种集团就由于其他共同的社会制度和宗教制度而日益巩固起来，并且与同一部落内的其他氏族区别开来了。”③ 随着特定人群之间性交关系禁例的确立，族群成员间的性行为也随之上升为犯罪。不难看出，族群成员间的性行为成立犯罪，并非起始于家庭成为基本单位或者母系氏族成立时，而是经过一段时期的发展，氏族或者社会成员普遍认为有必要对该行为严厉制裁，该行

① 赵秉志主编：《当代刑法学》，中国政法大学出版社 2009 年版，第 92 页。
② 《马克思恩格斯选集》（第 2 卷），人民出版社 1972 年版，第 29 页。
③ 《马克思恩格斯选集》（第 4 卷），人民出版社 1972 年版，第 37 页。

为才被规定为犯罪。在此之前，不排除有氏族成员意识到这种行为会危及家庭或者氏族的生存发展而认为其具有严重的社会危害，但这种危害只是个别化认识，不足以使行为犯罪化。

同样，拒不支付劳动报酬的行为，在《刑法修正案（八）》出台之前早已存在，也许有人早就认为这种行为是具有严重危害的。但是，从国家或社会的角度来看，如果这种行为是个别的、零星的，也许没有必要动用刑罚制裁，因而这种行为不被认为具有严重的社会危害。但是，当这种行为发展成具有规模性与普遍性的类型行为，严重危害劳动者的权益时，对国家或者社会而言有必要动用刑罚进行制裁，其入罪条件才完全具备，此时才意味着拒不支付劳动报酬具有严重的社会危害性。“从现实看，拒不支付劳动报酬问题，已不仅仅是劳动纠纷，而有着严重的社会危害。”①

可见，刑法上的社会危害性的评价主体是国家和社会，而不是个体。认识到这种差异，就不难理解所谓“具备严重的社会危害性但不具备刑事违法性”的情形，很难说客观存在。对立法者而言，当行为具有严重的社会危害性且入罪条件成熟时，完全可以通过一定的形式予以犯罪化。因为一行为具有严重的社会危害性不是一朝一夕形成的，而是需要一定的积累、沉淀才能形成的。在此过程中，立法者在条件成熟时会将严重社会危害性的行为犯罪化，特别是在我国已经形成较为成熟、稳定的刑法修正机制的情况下，通过及时修改刑法确保根据社会危害性的程度将特定行为予以入罪与出罪，就变得现实而且可行。可见，“具备严重的社会危害性但不具备刑事违法性”显然是站在个体认识的角度来考量的，充其量只是个体的观念印象，并不切合实际。

由上可知，社会危害性与刑事违法性是互为表里、协调统一的，两者之间不存在实质冲突。相反，那种摈弃社会危害性而坚持刑事违法性的观点，必将面临形式的犯罪概念所带来的诸多弊端的冲击，有所不妥。“形式主义是当今法理学方法中名声最不好的一种。然而，在数不清的批判之后，这种方法依然存活下来。对它仍然存活下来的一个解释就是它在某种层面上诉诸了我们关于法律的最深的直觉。如果有任何被安排、被制定并内在一致的东西的话，则法律应是这种东西的最主要、最佳的代表。”②形式的犯罪观在司法实践中的主要不足体现在：一方面，坚持形式的犯罪

① 赵秉志主编：《刑法修正案（八）理解与适用》，中国法制出版社2011年版，第332页。
② 〔美〕丹尼斯·M. 帕特森：《法律与真理》，陈锐译，中国法制出版社2007年版，第32页。

概念可能使法官成为机械执行法律的工具。“然而这些原则也可能使那些不认真的法官成为不假思索的执法机器。对他们来说刑罚——‘法律就是法律’——变成了教条；对此某些极权政体已经提供了生动的证据。”① 另一方面，坚持形式的犯罪概念还会限制司法解释的范围，难以适应司法实践的需要。“对于刑法分则中设置的各种具体犯罪，也可以随便举出几个例子。中国刑法根据被害的大小和犯罪的特征规定了不同的量刑幅度，而日本刑法中没有这种规定。从广义上说，这种规定也限制了解释的范围。”②

其实，任何行为都有危害程度之别，动用刑罚制裁一切同质行为，既不合理也不切实际。“在每项法律中（至少相对具有重要性的每项法律中），都有一部分是刑事性质的，同时另外一部分是民事性质的；除了已经说明的少数例外，作为一项完整的法律，如果只是刑事的而非民事的或者只是民事的而非刑事的，那是不存在的。”③ 众所周知，德、日阶层犯罪论体系是在摈弃社会危害性理论的基础上发展起来的，却因无法回答事实判断与价值评价之间的联系以及两者同犯罪的关系，而造成理论与实践脱节的矛盾：在德、日司法实践中，大量刑法规定的轻微危害行为被排除犯罪性；而根据德、日阶层犯罪构成论体系，任何刑法规定的行为都将构成犯罪。为了与司法实践对接，无奈之下有学者提出了可罚的违法性理论。该理论认为，某种行为即使在形式上符合构成要件，且不具有违法阻却事由，但如果不具有可罚的违法性，也不成立犯罪。④ 可罚的违法性理论源于德国，但在德国理论界基本被否定，在刑法体系上也不占据任何地位，几乎没有学者对之予以认同。⑤ 该理论虽然在日本得到不少学者支持，但亦存在许多理论难题。例如，既然有可罚的违法性，那么违法性到底是一元的还是二元的；可罚的违法性在体系上处于何种地位；它与违法阻却事由是何种关系；等等。因此，许多学者并不赞成该理论。如木村龟二批判说，该理论承认刑法上特殊的违法性概念，破坏了违法的统一性；井上祐司批判道，“违法但不可罚的说法”有将原来正当的行为认为是违

① 〔德〕齐柏里乌斯：《法学导论》，金振豹译，中国政法大学出版社2007年版，第192页。

② 〔日〕西原春夫：《刑法、儒学与亚洲和平：西原春夫教授在华演讲集》，山东大学出版社2008年版，第69页。

③ 〔英〕杰里米·边沁：《论一般法律》，毛国权译，上海三联书店2008年版，第251-252页。

④ 张明楷：《外国刑法纲要》，清华大学出版社2007年版，第145页。

⑤ 彭泽君：《日本刑法中的可罚的违法性理论及其对我国的借鉴》，《法学评论》2005年第6期。

法的可能性；白井滋夫批判说，可罚的违法性理论适用标准不明确，有扩大适用或者滥用之虞，会招致无视法律的危害。[①] 可罚的违法性理论所处的尴尬地位，体现了德、日刑法理论对轻微危害行为不入罪现象无法作出合理解释的无奈，这是其备受质疑的缘由所在。因此，坚持形式的犯罪概念并非理想的抉择。

四、社会危害性与刑事违法性在定罪中的地位

针对各种学说的弊端，学者们提出了种种解决方法。如立法上应当坚持细密立法和超前立法的原则、应坚决反对越权司法解释等。司法上应当做到：在罪与非罪的区分上，把刑事违法性和社会危害性作为共同的评价标准；在此罪与彼罪的区分上，应以刑事违法性作为基础性标准；在罪轻与罪重的区分上，应让社会危害性发挥主要的作用。[②] 这些建议各有其合理之处，值得肯定。但如果只是概括的提出解决方案，而不联系刑法规定理解其实质，并对具体的不同阶段采取不同的策略，相信立法和司法也很难把握分寸。如细密立法会削弱法官的能动作用，超前立法有侵犯人权的嫌疑且容易使刑法过于繁复、臃肿。就我国《刑法》第13条所规定的犯罪概念而言，其定义方式是"……以及其他危害社会的行为，依照法律应当受刑罚处罚的，都是犯罪，但是情节显著轻微危害不大的，不认为是犯罪"。这体现的是社会危害性—刑事违法性—应受刑罚处罚性的三层次结构，如何正确理解这一定义结构，对于我国刑事立法以及司法活动具有重大的实际意义。一方面，笼统地说谁主谁次并不科学，毕竟在不同的阶段，如立法阶段与司法阶段，社会危害性与刑事违法性的重要性存在差别；但是不分主次同样没有道理，容易造成各机关之间推脱或者争执，从而导致实践操作过程中的扯皮现象。另一方面，社会危害性与刑事违法性之间的对立也是客观存在的，回避这种对立当然不利于刑事司法工作的顺利进行。科学认定社会危害性与刑事违法性的关系，以协调并妥善处理这种冲突，是理论工作者与司法人员必须面对的课题。

笔者认为，《刑法》第13条规定的犯罪概念，并不是一个单一的、笼统的概念形式，概括地理解无助于解决实际问题，这就是通说与反对说之争执难以分晓的主要原因。社会危害性与刑事违法性，对于犯罪概念来

---

① 马克昌：《比较刑法原理——外国刑法学总论》，武汉大学出版社2002年版，第321页。

② 柴春元、沈海平：《犯罪本质特征的再认识——2002年中国刑法学年会专题研究综述》，《人民检察》2003年第2期，第43页。

说，在不同的阶段与时期，两者的地位与作用以及相互关系是不相同的。在我们看来，我国犯罪概念的“社会危害性＋刑事违法性＋但书”之结构，体现的是从刑事立法到刑事司法的不同阶段的侧重点的不同，两者相辅相成，共同服务于刑法的秩序保护机能和人权保障机能，并最大限度地彰显刑法惩治犯罪、保护人民的决心。

（一）在刑事立法阶段，坚持以社会危害性为主导

孟德斯鸠曾经指出，立法机关依照正当的立法程序制定法律，这种法律具有最大的权威性与最普遍的约束力；司法机关必须正确适用法律，作出合法的判决；行政机关必须认真执行司法机关已作出的最后判决，不得非法变更。① 这里，孟氏虽然是为了提倡罪刑法定而主张分权，但所体现的是立法机关创制法律的重要性，即立法是司法的前提，也是罪刑法定的依据，只有立法机关依照立法程序创制的法律才具有最大的权威性与最普遍的约束力（显然要立足于行为对社会大众的权益侵害）。萨维尼则指出，法是缄默的、无名的与非理性力量的产物，法同一个民族的语言、习惯一样，是在其真正的基础上，持续的、固有的进程中发展起来的。② 萨维尼的这段话是为了反驳作为罪刑法定之理论基础的自然法理论而提出的，但在揭示立法的依据方面，与孟德斯鸠的见解并无矛盾，即法的内容与沿袭而来的语言、习惯等一样，是在维护一个民族、国家以及社会的利益的过程中发展起来的。可见，无论是否崇尚罪刑法定，在肯定刑法的创制根据的是行为对社会的危害性方面，支持者与反对者并没有分歧。③

作为社会主义国家，我国刑法所保护的社会关系，都是广大人民的根本利益，任何侵犯刑法所保护的社会关系的行为，都是具有社会危害性的。所谓的社会危害性，具有公开而明显的阶级性，它指的是对一定的社会的政治、经济制度的侵犯，对一定阶级利益的侵犯。在社会主义社会，所谓社会危害性指的就是对社会主义的政治、经济制度的侵犯，就是对广大人民群众利益的侵犯。④ 可以说，在刑事立法阶段，立法者最应当关注的是，哪些行为具有一定社会危害性并可以给予刑罚处罚，也只有具有一定的社会危害性并应当处以刑罚处罚的行为，才是刑事立法者所要考虑的

① 孟德斯鸠：《论法的精神》（上册），商务印书馆 1961 年版，第 155 页。

② 国外法学知识译丛：《法学流派与法学家》，知识出版社 1981 年版，第 333 页。

③ 只是两者的认识角度不同，孟德斯鸠所认为的法具有“最大的权威性与最普遍的约束力”，其内容体现的是全体国民的意志和利益，而萨维尼则认为纳入法的评判范围的具有社会危害性的行为，通常是站在统治者的立场上的，故只能是非理性的。

④ 曾宪信：《试论犯罪的本质特征在刑法科学中的重要地位》，载高铭暄、赵秉志主编：《新中国刑法学 50 年》，中国方正出版社 2000 年版，第 445 页。

目标。"刑法是规定犯罪的法律。犯罪是个人对社会的一种侵害，而刑罚是社会为了防卫自身的生存条件而对犯罪人的一种制裁，都是由立法者加以规定的。根据马克思的观点，立法机关的法律评价可以把普通的过错行为变成应受刑罚惩罚的行为，可以臆造犯罪。问题只在于确定：立法者这种自由扩展到什么限度?"① 立法者的立法自由权限在于，必须将那些没有社会危害性或者没有达到一定社会危害性的行为剔除出刑法立法关注的视野，以便准确惩罚应当给予刑罚惩罚的行为，充分发挥刑法应有的作用，实现刑法的价值。而且，刑法的这种关注，通常应该集中在立法时的行为上，既不应该将现实上具有一定的社会危害性的行为排除出刑事立法关注的范围，也不应该允许将现在没有达到一定的社会危害性的行为纳入刑法的制裁范围。此外，还不应该将现在不存在而将来可能出现并可能具有一定的社会危害性的行为规定在刑法中，因为未来的、可能的、模糊的、概括的立法，违背刑法的明确性原则。所以，笔者坚决反对有学者所提倡的超前的立法，在一个法治国家里，这是不应该出现的。由于刑事立法阶段是筛选作为犯罪的行为的过程，这就决定在罪与非罪问题上，应该坚持以社会危害性为主的原则，那种认为"在罪与非罪的区分中，需要将社会危害性与刑事违法性作为共同的评价标准"的主张②，显然存在片面之处，为笔者所不认同。

当然，在刑事立法阶段并非不需要考虑刑事违法性，这是因为刑法所规范的具有一定的社会危害性的行为，是一个相对宏观、概括的标准，适用于区分所有的犯罪与非犯罪，人们不可能根据行为是否具有一定的社会危害性，区分出不同的行为。这体现在刑事立法上，就是立法者必须考虑对于纳入刑法视野的那些具有一定的社会危害性的行为，如何进一步加以具体、明确，以便人们能够准确理解刑事法律，并为将来的刑事司法工作提供具体的操作标准。这就需要刑事立法者在确定了具有一定的社会危害性的行为的范围之后，再依照这些行为在刑法上的不同性质、意义以及危害程度，对这些行为进行归类、组合，这是未来在司法实践中落实刑事立法之内容的关键。换句话说，刑事立法者在创制刑法的阶段，还必须要考虑行为的刑事违法的性质、程度等。此外，刑罚法规的明确性也是必要的。"明确性原则要求立法者必须具体地并且明确地规定刑罚法规，以便

① 斯皮里多诺夫：《刑法社会学》，群众出版社1989年版，第84页。

② 赵秉志、陈志军：《社会危害性与刑事违法性的矛盾及其解决》，《法学研究》2003年第6期，第118页。

预先告之人们成为可罚对象的行为，使国民能够预测自己的行动，并限制法官适用刑法的恣意性。否则，如果规定的刑罚法规含混不明，就不能达到上述目的，是违法罪刑法定主义的宗旨的，从而认为是无效的。”① 所以，即便是在刑事立法阶段，完全抛弃刑事违法性也是不可取的。同时，根据行为的刑事违法的性质及程度等，立法者还需要进一步具体、详细地设置刑事法律条文，尽其可能地明确不同性质、不同危害程度的行为，以便进一步方便司法。因此，我们赞成有学者所提议的应当坚持细密立法的原则，尽量避免出入罪界限之不明确以及具体犯罪罪状之间的重复、交叉，这对于限制司法自由权的膨胀、保障人权是非常重要的。可见，在刑事立法阶段，高效、科学的刑事立法制度是非常有必要的。因为，“法律目的的权威性和法律秩序的整合性来自更有效的法律制度的设计”②。当然，这一切都是以行为的社会危害性为基础和前提的，否则，所有根据行为在刑法上的不同性质、意义以及危害程度等进行归类、组合的活动，将不再具有任何意义。

（二）在刑事司法阶段，坚持以刑事违法性为主导

合法性这一原则（作者注：英美法系称呼，即罪刑法定原则）的诞生和推广运用，是在历史的变迁中由人治到法治的极其重要一步。③ 在刑事立法阶段，行为的社会危害性发挥主要作用。一旦刑法创制完成而进入实施阶段，即司法阶段，则社会危害性就需要退居其次，刑事违法性则占据主要地位。这就意味着，司法阶段必须尊重罪刑法定原则的主导地位，决不可轻易冒犯罪刑法定主义。“要使法治生效，应当有一个毫无例外的适用规则，这一点比这个规则的内容为何更为重要。只要同样的规则能够普遍实行，至于这个规则的内容如何倒是次要的……究竟我们大家沿着马路的左边还是右边开车是无所谓的，只要我们大家都做同样的事就行。重要的是，规则使我们能够正确地预测别人的行动，而这就需要它应当适用于一切情况——即使在某种特殊情况下，我们觉得它是没有道理的。”④ 在刑事司法阶段，坚持以刑事违法性为主导，遵循罪刑法定原则，具有十分重要的意义。

首先，在司法中，坚持罪刑法定原则是我国社会主义民主法治建设以及贯彻依法治国基本方略的必然要求。强调罪刑法定原则，与我国国家、

① 马克昌：《比较刑法原理——外国刑法总论》，武汉大学出版社 2002 年版，第 69 页。

② 季卫东：《社会变革的法律模式》，载 P. 诺内特、P. 塞尔兹尼克：《转变中的法律与社会：迈向回应型法》，中国政法大学出版社 2004 年版，第Ⅵ页。

③④ 道格拉斯 · N. 胡萨克：《刑法哲学》，中国人民公安大学出版社 2004 年版，第 24 页。

社会、民族利益并不冲突。“社会主义民主决定了国家的重大事务应由人民群众决定，各种法律应由人民群众制定；刑法的处罚范围与程度直接关系到每一个公民的生命、身体、自由、财产，所以，更应由人民群众来决定什么行为是犯罪，对犯罪如何处罚；但从事实上说，所有公民直接参加立法是不可能的，只能由人民群众选举代表进行立法。我国实行人民代表大会制度，刑法由人民选举的代表组成人民代表大会及其常务委员会来制定。刑法制定出来后，就由司法工作人员执行，司法工作人员执行刑法的过程中，就是实现人民群众意志的过程。如果不是这样，对什么行为是犯罪、对犯罪如何处罚，完全由司法人员自行决定，就违背了社会主义民主原则。这理所当然导致出罪刑法定原则中的法律主义。而且由于刑法是人民群众意志的体现，故司法工作人员不能对刑法作出随意解释，否则，人民的意志就会成为泡影。”①

其次，在司法中，坚持罪刑法定原则是尊重人权的要求。西塞罗就指出，“我们都是法律的奴隶。正因为如此，我们才是自由的，如果没有法律所强加的限制，每一个人都可以随心所欲，结果必然是因此而造成的自由的毁灭。”② 同样，如果我们依然以行为的社会危害性为主指导司法实践，那么我们就缺乏评判自己行为的标尺，刑法规范的作用将形同虚设，刑法的权威性也必将削弱，这又会反过来推翻创设刑法规范时所依据的行为的社会危害性这一准则。我们不会忘记，元朝统治者马上打天下又仰仗马上治天下，最终导致统治失败而丧失江山，以武力夺取天下并不等于可以用武力治理天下。统治天下，主要靠法律规则、道德规则、伦理规则等，所谓“无规矩不成方圆”。同样，如果我们以行为的社会危害性“打下”刑法规范，之后仍然以社会危害性为主“治理”具体犯罪，这也是注定难以行之有效的。惩治犯罪同样要依赖规则，主要是仰仗罪刑法定主义。

最后，在司法中，坚持罪刑法定原则是保障社会安宁的要求。“人类主张生活安排要具有连续性的倾向与他们要求在相互关系中遵守规则的倾向之间，是存在连续的。无论何时只要人的行为受到法律规范的控制，重复规则性这一要素就会被引入社会关系中。源于过去的一个权威性渊源，会以重复的方式被用来指导私人或官方的行为，坚持行为方式的规则化，

① 张明楷：《刑法格言的展开》，法律出版社1999年版，第26页。

② 彼得·斯坦、约翰·香德：《西方社会的法律价值》，中国人民公安大学出版社1990年版，第174页。

给予社会生活的有序性与稳定性。”① 明确、具体的刑罚规范，使人们可以预测到自己的行为在刑法上的意义及后果，为人们行动指明了方向，并引导人们实施有序的行动，增强了社会的安全感和稳定性。“因为法律文化是如此的复杂，我们自然必须倾向于回到刑法典的权威性价值上去。为了避免迷失在关于价值和道德的无尽的论点迷宫之中，我们总是可以在制定法中找到保险，因为那是书面的和颁布的。”② 如果在司法中仍然以社会危害性因素为导向，会使人们觉得刑法规范的作用是次要的，从而返回到立法阶段的行为评判标准，则各种法律文化与价值将涌入司法活动中，这必将导致司法突破立法的界限，滋生法律虚无主义，纵容司法擅断与侵犯公民权益。

司法实践中坚持以罪刑法定原则为主导并非否定社会危害性的作用，因为绝对的罪刑法定主义同样是不可取的。充分发挥社会危害性对不同犯罪的评判标准，在司法实践中也具有重要意义。由于刑事立法的技术等方面的原因以及现实生活中的纷繁复杂的社会现象，刑事立法不可能做到十全十美，从而造成刑事法律条文规定的犯罪之间界限不清。这就需要适当地运用社会危害性这一利器，区分行为在刑法上的性质与意义。例如，最高人民法院《关于审理抢劫、抢夺刑事案件适用法律若干问题的意见》第九条第 2 项规定了以暴力、胁迫手段索取超出正常交易价钱、费用的钱财的行为定性：“从事正常商品买卖、交易或者劳动服务的人，以暴力、胁迫手段迫使他人交出与合理价钱、费用相差不大钱物，情节严重的，以强迫交易罪定罪处罚；以非法占有为目的，以买卖、交易、服务为幌子采用暴力、胁迫手段迫使他人交出与合理价钱、费用相差悬殊的钱物的，以抢劫罪定罪处刑。在具体认定时，既要考虑超出合理价钱、费用的绝对数额，还要考虑超出合理价钱、费用的比例，加以综合判断。”这里对假以交易为名、行抢劫之实的行为定性的明确，就是以行为的社会危害性为根据的，是符合罪刑法定主义的，而不是与之矛盾的。因为根据刑法规定，对这种行为根本就不能以抢劫罪论处，尽管其实质危害与抢劫罪无异。实质上，这种行为本来就是抢劫行为，根据形式表现认定为强迫交易罪，才是真正与罪刑法定原则相矛盾的。司法解释表面上看似乎违背罪刑法定原则，其实是与罪刑法定原则完全一致的。这样的司法解释，体现立法本

---

① 博登海默：《法理学——法哲学及其方法》，华夏出版社 1987 年版，第 217 页。

② 乔治·P. 弗莱彻：《刑法的基本概念》，蔡爱惠等译，中国政法大学出版社 2004 年版，第 275 页。

意，彰显公平、正义，有利于维护刑法的秩序保护功能与人权保障功能，对于司法实践具有重要的指导意义。

当然，在司法实践中应用社会危害性区分此罪与彼罪的界限，不能任意突破罪刑法定的框架、违背刑法的目的与价值。因此，必须坚决杜绝随意的司法解释和违背刑法立法精神或与刑法规范本意直接冲突的司法解释。符合立法及价值判断等法的"本质"的解释会与现存的法律体系相适应，而不符合法的"本质"的解释则与现存的法律体系发生矛盾。为此，所谓依据"本质"而提出的解释论只在此种意义上且只在该范围内才可主张其所具有的正当性。① 与刑法规范直接冲突的司法解释在我国司法活动中大量存在，除前面论及的以外，其他如全国人民代表大会常委会对已满14周岁未满16周岁的人犯绑架罪的解释规定，已满14周岁未满16周岁的人在绑架过程中杀害被绑架人的，依照绑架罪定罪量刑，这直接与《刑法》第17条规定相冲突。这种与刑事立法相冲突的司法解释不但削弱了刑法规范的权威，纵容司法恣意性，而且将给司法实践带来严重后果。以司法解释创设交通肇事罪的共同犯罪为例，交通肇事后，如果乘车人指使肇事人逃逸，致使被害人因得不到救助而死亡的，对乘车人以交通肇事罪的共犯论处。如果检察人员以交通肇事罪起诉乘车人，审判人员徇私枉法，依据刑法关于过失不构成共同犯罪的规定认定乘车人无罪，是否构成徇私枉法罪呢？若依司法解释，这无疑构成徇私枉法罪；若依刑法规定，将不构成徇私枉法罪。何去何从，陷入两难境地！至于违背刑法立法精神的司法解释，如最高人民法院解释将绑架他人索取高利贷、赌债的行为定性为非法拘禁罪，显然违背刑法关于设立绑架罪的立法精神，因为索取高利贷、赌债本为非法利益，若以此绑架他人与《刑法》第239条规定的绑架罪在性质上是完全一样的，理当以绑架罪论处。

综合前述，笔者认为，"在此罪与彼罪的区分中，主要是以刑事违法性为评价标准；而在罪轻与罪重的区分中，主要以社会危害性为评价标准"② 的主张值得肯定。不过，此罪与彼罪的区分是罪轻与罪重的区分前提和基础，因为只有在区分了此罪与彼罪的界限后，才能进一步区分罪轻还是罪重，没有前者则后者将失去意义。这也进一步印证了司法阶段刑事违法性的主导地位。

---

① 川岛武宜：《现代化与法》，中国政法大学出版社2004年版，第292页。

② 赵秉志、陈志军：《社会危害性与刑事违法性的矛盾及其解决》，《法学研究》2003年第6期，第118页。

此外，需要说明的是，依据《刑法》第13条但书规定而提出犯罪的定量标准，进而主张均衡说、协调说，也是片面的。理由是：首先，定量因素在理论上是否得到完全认可、是否科学，尚无定论。如有学者指出，“在刑法典中过多地引入定量的犯罪概念又是不科学的。因此，我们的结论是：传统的法文化与现实的冲突决定了在我国刑法典中，定量的犯罪概念应该有一席之地，但其范围应该受到严格的限制”①。也有学者认为，犯罪概念中的定量因素，在理论上缺乏科学根据，在实践中有弊无利。究其根源，犯罪概念中的定量因素是历史的产物，是与法制的发展水平紧密相连的。犯罪概念中的定量因素不是法制的创新，而是法制发展的滞后表现。② 其次，但书并非在刑事违法性之外另设立一个社会危害性的犯罪评判标准，实质上只不过是对前段的补充。③ 也就是说，“情节显著轻微危害不大的，不认为是犯罪”的规定，并没有设立新的犯罪认定标准，而是对“依照法律应当受刑罚处罚”的一种补充说明，除了具有进一步补充、明确的功能外，不应当有其他特殊含义。因为对于“依照法律应当受刑罚处罚”而言，要进行补充说明，规定“依照法律不应当受刑罚处罚的除外”也是完全可以的。而从根本上讲，是否加以规定“依照法律不应当受刑罚处罚的除外”并没有多大的实际意义，充其量只是规定得更为明白、清楚些罢了。显而易见，“依照法律不应当受刑罚处罚的除外”与“情节显著轻微危害不大的，不认为是犯罪”，性质是完全一样的。假如以前者代替后者，难道等于刑法又增加了一个“依照法律不应当受刑罚处罚的除外”的新标准？相信任何人都不以为然。所以我们不应该见到刑法多了部分规定，就一定要寻找出全新的含义，关键在于这种规定是否真的具有特别含义而值得我们去研究、发现，否则无异于杯弓蛇影。

综上所述，在我国刑法规定的犯罪概念中，社会危害性与刑事违法性是协调统一的。在刑事立法阶段，必须坚持以社会危害性为主导，同时应当发挥刑事违法性应有的功能和作用。在刑事司法阶段，必须坚持以刑事违法性为主导，但也要考虑行为的社会危害性。在司法实践中，出于人权保障的需要，即使刑法规定某行为构成犯罪，也要根据但书规定恰当评价该行为在行为时的情景下是否属于“情节显著轻微危害不大”的情形。只

① 储槐植、汪永乐：《再论我国刑法中犯罪概念的定量因素》，《法学研究》2000年第2期，第42页。

② 李居全：《也论我国刑法中犯罪概念的定量因素——与储槐植教授和汪永乐博士商榷》，《法律科学》2001年第1期，第91页。

③ 高铭暄主编：《新编中国刑法学》（上册），中国人民大学出版社1998年版，第41页。

要行为符合但书规定，就不能以犯罪论处。总之，根据《刑法》第 13 条但书规定，无论在刑事立法阶段还是刑事司法阶段，严重的社会危害性始终是判断犯罪成立的充分条件，这是认定犯罪不可逾越的红线。

第五节　社会危害性与法益侵害

不少学者在夸大社会危害性的消极作用的同时，主张以法益侵害替代社会危害性。如有学者认为，“将社会危害性的概念逐出注释刑法学领域，是否会使注释刑法学中的犯罪概念变成一个纯粹的法律形式，从而堕入形式法学的泥潭呢？为避免出现这种情况，我们需要引入一个具有实质意义的概念：法益及其法益侵害”①。有学者认为，在罪刑法定原则下，社会危害性更应当回归犯罪学之中，而在刑法学中用法益侵害和严重的法益侵害取而代之，并且只有被明确规定在刑法中的才能被叫作刑法法益侵害，这样规定，不但剔除了社会危害性这一宏观、模糊的甚至易受主观价值取向改变的犯罪定义标准，而且有利于刑事司法操作。② 还有学者在分析社会危害性理论之合理内核的基础上，提出引入法益侵害概念以替代社会危害性，从而为社会危害性理论谋求新的出路。③

笔者认为，以法益侵害代替社会危害性的观点，显然是一厢情愿的。这种观点的主要根据，无非在于社会危害性与罪刑法定原则、刑事违法性之间存在冲突与矛盾，故需要牺牲前者以成全后者。如前所述，这种担心并不存在，故以法益侵害代替社会危害性失去了最有力的依据。除此之外，以法益侵害代替社会危害性还具有以下不足。

首先，法益是空洞的概念，难以替代以社会危害性作为认定犯罪的实质标准。法益替代说主要是基于对社会危害性所具有的笼统、模糊、不确定④的误解而提出的。其实，法益自身的不确定性更为明显。法益说是 19 世纪提出来的理论，认为刑法的任务是保护法益，没有或者不允许有不针

① 陈兴良：《社会危害性理论——一个反思性检讨》，《法学研究》2000 年第 1 期，第 13 页。

② 李晓明、陆岸：《社会危害性与刑事违法性辨析——重在从“罪刑法定”视角观之》，《法律科学》2005 年第 6 期。

③ 苏青：《社会危害性理论的反思与改造——以法益视角为进路》，《法学评论》2011 年第 3 期。

④ 樊文：《罪刑法定与社会危害性的冲突——兼析新刑法第 13 条关于犯罪的概念》，《法律科学》1998 年第 4 期。

对特定法益的刑法规定。如果说社会危害性相对模糊、不明确的话，那么法益有过之而无不及，直到现在都没有确切的含义。“尽管作出了种种努力，但是我们迄今为止都未能更清楚一点地澄清法益的概念。所有的尝试都因遇到了一个原则上不可能解决的困难——找到一个考虑到了所有的肯定合法的犯罪构成要件的定义，并能言之成理——而失败。”① 正如有学者所指出，在德国和日本的刑法理论中，法益侵害并非一个明确统一的概念，争议颇多。法益侵害说只是在名称上取代了权利侵害说，但并没有解决权利侵害说所面临的问题。这种取代并不成功。在我国刑法学界，用法益侵害说取代社会危害性说的做法是在重复走法益侵害说取代权利侵害说的老路。② 因此，以社会危害性存在模糊、不确定为由主张以法益侵害取而代之，是得不偿失的。

其次，法益与我国传统刑法理论中的犯罪客体并无实质区别，法益侵害不能代替社会危害性。我国不少学者认为，法益与犯罪客体并无本质不同。如有学者指出，“法益实际上是我国传统刑法理论上所说的客体”③。还有学者认为，“犯罪客体与法益这个概念相比，虽然在所保护的社会关系中没有明确强调受法律保护的属性，但是在我国《刑法》中的犯罪客体强调‘刑法所保护的’的这个条件之后，犯罪客体和法益之间，也就不存在很多重大区别了”④。果真如此，那么法益只不过说明犯罪对某种权益的侵害，侵害法益根本不能与社会危害性相提并论，就如同犯罪客体不能代替行为的社会危害性一样。社会危害性揭示的是行为构成犯罪的所有特征的综合，与犯罪构成具有同等含义。而是否侵害法益，是评价行为是否具有刑法上的社会危害性的要素之一，没有侵害法益当然不具有刑法上的社会危害性。但是，侵害法益并不等于行为具有严重的社会危害性，还必须具备其他犯罪构成要件或要素行为才能构成犯罪。由此可见，受制于自身意蕴之不足，法益侵害并不能取代社会危害性。

最后，法益侵害不能像社会危害性那样能够充分揭示犯罪的本质特征。法益即法律保护的利益，“犯罪是侵犯法益的行为”只是说明了刑法将侵犯法律保护的利益的行为规定为犯罪，并没有回答为什么侵犯法律保

---

① 〔德〕冈特·施特拉腾韦特、洛塔尔·库伦：《刑法总论Ⅰ——犯罪论》，杨萌译，法律出版社 2006 年版，第 30 页。

② 韩永初：《犯罪本质论——一种重新解说的社会危害性理论》，《法制与社会发展》2004 年第 6 期。

③ 张明楷：《刑法原理》，商务印书馆 2011 年版，第 73 页。

④ 王世洲：《现代刑法学》，北京大学出版社 2011 年版，第 99 页。

护的利益的行为能成立犯罪。可见，法益侵害并没有揭示犯罪的本质特征，这使不少大陆法系刑法学者不得不从其他角度揭示犯罪的实质特征。如日本学者佐佐木养二认为："所谓犯罪，在广义上意味着包括幼儿和精神病者的行为在内的，侵害一般社会共同生活之上的利益和价值，或者使之产生危险的反社会的行为。"① 在这里，"侵害一般社会共同生活之上的利益和价值"与我们刑法中的社会危害性显然具有同等含义。于是，在绕过法益侵害这道弯之后，回答犯罪的本质是什么又回到社会危害性的轨道上来，探讨所谓法益侵害说也就多此一举了。

总之，法益侵害仍旧没有跳出形式的犯罪概念的窠臼，没有从实质上说明行为缘何构成犯罪，加之法益自身也存在模糊性与不确定性，在功能上只是发挥了传统犯罪构成理论中的犯罪客体的作用，因而主张以法益侵害替代社会危害性的观点是不可取的。

---

① 刘宪权、杨兴培：《刑法学专论》，北京大学出版社 2007 年版，第 75 页。

第三章　但书与犯罪构成论体系

就犯罪构成论体系而言，要想完成对行为的犯罪评价，不仅需要结合客观价值判断与主观价值判断，还需要结合形式的价值判断与实质的价值判断。通常，在犯罪构成论体系中体现客观价值判断与主观价值判断并不难，几乎没有犯罪构成论体系不结合主客观价值判断的。但是，在犯罪构成论体系中充分体现形式的价值判断与实质的价值判断就不同了。尤其是实质的价值判断，有时需要结合各种要素加以整体、系统的判断，要想使其在犯罪构成论体系中充分彰显出来绝非易事。具体到犯罪构成要件体系上，不但要考虑实质的价值判断与形式的价值判断的关系，还要考虑体现实质的价值判断的犯罪构成要件的体系地位，这些问题都需要在理论上妥善解决。

第一节　犯罪构成论体系的立法依据

一、犯罪构成论体系的构建必须以但书为基础

主张重构我国犯罪构成理论体系的推倒重来论认为，我国传统犯罪构成理论体系存在以下不足：我国传统犯罪构成模式难以兼顾形式判断与实质判断，侧重入罪规格，忽视出罪规格，不利于保卫社会和保障人权；传统犯罪构成模式缺乏层次性，难以反映动态的定罪过程，不但在体系上不完整，缺乏逻辑，还容易扩大某些犯罪范围，陷入主观主义陷阱，影响刑法的人权保障机能的实现；重视控诉机制而轻视辩护机制，无法实现“法庭话语权的平衡”，不能体现控辩双方的对抗过程和刑法的人权保障机能；未能区分积极的构成要件与消极的构成要件，不利于彰显刑事程序的公正与效率。[①] 对于推倒重来论的质疑，许多学者进行了回应。他们从传统的

---

① 彭文华：《犯罪构成范畴论》，中国人民公安大学出版社 2009 年版，第 215-222 页。

四要件犯罪构成理论体系的历史合理性、现实合理性、内在合理性以及比较合理性方面，论述了坚持该理论体系的必要性。① 有学者还指出，“因其理论本身的合理性、对本土文化的适就、业已经过长期刑事司法实践的检验以及可以在现有的理论构架中予以合理完善，我国犯罪构成四要件理论不宜废弃——那种代之以德日或英美理论的全盘移植方案绝非上策”②。另外，学者们还指出了推倒重来论的不足：一是推倒重来论人为地强行切断了新中国刑法理论的历史连续性；二是推倒重来论有意无意地漠视了四要件犯罪构成理论体系所具有的现实合理性；三是推倒重来论对四要件犯罪构成理论体系的指责带有很大的曲解成分；四是三阶层犯罪成立体系并非完美无缺。③

学者们的争议要点经综合比较后可发现，基本上都是立足于两种不同理论体系本身的优缺点，并没有从刑法规范与理论体系本身之间的矛盾与冲突方面加以分析、论证。其实，任何刑法理论体系的构建，都不能脱离刑法规范就事论事。虽然犯罪构成理论体系的建立，不是完全依赖于刑法的具体规定，但脱离一国的刑法规定建立的犯罪构成理论体系，绝对是空中楼阁，中看不中用，最终会被司法实践抛弃。否则，容易滋生罪刑专断主义，造成法官不以法律而是以社会观念、伦理道德、个人爱好等为基准，使某些恶俗、不公正的伦理、观念混入神圣的法律殿堂，这种构成要件理论体系不但背离刑法目的，也违背罪刑法定原则。这一点，就是在德、日等大陆法系国家刑法学界，也是被普遍认同的。如德国学者贝林认为，“犯罪构成是一个没有独立意义的纯粹的概念。违法的有罪过的行为在形成犯罪构成后，就成了犯罪行为。犯罪构成本身存在于时间、空间和生活范围之外。犯罪构成只是法律方面的东西，而不是现实”④。笔者认为，就犯罪构成自身来说，首先必然表现为法律规定，是认定犯罪的一种纯粹模型和规格，是一种客观的、记叙的、价值中立的观念形象。“犯罪构成的功能表现为它是一种刑事立法设定犯罪的模型，是一种犯罪的规格、标准，在现实生活中的违法事实与此相等。同时，通过刑事司法活动

① 高铭暄：《论四要件犯罪构成理论的合理性暨对中国刑法学体系的坚持》，《中国法学》2009年第2期，第5页以下。

② 储槐植、高维俭：《犯罪构成理论结构比较论略》，《现代法学》2009年第6期，第93页。

③ 高铭暄：《对主张以三阶层犯罪成立体系取代我国同性犯罪构成理论者的回应》，赵秉志主编：《刑法论丛》（第19卷），法律出版社2009年版，第1页。

④ 〔苏联〕A. H. 特拉伊宁：《犯罪构成的一般学说》，王作富等译，中国人民大学出版社1958年版，第16页。

的评价，就可以宣告现实生活中的具有社会危害性的违法事实就构成犯罪。”① 推倒重来论所忽视的是，犯罪构成首先是个法律概念，将犯罪构成理解成一种理论现象，容易得出理论优于规范的结论，造成理论游离刑法规范，使犯罪构成理论成为无源之水、无本之木，走向另一个极端。“我国的学者习惯于批判刑法，以为理论优于刑法规定，于是在建构犯罪构成体系时，不愿意受刑法的拘束。但果真如此，则会出现完全摆脱现行刑法的犯罪构成体系，进而要求立法机关制定一部完全符合该犯罪构成体系的刑法典。显然，这种要求过高，成本过高，不具有现实性。”②

事实上，无论是推倒重来论还是犯罪构成论，均没有指责我国对犯罪构成的相关规定存在不足。相反，无论怎样指责某种理论体系存在何种缺陷与不足，都是围绕着刑法对犯罪构成的相关规定展开的。既然如此，就应该承认犯罪构成的规范性对犯罪构成理论的主导地位。换句话说，法律的犯罪构成以贯彻刑事立法的公正为目标，通过将当罚行为依法定罪，确立了司法的方向和准则，是将刑事立法所确立的公平与正义价值目标在司法实践中加以落实的保障，是全部刑事司法活动必须遵循的航向和指引，是理论的犯罪构成的前提和基础（成文法系国家刑法）。③ 毕竟，我们不能因为引进一种并不适合本土特色的外来犯罪构成理论体系，而把刑法修改得面目全非，这在世界各国绝对是没有先例的。因此，犯罪构成理论体系首先必须与规范的犯罪构成尽量保持一致性。如果某种犯罪论体系与规范的犯罪构成之间存在难以克服的矛盾、冲突，那么再完美的理论体系也是“反客为主”，不应该擅自引进。

二、但书与德、日犯罪论体系之间的冲突

在德、日犯罪论体系中，构成要件不能对行为的社会危害程度，即行为之量加以评价。主要原因有三：一是刑法规定使然。德、日等大陆法系国家刑法都根据行为性质圈定刑罚权发动的范围，并不考虑行为的社会危害程度。二是刑法的法益保护机能使然。构成要件保护的法益不允许有行为之量的差别。在德、日等大陆法系国家，“构成要件的出发点和指导思想是法益”④。由于刑法保护的法益与民法等其他部门法保护的法益不存

---

① 杨兴培：《犯罪构成的立法依据》，《法学》2002 年第 5 期，第 44 页。
② 张明楷：《犯罪构成理论的课题》，《环球法律评论》2003 年秋季号，第 273-274 页。
③ 彭文华：《犯罪构成范畴论》，中国人民公安大学出版社 2009 年版，第 153 页。
④ 〔德〕耶赛克、魏根特：《德国刑法教科书》（总论），徐久生译，中国法制出版社 2001 年版，第 314 页。

在交叉关系，而是一种互补，构成要件是以行为性质为基础成就的犯罪的观念指导形象。因此，任何刑法上的行为，不管社会危害程度如何，都会侵犯这种法益。对于构成要件符合性的举止必须要在一个特别的评判层面上，以整个法制秩序作为标准来进行评判，以这个方式对它作附加的审查。① 三是构成要件作为违法的、有责的行为类型，只能以行为性质为基础。

在德、日犯罪论体系中，构成要件作为犯罪类型的观念指导形象，只能回答哪种行为类型符合构成要件，不能回答具有什么样的社会危害程度的行为符合犯罪构成。这既是由构成要件作为犯罪事实的类型化性质所决定的，也是由构成要件在体系中的地位所决定的。“构成要件到底只不过是犯罪的大框架，对构成要件符合性的有无这个第一犯罪成立要件问题的回答，只有符合或者不符合的答案，不能回答到什么程度的问题。但是，关于违法性，不仅要解决是否违法的问题，在违法的问题解决之后，还要解决违法性的程度问题。所以，构成要件符合性的判断只是是否符合法律规定的类型的所谓的类型性判断，而违法性判断则是更具有实质意义的非类型性判断的性质。”② 之所以行为构成仅确定不法类型的轮廓，而不法程度等情节属于违法性判断的范畴，是因为在行为构成中为不法提供根据的特征和在正当化根据中排除不法的特征，在以下范围内具有同样的功能，即它们都共同地和相互补充地允许对构成行为的不法作出一种连续性判断。③ 如果构成要件包含对行为之量的评价，将会使具有实质意义的非类型性判断，由违法性阶段提前到构成要件符合性阶段进行，这不但造成构成要件的违法推定功能的丧失，也使违法性存在的价值被剥夺，三阶层实质上沦为两阶层，从而对德、日通行的犯罪论体系造成毁灭性冲击。总之，在德、日犯罪论体系中，构成要件作为行为类型不受行为的社会危害程度制约，是由体系性质决定的，也符合刑法规定，与刑法的法益保护机能相吻合。

如果我国移植德、日三阶层犯罪论体系，将与我国刑法规定相冲突。我国《刑法》第13条规定：“一切危害国家主权、领土完整和安全，分裂

---

① 〔德〕约翰内斯·韦塞尔斯：《德国刑法总论》，李昌珂译，法律出版社2008年版，第155页。

② 〔日〕大塚仁：《犯罪论的基本问题》，冯军译，中国政法大学出版社1993年版，第38-39页。

③ 〔德〕克劳辛·罗克辛：《德国刑法学总论》（第1卷），王世洲译，法律出版社2005年版，第185页。

国家、颠覆人民民主专政的政权和推翻社会主义制度，破坏社会秩序和经济秩序，侵犯国有财产或者劳动群众集体所有的财产，侵犯公民私人所有的财产，侵犯公民的人身权利、民主权利和其他权利，以及其他危害社会的行为，依照法律应当受刑罚处罚的，都是犯罪，但是情节显著轻微危害不大的，不认为是犯罪。”不难看出，我国刑法设定的犯罪类型，包括两个核心要素：行为之质与行为之量。一个行为要想构成我国刑法上的犯罪，必须符合刑法规定的行为类型，并且行为的社会危害性达到一定程度。假如我国犯罪构成理论也秉承德、日的构成要件符合性、违法性、有责性三阶层体系，那么构成要件符合性的客观内容不但要包含行为类型，还必须容纳行为之量。这将造成违法性的具有实质意义的非类型性判断提前到构成要件符合性阶段解决，构成要件符合性与违法性判断将合二为一，这是违背阶层犯罪论体系原理的。

有学者或许认为，当刑法明确规定行为之量这一入罪标准时，可以通过德、日犯罪论体系中的可罚的违法性理论解决问题。这种观点是经不起推敲的。

（一）我国《刑法》第13条规定的行为类型具有二元性，行为之量作为行为类型化的特征，不能归于违法性范畴

德、日犯罪论中的构成要件，作为观念的、形式的犯罪类型，具有形式违法性特征，这是其具有违法推定机能的前提。所谓形式违法性，是指行为违反国家法规、违反法制的要求或禁止规定。[①] 在德国法中，违法行为应受处罚的形式，基于法安全性，被包含于特别的、在法律中确定的犯罪描述中，这种对犯罪的描述被称为犯罪构成要件。[②] 构成要件符合性的判断，是与价值有关的形式上的事实判断，不是对事实的实质价值判断。这种形式的价值判断，是为了将作为犯罪轮廓的行为与其他行为区别开来。由于德、日刑法中的行为在性质上是一元的，即归属于刑法上的构成要件行为，不可能是民事违法行为等，故纳入构成要件符合性判断的作为犯罪轮廓的行为，均具有刑事违法性。我国《刑法》第13条规定的行为类型，是由行为之质与行为之量两个因素决定的，具有二元性。同一行为，基于行为的社会危害程度不同，可以是刑事违法行为，也可以是民事违法行为等。在这种情况下，构成要件作为行为类型的轮廓，要想完成形

① 〔德〕弗兰茨·冯·李斯特：《德国刑法教科书》，徐久生译，法律出版社2000年版，第201页。

② 〔德〕耶赛克、魏根特：《德国刑法教科书》（总论），徐久生译，中国法制出版社2001年版，第301页。

式上的价值判断使命，必然要包含行为之质与行为之量两个因素。

（二）由于不能对行为进行事实的价值判断，故行为之量不能成为违法判断因素

如果说构成要件符合性具有形式上的价值判断功能的话，那么违法性则是对符合构成要件的行为进行事实的实质判断，以确定行为是否违法。从这个意义上讲，构成要件符合性与违法性的关系，是形式与实质的关系。[①] 作为事实的实质判断，“违法性的实质是违反国家、社会的伦理规范，给法益造成侵害或者威胁”[②]。这样一来，根据行为的社会危害性程度，并不能完成对违法性本质的判断。因为同一性质的行为，不管社会危害程度如何，都是违反国家、社会的伦理规范，给法益造成侵害或者威胁的。正是由于根据行为之量确定行为性质与违法性的本质相冲突，故将行为之量置于违法性中，作为界定行为是否具有违法性的因素，不可能达到对行为进行事实的价值判断的目的。

（三）可罚的违法性理论自身存在矛盾，难以自圆其说

根据可罚的违法性理论，某种行为即使在形式上符合构成要件，也不具有违法阻却事由，但如果不具有可罚的违法性，则不成立犯罪。[③] 目前，我国还是有不少学者主张可以根据可罚的违法性理论来排除行为的可罚性，并认为其与但书规定相契合。如有学者认为，“在可罚的违法性理论意义上认可犯罪概念‘但书’，并继续赋予其出罪功能具有积极意义”[④]。也有学者认为，“可罚的违法性是一个不必要的概念。因为刑法上的违法性是客观的法益侵害或者威胁，这种违法性当然必须达到值得科处刑罚的程度。换言之，刑法上的违法性是判断行为是否值得处罚的要件，所以，具有刑法上的违法性，也就具有了值得科处刑罚的违法性，没有必要再使用可罚的违法性的概念。而且可罚的违法性概念，引起了许多混乱”[⑤]。笔者认为，在中国的规范语境下，并无可罚的违法性理论的存在空间。事实上，如前所述，该理论源于德国，在日本也存在诸多争议，许多日本学者并不赞成可罚的违法性理论。可见，可罚的违法性理论本来就矛盾重重，缺乏说服力。

---

① 〔日〕曾根威彦：《刑法学基础》，黎宏译，法律出版社2005年版，第194页。

② 〔日〕大塚仁：《刑法概说》（总论），冯军译，中国人民大学出版社2003年版，第303页。

③ 张明楷：《外国刑法纲要》，清华大学出版社1999年版，第145页。

④ 刘艳红：《目的二阶层体系与“但书”出罪功能的自洽性》，《法学评论》2012年第6期，第53页。

⑤ 张明楷：《刑法学》，法律出版社2011年版，第117页。

就规范相关规定而言，可罚的违法性理论即使在法律上也是存在问题的。例如，根据《日本刑法典》第 37 条规定："为了避免对自己或他人生命、身体、自由以及财产上的现实危险，不得已而实施的场合，在其所造成的损害没有超过意图避免的损害的程度的场合，不处罚。但是，超过该种程度的行为，根据情节，可以减轻或者免除其刑。"《日本民法典》第 720 条规定："针对他人的不法行为，为了防卫自己或者第三人的权利，不得已而实施加害行为的人，不承担损害赔偿的责任。但是，被害人可以对实施不法行为的人请求损害赔偿。""前款规定准用于为避免由于他人的物而引起的紧迫危险而损坏该物的场合。"本来，由于日本刑法根据行为性质入罪，刑法上的行为应当在性质上不同于民法上的行为，因而民法的紧急避险应当有别于刑法上的紧急避险，两种紧急避险存在质的不同。使用可罚的违法性理论后，可罚的违法性理论就面临考验了：根据可罚的违法性理论，紧急避险之所以排除犯罪性是因为不可罚，这意味着在性质上紧急避险是合法的；同样，民法上的紧急避险也应当不具有可罚性，也是排除违法性的，谓之不具有可罚的违法性是完全合理的。如此一来，意味着刑法与民法上均存在可罚与不可罚的违法性，如何区分这两种违法性显然是个问题。"刑法第 37 条第 1 款规定了为了他人利益的紧急避险，而且还将法益均衡作为要件加以规定，因此，可以说，排除违法性说是基本妥当的。这里，如果说紧急避险是完全合法的，那么，就不应当对这种行为实行正当防卫，但是，在这种关系上的问题是，从违法的观点出发，民法和刑法对紧急避险的不同处理该如何理解呢？特别是在违法一元论的场合，如何从违法的统一性的观点出发，圆满地说明民法、刑法之间的不同，成为问题。"①

总之，移植德、日三阶层犯罪论体系，会与我国《刑法》第 13 条规定产生严重冲突。如果彻底贯彻该体系，将造成理论与刑法规范脱节，违背立法精神，不符合刑事法治国要求；如果遵循刑法规范，将对三阶层犯罪论体系造成毁灭性冲击，致使违法性要件被架空，从而使该体系蜕变为两阶层体系，不符合德、日阶层犯罪论体系的基本原理。

第二节　但书与犯罪构成要件体系

无论是传统的平面犯罪构成论体系还是德、日阶层犯罪构成论体系，

① 〔日〕曾根威彦：《刑法学基础》，黎宏译，法律出版社 2005 年版，第 255-256 页。

其犯罪构成要件中均没有体现但书规定的评价要件。在传统四要件犯罪构成论体系中，虽然四个要件都可以实现对情节显著轻微危害不大的行为的出罪评价，却并不全面。这是因为，犯罪客体、犯罪客观方面、犯罪主体和犯罪主观方面在评价行为的出入罪时是分别独立的，甚至是割裂的，难以实现对行为的整体、系统的评价。例如，当只存在客观方面或者主观方面的情节时，根据犯罪客观要件或者主观要件，就可以实现对行为的评价。但是，如果存在各种不同的影响行为的社会危害性的情节，就难以根据个别犯罪构成要件进行评价，这可以说是传统平面四要件犯罪构成论体系的短板。至于德、日阶层犯罪构成论体系，就根本没有体现但书规定的评价要件，因为与但书相关的评价是在司法中进行的，这便是众所周知的"立法定性＋司法定量"的犯罪评价模式。这样的犯罪评价模式无疑是二元的，即实体要件与程序要件相结合，才能完成对行为是否构成犯罪的评价。这就使刑法不能成为犯罪评价的唯一依据，这与现代犯罪构成论源自刑法规定是不协调的。平面犯罪构成论体系的不周延性与阶层犯罪构成论体系的二元化特征，主要是由犯罪构成论体系中缺乏充分体现但书规定的要件所造成的。

一、犯罪构成要件需要体现但书规定

（一）犯罪构成要件需要体现但书规定的哲理根据

犯罪客观要件和犯罪主观要件分别从客观事实和主观事实的角度来判断犯罪，属于事实判断的范畴。显然，犯罪客观要件和犯罪主观要件并没有完全揭示但书规定的、体现犯罪的价值判断的要件或者要素，这也是传统四要件犯罪构成理论体系备受诟病的主要原因之一。因此，犯罪构成离不开从价值评价角度来判断犯罪、价值评价范畴的要件或要素，这是但书规定的必然要求。事实上，在犯罪论体系发展演变的过程中，价值判断一直是不容忽略的构成要件或要素。

在大陆法系国家犯罪构成论体系的发展演变过程中，最初是根据事实与价值分割的二元论来构建犯罪构成论体系的。其特点是，要么以行为及其相关事实为中心构建犯罪构成论体系，价值判断处于辅助地位；要么以价值判断为中心构建犯罪构成论体系，事实判断处于辅助地位。例如，古典犯罪论体系属于事实论体系，该体系以自然主义哲学为基础，强调行为的纯粹因果性，认为行为是相对于外部世界的任意举止。① 古典论体系认为

---

① 〔德〕李斯特：《德国刑法教科书》，徐久生译，法律出版社2000年版，第176页。

包含行为的构成要件只能是客观的和无价值的，不包含主观心理要素，从而将事实判断与价值判断完全割裂开来。雅各布斯的规范论体系就属于价值论体系。他认为，从法益保护的立场来理解犯罪成立不妥，违背在制度中应当负担的义务才是处罚根据。因为人人都是社会的一员，为了使社会不是仅仅存在于观念中，而是真实地存在的，就必须适用它的规范。[①] 出于维护社会规范的需要，应当承认规范的有效性，因为无效的规范是不利于维护社会秩序的。不难看出，雅各布斯的规范论体系是将规范评价置于核心地位的，故谓之价值论体系。

割裂事实与价值的二元论体系，无论是古典犯罪论体系还是规范论体系，都是存在缺陷的。德国学者指出：古典犯罪概念是从法律实证主义的法学思考方式出发的。自然主义理解的行为、客观—叙述性理解的构成要件、客观规范限制的违法性和主观—叙述性理解的罪责之间应当加以区分，在追求法的安全与公正和在对法官的约束中实现法治国家思想。对此，人们基于被严格限制于制定法及其解释的见解，试图解决所有具有概念—体系论点的法问题，而哲学评价、心理学认识和社会学事实应当被排除在法解释论之外，这就产生了人的行为特征的一个极端形式的画面。[②] 在古典犯罪论体系中，构成要件与不法相互独立且不存在必然联系，故事实判断与价值判断只具有自然意义而非社会意义上的因果关系，这使以构成要件事实为中心的犯罪评价体系确立了一个十分宽泛的犯罪观念形象。例如，甲与乙争吵导致乙失控，激怒之下将丙打成重伤。由于乙重伤丙是由乙与甲争吵引起的，故甲应对丙所受的伤害负责。另外，构成要件是抽象的一般观念形象，是规范违反行为的类型化[③]，而不包括价值判断的构成要件是无法解释不法与有责的价值问题的，这有可能导致客观归责。

价值论体系也并非完美无缺。有学者指出，唯价值论“将不能避免下述结论：在很多（而不仅是在若干临界）案件，法官的价值判断会取代立法者的价值判断，对之亦无从依客观标准作事后审查。对法学而言，其意谓：在许多案件中，法学只能在有限的范围内以‘科学的方法’作事后审查，一旦法官必须作价值判断，法学不能提供许多助力”[④]。价值论体系

---

① 〔德〕雅科布斯：《刑法保护什么：法益还是规范适用》，《比较法研究》2004 年第 1 期，第 101、103 页。

② 〔德〕耶赛克、魏根特：《德国刑法教科书总论》，徐久生译，中国法制出版社 2001 年版，第 251-252 页。

③ 马克昌：《比较刑法原理——外国刑法学总论》，武汉大学出版社 2002 年版，第 110 页。

④ 〔美〕希拉里·普特南：《事实与价值二分法的崩溃》，应奇译，东方出版社 2006 年版，第 2 页。

的缺陷还在于：一方面，如果考虑行为事实，那么认为犯罪构成是一种价值评价的论断就是矛盾的；另一方面，如果不考虑行为事实，那么主体的认识便成为判断犯罪成立的唯一依据。不同主体的知识、经验、道德观念等不同，对相同的犯罪事实必然形成不同的评价结果，这自然会导致犯罪评价的随意性，容易滋生威权主义刑法观。

由上可知，割裂事实与价值的二元论体系由于无法诠释构成要件与违法性之间的联系，已经证明自身存在难以克服的弊端。对此，事实论者与价值论者本应以之为鉴，检讨事实论体系或价值论体系之不足，然而他们并没有正视该问题，而是在过去半个世纪与科技哲学的历史一道，在很大程度上是试图逃避这个问题。① 但是，不管如何回避，事实与价值二元论逐渐走向没落是不争的事实，取而代之的是事实与价值一元论。一元论否认事实与价值相互独立，认为两者不存在谁是基础谁不是基础的问题，亦非简单地承认对方存在，而认为两者是互为前提、辩证统一的。从两者发生的先后顺序看，事实发生在前，是价值的前提和基础，脱离客观事实，人们不可能进行价值评价；从人的需要角度出发，价值是事实的基础和前提，没有人的主观认识、评价需要，事实有时难以成为人们的关注目标。"所谓价值不能从存在引申出来，只能从价值引申出来，是目的层面的方法论，而存在决定价值是手段层面的方法论；这两种方法论观点各有其正确性，并不互相对立，而是在不同层面同时存在，也就是互为辩证地存在。"② 根据事实与价值一元论，犯罪构成的事实判断与价值判断应当是辩证统一的有机整体。

客观地说，在我国，由犯罪客体、犯罪客观方面、犯罪主体和犯罪主观方面组成的传统犯罪构成四要件体系，能够充分考虑事实判断，并通过事实判断进行一定的价值判断。遗憾的是，由于缺乏能够进行充分体现主体评价的价值判断要素，其存在一定的不足，即无法合理解释正当防卫、紧急避险等排除犯罪性事由为何不构成犯罪。虽然综合四个要件能够对这些事由予以价值判断，但其评价的前提是需要将行为事实分别分解成客观事实和主观事实，然后再综合予以价值判断。然而，正当防卫等排除犯罪性事由本身是融主客观要素于一体的，无法分解成客观要素与主观要素，这就导致无法将排除犯罪性事由纳入犯罪构成的评价体系之内进行恰当评

① 〔美〕希拉里·普特南：《事实与价值二分法的崩溃》，应奇译，东方出版社 2006 年版，第 182 页。

② 许玉秀：《当代刑法思潮》，中国民主法治出版社 2005 年版，第 151 页。

价。事实上，没有恰当解决但书对犯罪确定的价值判断，是苏联犯罪构成理论悬而未决的问题之一。“追溯根源，犯罪概念与四要件犯罪构成在定罪上的角色定位，是苏联刑法学史上悬而未决的议题之一。”① 增设犯罪量度要件作为犯罪构成要件，正是为了弥补犯罪评价中的价值判断的不足。这样，犯罪客观要件、犯罪主观要件分别作为客观事实判断与主观事实判断，完成犯罪的事实判断功能，犯罪量度要件则承担犯罪的价值判断功能，从而使犯罪构成真正成为事实判断与价值判断的有机统一。

（二）犯罪构成要件需要体现但书规定的法律根据

我国《刑法》第 13 条规定，充分体现了犯罪是事实判断与价值判断的有机统一。其中，对各种危害社会的行为的描述，就属于事实描述。这种描述与刑法分则规定的具体行为结合起来，使作为犯罪的行为类型具有相对性与明确性。“依照法律应当受刑罚处罚的”，则属于价值判断，是对前述行为加以整体分析后得出的评价后果，故才有“都是犯罪”之结论。至于但书，则是在对行为事实加以分析后，得出的与“都是犯罪”截然相反的结论——不认为是犯罪，所揭示的亦为社会危害性的价值属性。有学者认为，“情节侧重说明行为人的主观恶性（当然也在一定程度上说明了行为的客观危害性），而危害侧重说明行为的客观后果，二者相结合就构成了社会危害性的全部内涵。因此，在适用刑法第 13 条但书时，必须同时具备情节显著轻微和危害不大这两个条件，仅有情节显著轻微或者危害不大是不能适用但书的”②。这种理解并不客观。但书体现的是主体对行为进行事实分析后得出的价值判断，即情节显著轻微危害不大的行为，不构成犯罪。一定的行为事实只是客观现象，无法说明自身在刑法上的意义。只有经过主体的认识和价值分析，才能得出罪与入罪的结论。在我国刑法中，情节向来就不限于主观恶性，行为的时间、地点以及方式等客观因素，也是情节的当然内容。所谓的“情节显著轻微危害不大”，显然是建立在但书前面的行为事实基础上的价值判断。“情节显著轻微”是对行为诸事实因素加以判断后得出的情状性评价，而“危害不大”则是一种结论性评价，两者只是表述不同而已，不存在实质差异。如果说刑法规定的行为类型是犯罪的事实判断，是成立犯罪的必要条件的话，那么揭示行为的社会危害程度的价值判断，则是成立犯罪的充分条件。一行为只有具备刑

① 刘艳红：《目的二阶层体系与“但书”出罪功能的自洽性》，《法学评论》2012 年第 6 期，第 46 页。

② 储槐植、张永红：《善待社会危害性观念——从我国刑法第 13 条但书说起》，《法学研究》2002 年第 3 期。

法规定的必要条件和充分条件，才能构成犯罪，这便是我国刑法中规定的犯罪的本质特征。毫无疑问，我国刑法对犯罪的规定是非常合理的，与大陆法系国家刑法根据行为性质入罪存在根本不同。

二、犯罪构成量度要件或要素①

（一）犯罪构成量度要件或要素存在之必要性

在犯罪构成中体现量度要件或要素的方法是多种多样的。在传统犯罪构成理论中，人们一般是通过综合四个构成要件来判断罪量的。客观地说，如果能够根据主客观因素准确、合理地认定入罪的情节，这样判断也是可以的。问题在于，这样做往往会产生难以克服的缺陷。在立法与司法过程中，受客观要件与主观要件分类的影响和制约，往往会造成割裂客观要件与主观要件的现象，从而造成客观归罪与主观归责。刑法分则许多具体犯罪，要么是根据客观情节入罪，要么是根据主观情节入罪，乃至于在定罪上失之偏颇。例如，根据最高人民检察院、公安部《关于公安机关管辖的刑事案件立案追诉标准的规定（一）》[以下简称《追诉标准（一）》]第 33 条规定，故意毁坏公私财物，涉嫌下列情形之一的，应予立案追诉：一是造成公私财物损失 5 000 元以上的；二是毁坏公私财物 3 次以上的；三是纠集 3 人以上公然毁坏公私财物的；四是其他情节严重的情形。在这里，司法解释将毁坏财物的数额、毁坏财物的次数作为定罪的依据，就有客观归罪与主观归责之嫌，有失公平。因为如果行为人在菜市场毁坏他人的财物分别是价值 2 元的鸡蛋、价值 3 元的白菜以及价值 5 元的猪肉，那么根据司法解释就可以认定为故意毁坏财物罪，相信这样的定罪是无法令人信服的。在司法实践中，尽管容易导致客观归罪与主观归责，法官也更愿意根据某种客观要素或者主观要素认定犯罪，因为这样做简单便捷、直截了当，容易操作。

与传统犯罪构成理论通常根据四个犯罪构成要件来综合判断罪量不同的是，有学者立足于主张应赋予犯罪的量度要件或要素以独立的犯罪构成

① 不少学者将但书规定理解成立法定量，并主张犯罪构成中需要有体现但书的立法定量的要件或要素，这样的要件或要素又往往被称为罪量要件或要素。笔者认为，罪量要件或要素容易被人理解成量化、数据化的犯罪构成要件或者要素，不能充分体现但书对犯罪的价值评价要求。据此，谓之犯罪量度要件或要素或许更为合理，至少不至于被人显而易见地理解成量化、数据化的犯罪构成要件或者要素。不过，毕竟量度要件或要素在称谓上难以与定量评价完全区分开来，因而亦有不足，故有必要加以进一步研究。在没有更好的称谓之前，只能暂且使用“犯罪量度要件或要素”之称谓，是为临时权宜之策，并非该称谓科学、合理使然。

要件地位，来构建犯罪构成论体系。“罪量要素，无论以数额、情节还是后果的形式被刑法分则法定化，都从不同的方面表明了行为的法益侵害程度。达到法定的罪量要求，表明行为的法益侵害程度严重到刑罚可罚的程度，即不法程度升高到刑事可罚的程度；否则，表明行为的法益侵害程度显著轻微，不法程度降低到刑事不可罚的程度。既然是与不法相关的犯罪成立条件，在阶层犯罪论体系中，就必须将罪量要素特别是其中的数额型罪量要素与结果型罪量要素归位为构成要件要素。更准确地说，应将其定位为分则所规定的定性构成要件要素之后成立犯罪所必需的定量构成要件要素。”① 事实上，我国早有学者提出过独立的犯罪构成量度要件，并将之作为与其他犯罪构成要件并列的犯罪构成要件。“在一般犯罪中，只要具备罪体和罪责这两个主、客观要件，就可以成立犯罪。但刑法规定以情节严重或者数额较大作为犯罪成立要件的情况下，在具备罪体和罪责的基础上，还需要进行罪量的判断。”② “我个人赞同将犯罪的数量因素看作是一个与罪体、罪责相并列的罪量要件。罪量要素之所以不能归入罪体，除了在罪量要素中不单纯是客观性要素而且还包括主观性要素以外，还有一个重要的理由：罪体要素是行为人认识的对象，因而对于判断犯罪故意或者犯罪过失具有重要意义。如果将罪量要素当作是罪体要素，如果行为人对此没有认识就不能成立犯罪故意而属于犯罪过失，由此而使罪责形式的判断产生混乱。”③

笔者认为，不管将犯罪的量度要素作为独立的犯罪构成要件或要素是否科学、合理，这种探索精神都是非常可贵的。其实，犯罪构成的量度要件或要素不但有其独立成立的理论依据，而且还能有效地避免传统犯罪构成理论容易造成的客观归罪与主观归责。因此，应当赋予犯罪量度要件应有的体系性地位。“中国在继受与改造苏联犯罪构成理论的过程中，对构成要件的实质化更为彻底，不仅从‘质’的方面而且从‘量’的限定层面对犯罪行为类型化，量度因素作为社会危害性程度的实质要求成为一般违法行为与犯罪行为相区别的标志，使作为犯罪构成中的量度要件成为社会危害性程度大小这一促成构成要件实质化的价值判断的一个重要标准。实际上，量度要件具备并承担了规范构成要件的全部功能。”④

---

① 梁根林：《但书、罪量与扒窃入罪》，《法学研究》2013 年第 2 期。

② 陈兴良：《规范刑法学》(上)，中国人民大学出版社 2008 年版，第 107 页。

③ 参见上书，第 194 页。

④ 王昭振：《犯罪构成视野中定量因素研究》，《中国刑事法杂志》2006 年第 3 期，第 33 页。

（二）犯罪量度要件

所谓犯罪量度要件，是指体现国家和社会对犯罪评价的特定需要、揭示行为的整体社会危害程度的价值判断因素。“犯罪构成的定量因素，是指犯罪构成中决定犯罪的基本性质以外的、单纯反映行为对法益的侵犯程度、影响犯罪成立的因素。犯罪构成要件是对一定行为严重社会危害性的性质和程度的规定和体现，只有质与量的统一才能表明某一行为的性质，达不到条文规定的行为的质和量的要求，一个行为就不能被认定为犯罪。”① 一般来说，犯罪量度要件具有如下特征。

1. *犯罪量度要件是揭示行为的整体社会危害程度的价值判断因素*

犯罪之所以要受到严厉处罚，是因为其具有严重的社会危害性。如果行为的社会危害性没有达到一定程度，行为是不能被评价为犯罪的。即使德、日等大陆法系国家刑法根据行为性质入罪，不考虑行为的社会危害程度，但这些国家在司法实践中从来都不处罚刑法规定的、危害轻微的行为。因此，体现行为的社会危害程度是犯罪量度要件的核心内容，也是犯罪的价值判断的灵魂。

犯罪客观要件与犯罪主观要件有机结合在一起，也能体现行为的整体社会危害程度。但是，这与犯罪量度要件存在明显区别：首先，犯罪量度要件本身属于综合的、一体化的价值判断，由于犯罪客观要件或者犯罪主观要件只是单独的客观事实或者主观事实，因而不能通过犯罪量度要件进行评价。这样，凡是那些融主客观因素于一体、需要通过价值判断进行评价的因素，都不能通过犯罪客观要件或者主观要件加以评价，但是可以通过犯罪量度要件加以评价。其次，犯罪客观要件与犯罪主观要件属于事实因素，两者结合在一起虽然也能体现价值判断，但也仅限于对主客观事实的价值判断，这只是价值判断的内容之一。事实上，对犯罪的价值判断除了需要主观事实与客观事实之外，其他因素也是有影响的。例如，足球运动因身体对抗有时会致人重伤甚至死亡，这之中当然存在客观因素和主观因素，但是足球运动的这种意外伤害结果，是发展该类运动过程中不可避免的。如果不允许身体对抗，那么足球运动就会名存实亡。因此，为了发展足球运动，偶尔的伤亡代价是可以接受的。综合进行价值判断，就会得出结论：足球运动偶尔致人重伤或者死亡（即使主观上存在过失），应当被允许，不能被认定为犯罪。其中，发展足球运动就属于主观事实与客观事实之外的价值判断因素。可见，犯罪量度要件弥补了犯罪客观要件与犯

① 王志祥：《犯罪构成的定量因素论纲》，《河北法学》2007年第4期，第87页。

罪主观要件在价值判断上的不足。

2. 犯罪量度要件体现国家和社会对犯罪评价的特定需要

根据一定的客观事实和主观事实将某种行为规定为犯罪，也是体现国家和社会对犯罪评价的需要。但是，犯罪量度要件显然与此不同。刑法之所以将某种行为规定为犯罪，是立足于该行为具有的主客观事实本身的。犯罪量度要件则主要是在针对两种不同的行为事实或者面对两种不同的选择时，从国家或社会的特定需要出发对两者加以特别的价值判断，而不是对单一的行为事实进行评价。例如，奉命执行枪决人犯的职务行为，就面对两个行为事实：一是枪毙人犯；二是职务命令。综合这两种不同的事实因素并进行价值判断，就会得出执行命令是合法的，故意杀人（枪毙人犯）是被允许的。这与根据主客观事实对一个杀人行为进行评价显然不同。如果换个角度就更容易理解了：同样是面对死刑犯，普通人单纯将其杀害（不存在正当防卫等特定事由）的，就需要承担故意杀人罪的刑事责任。这是为什么呢？因为普通人单纯将其杀害只存在单纯的故意杀人事实，只能根据故意杀人的主客观事实进行评判，当然构成故意杀人罪。正是由于犯罪量度要件是在针对两种不同的行为事实或者面对两种不同的选择时的一种价值判断，这与单纯根据主客观事实进行的价值判断是不同的，故谓之为体现国家或者社会特定需要的价值判断。

需要注意的是，犯罪量度要件与违法阻却事由或者违法性要件是不同的。在我国，有学者在犯罪客观要件和主观要件之外，专门设立犯罪阻却事由作为构成要件，旨在评价行为的违法性。“犯罪不仅应当是在罪过支配下的行为，而且应当是实质上为法律所不允许的行为，即必须是违法的行为。所谓违法性，就是指行为被法律所不允许。违法性是犯罪成立的重要条件。”① 笔者认为，单纯的违法性或者违反法规范并不能完全概括犯罪的价值判断。在司法实践中，很多现象法律并没有特别规定，因而不存在违反法规范的问题，如果运用违法性将无法评价该类现象。例如，将被毒蛇咬伤右腿而致昏迷的人的右腿砍掉的，是否构成犯罪，法律就不可能对此有规定，运用违法性也就无法评价。而对这种行为运用价值判断就能够合理解决，因为砍掉右腿是为了保全被害人的性命，故可以推定被害人是允许该行为的。这样的行为显然不违背社会常规，是为国家和社会所允许的。正是考虑这一点，《韩国刑法典》第 20 条规定：“依法令或者因业务的行为，以及其他不违背社会常规的行为，不予处罚。”根据社会常规

① 周光权：《刑法总论》，中国人民大学出版社 2007 年版，第 195 页。

判断行为性质的类似现象，应当说在现实生活中有很多。从严格意义上讲，这类现象难以为法律面面俱到地规定，因而不可能完全通过违法性评价来解决，只能通过价值判断来解决。

三、犯罪量度要件的本质

犯罪量度要件作为一种价值判断，既可以体现对单一行为事实的纯粹的、整体的评价，也可以体现为在两种权益发生冲突时的权衡与取舍。总而言之，犯罪量度要件是一种综合比拼、整体衡量的价值评价。其最终的体现是，行为具有一定的社会危害程度，并借此成立犯罪。犯罪量度要件表明，在对行为的主观要件或要素以及客观要件或要素加以综合比拼、整体衡量后，如果行为达到一定的社会危害程度，就应当成立犯罪；如果综合比拼、整体衡量的结果是行为没有达到一定的社会危害程度，就不能构成犯罪。但是，不能构成犯罪，并非意味着行为就是合法的。在没有达到犯罪程度的社会危害性的情形下，行为还可能具有轻微的社会危害性，从而成立民事违法行为等。

由于正当防卫、紧急避险等涉及对两种利益的综合衡量与比较，因而犯罪量度要件可以用来评价正当防卫、紧急避险等排除犯罪性事由。换句话说，正当防卫、紧急避险等是因为不符合犯罪量度要件而不构成犯罪的。有学者认为，紧急避险“从整体上说，它是有益社会的行为，不仅不应承担刑事责任，而且应当受到国家法律的保护、鼓励和支持”①。这种观点显然是不可取的。因为，行为即使具有一定的社会危害性，只要没有达到犯罪程度，也是可以成立刑法上的紧急避险的。这样的紧急避险是对社会有害的，谈不上是“有益社会的行为”，更不能说“受到国家法律的保护、鼓励和支持”。只能说，行为即使危害社会，只要不构成犯罪，就是为刑法所允许的。因此，紧急避险等充其量只能是刑法授权的行为，是迫不得已而为之的，而不是绝对合法的行为或者是受国家法律保护、鼓励和支持的行为。刑法上的紧急避险，如果具有社会危害性，在民法上可能就不会被允许。事实上，不仅是紧急避险，凡是需要进行特别的价值判断的行为，如正当防卫、法令行为、业务行为等，本质上都是刑法授权的行为，而不是合法行为或者说是受国家法律保护、鼓励和支持的行为。

明白了犯罪量度要件的本质，就不难理解我国学界对相关术语称谓上

---

① 高铭暄、马克昌主编：《刑法学》，北京大学出版社，高等教育出版社2011年版，第136页。

的科学性与合理性。对于正当防卫、紧急避险等，学界在称呼上很不统一。有学者谓之正当行为[①]，有学者谓之排除社会危害性事由[②]，有学者谓之排除犯罪性事由。[③] 如果考虑到刑法上的正当防卫、紧急避险等还包含一般违法行为，就会发现所谓的正当行为、排除社会危害性事由的称谓，是不恰当的。因为，这些行为既然包含具有轻微社会危害性的一般违法行为在内，当然不能再被称为正当行为或者排除社会危害性事由。可见，谓之排除犯罪性事由，更为科学、合理。

四、犯罪量度要件的评价内容

犯罪量度要件是与事实判断相对应的价值判断，在形式上融客观因素与主观要素于一体，是主客观一体化的价值评价，体现国家和社会惩罚和预防犯罪的特殊需要。在内涵上，犯罪量度要件表现为对社会危害程度的评判。因此，犯罪量度要件不属于纯粹客观因素或者主观因素，不能归入犯罪客观要件或者主观要件。由于犯罪量度要件属于价值判断，因而其内容并不局限于刑法规范的特别规定。凡是融某一行为的主客观事实为一体的特定事由，尽管刑法没有规定，也可以运用犯罪量度要件加以评价。犯罪量度要件的这一特点，使其在内容上具有开放性。有学者提出，犯罪成立条件体系包括犯罪成立的积极条件和犯罪成立的消极条件。其中，犯罪成立的积极条件包括犯罪客体（质的要求、量的要求）、犯罪客观方面（质的要求、量的要求）、犯罪主体（质的要求、量的要求）和犯罪主观方面（质的要求、量的要求）；犯罪成立的消极条件包括行为不属于“情节显著轻微危害不大”的情形、行为不属于正当行为以及行为不具有期待可能性。[④] 这里的犯罪成立的消极条件从性质上看相当于犯罪量度要件，笔者虽然不赞成犯罪成立的消极条件的提法，但就内容而言，其还是有可取之处的。总之，根据犯罪量度要件的上述特征，同时结合国内外的法律规定、理论观点与司法实践的经验，其评价内容主要包括犯罪情节、法令行为、正当业务行为、被害人承诺、推定承诺、自救行为、自损行为等。

---

① 高铭暄、马克昌主编：《刑法学》，北京大学出版社、高等教育出版社 2011 年版，第 126 页。

② 黎宏：《刑法学》，法律出版社 2012 年版，第 125 页。

③ 赵秉志主编：《新刑法教程》，中国人民大学出版社 1997 年版，第 247 页。

④ 王政勋：《定量因素在犯罪成立条件中的地位——兼论犯罪构成理论的完善》，《政法论坛》2007 年第 4 期，第 162 页。

第四章　但书与排斥犯罪性事由的限度

初看起来，但书与排除犯罪性事由的限度，似乎没有多大的关系，实则不然。众所周知，在大陆法系国家阶层犯罪论体系中，排除犯罪性事由属于违法性事由，而理论上认为违法性存在可罚与不可罚的违法性之别，或者说质的违法性与量的违法性之分，这在一定程度上说明违法性是存在度的不同的。在我国，民法上也存在正当防卫与紧急避险等阻却违法性事由。显然，民法上的正当防卫和紧急避险与刑法上的正当防卫和紧急避险，并非同一概念。以正当防卫为例，民法中的正当防卫以超过必要的限度、造成不应有的损害，作为防卫过当的限度条件，而刑法上的正当防卫则以明显超过必要的限度、造成重大损害，作为防卫过当的限度条件。这表明，民法上与刑法上的防卫过当是存在限度之别的。如此看来，但书对于合理认定刑法上的排除犯罪性事由的限度，还是具有重要意义的。

第一节　但书与正当防卫的限度

我国《刑法》第 20 条规定的是正当防卫制度。其中，该条第 3 款规定的是无限防卫权的正当防卫。为了区别第 2 款规定的有限防卫权的正当防卫，笔者把有限防卫权的正当防卫称为一般正当防卫，把无限防卫权的正当防卫称为特殊正当防卫。这样，下文在阐述但书与正当防卫的限度时，具体划分为两大部分：但书与一般正当防卫的限度和但书与特殊正当防卫的限度。

一、但书与一般正当防卫的限度

（一）关于一般正当防卫限度的理论争议

正当防卫的原有标准，是 1979 年《刑法》的相关规定：正当防卫超过必要限度造成不应有的危害的，应当负刑事责任。如何理解正当防卫的限度，学界主要存在三种不同观点[①]：一是基本适应说。该说认为防卫行为不能超过必要的限度，就是说防卫行为和侵害行为必须基本相适应。怎样才算基本相适应？这要根据侵害行为的性质和强度以及防卫利益的性质等来决定。二是客观需要说。该说具体包括需要说、必需说和必需相当说。需要说认为，只要在客观上需要防卫，防卫强度既可以大于，也可以小于，还可以相当于侵害的强度。必需说认为，制止正在进行的不法侵害所必需的行为是正当防卫的必要限度。必需相当说认为，防卫行为与有效地制止不法侵害实际需要的行为具有基本相当的限度。基本相当的含义是二者可以完全相等，又可以有所差异，但不能相差悬殊。三是基本适应和客观需要统一说，即所谓的折中说。该说认为正当防卫的必要限度是必要限度的基本原则和必要限度的具体标准的统一，在我国刑法中的正当防卫必要限度可采基本适应和客观需要统一说。这三种观点各有利弊，也各有其支持者，但折中说相对来说更具有说服力。不过，正当防卫的原有标准最大的问题，在于对正当防卫超过限度规定得过于“温和”，这是导致上述争议的重要原因，也无形中使司法实践在认定中存在很大误区。“在我国的审判实践中，一些司法机关或者司法人员，在处理防卫案件中，并没有真正把握正当防卫立法的旨趣，端正自己的视觉。在传统立法的弹性内，往往偏袒不法侵害者，苛求正当防卫人，把正当防卫的立法在一定程度上错误地视为处罚防卫人的法律。因而扭曲了正当防卫的法律形象，颠倒了防卫案件的是非，造成了不良的社会效果。”[②]

1997 年《刑法》修改后，其第 20 条第 2 款对正当防卫的限度规定了新标准：正当防卫明显超过必要限度造成重大损害的，应当负刑事责任，但是应当减轻或者免除处罚。较之前述规定，该款规定将“超过必要限度”修改为“明显超过必要限度”，将“不应有的危害”修改为“重大损害”。相对于原有标准，这样的规定显然过于“激烈”，从而使正当防卫与防卫过当的界限得以进一步明确。对于该规定，学界存在以下不同意见。

第一种观点认为，“所谓防卫的必要限度，是指防卫人的行为正好足以制止不法侵害行为，而没有对不法侵害人造成不应有的损害。具体包括两个方面的内容：①正好足以制止不法侵害，也就是防卫行为的强度为制止不法侵害所必需，并且防卫行为的强度与不法侵害行为的强度基本相适

① 以下观点参见高铭暄主编：《新中国刑法学研究论述（1949—1985）》，河南人民出版社 1986 年版，第 301-304 页。

② 段立文：《对我国传统正当防卫观的反思——兼谈新刑法对正当防卫制度的修改完善》，《法律科学》1998 年第 1 期，第 32 页。

应；②没有造成不应有的危害，即防卫人对不法侵害人造成的损害与不法侵害行为可能造成的损害不是显然不相适应”①。

第二种观点认为，“关于正当防卫的必要限度，应当以制止不法侵害、保护法益所必需为标准，同时要求防卫行为与不法侵害行为在手段、强度等方面，不存在过于悬殊的差异。换句话说，只要是制止不法侵害、保护法益所必需的，就是在必要限度之内的行为”②。

第三种观点认为，“明显超过必要限度，意味着防卫行为明显超过了防卫的客观需要，即根据所保护的法益性质、不法侵害的强度与紧迫程度等，防卫行为显然缺乏必要性……造成重大损害，一方面意味着防卫行为所造成的损害与不法侵害可能造成的损害悬殊、明显失衡，或者说，与不法侵害可能造成的损害相比，防卫行为造成的损失过于重大；另一方面也意味着造成一般损害的不成立防卫过当，只是造成不法侵害人死亡、重伤时，才可能属于防卫过当”③。

第四种观点认为，确定正当防卫是否超过必要限度，首先需要考察不法侵害的强度。如果其大于侵害强度的防卫强度是制止不法侵害所必需的，就应当认为没有超过必要限度；如果故意超过侵害强度的防卫强度不是制止不法侵害所必需的，那就是超过了必要限度。其次，不法侵害的缓急对于确定必要限度具有重要作用。最后，还要考虑不法侵害的法益。根据不法侵害的法益在确定必要限度中的作用，为防卫重大的法益而对不法侵害人造成重大损害的，可以认为是为制止不法侵害所必需，因而没有超过正当防卫的必要限度；为保护轻微的法益，即使是非此不可，造成不法侵害人重大损害的，则应认为超过了必要限度。④

第五种观点则赞成前述必要说。该观点认为，“事实证明，必要说是正确的。因为它符合我国刑法规定正当防卫制度的根本目的，即有效地制止不法法侵害以保卫公共利益和公民个人合法权益。一切为了达到这个目的而采取的必要防卫手段都是合理的、正当的”⑤。

第六种观点认为，“所谓正当防卫的必要限度，应当是指刑法所规定的，为保持正当防卫的合法性质而要求防卫损害之轻重应予遵守的界限。……正当防卫之必要限度的基本标准应当界定为：对不法侵害人所造

---

① 赵秉志主编：《当代刑法学》，中国政法大学出版社2009年版，第277页。
② 黎宏：《刑法学》，法律出版社2012年版，第141页。
③ 张明楷：《刑法学》，法律出版社2011年版，第201-202页。
④ 陈兴良：《本体刑法学》，商务印书馆2001年版，第451-453页。
⑤ 何秉松主编：《刑法教科书》，中国法制出版社2000年版，第404页。

成的防卫损害为足以有效制止不法侵害所必需，并且不属于明显的不应有的重大损害”①。

上述观点均有其合理性，但也存在问题。第一种观点与前述折中说基本一致，其存在的问题是：如果刑法没有修改正当防卫的限度，折中说相对来说更合理些。但是，既然刑法进行了修改，而且在措辞上变化非常明显、更加确切，仍然采取折中等于间接否定刑法修改的必要性，难以令人信服。第二种观点与第一种观点大体一致，所不同的是强调了防卫行为与不法侵害行为不能相差悬殊。不过，该观点的前后表述略有不足。“防卫行为的强度为制止不法侵害法益所必需”与“防卫行为与不法侵害行为在手段、强度等方面，不存在过于悬殊的差异”之间，似乎并非对等关系。因为防卫行为如果与不法侵害行为在手段、强度等方面存在过于悬殊的差异，那么就不可能是制止不法侵害法益所必需，制止不法侵害法益所必需的手段往往不会与不法侵害行为在手段、强度等方面差异悬殊。第三种观点对“明显超过必要限度”和“造成重大损害”均作了解释，可为具体。但是，该观点认为“只有造成不法侵害人死亡、重伤时，才可能属于防卫过当”，则略有偏颇。因为在针对数额不大的财产进行不法侵害时，即使造成轻伤结果，有时完全可以认定为“明显超过必要限度”“造成重大损害”。第四种观点非常具体地列举出判断正当防卫限度需要重点关注的几个方面，遗憾的是并没有对正当防卫限度作出明确的、具体的诠释。第五种观点采纳前述必需说，其缺陷与第一种观点的类似。第六种观点则在形式上直接与刑法规定相冲突，因而不可取。

（二）但书与正当防卫限度的认定标准

1. 成立防卫过当需要具备的社会危害性

笔者认为，理解正当防卫的限度，不能就事论事。因为刑法对正当防卫限度的规定，所用的措辞如“明显超过”“重大损害”等属于典型的概括性用语，很难直观解释清楚。这就需要根据立法目的来正确认识何谓正当防卫的限度。这就需要注意两个方面：其一，刑法规定正当防卫，无非是想区分正当防卫与犯罪，从而将正当行为排除在犯罪的处罚之外。因此，理解正当防卫的限度，不能脱离犯罪本身，这就需要将正当防卫与犯罪进行对比。这是理解正当防卫限度的基础。其二，必须注意的是，正当防卫超过限度成立防卫过当，其性质发生根本变化，即正当防卫不构成犯

① 杨忠民：《对正当防卫限度若干问题的新思考》，《法学研究》1999 年第 3 期，第 52－53 页。

罪而防卫过当构成犯罪。由于不构成犯罪，正当防卫至少在刑法上是合法的，但这并不等于其就是合法行为。因为，刑法上的合法行为在民法上、行政法上并不一定合法。换句话说，刑法上的正当防卫既包括一般违法行为，也包括合法行为。前者对社会有害，只是社会危害没有达到犯罪程度，而后者则是对社会有益的行为。因此，理解正当防卫是否过当，只能站在刑法上的合法行为的基础上，而不能站在合法行为的基础上。这意味着，正当防卫即使对社会有害，只要没有达到犯罪程度，也不应成立防卫过当。这是理解正当防卫限度的关键。

那么正当防卫与犯罪相比，其社会危害性有什么差别呢？为了论述的方便，这里特以针对抢劫行为实施的故意伤害不法侵害人的正当防卫的社会危害性与一般的故意伤害的社会危害性进行比较，加以具体说明。正当防卫的故意伤害的社会危害性与一般的故意伤害的社会危害性，主要存在以下三个方面的差异：一是行为对象。正当防卫的故意伤害侵害的对象是实施抢劫犯罪的不法侵害人，而一般的故意伤害侵害的对象通常为一般人，即没有实施不法侵害的人。二是客观危害。正当防卫的故意伤害在造成不法侵害人受伤的同时，保护了国家、公共利益，本人或者他人的人身、财产和其他权利。一般的故意伤害在造成不法侵害人受伤的同时，并没有保护国家、公共利益，本人或者他人的人身、财产和其他权利。三是主观恶性。正当防卫的故意伤害与一般的故意伤害在主观上均有伤害故意，故单纯就伤害的主观恶性而言两者并无区别。但是，因正当防卫而实施故意伤害，是事出有因的，即防卫人是“为了使国家、公共利益、本人或者他人的人身、财产和其他权利免受正在进行的不法侵害”。一般的故意伤害则不然。行为人实施伤害行为时，并不具有防卫目的，即不是为了使国家、公共利益，本人或者他人的人身、财产和其他权利免受正在进行的不法侵害。（参见下表）

内容 类别	行为对象	客观危害	主观恶性
正当防卫的故意伤害	不法侵害人	保护了合法权益	具有防卫目的
一般的故意伤害	一般人	没有保护合法权益	没有防卫目的

通过上述分析，不难发现，正当防卫的故意伤害的社会危害性较之一般的故意伤害的社会危害性要小：首先，从行为对象上分析，正当防卫的故意伤害的社会危害性较一般的故意伤害的社会危害性要小。因为针对不法侵害人的伤害较针对一般人的伤害，其社会危害性显然要小些。无论是

从期待可能性的角度还是从公众情感的角度出发，对实施抢劫行为的人实施伤害行为在一定程度上都是可以获得人们的谅解的。其次，从客观危害上分析，正当防卫的故意伤害的社会危害性较一般的故意伤害的社会危害性要小。正当防卫的故意伤害虽然造成了损害，但是也保护了合法的权益，这使其造成的损害在客观上缩减不少。而一般的故意伤害通常没有保护合法权益，因而其客观危害就是伤害造成的社会危害，是纯粹而切实的。两相比较，正当防卫的故意伤害的客观危害较一般的故意伤害的显然要小。最后，从主观恶性上分析，正当防卫的故意伤害的社会危害性较一般的故意伤害的社会危害性要小。防卫人有防卫目的这一良善的主观目的和动因，一般的故意伤害的行为人则没有。司法实践中，实施一般故意伤害的行为人的主观动因多种多样，如泄愤报复、惹是生非、路见不平以及争风吃醋等。无论哪一种动因，对国家和社会都没有防卫目的那样的积极、现实意义。因此，正当防卫的故意伤害的主观恶性较一般的故意伤害的要小些，其社会危害性自然要小些。如果将这三方面社会危害性综合起来考量，则可以认为正当防卫的故意伤害的社会危害性较一般的故意伤害的社会危害性要小得多。

由于正当防卫的故意伤害的社会危害性比一般的故意伤害的社会危害性要小得多，如果以一般的故意伤害构成犯罪所必须达到的社会危害程度为基础，那么正当防卫的故意伤害要想构成犯罪（防卫过当），其社会危害程度就必须比一般的故意伤害的要严重得多。否则，根据但书规定，这就属于情节显著轻微危害不大的情形，不能认定为犯罪，自然就不能成立防卫过当。只有这样才符合逻辑和情理，并彰显公正。需要注意的是，就构成犯罪而言，这里强调的只是正当防卫的故意伤害的社会危害程度比一般的故意伤害的要严重得多，如果仅就正当防卫的故意伤害构成犯罪而言，还必须考量一般的故意伤害构成犯罪的社会危害性。换句话说，正当防卫的故意伤害的社会危害程度只有比一般的故意伤害要严重得多，其整体社会危害性才达到与一般的故意伤害的相当的地步。而一般的故意伤害并不必然构成犯罪，只有社会危害程度达到一定程度的才能构成犯罪。如此一来，仅就正当防卫的故意伤害构成犯罪而言，其社会危害性只有达到相当严重的程度，才能以犯罪论处。

2. “明显超过必要限度”与“造成重大损害”的关系

目前学界对于正当防卫的限度条件意见不一，这在很大程度上来源于对于“明显超过必要限度”与“造成重大损害”两者之间逻辑关系的认识分歧。具体地说，主要有以下不同意见。

一是并列说。这种观点认为，“明显超过必要限度”与“造成重大损害”在逻辑上是相互独立、并列的关系。“在认定正当防卫的限度条件时，必须同时考察防卫行为是否明显超过了必要限度和是否造成了重大损害两方面的情况，而不能只讲究一者而忽略另一者。”① 该说认为“明显超过必要限度”与“造成重大损害”是相互独立、并列的，意味着必须将两者割裂开来分别考量。这样就必然需要对两者均作出合理诠释，才能作为认定正当防卫限度的依据。“所谓的‘明显超过必要限度’，实际上是指明显地超过防卫的客观需要，即从所保护的合法权益的性质、不法侵害的强度以及不法侵害的缓急上来看，这种反击行为显然是不必要的；同时，这一款中的‘造成重大损害’不是一个绝对的量，而是通过对不法侵害行为可能造成的损害与防卫人实际造成的损害进行比较以后得出的一个相对的量，即防卫行为所造成的损害与不法侵害行为可能造成的损害之间明显失衡。”② 根据并列说，“明显超过必要限度的行为并不一定会造成重大损害”③，造成重大损害并不意味着明显超过必要限度。于是该说必然会得出：“只要出于制止不法侵害以保护合法利益的需要，……明显超过必要限度而没有造成达到‘重大’程度的损害，都是允许的。”④ 同样，如果行为造成重大损害，但是防卫行为未明显超过必要限度，也不能以防卫过当论处。总之，“明显超过必要限度”与“造成重大损害”二者需要分别认定、同时具备，才能认定为防卫过当。并列说是学界的通说。

二是包容说。这种观点认为“明显超过必要限度”与“造成重大损害”是相辅相成、互为一体的。持这种观点的学者认为，“造成重大损害”是“明显超过必要限度”的事实佐证，关键之处是“明显超过必要限度”而不是“造成重大损害”。从两者的关系上讲，凡是明显超过必要限度者，必然是造成了重大损害。⑤ 在包容说看来，“不存在所谓明显超过必要限度但没有造成重大损害的情况”⑥，也不存在造成重大损害而没有明显超过必要限度的情形，两者是互为包容、有机统一的。

三是交叉说。该观点认为，“明显超过必要限度”与“造成重大损害”

---

① 高铭暄、马克昌主编：《刑法学》（上册），中国法制出版社1999年版，第241页。
② 高铭暄主编：《刑法专论》（上下编），高等教育出版社2002年版，第443页。
③ 季美君、张国卫：《论正当防卫的客观条件和特殊防卫权》，杨敦先等主编：《新刑法施行疑难问题研究与适用》，中国检察出版社1999年版，第238页。
④ 马克昌主编：《刑法学》，高等教育出版社2003年版，第128页。
⑤ 侯国云、白岫云：《新刑法疑难问题解析与适用》，中国检察出版社1998年版，第127页。
⑥ 张明楷：《刑法学》（上），法律出版社1997年版，第232页。

既不是并列的，也不是互为包容的，而是交叉关系。如有学者认为，"'明显超过必要限度'与'造成重大损害'之间的关系恐怕不能简单地归结为包容或并列关系，而应是一种交叉关系"①。这里所谓的交叉关系，是指"明显超过必要限度"既可能"造成重大损害"，也可能不"造成重大损害"；或者说"造成重大损害"既可能是"明显超过必要限度"的结果，也可能不是"明显超过必要限度"的结果。交叉说的理由是，"首先，明显超过必要限度不仅可能造成重大损害，而且也可能引起一般损害后果。在侵害行为只侵犯微小的财产利益的情况下，防卫行为致使侵害人一般伤害，就是明显超过必要限度，因为一般人都会认识到人的身体健康权要明显超过轻微的财产权益。其次，造成重大损害，可以是明显超过必要限度的防卫行为引起，亦可以是没有明显超过必要限度的防卫行为造成的"②。

并列说全面割裂"明显超过必要限度"与"造成重大损害"之间的联系，而交叉说则是部分割裂"明显超过必要限度"与"造成重大损害"之间的联系。无论是全面还是部分割裂"明显超过必要限度"与"造成重大损害"之间的联系，均意味着两者之间并非泾渭分明，这无疑使问题复杂化。如上述观点所言，既要考察防卫行为的性质、手段、强度及造成的损害未明显超过不法侵害的性质、手段、强度，又要分析防卫行为造成的损害有无明显超过不法侵害，还要判断防卫行为是否造成重大损害，这显然比刑法规定得要累赘。对正当防卫限度评判的复杂化，所带来的直接后果是认定上的多元化甚至虚无化，这从上述有关正当防卫限度的各种见解中足以得到证实。于是，结合具体案情具体情况具体分析，就成为判断正当防卫限度的标准。"防卫行为是否'明显超过必要限度造成重大损害'，应当结合案件的具体情况进行具体分析。"③ 这样判断的结果，事实上等于没有就正当防卫的限度梳理出明确、可供司法实践操作的认定标准。"尽管多年来有关正当防卫必要限度的著述众多，流派纷纭，然而翻捡一下，对这一特定的法律用语本身作定义性阐明的却寥寥可数，绝大多数学者径直将关注的视线投入在确定必要限度的基本标准上，而有意或无意地忽略了'什么是正当防卫的必要限度'的探讨，即使公认为具有较高权威性的高等院校统编教材《刑法学》，虽几经修订再版多次，亦不例外，这实在是理论研究中一个不大不小的缺陷。而在极少数涉及正当防卫之必要限度

①② 郭泽强、胡陆生：《再论正当防卫的限度条件》，《法学》2002年第10期，第27页。

③ 王政勋、贾宇：《论正当防卫限度条件及防卫过当的主观罪过形式》，《法律科学》1999年第2期，第81页。

定义的论述中，其科学性也是大可商榷的。"①

另外，交叉说对"重大损害"进行单纯、客观的理解，乃至于将"一般损害"排除在"重大损害"之外，是值得商榷的。事实上，"重大损害"并非单纯、客观的，而是相对而言的。"重大损害"之重大，只有相对来说才具有实质意义，才能进行实质的评价。否则，"重大损害"将因没有评价依据而变得捉摸不定。因为同样的损害，在不同的时空条件或者环境下，对于不同的人而言，其重大程度是不同的。即使是同一个人，对相同的损害在不同的时空条件或者环境下的理解也不一样。那么"重大损害"是相对什么而言的呢？答案是只能相对不法侵害可能造成的损害而言。在判断正当防卫的限度时，"重大损害"只有相对不法侵害可能造成的损害才具有实质意义。

笔者赞成包容说，认为"明显超过必要限度"与"造成重大损害"是相辅相成、互为一体的。其中，"明显超过必要限度"揭示的是正当防卫的状态，即重在强调在当时的条件下，针对不法侵害实施的正当防卫，方式、手段及其强度等明显过限，与不法侵害的方式、手段及其强度等相差悬殊。之所以这样理解，是因为在正当防卫的其他成立条件中，已经包含了时间、对象、主观因素等，在限度条件中再次评价这些有重复之嫌。而且，超过限度也主要是以行为本身为基础进行评价的，并且主要是通过行为体现出来的，即便是行为性质亦不例外。"造成重大损害"则应理解为客观危害后果。众所周知，行为的社会危害性无非取决于行为时的时空状况、客观条件以及与行为有关的主客观因素。就行为时的时空状况、客观条件而言，不法侵害行为与正当防卫由于发生在同一现场，因而两者的时空条件以及行为时的环境等客观条件都是一致的，这就排除了由于其中的差异而产生的社会危害性的程度上的差别。剩下的就是不法侵害行为的主客观要素与正当行为的主客观要素。如前所述，由于在正当防卫的其他成立条件中已经包含了时空、对象、主观因素等，因而在考察"造成重大损害"时只能以考察客观危害后果为主进行。否则，就会对已经评价过的（其他条件包含的）因素再次进行评价，有所不妥。"明显超过必要限度"作为正当防卫过程中的一种状态，而"造成重大损害"是这种状态当然的发展结果。对于正当防卫而言，明显超过必要限度会内在地、合乎规律地造成重大损害。换句话说，正当防卫明显超过必要限度，就必然造成重大

① 杨忠民：《对正当防卫限度若干问题的新思考》，《法学研究》1999年第3期，第50-51页。

损害，否则就不会造成重大损害；同样，只要造成重大损害，正当防卫就必然明显超过必要限度，否则就不可能明显超过必要限度。明显超过必要限度而没有造成重大损害，或者造成重大损害而没有明显超过必要限度，是不存在的。"'必要限度'和'重大损害'密不可分，不存在行为明显超过必要限度但尚未造成重大损害或者完全与之相反的防卫过当情况。"① 因此，认定正当防卫的限度，以其所造成的客观危害为主要依据加以判断，是完全可行的。

3. 正当防卫限度的认定标准

根据但书规定，防卫过当的成立需要具备较之一般违法行为严重得多的社会危害性。而防卫过当的社会危害，主要是通过正当防卫所造成的客观危害进行评价的。这样，认定正当防卫的限度，就需要从客观危害上评价正当防卫所造成的社会危害的相当程度。这里的"相当程度"，是相对不法侵害行为可能造成的损害结果而言的。那么究竟要达到何种程度才能认定为犯罪呢？笔者认为，鉴于正当防卫造成损害时与一般危害行为造成损害时相比，其社会危害性在行为对象、客观危害以及主观恶性上较后者的要小，加之成立犯罪本身也需要一定的社会危害性，因而在评价时应当有一个较大的落差。这种落差并非程度上的简单升级，而应该是升格到上一层级，才能表明正当防卫明显超过必要限度造成重大损害。例如，甲意图轻伤乙，乙正当防卫将甲打成较重的重伤，就可以认定明显超过必要限度造成重大损害，成立防卫过当。这表明，如果乙正当防卫将甲打成较轻的重伤，可不认定为防卫过当。之所以这样，是因为重伤和轻伤之间，有时差别并非很大，这可以通过法定刑的差别加以证明。以故意伤害罪为例，故意轻伤的法定刑为 3 年以下有期徒刑、拘役或者管制，而故意重伤的法定刑为 3 年以上 10 年以下有期徒刑。较轻的故意重伤的法定刑（如判处 3 年或者 4 年有期徒刑的故意重伤）与故意轻伤的相差并不大，因而两者的社会危害性差别也就不是很大。

当然，如果是不同法益之间的比较，则需要考虑法益性质上的差异。例如，生命健康权较之财产权，法益性质上要重大，因而应当纳入正当防卫的社会危害性评价之中。在这种情形下，如果社会危害性的层级上有所升级，便可以认定为防卫过当。例如，甲试图抢夺乙价值 2 000 元财物，乙将甲打成轻伤属于正当防卫，但打成重伤则不属于正当防卫。这是因为，抢夺

① 游伟：《防卫权、正当性及其限度——对正当防卫问题的研究》，《政治与法律》1999 年第 1 期，第 17-18 页。

2 000 元的法定刑与故意轻伤的相当，如果将不法侵害人打成重伤，则意味着社会危害性升级，加之健康权重于财产权，因而认定为防卫过当符合情理。

二、但书与特殊正当防卫的限度

《刑法》第 20 条第 3 款规定：对正在进行行凶、杀人、抢劫、强奸、绑架以及其他严重危及人身安全的暴力犯罪，采取防卫行为，造成不法侵害人伤亡的，不属于防卫过当，不负刑事责任。这便是刑法有关特殊正当防卫的规定。特殊正当防卫与一般正当防卫主要有两点不同：一是特殊正当防卫针对的不法侵害必须是严重危及人身安全的暴力犯罪；二是特殊正当防卫不存在限度问题，即使造成最大的损害——不法侵害人死亡，也是正当的。关于特殊防卫权的运用，最关键的是如何理解其中的“严重危及人身安全的暴力犯罪”。对此，学界有多种不同观点。

一是纯粹形式说。该说从形式上单纯地理解“严重危及人身安全的暴力犯罪”。如有学者认为，只要是刑法规定的杀人、抢劫、强奸、绑架以及其他严重危及人身安全的暴力犯罪，都可以实施无限防卫权，至于杀人、抢劫、强奸、绑架的手段如何，亦即是否以暴力手段实施，均不影响成立特殊防卫。①

二是形式说。持这种观点的论者将“严重危及人身安全的暴力犯罪”理解成以暴力手段实施的、刑法规定的杀人、抢劫、强奸、绑架等犯罪，至于暴力的程度如何不予考虑。如有学者指出，“要正确理解这里所说的‘抢劫’、‘强奸’、‘绑架’。这里所说的‘抢劫’、‘强奸’、‘绑架’，应是指严重危及被害人人身安全的暴力抢劫、暴力强奸，暴力绑架。对于采用胁迫、麻醉手段进行抢劫、强奸、绑架的，则不能将不法侵害人打成重伤，更不能打死”②。有学者提出，“这类特定暴力犯罪主要包括行凶、杀人、抢劫、强奸、绑架以及其他严重危及人身安全的暴力犯罪。这类特定暴力犯罪的存在是行使无限防卫权的客观前提条件。只有在这种情况下，无限防卫权才能由期待性的、可能的权利变为现实的权利。如果没有某种特定暴力犯罪的存在，则不会产生合法权益需要运用无限防卫权予以保护的问题，无限防卫权也就只能存在于一种期待权中”③。由于该

---

① 姜振丰：《关于正当防卫的几个问题的研究》，刘守芬主编：《刑事法律专题研究》，群众出版社 1998 年版，第 252 页以下。

② 高铭暄主编：《新编中国刑法学》（上册），中国人民大学出版社 1999 年版，第 284 页。

③ 黄明儒、吕宗慧：《论我国新刑法中的无限防卫权》，《法商研究》1998 年第 1 期，第 30 页。

观点只明确表明杀人、抢劫、强奸、绑架等必须是采用暴力手段实施的，才可实行特殊防卫，对暴力程度则没有说明，而且在论述这几类犯罪时总是与非暴力的杀人、抢劫、强奸、绑架等相对应，因而从逻辑上讲，论者只是关注这几类犯罪的暴力与非暴力手段而非暴力的程度。由此推断，在这种观点看来，由于杀人、抢劫、强奸、绑架等本身就是非常严重的犯罪，当其以暴力实施时，不管是何种暴力，都应当属于"严重危及人身安全的暴力犯罪"。"在认定无过当之防卫的对象的时候，应当以暴力犯罪来严格界定与限制修订后的刑法所列举的行凶、杀人、抢劫、强奸、绑架等犯罪。"①

三是实质说。该观点根据暴力程度，对于以暴力手段实施的杀人、抢劫、强奸、绑架等犯罪作出区分，认为只有对于以严重暴力实施的杀人、抢劫、强奸、绑架等犯罪，才能实施无限防卫权。例如，有学者认为，"不能将'严重危及人身安全的暴力犯罪'作过于宽泛的解释后，再提出防卫限度，导致特殊防卫也存在防卫过当的可能性。因为刑法第 20 条第 3 款所规定的特殊防卫原本不存在防卫限度与防卫过当。所以，对于并不严重危及人身安全的暴力犯罪，即使属于抢劫、强奸、绑架罪，也不能适用特殊正当防卫的规定"②。

另外，由于对犯罪手段的理解不同，学界亦有人提出不同于上述观点的主张。如有的学者认为，"在法条所明定的四种犯罪罪名中，对于杀人、绑架两种犯罪来说，当然具有严重危及人身安全的性质和程度，应当允许对这两种犯罪在任何情况下都有权实施特别防卫。但是，对于强奸和抢劫这两种犯罪来说，就需要从严把握了"③。这种观点将杀人、绑架两种犯罪理解成绝对的严重危及人身安全的暴力犯罪，而对强奸和抢劫两种犯罪则具体情况具体分析，即认为只有对以暴力实施的严重危及人身安全的强奸和抢劫，允许实施特别防卫。

纯粹形式说对"严重危及人身安全的暴力犯罪"的理解，完全建立在刑法规定的犯罪类型上，而不管采用何种方式实施犯罪，这显然是非常极端的。因为暴力犯罪的认定，并非取决于犯罪类型，而是取决于犯罪手段，即采取暴力手段实施的犯罪才具有成为暴力犯罪的资格。因此，即使是故意杀人，只要不是通过暴力手段实施的，就不能被称为暴力犯罪。形

① 陈兴良：《论无过当之防卫》，《法学》1998 年第 6 期。
② 张明楷：《刑法原理》，商务印书馆 2011 年版，第 198 页。
③ 王作富、阮方民：《关于新刑法中特别防卫权规定的研究》，《中国法学》1998 年第 5 期，第 95 页。

式说的缺陷与纯粹形式说的类似。杀人、抢劫、强奸、绑架等犯罪，也许在习惯上被称为暴力犯罪，但是显然不能被绝对化。例如，以不作为的方式故意杀人、致使他人昏迷而实施抢劫、冒充妇女的丈夫与其发生性关系的强奸的等，显然不涉及使用危及人身安全的暴力的问题。即使是绑架，也未必就必然实施危及人身安全的暴力，如以欺骗方法将他人骗至特定场所软禁，但提供生活所需、保障人身安全并给予适当自由，以此勒索他人财物的，也是不涉及使用危及人身安全的暴力的。另外，形式说还忽视了特殊正当防卫的特殊之处——可以行使无限防卫权。无限防卫权是指防卫人对不法侵害人可以给予最大伤害——剥夺生命，即所谓的伤害可以不受限制。其如果受到限制，那就不能被称为无限防卫权。因此，在对行凶、杀人、抢劫、强奸、绑架等严重危及人身安全的暴力犯罪进行评价时，就必须要以无限防卫权为依据。毕竟，无论是一般正当防卫还是特殊正当防卫，判断其有无明显超过必要限度造成重大损害，都需要对不法侵害可能造成的损害与防卫行为造成的损害加以比较，才能得出科学、合理的结论。由于特殊防卫可以剥夺不法侵害人的生命，因而就需要以人的生命权为基础，以刑法规定的正当防卫的限度条件为依据，合理判断不法侵害可能造成的损害。与此损害相应的危及人身安全的暴力，才属于严重危及人身安全的暴力。如果不法侵害人的暴力程度很轻，可能对人身造成的损害也很轻微，那么就是防卫明显超过必要限度造成重大损害，也不应剥夺不法侵害人的生命。换句话说，剥夺不法侵害人的生命，相对轻微暴力造成的伤害而言，大大超过“明显超过必要限度造成重大损害”的程度。这意味着，即使是行凶、杀人、抢劫、强奸、绑架等严重危及人身安全的暴力犯罪，如果其暴力程度很轻微，也是不应该允许实施无限防卫权的。可见，实质说只认暴力性质而不区分暴力的程度，是不符合但书和《刑法》第 20 条第 2 款规定的，因而不可取。至于认为对杀人与绑架两种犯罪在任何情况下都有权实施特别防卫，其偏颇之处自不待言。因为杀人与绑架两种犯罪既存在不使用暴力的情形，也存在使用轻微暴力的情形，在这种情形下根据刑法规定不允许行使无限防卫权是恰当的。

综上所述，笔者赞成实质说。无论是行凶、杀人、抢劫、强奸、绑架犯罪，还是其他严重危及人身安全的暴力犯罪，都必须在暴力达到一定程度的情形下，才允许行使无限防卫权。如果防卫行为所针对的暴力行为程度轻微，造成不法侵害人死亡的，可以认定为防卫过当。

第二节　但书与紧急避险的限度

我国《刑法》第 21 条第 2 款规定，紧急避险超过必要限度造成不应有的损害的，应当负刑事责任。该规定表明，紧急避险的限度决定避险行为的罪与非罪的界限，具有重要的理论意义和实践价值。紧急避险本质上是两弊相衡，判断紧急避险的限度，既要考虑危险侵害合法利益带来的弊端，又要考虑为保护危险侵害的合法利益而损害其他合法利益带来的弊端。这实质上是指需要考虑危险可能造成的损害、避险行为和避险人等所有与紧急避险有关的情节，然后权衡两弊，判断紧急避险行为的整体社会危害程度，才能正确认定避险行为的性质，即是正当行为还是构成犯罪。从这一点来看，但书对紧急避险限度的判断是具有制约和指导作用的。目前，学界在如何理解紧急避险的限度上不乏争议，给司法实践带来很大困惑。以下将以《刑法》第 13 条但书为法律依据，拟对紧急避险之两弊相衡的含义以及两弊轻重权衡的根据等问题，进行深入的分析和探讨。

一、但书视野下通说等的缺陷与不足

我国刑法规定成立避险过当的条件是紧急避险“超过必要限度造成不应有的损害”，并未明确内涵。学界在理解其含义时，主要有两种不同观点。

一是小于说。该说认为紧急避险的必要限度是紧急避险造成的损害小于所避免的损害。① 主要理由是：在客观后果上，紧急避险虽然损害了一定的合法利益，但保护了更大的合法利益，客观上对社会有益；在主观上，紧急避险造成较小的合法利益损害乃迫不得已，目的是保护更大的合法利益，动机和目的良好。因此，紧急避险在主客观上对社会有益，为我国法律所认可和提倡。② 另外，我国刑法规定的紧急避险以社会主义集体主义精神为指导思想，要求一个人在面临危险时，牺牲局部、较小的利益以保护整体、较大的利益，使合法权益免受损害或减少受到的损害。我国刑法决不允许牺牲他人生命来保全自己的生命，不允许为保全局部、较小

① 高铭暄、马克昌主编：《刑法学》，北京大学出版社、高等教育出版社 2007 年版，第 151 页。

② 高铭暄、马克昌主编：《刑法学》（上编），中国法制出版社 1999 年版，第 245 页。

的利益去牺牲整体、较大的利益。[①]

二是不超过且必要说。该说认为“紧急避险的必要限度，是指在所造成的损害不超过所避免的损害的前提下，足以排除危险所必要的限度”[②]。其与小于说之不同有二：其一，认为紧急避险“在不得已的情况下损害同等法益的，也不一定超过了必要限度”[③]。主要理论依据为零损害理论和期待可能性理论。根据零损害理论，在需要保护的两种利益完全等同且必然牺牲其中一种利益时，牺牲何种利益无实质区别，不能要求避险人对任何一种利益优先保护。因为从法益比较衡量的角度来看，保护法益和牺牲法益等价，这就意味着二者之间的冲突结果为“0”。既然是“0”，就意味着没有出现必须作为刑法处罚对象的法益受到严重侵害的负面结果。[④] 根据期待可能性理论，在保护的法益与牺牲的法益价值相同的情况下，应当考察是否存在期待可能性。[⑤] 其二，认为即使避险行为所造成的损害不超过所避免的损害，但损害不必要、超出足以排除危险的限度，成立避险过当。“当紧急避险只需要损失微小的合法权益就可以避免危险时，如果损失了较大的合法权益，尽管损失的合法权益仍然小于保护的合法权益，避险行为也超过了必要限度，构成避险过当。”[⑥] 因为，紧急避险是两种合法利益之间的冲突，应当用尽可能小的损害去保全较大的合法利益，紧急避险行为所引起的损害小于所避免的损害的，不一定都在必要限度之内。[⑦]

上述两种观点中，小于说作为“刑法理论界与司法实践对紧急避险的必要限度的认识极为一致”[⑧]的学说，乃通说。笔者认为，小于说并没有揭示“超过必要限度造成不应有的损害”的真实含义，自身存在许多缺陷与不足，具体理由如下。

首先，小于说的立论依据不充分，且与刑法规定的犯罪本质特征不协调。小于说认为，紧急避险的本质是为了保全较大的权益而牺牲较小的权益，故其限度取决于紧急避险造成的损害与所避免的损害之比较，这种理解是不确切的。刑法规定紧急避险制度，本质上是为了防止合法利益免受

---

① 马克昌主编：《犯罪通论》，武汉大学出版社1999年版，第801页。

② 张明楷：《刑法学》，法律出版社2003年版，第274页。

③ 张明楷：《法益初论》，中国政法大学出版社2003年版，第411页。

④ 黎宏：《犯罪总论问题思考》，中国人民大学出版社2007年版，第356页。

⑤ 陈兴良：《本体刑法学》，商务印书馆2005年版，第463页。

⑥⑧ 王作富主编：《刑法学》，中国人民大学出版社2004年版，第111页。

⑦ 张明楷：《犯罪论原理》，武汉大学出版社1991年版，第343页。

危险损害、避免造成不应有的损害，这与“保全较大的权益而牺牲较小的权益”并不具有等同关系。另外，小于说认为我国刑法之所以认可并提倡紧急避险，是因为其在主客观上保护了更大的合法利益，对社会有益。这种理由比较勉强。根据《刑法》第 21 条的规定，紧急避险与避险过当是非此即彼的关系，解决的是罪与非罪的问题。小于说虽然认识到刑法鼓励、支持、保护整体上有益于社会的紧急避险行为，却没有说清楚整体上对社会没有益也没有害或者有害于社会的避险行为是否应该承担刑事责任，而对这些行为之定性在判断紧急避险的限度时是必须要解决的，小于说对此视而不见，令人遗憾。小于说还认为，我国刑法不允许为保全局部的、较小的利益去牺牲整体的、较大的利益，也值得商榷。我国《民法总则》第 182 条规定，“紧急避险采取措施不当或者超过必要的限度，造成不应有的损害的，紧急避险人应当承担适当的民事责任”。该规定表明，民法上的避险过当需要承担民事责任。民法上的避险过当当然包含为保全局部的、较小的利益去牺牲整体的、较大的利益的行为，但在性质上与刑法上的避险过当具有本质不同。前者是民事违法行为，后者是犯罪。在刑法上，行为只要不构成犯罪，都是被允许的。为保全局部的、较小的利益去牺牲整体的、较大的利益的行为只要不构成犯罪，即使是民事违法行为也是刑法所允许的。

事实上，我们在阐释法律时，恰恰应当摆脱逻辑的机械规则之束缚，去探求立法者于制定法律时衡量各种利益所谓之取舍。① 小于说对紧急避险限度的理解，恰恰是在机械规则的基础上得出的结论，没有顾及刑法的相关规定，必然造成规范之间的矛盾与冲突。假如小于说的上述理由成立，则其所蕴含的当然逻辑是，避险过当是因为从整体上说并非有益于社会统治秩序，所以才需要承担刑事责任。也就是说，当紧急避险造成的损害小于所避免的损害时，成立紧急避险；否则，成立避险过当，承担刑事责任。然而，根据《刑法》第 13 条但书规定，某一行为即使对社会造成危害，只要情节显著轻微危害不大，就不能以犯罪论。这意味着，紧急避险即使造成的损害等于或大于所避免的损害，只要情节显著轻微危害不大，是不能以犯罪论处的。不难看出，小于说与刑法规定的犯罪概念不协调。如果完全遵循小于说，会导致将不构成犯罪的行为认定为避险过当，违背刑法设立紧急避险制度之目的。

其次，小于说在本质上属于客观判断，无法解决某些具体问题。小于

① 杨仁寿：《法学方法论》，中国政法大学出版社 1999 年版，第 234 页。

说所指的损害，注重的是法益的性质，这是一种确定损害大小轻重的客观标准。[①] 在日本等大陆法系国家，评价紧急避险造成的损害与避免的损害之大小，主要依据法益权衡原则。“法益衡量依据着客观的标准，即所考虑的两个法益同是属于一个人而行为人又是通常人时，哪一个法益更重要按照经验法则来决定，行为人的特殊兴趣、倾向等都不是决定问题的标准。”[②] 应当说，法益权衡原则根据客观损害结果进行比较，可操作性强，判断起来相对容易。但是，该原则也遭到许多质疑。“法益权衡说是从‘所有的法益都可以计量价值’的前提出发的，为了大利益而牺牲小利益时，还把保留相差的利益看作是文化秩序的要求，这完全是商人的观点，代表着资本主义社会的思想倾向，所以这种立场是私法部门发展起来的原因。”[③] 因为刑法保护的法益具有多样性和复杂性，倘若仅仅根据客观标准，有时很难权衡。例如，行为因为自己的小孩发疾病，不马上送往医院便有性命之忧，所以无证驾驶、超速驾驶，或者酒后驾驶，将小孩送到了医院。行为人为了救助自己的小孩的生命而违反《道路交通安全法》等相关交通法规。这里的侵害法益属于社会公共安全这种抽象的法益，需要比较的法益为可能会引发交通事故，并由此侵害多数人的生命、身体、财产以及自己的小孩的生命。对此，往往难以比较二者之间的优劣。[④]

总的来看，立足于客观判断的小于说存在形式化、量化等缺陷，只能解决部分避险行为的限度问题，有所不足。

不超过且必要说作为近年来的有力学说，弥补了小于说的某些不足，得到部分学者支持。其缺陷主要在于：首先，与小于说一样，不超过且必要说的立论依据因脱离刑法规定而缺乏法律依据，难免受人质疑。其次，不超过且必要说在理论上也缺乏说服力。零损害理论由于没有充分考虑各种影响价值评价的因素，不能体现对避险行为性质的全部评价，因而未获普遍认同。“受到保护的利益和受到侵害的利益相等时，韩国以往的通说是认定相当性的。但是均衡性原理意味着优越利益的原则，在相同利益之间是不承认这种关系的，因此在这种情况下，应当视为不阻却违法性。在均衡性的判断中，以往的法益均衡理论应被包含性的利益均衡的原则所替

---

① 王瑾：《中华刑法论》，中国方正出版社2005年版，第232-233页。

② 〔日〕泷川幸辰：《犯罪论序说》，王泰译，法律出版社2005年版，第105页。

③ 参见上书，第102页。

④ 〔日〕西田典之：《日本刑法总论》，刘明祥、王昭武译，中国人民大学出版社2007年版，第113页。

代，故不仅是关系法益，危险的程度和保护的价值也要综合来判断。”[①] 至于期待可能性理论之期待可能，本指从人格体的角度分析具有不可期待性，体现的是一种客观、普遍的人格特征。“在此不谈及那些零散的、私人的、秘传的、虚假的和类似的定义，则这种期待作为一般的看法表现出来，并且在下述意义上是一种客观的数值：它不依赖于被作为人格体来定义的人的承认，也就是说，即使这个人不把自己理解为主体，也会发生这种期待。”[②] 然而，损害同等法益是否具有不可期待性，在不同的情况下是截然不同的，并不具有客观性与普遍性。“如果受到危险威胁的是本人或与本人有特殊关系的人（如儿子、亲朋好友），行为人往往不可能有正常的动机形成过程；但如果涉及一个不熟悉的外人，就很难用期待可能性理论来解释。”[③] 再次，不超过且必要说并非完全排斥小于说，如该说也肯定紧急避险造成的损害大于所避免的损害，属于超过必要限度造成不应有的损害，故不可避免地存在小于说所具有的某些缺陷。最后，该说还认为只要紧急避险造成了不适当的损害，不管这种损害程度如何，都将可以成立避险过当，这与但书规定也存在冲突。

二、但书与紧急避险限度的界定

（一）紧急避险限度的判断标准

从刑法规定来看，判断紧急避险的限度，离不开对两种合法利益损害的比较。其中，“超过必要限度”是指超过危险威胁的合法利益所允许的必要限度。“造成不应有的损害”则指对其他合法利益造成不应有的损害。既要面对危险将要造成的损害，又要面对造成的对其他合法利益的损害，这便是紧急避险必须面对的两弊。古语云：两弊相衡取其轻。这是判断紧急避险限度必须面对的。小于说与不超过且必要说的共同缺陷，正是在于没有恰当地理解紧急避险之“两弊相衡取其轻”的内在含义。

如果把危险将要对合法利益造成的损害称为甲损害，将为避免该合法利益受损而对其他合法利益造成的损害称为乙损害，那么紧急避险之甲、乙损害相衡应当包含何种含义呢？根据小于说，紧急避险之甲、乙损害相衡，显然是建立在这样的基础上的：甲、乙两种损害在整体上只能取其

① 〔韩〕李在祥：《韩国刑法总论》，韩相敦译，中国人民大学出版社2005年版，第217页。

② 〔德〕京特·雅科布施：《规范·人格体·社会——法哲学前思》，冯军译，法律出版社2001年版，第80页。

③ 〔意〕杜里奥·帕多瓦尼：《意大利刑法学原理》，陈忠林译评，中国人民大学出版社2004年版，第157页。

一，无论谁发生或者消逝，都必须是完整的、一元的。紧急避险中的两弊相衡，显然不能限于这种意义上的理解。在紧急避险中，一定的危险是客观的、特定的，故甲损害相对客观、固定，将之作为一个利益整体对待并无不可。乙损害则不然。避险行为损害其他合法利益至何种程度，完全取决于避免甲损害发生之必要，而避免甲损害发生并非一定要造成其他合法利益全部受损。从实际情况来看，避免甲损害发生，避险人有时通过造成其他合法利益部分受损便足以达到，有时则要通过造成其他合法利益全部受损才能达到。可见，就乙损害而言，也存在“两弊相衡”。只不过，这里的“两弊”是建立在乙损害可轻可重的基础上的，是对同一利益不同程度损害的权衡。

因此，紧急避险中的“两弊相衡取其轻”应当包含两层含义：一是甲损害与乙损害相衡时，甲损害必须重于乙损害，如此为避免甲损害发生而造成乙损害才有现实意义，故甲、乙相衡当取乙；二是避免甲损害发生，乙损害可以有“重”与“轻”之别，当乙损害较轻就足以避免甲损害发生时，就不能有更“重”的乙损害，此时乙损害之“重”与“轻”相衡亦当取其“轻”。因此，在进行两种损害权衡时，不仅要保证乙损害轻于甲损害，而且要保证乙损害本身也要尽可能轻，这才是紧急避险之“两弊相衡取其轻”的本来含义。也就是说，紧急避险之“两弊相衡取其轻”的本质，在于乙损害必须保持适当，这是适当性原则。适当性原则又可称为最轻微侵害手段或尽可能微小限制的原则，意指为保护某种较为优越的法价值须侵及一种法益时，不得逾达此目的所必要的程度。① 根据适当性原则，紧急避险没有超过必要限度要满足两个条件：一是它对保护或者促进受到威胁的利益必须是必要的；二是它所引起的损害在与即将发生的损害或者促进的利益的关系中必须只能是相适应的或者是合理的。②

根据适当性原则，如果可能将损害控制在最小限度内，那么基于功利主义的立场，行为人在紧急避险时必须做到，即使不能将利益最大化，至少应当将损失最小化。否则，这就可能成为国家发动刑罚权的理由。“限制刑罚的最有力的功利主义里又出现在这样一种情况下，即行为人的行为相对于任何其他可能选择的行为方式，包括不作为而言，可以导致大量好

---

① 〔德〕卡尔·拉伦茨：《法学方法论》，陈爱娥译，商务印书馆2003年版，第285页。

② 〔美〕保罗·H. 罗宾逊：《刑法的结构与功能》，何秉松、王桂萍等译，中国民主法制出版社2005年版，第111页。

的结果（或者说较少的坏的结果）。这种功利主义的告诫产生于这种感觉，很直观，但通常又很难明确地表述，即生活中充满了两难选择，不论做什么，总会产生某种不希望的结果。如果我们不能将利益最大化，那么功利主义的原则告诉我们必须将损失最小化。”① 适当性原则表明，损失的最小化还是防止滥用权利的需要。紧急避险作为刑法赋予公民的一项特殊权利，涉及损害第三者合法权益，当避险人能够将损失最小化而肆意扩大时，他显然在滥用权利，无异于犯罪。“为了改变神圣的极端立场，德国的刑事律师已经引入了民法的‘滥用权利’理论。如果承认财产所有人在原则上有权杀死逃跑的小偷，那么，当这位所有人以一种滥用的方式行使自己的权利时，他也是在实施犯罪。”②

在德国，人们早就注意到紧急避险作为一项合法权利，用之不当会造成权利滥用之弊端，因而总是极力限制紧急避险权的行使。“‘滥用权利’原理为德国学者提供了解脱困境的方法，而这个困境是以自治原则为基础的紧急防卫造成的。在巴伐利亚州的判决中，法院虽然认定使用武力保障一个停车位是在行使紧急防卫权，但它又意味深长地补充说，这一防卫权利被滥用了，因为防卫人‘施加的危害与侵害的威胁不成比例’。这个判例经常被引用，以支持一个渐趋一致的意见：滥用权力原理，限制了紧急防卫权的行使。”③

英美法系国家由于在传统上更注重权利与义务的均衡与刑罚适用的合理性，故一直强调避险损害适当，防止权利被滥用。“当行为人受到威胁必须立即作为时，他有权使用的仅仅是自我保护所必须程度的暴力。即使多数人认为使用更大的暴力是必要的，但是如果个别行为人使用较小的暴力就可能有效地保护自己的话，他使用了较大的暴力就是不正当的。假设行为人是一名空手道专家，对他来说没有什么伤害的危险存在，他一个飞腿就能踢掉攻击者的武器，虽然一般人用枪射击携带武器的攻击者可以证明自己是正当的，而这个行为人必须用他所精通的损害较小的空手道反击，因为任何更大的暴力，如枪击，对于他保护自己来说都是不必要的。”④

① 〔美〕哈伯特 L. 帕克：《刑事制裁的限制》，梁根林等译，法律出版社 2008 年版，第 114 页。

② 〔美〕乔治 · P. 弗莱彻：《刑法的基本概念》，蔡爱惠等译，中国政法大学出版社 2004 年版，第 177 页。

③ 〔美〕乔治 · 弗莱彻：《反思刑法》，邓子滨译，华夏出版社 2008 年版，第 635 页。

④ 〔美〕保罗 · H. 罗宾逊：《刑法的结构与功能》，何秉松、王桂萍等译，中国民主法制出版社 2005 年版，第 112 页。

对于适当性原则，也有人持反对意见。“一个人可以通过对各种受法律保护的利益造成较小的损失而防止更大的损害。换言之，在该情势下有几种实行紧急避险的方式。这种情况下紧急避险的选择权属于行为人。如果存在几种实行紧急避险的方式，行为人所选择的行为方式造成的损害不是最小的，那么他的行为也是合法的。在这种情况下重要的是所造成的损害（损失）小于所防止的损害……假如规定在紧急避险时必须采取最佳方式造成最小的损害，就会导致这种制度名存实亡。”① 笔者认为，这种观点值得商榷。首先，紧急避险虽然是刑法规定的一项权利，但也是一项义务。根据刑法规定，行使紧急避险权的前提条件是保护合法权益免受危险侵害。由于紧急避险所损害的第三者利益也是一种合法权益，因而同样需要避险人全力保护。如果避险人可以将对第三者权益的损害降到最低，却造成更大的损害，这是与避险目的相矛盾的。因此，行为人实施避险行为时，并不具有自由选择权，而是受到严格限制。其次，如果因为法律赋予了紧急避险的权利，就认为避险人具有侵害第三者合法权利的选择权的话，必将导致第三者权利处于“危险”中，造成损害的恶性循环。“如果人们被强制采取某种行动而不管其后果如何，胁迫和紧急避险最多是对非法的行为的辩解。”② 因此，要求避险人恪守一定的损害界限完全必要。最后，适当性原则只是要求避险人在紧急避险时，在其能力范围内尽可能减少所造成的损害，避免造成更大的损害，并非要求其超出能力范围采取最佳方式造成最小损害，因而不会导致这种制度名存实亡。

适当性原则揭示的是紧急避险造成损害的不适当，至于避险行为人是否因不适当损害构成犯罪，则取决于一国刑法如何定义犯罪。在大陆法系国家，刑法一般根据行为性质决定处罚范围，与行为的社会危害程度无关。因此，在紧急避险中，避险行为如果造成的损害小于所避免的损害，通常被认为客观上对社会有益，排除违法性；反之，则往往被认为对社会有害，应认定为避险过当，构成犯罪。根据我国《刑法》第13条但书，行为是否构成犯罪，除了考虑行为性质外，还必须考虑其社会危害程度，这就决定了紧急避险的成立，不应当仅限为避险行为整体上有益或者无益无害，还应当包括有害但社会危害不严重的情形。也就是说，刑法处罚的对象，不是具有一般程度的社会危害性的行为，而是具有严重程度的社会

---

① 〔俄〕库兹涅佐娃、佳日科娃主编：《俄罗斯刑法教程》（总论）（上卷·犯罪论），黄道秀译，中国法制出版社2002年版，第468-469页。

② 〔美〕道格拉斯·N. 胡萨克：《刑法哲学》，谢望原等译，中国人民公安大学出版社2004年版，第325页。

危害性的行为，即成立犯罪程度的社会危害性的行为。紧急避险行为只有不具备犯罪的社会危害性，才能在刑法上排除犯罪性。即使在保护的法益价值小于牺牲的法益价值的场合，也并不总是符合《刑法》第21条第2款规定的避险过当的条件——超过必要限度且造成不应有的损害。①

据此，我们可以得出结论：紧急避险限度判断的标准，在于避险行为造成的损害是否适当，且不适当的损害是否达到严重程度。如果避险行为造成的损害适当，或者虽然不适当但社会危害不严重，成立紧急避险；如果避险行为造成的损害不适当且社会危害严重，成立避险过当。据此，以下四种情形应当属于刑法规定的避险过当：（1）紧急避险造成的损害大于所避免的损害，综合评价避险行为的整体社会危害达到严重程度的；（2）紧急避险造成的损害大于所避免的损害，虽然综合评价避险行为的整体社会危害没有达到严重程度，但是紧急避险造成了不适当的损害且社会危害严重的；（3）紧急避险造成的损害虽然等于所避免的损害，但是造成了不适当的损害且社会危害严重的；（4）紧急避险造成的损害虽然小于所避免的损害，但是造成了不适当的损害且社会危害严重的。

（二）“两弊相衡”只能是价值相衡

在判断紧急避险限度时，小于说与不超过且必要说均选择将造成的损害与避免的损害之比较作为主要依据。虽然后者意识到不适当损害在其中的作用，但也只是限于造成的损害小于避免的损害这一特定情形下。因此，两种学说在本质上还是权衡法益，通过对损害进行客观比较、判断，确定紧急避险的限度。在小于说与不超过且必要说看来，两弊相衡主要是客观损害相衡，至于两弊所体现的价值内容的重要作用，则没有得到应有的重视。这就造成学界在理解紧急避险的限度时，往往陷入逻辑的机械规则束缚之中，背离刑事立法本意，难以适应司法实践的需要。笔者认为，判断紧急避险限度涉及的两弊相衡，在本质上是一种价值权衡，不能单纯通过损害大小之比较或者以此为基础，将之解读为形式化、量化的客观判断，主要理由如下。

首先，紧急避险之两弊相衡为价值权衡，是由犯罪具有的价值判断属性决定的。早先人们对犯罪的价值评价属性并无多少认识，真正对之加以深入分析并大力提倡的，是新康德主义。新康德主义的一支——西南德意志学派提出的二元方法论，探讨的是各种文化领域中的价值结构，提倡所谓的价值哲学。新康德主义认为，“既然物本身没有意义，是一团混乱，

① 黎宏：《紧急避险法律性质研究》，《清华法学》2007年第1期，第43页。

从物当中无法产生概念、无法产生规则，一切的概念、体系、规则当然都是人类思想的产物，概念、规则只能从人的理性当中产生，所以规范的形成过程和物的本身是不相干涉的，规范体系结构和物的存在结构是两个无法相通的体系，规范只能从规范当中形成，不能从客观现实的存在构造当中形成……”① 支持立足于客观现实和概念世界分离的二元方法论的学者中，李凯尔特提出自然科学和文化科学有相同的物质基础，即客观现实，它们的区别在于概念的转换过程。因为自然科学和文化科学有共同的客观现实，所以两者可以和平共存，而由于方法论上的转换方式不同，自然科学中的自然界和文化科学中的文化现实（历史）才互不相同。它们并不是和理论不相干的客观现实，而只是理论将现实转换所产生的概念成品。自然科学是价值中立的，其转换方式是个别化的，因各个文化和历史领域的不同而不同。文化科学则是有价值关系的，能确定是否有不同价值的文化存在，但不能论断好坏。②

作为文化科学的刑法学的研究对象，犯罪当然不可能脱离文化科学所蕴含的价值关系判断。根据新康德主义，对犯罪的评价不能简单地描述成客观加主观的定式。行为、结果等客观事实以及行为人对自己的行为及其结果的主观心理态度，具有个别化特征，其价值则是中立的。当主客观因素进入人的认知体系后，经过人的价值加工以价值的形式体现出来时，便形成人对犯罪的最终评价。犯罪之所以成为符合构成要件的行为，正是因为这种价值加工。“换言之，白色、黑色都是人的观念的产物，水桶、茶杯并不是先天即表现出它的功能、它的名称，是因为人把它们拿出来装水、提水、装饮料，它们才透过主体赋予功能而成为能被掌握的物、能放入生活秩序中的物、在生活秩序中有意义的物。”③ 犯罪认定本质上属于价值评价的范畴。“无论是从立法方面来评价犯罪还是从司法方面来评价犯罪，都是以社会需要、目的为标准，从生活行为与社会需要、目的的关系中推导出犯罪这种价值属性。”④ 就紧急避险来说，危险、避险行为、两者可能或已经造成的结果以及避险目的等，均属于没有经过价值加工的客观存在，人们无法仅仅据此判断避险行为的法律性质。当避险行为进入人们的认知体系后，被看作为防止危险而采取的一种必要措施时，便成为排除犯罪性的理由，这显然是价值加工的结果。总之，刑法学作为文化科

① 许玉秀：《当代刑法思潮》，中国民主法制出版社2005年版，第128－129页。

② 参见上书，第129－130页。

③ 许玉秀：《犯罪阶层体系及其方法论》，新北成阳印刷股份有限公司2000年版，第85页。

④ 邵维国：《犯罪只能是价值判断》，《法商研究》2009年第4期，第97页。

学，使犯罪在本质上属于价值判断的范畴，从而决定了紧急避险的限度只能是价值判断。

其次，紧急避险之两弊相衡为价值权衡，符合刑法立法本意。根据我国刑法规定，判断紧急避险是否超过必要限度，要看紧急避险是否“超过必要限度造成不应有的损害”。其中的“不应有”，从字面理解是指“不应当具有”之意，揭示的是损害的不必要、不合理。当为了保护一种合法利益而造成其他合法利益损害时，如果这种损害较之所保护的利益还大，谓之“不必要、不合理”，情有可原。同样，本可以造成较小损害，却通过造成更大损害挽救其他利益，则这种更大的损害显然也是不必要、不合理的，谓之“不应有的损害”也完全合理。正是基于这一点，有些国家刑法典将避险行为与危险是否适应、对称，作为紧急避险限度的判断标准。如《法国刑法典》第122—7条规定，“面对威胁到本人、他人或某项财产之现行的或紧急的危险，完成保护人身或财产之紧迫行为的人，不负刑事责任；但所使用的手段与受到的威胁的严重程度不相适应之情形除外”①。《意大利刑法典》第54条规定，“为了保护自己或他人免遭严重人身损害的现实危险而被迫实施行为的，如果该危险不是由其自愿造成的并且不能以其他方式加以避免，只要其行为与所面临的危险相对称，不受处罚”②。可见，“不应有的损害”是立足于紧急避险行为的社会价值是否合理、相称之上的，而非着眼于造成的损害与避免的损害在客观上孰大孰小。因此，在刑法语境中，将“不应有的损害”理解为一种价值判断，符合刑法立法本意。

再次，紧急避险之两弊相衡为价值权衡，符合司法实践的需要。司法实践中，面对造成损害与避免损害的法益的多样性与复杂性，有时很难对各自的利弊得失进行客观比较，这种情况在不同法益之间比较常见，如在健康权和财产权之间，很难通过形式的客观依据判断利益的大小。就是在同种性质的法益之间，有时也很难进行大小轻重的比较，如在身份权和名誉权之间的比较就是如此。出现这种情况，人们往往会以两种损害的社会价值为基础，进行整体评价并作出判断。例如，如果危险可能造成被害人重伤，行为人为了避免被害人重伤结果的发生，损害他人价值10万元的财产，并在一般人的社会价值观念上是必要且完全可以理解的，应当成立紧急避险。在同样的情况下，行为人如果为了避免被害人重伤结果的发

① 《法国新刑法典》，罗结珍译，中国法制出版社2003年版，第11页。

② 《最新意大利刑法典》，黄风译，法律出版社2007年版，第24页。

生，损害他人价值数千万元的特别巨额的财产，并在一般人的社会价值观念上是完全没有必要且不可理解的，则应当成立避险过当，承担刑事责任。不难看出，这种判断不是具体、客观、局部的利益大小比较，而是抽象、综合、整体的社会价值的比较，是一种价值判断。除此之外，对于无法进行客观判断的法益，如文物价值、生命权等来说，也只能通过对社会价值比较才能判断紧急避险的限度。例如，文物的价值，需要通过对其所具有的历史、文化、艺术等价值的综合评估，测算出整体的社会价值，作为损害大小的判断依据。总之，紧急避险限度之判断作为一种价值判断，符合司法实践的需要。

最后，紧急避险之两弊相衡为价值权衡，是国外刑法理论发展的经验总结。大陆法系国家刑法典也有将造成的损害与避免的损害进行大小比较，确定紧急避险的限度的规定。如《日本刑法典》第 37 条对紧急避险的限度规定是，“所造成的损害不超过其所欲避免的损害”①。以往，日本学界在理解这一规定时往往依据的是法益衡量原则，但近来越来越多的学者逐渐认识到法益权衡原则的局限，并在法益权衡之外，就紧急避险的限度提出各自见解。如野村稔认为，“对于法益的均衡性予以现实的评价时，不同的法益之间很难判断其优劣，因而只能根据基于宪法的法秩序的原理的以自律的人格的发展为最高价值的具体的社会观念予以判断”②。大谷实指出，“为了成立紧急避险，仅具备形式的要件还不够，还必须对避险行为整体进行考察，要求在实质上也具有社会相当性。这一要件就是紧急避险的社会相当性”③。无论是基于宪法的法秩序原理下的具体社会观念，还是根据整体考察的社会相当性判断，本质上都是一种整体、综合的价值判断。在英美法系国家，人们也基本上形成这样一种共识，即要想通过形式化、量化的利益权衡对紧急避险限度加以比较，几乎是不可能的。“利益的无形化使得精确权衡很难实现。实际上，对于所有的正当性理由来说，虽然冲突的利益可以被分辨，但它们罕能被充分定量化以允许在适应性评定上作出完全精确的比较。”④ 可以说，在国外刑法理论中，紧急避险限度判断作为一种价值判断，已得到普遍认可。“在解决法益价值衡量时，既然不可能有抽象性、一般性的基准，则应就各个具体事件，依法秩

---

① 《日本刑法典》，张明楷译，法律出版社 2006 年版，第 20 页。

② 〔日〕野村稔：《刑法总论》，全理其、何力译，法律出版社 2001 年版，第 248-249 页。

③ 〔日〕大谷实：《刑法总则讲义》，黎宏译，中国人民大学出版社 2008 年版，第 277 页。

④ 〔美〕保罗·H. 罗宾逊：《刑法的结构与功能》，何秉松、王桂萍等译，中国民主法制出版社 2005 年版，第 113 页。

序整体之精神，做合理之判断，即判断时不应考量行为人之主观价值，而应当考量以社会一般通念为基础之客观、合理的价值。”①

综上所述，紧急避险之两弊相衡，不能局限于对损害的大小比较，而需要根据整体法秩序对避险行为的社会价值进行综合分析、权衡，才能得出客观、合理的结论。紧急避险的限度判断只能是价值判断，任何形式化、量化的客观判断都是以偏概全的，是背离刑法的目的和宗旨的，实不可取。

（三）紧急避险限度的判断依据

作为一种价值判断，认定紧急避险是否适当，需要考虑众多因素，这大大增加了紧急避险限度判断的难度。“紧急避险问题上存在的最大困难仍然是，如何评判行为人所使用的手段与危险的严重程度之间是否相适应。”② 尽管如此，学者们还是从不同角度提出了一些原则和标准。

大陆法系国家刑法理论通常认为，“所谓‘只要不超过限度’，指侵害利益和保护利益相比，前者不超过后者的意思。利益的比较，应根据客观标准进行。因此，在同一利益上以量的大小为标准；在不同的利益上，保护各种利益的犯罪的法定刑的轻重，成为大致的标准。当然，法定刑不一定反映了利益的大小。另外，个人利益和各种公共利益的关系也不明确。因此，难以得出一般标准，应当按照具体事例，根据社会一般观念，判断利益的大小”③。英美法系国家刑法理论也认为，通过利益衡量判断紧急避险限度时，必须遵循一定的原则。“美国刑法理论上认为，在进行利益衡量时，应遵循以下三项原则：第一，价值判断最后取决于法院的意见，而不是当事人的看法；第二，人的生命价值高于财产；第三，生命等价，即人的生命价值不因人的种族、年龄、健康、地位等的不同而有差异。”④可见，人们尽管不将造成的损害与避免的损害的客观比较作为紧急避险限度认定的唯一标准，但通常认为这是判断紧急避险限度的基础之一。原因在于，尽管紧急避险限度的判断属于价值判断，但是行为的价值本身便是一个抽象、模糊的概念，有时需要有所依托才能更好地被认定，将造成的

---

① 陈子平：《刑法总论》，中国政法大学出版社 2009 年版，第 189 页。

② 〔法〕让·帕拉德尔、贝尔纳·布洛克：《〈新刑法典〉总则条文释义：法国新刑法典》，罗结珍译，中国法制出版社 2003 年版，第 307 页。

③ 马克昌主编：《外国刑法学总论》（大陆法系），中国人民大学出版社 2009 年版，第 197 页。

④ 赵秉志主编：《英美刑法学》，中国人民大学出版社 2004 年版，第 168 页。

损害与避免的损害进行客观比较，正是这种依托的支点。以此为依据，才能进一步分析两种利益社会价值的大小，完成对之的价值判断。因此，紧急避险限度的价值判断，实质上由两部分组成：其一，客观判断，即将造成的损害与避免的损害进行客观比较，这往往是判断紧急避险限度的前提和基础。其二，价值判断，即综合一切影响两种损害的社会价值的主客观因素，分别加以分析，并就紧急避险的整体社会价值作出最终判断。客观判断有时是认定紧急避险限度的必要条件，价值判断则是认定紧急避险限度的充分条件。"人们在这里不再仅仅要求一种财富的权衡，而是也要求一种广泛的利益权衡，在这种利益权衡中，除了别的之外，法益的对比仅仅应当表现为一种要点。"①

在大陆法系国家，根据法益权衡原则进行的客观判断，一般承认生命法益高于身体法益，身体法益高于财产法益，公法益高于私法益。② 对此，我国学者予以了进一步诠释。"一般来说，同种类的权益大小往往容易比较，比如说财产权益以财物价值大小即可确定哪一种财产权益大。相反，不同种类的权益大小则很难比较。在一般情况下，应该认为国家和社会的利益高于个人利益；在个人利益中，人身权利高于财产权利；在人身权利中，生命权高于健康权，健康权高于人身自由权，人身自由权高于名誉权。"③ 当然，由于行为及其客观损害结果是影响法定刑轻重的主要因素，因而根据法定刑的轻重权衡法益价值大小也被认为是可取的。"利益的比较，应根据客观标准进行。因此，在同一利益上，以量的大小为标准。在不同利益上，保护各种利益的犯罪的法定刑的轻重，成为大致的标准。"④

至于影响造成的损害与避免的损害的社会价值因素，则非常之多。除了需要考虑危险源、危险的紧迫程度、强度，避险行为人的情况，行为人的认识水平、行为能力、应急能力等紧急避险的一般因素外，还需要考虑道德伦理、文化价值观念等对行为的社会价值具有影响的特殊因素。一般因素附随于不同情形下的紧急避险而必然存在，需要具体情况具体分析。特殊因素虽然不是附随于紧急避险而必然出现，却具有通识性，在判断紧急避险限度时需要被特别考虑。这些因素主要包括以下几种。

---

① 〔德〕克劳斯·罗克辛：《德国刑法学总论》（第 1 卷），王世洲译，法律出版社 2005 年版，第 494 页。

② 张明楷：《外国刑法纲要》，清华大学出版社 1999 年版，第 172 页。

③ 刘明祥：《论紧急避险的成立条件》，国家检察官学院学报 1998 年第 1 期，第 13 页。

④ 〔日〕大谷实：《刑法总则讲义》，黎宏译，中国人民大学出版社 2008 年版，第 276 页。

1. 社会善良风俗与美德。作为社会的基本价值评价因素，社会善良风俗与美德对行为的社会危害性的影响是显而易见的，在判断损害大小时应当考虑在内。“公共秩序和善良风俗，即为支配法律之根本，故行为之违法性，应实质的观察，而不应单为形式的观察。行为触犯刑法，仅可谓为形式意义之违法，必更于法律上不应容许，始可谓为实质意义之违法，此则不仅单依法令之形式决定之，更应依公共秩序及善良风俗观念决定之。”① 一般来说，即便是同质的法益，如果损害某种法益是根据社会善良风俗与美德作出的，那么损害的整体社会价值会因而相应减轻。“当对被害人利益的侵犯在其他情况下会是必要的时候，紧急状态下行为人的行为就会导致对被害人利益的一种比较轻微的侵犯，在这种情况下，人们也能通过第 34 条来使对特别规范规定的法定侵犯条件的忽视得以正当化。”② 例如，当患精神病的母亲缺乏自保能力时，私自出外游荡就会有各种危险。此时，儿子将其禁闭于家中，剥夺其人身自由，就被认为是正当的。理由是：尽管母亲游荡所受的损害并不确定，但为了母亲的安危剥夺其人身自由，是儿子竭尽孝心和善待的举动，完全值得理解。

2. 第三者的自律权。在日常生活中，维护正常的社会秩序，需要对他人身体、财产决定、支配自由等权益予以起码的尊重。紧急避险时，行为人为保全自己的利益而牺牲他人利益，转嫁自己面临的风险，就必须考虑被转嫁风险的人对自己利益的决定权，这是自律性原则。该原则主张，在将危险转嫁给第三者的紧急避险的场合，必须将第三者的人格自律性即个人生命、身体以及正在使用的工具、衣物、住宅等与个人的决定自由相关的因素考虑在内。任何人都没有忍受来自他人的、对自己的人格的自律性所进行的无理侵害的义务，人人都有自己决定权。对他人生命、财产、身体等的侵害，同时也意味着对这种自律性的侵害。这种自律性，和其他具体法益一样，是在进行利益衡量的时候，必须考虑的第三者的利益。③在违背自律性原则的情况下，行为的社会危害性会更突出。因为对他人自律权的侵害，不仅损害他人合法权益，侵犯他人对自己的财产等的自行支配自由，还会成为侵害者恶意转嫁风险的理由，这显然不是刑法规定紧急避险制度的目的。“由于利益衡量包含自律性，第三者的利益的比重变得

---

① 陈瑾昆：《刑法总则讲义》，中国方正出版社 2004 年版，第 142 页。

② 〔德〕克劳斯·罗克辛：《德国刑法学总论》（第 1 卷），王世洲译，法律出版社 2005 年版，第 482 页。

③ 〔日〕山中敬一：《刑法总论》，东京成文堂 1999 年版，第 497 页；〔日〕川端博：《刑法总论》，余振华译，元照出版有限公司 2008 年版，第 44 页。

重起来。"[①] 第三者利益比重的抬升，使得即使造成的损害小于所避免的损害，避险行为亦不能成为排除犯罪性的理由。例如，为了避免自己价值 10 万元的名贵服饰受火烧，将第三人价值 8 万元的服饰作为挡箭牌，就不能成立紧急避险。

3. 社会共同体责任。任何社会都有责任对社会成员的合法权益提供保护，这便是社会共同体责任。当公民或社会成员遭受某种危难时，如果对这种危难的解救属于社会共同体责任，不应当由无辜的第三人来担负利益损害，这便是社会共同体原则。该原则表明，如果避免危险是社会共同体责任，就会改变法益之社会价值的对比。例如，为了挽救缺钱治病的濒死患者，从百万富翁那里拿走了以合法方式不可能得到的钱，用来支付为挽救生命所需要的手术或者疗养费，这种行为就缺乏作为避免危险手段的适当性。因为消除重病患者无钱医疗的这样的紧急情况，属于社会共同体责任。社会共同体未尽到责任的，不能由个别人（百万富翁）作出牺牲，要求他承担超出范围的容忍义务。[②]

4. 法益的重大属性。生命权重于健康权，健康权重于财产权，是一般原则，但也有例外。如果所避免的损害特别重大，或者具有特殊意义，即便是财产权益或者其他权益，也应当允许最低程度的对健康以及人格身份等权利造成损害的情形，作为排除犯罪性的理由。[③] 这种情形被李斯特称为"超越法律之紧急避险"。他认为，为挽救重要国家利益，尤其是为维护国家财产，防卫叛国或叛州的行为，如果根据当时的情况认为不可能实施正规的国家防卫行为，且对国家利益的损害又是紧迫的，允许个人损害他人的法益。[④] 对特别重大的法益优先考虑，意味着即使行为对人身权益造成侵害，有时也可以被允许。"尽管在通常情况下，身体健康的价值高于单纯的物之价值，但是在一起火灾事故中，如果看热闹的人挡住了帮忙的邻居，那么，仍然允许把他撞到一边，从而'伤害'（misshandeln）其身体（《刑法典》第 223 条）。"[⑤] 我国学者通常也认为，"如为保护个人

---

① 马克昌：《比较刑法原理——外国刑法学总论》，武汉大学出版社 2002 年版，第 387 页。

② 〔德〕约翰内斯·韦塞尔斯：《德国刑法总论》，李昌珂译，法律出版社 2008 年版，第 176 页。

③ 需要注意的是，这里只是强调可以对健康以及人格身份权利造成损害，不能包括生命权。任何时候都不能允许以保护重大法益为由，通过剥夺他人生命加以紧急避险。关于该问题，下文将予以详细论述。

④ 〔德〕李斯特：《德国刑法教科书》，徐久生译，法律出版社 2000 年版，第 238 页。

⑤ 〔德〕冈特·施特拉腾韦特、洛塔尔·库伦：《刑法总论 I——犯罪论》，杨萌译，法律出版社 2006 年版，第 180 页。

生命损害数以亿计的国家和人民的财产，或者是数以百计的人身受重伤，便很难认为还在避险的必要限度之内”①。重大的国家、集体、个人利益优先权表明，不同性质的法益之间的轻重比较有时是相对的，不是绝对的。

5. 社会公共利益。社会公共利益是一种社会群体利益，是维护国家、社会秩序正常运作不可缺少的，也是人们必须遵循的准则。所维护的社会公共利益即便具有一定瑕疵，也被认为应当得到尊崇，这是维护社会群体利益必须付出的代价。社会公共利益的这种独特属性，使其与其他利益发生冲突时，其社会价值往往被认为更为重大、突出。如果是为了保护社会公共利益，即使个人利益受到政府机关合法侵害时，体现某种不公正，个人也必须忍受，不能实施旨在牺牲公共利益的紧急避险。例如，司法机关根据刑事诉讼法的规定进行合法的拘留、逮捕，甚至执行刑罚，对个人自由权造成损害。即便被害人实质上不构成犯罪，已经生效的自由刑也必须执行，除非依法撤销有罪判决。如果被害人伤害监管人员越狱，不能成立紧急避险。同样的道理，家庭成员也必须接受根据法治国家的程序，对某一家庭成员科处的法定刑。②

6. 人格尊严等基本人权。基本人权是社会存在的个人或其群体享有的“人之所以为人”“把人看作人”的最起码、最基本的人格、身份、生存、安全等基本权利和基本自由。基本人权是根本性和普遍性的人权，是享有其他人权的基础，在一切人权中处于优先保障地位。《世界人权宣言》第 1 条就明确宣示，“人人生而自由，在尊严和权利上一律平等”。在紧急避险的价值判断中，基本人权必须优先考虑，不得以紧急避险为由加以肆意侵犯。例如，人格尊严权利是自然人的基本人权，在进行紧急避险时，不应当以这种权利处于微弱地位而进行损害他人人格尊严的紧急避险。“然而，恰当性条款还是具有一种功能的。它超出了一种对谨慎地进行利益权衡的呼吁，从一开始就在法律咨询中也发挥了作用：这种指示性作用指出，保持自然人的尊严是无法通过有限的权衡达到的。”③ 典型的例子是，甲属于 Rh 阴性 AB 型血，因失血较多急需输血（只能输入同型血），

① 高铭暄、马克昌主编：《刑法学》，北京大学出版社、高等教育出版社 2007 年版，第 152 页。

② 〔德〕汉斯·海因里希·耶赛克、托马斯·魏根特：《德国刑法教科书》（总论），徐久生译，中国法制出版社 2001 年版，第 584 页。

③ 〔美〕约书亚·德雷斯勒：《美国刑法精解》，王秀梅译，北京大学出版社 2009 年版，第 496 页。

由于仅找到乙具有同一血型，未经乙同意强行从其身上抽血的，就不能成立紧急避险。因为虽然仅有乙一人符合输血条件，且抽取部分血液对乙的生命不会造成多大妨碍，但未经乙同意强行从其身上抽血，事关乙的人格尊严，无法通过利益的简单权衡比较两种损害的轻重，即便避免的损害是生命权也是如此。否则，被侵犯的人格尊严权可能导致连锁反应，致使基本人权受到严重挑衅，这是不被允许的。又如，为了救出被黑社会性质组织绑架的人质，避免其生命受到损害，而通过刑讯逼供逼迫黑社会性质组织成员说出人质的藏身之所的，就不能成立紧急避险。因为刑讯逼供直接关系到犯罪人的身心健康与人格尊严，不应该以紧急避险为由加以危害。

三、生命无价与损害生命权无限度

为了避免他人生命受到危险侵害而损害第三者生命，是否可以成立紧急避险呢？对此，学界主要有两种不同意见。

（一）肯定说。该说立足于生命等价命题，肯定损害生命权的紧急避险之成立。具体包括三种不同观点：一是认为，在能否牺牲他人生命以救助自己的生命的场合，人的生命在法律上都被看成是具有相同价值的，也可以承认是紧急避险。① 二是认为，当发生冲突的利益之价值等同时，例如两个人的生命，从社会的角度来看，人们对迫不得已的违法行为可以在所不问。② 三是认为，“如果不允许以牺牲一个人的生命保护更多人的生命，则意味着宁愿导致更多的人死亡，也不能牺牲一个人的生命，这也难以为社会一般观念所接受。由此看来，至少对保护多数人生命而不得已牺牲一人生命的行为，应排除犯罪的成立”③。

（二）否定说。该说认为生命权是人的一切权利的源泉，是无价的，任何时候都不能认可损害生命权的紧急避险。“任何法益均可因紧急避险的介入而作出牺牲。唯有相关人的生命属于例外，因为，人的生命价值是不存在差别的。在数人的生命共同面临危险，以及以牺牲一人来挽救多人，无不同样如此。”④ “人的生命，只要其存在本身，而与将来的持续时间或者数目无关，即应是受到绝对保护的法益，即生命不是可以衡量的法

① 〔日〕大塚仁：《刑法概说》（总则），冯军译，中国人民大学出版社 2003 年版，第 345 页。

② 〔法〕卡斯东·斯特法尼：《法国刑法总则精义》，罗结珍译，中国政法大学出版社 1998 年版，第 367 页。

③ 张明楷：《刑法学》，法律出版社 2003 年版，第 274 页。

④ 〔美〕约书亚·德雷斯勒：《美国刑法精解》，王秀梅译，北京大学出版社 2009 年版，第 435 页。

益，故根据紧急避险而杀人不能说是阻却违法性的。因此为救多数人的生命，杀害少数人的情况，亦不能以紧急避险来正当化。所以在漂泊中的船员为避免饿死，而将其他船员杀害的情况，不能以紧急避险得到正当化。”①

在肯定说中，第一种观点的主要理由是，牺牲自己生命而保全他人生命，对行为人而言是不可期待的，加之保全一生命而损害另一生命，实质损害的生命权数量等同为零，因而允许成立为保护自己的生命而损害他人生命的紧急避险。第二种观点的主要理由是，生命是等价的，没有任何理由去偏袒这一生命，而轻视另一生命。② 这两种观点在肯定生命等值的同时，对之加以量化比较。根据这一逻辑，如果损害的生命为多数，则行为人要承担避险过当的刑事责任。第三种观点的理论依据是大陆法系国家刑法理论中的优越利益原则，该原则主张在具体利益冲突的情况下，就所有可能的正面与负面的优先性倾向加以衡量，在保护优越利益时阻却违法性③；否则，难为社会一般观念接受。该观点所依据的优越利益原则，实质上也有将生命量化之意，其所蕴含的逻辑是，如果保护的法益不具有优越性，行为人需要承担避险过当的刑事责任。否定说则认为生命是无价的，任何时候都不能对其予以物化或价值化后进行量化比较，因而任何情况下不允许以紧急避险为由损害他人生命，否则将构成故意杀人罪。

笔者认为，将生命权等值并予以量化权衡，是不合适的。生命权是人的最高法益，是享有其他一切权利的基础，具有唯一性、不可逆转性、无价性等特征，故生命之间不具有质与量的可比性。“当两个或更多的人遭受灾难突然袭击时，他们当中的任何人都没有杀死他人以保护一些人生命的权利。不存在抛弃人类生命的规则。”④ 人与人之间，不管其年龄、性别、社会地位、经济实力如何，也不管其是否身患重病、是痴呆还是智者，其生命都是无价的，不能进行量化的权衡。“人们不允许牺牲愚笨的人的生命来拯救诺贝尔奖得主的生命，不允许牺牲干瘪的白发老人的生命来拯救年富力强的年轻人的生命，不允许牺牲危害社会的罪犯的生命来拯救被害人宝贵的生命。当人们想要仅仅在生命紧急状态的极端案件中，承认国家社会主义者宣扬的‘无生命价值的生命’这个类型时，就将导致无

① 〔韩〕李在祥：《韩国刑法总论》，韩相敦译，中国人民大学出版社 2005 年版，第 218 页。

② 〔德〕冈特·施特拉腾韦特、洛塔尔·库伦：《刑法总论Ⅰ——犯罪论》，杨萌译，法律出版社 2006 年版，第 180 页。

③ 高金桂：《利益衡量与刑法之犯罪判断》，元照出版有限公司 2003 年版，第 60 页以下。

④ 〔英〕J. C. 史密斯、B. 霍根：《英国刑法》，马清升等译，法律出版社 1999 年版，第 281 页。

人性和不人道。今天，这一点在原则上是没有争论的。”① 肯定说无视生命的特殊性，在将所有生命视为等值的基础上，予以量化比较，违背人伦道德的基本准则，不可能获得人们的认同。“以另一人的生命为代价拯救自己的生命就不能认为是紧急避险，这样做是不合法的也是粗暴地违反道德准则的，道德要求一个人不能用牺牲另一个人的生命去救自己的命。”②即使以优越利益原则主张为保护多数生命而损害少数生命，也是不可取的。一方面，量化比较的优越性适用于自然现象或许有一定道理，却无法适用于人类。“化约的公式或数的观念，可以说明自然现象，却不能套用在人的世界。一等于一，二大于一，是数理世界的铁律；人的世界由于涉入价值与意义，一不等于一，二也不大于一。张三之于他的家人，其重要性远大于李四之于张三的家人；在价值与意义上，张三与李四永远不相等。唯有在数的观念上，如行使投票权，如法律上只能同时拥有一个太太或先生，张三与李四可能相等。同理，张三与李四两人，也未必大于王五一人；从社会贡献或从相反的社会祸害，王五可能大于张三加上李四。”③另一方面，以量化比较的结果主张损害人的生命的紧急避险的正当化，将纵容人类的残忍、自私、弱肉强食等野蛮现象发生，违背社会善良风尚。此外，对生命的绝对尊重，是文明社会的标志。“这种对相对适应性的信奉——如在评价单纯超过财产本身价值的人类生命的价值时，甚至是违法者生命的价值——是一个文明社会的标志。正是根据同样的原则，致命暴力，如果曾经允许，现在绝少对非一侵犯者施用，表明无辜者的生命几近绝对利益，几乎没有什么可以超越它。”④ 因此，损害生命权时，不应当存在是否超过限度的问题。损害生命权的避险，原则上不应该排除犯罪性，应当以故意杀人罪论处。

不过，无条件否认任何形式的损害生命权的避险行为正当化，也是极端的。英美法系国家往往通过设置一定的条件允许成立损害生命权的紧急避险，以迎合功利主义与特定刑事政策的要求。“如果在不牺牲一人则必然造成二人丧生的情况下，允许有紧急避险的合法辩护。但是必须附带一

① 〔美〕约书亚·德雷斯勒：《美国刑法精解》，王秀梅译，北京大学出版社 2009 年版，第 477 页。

② 〔法〕卡斯东·斯特法尼：《法国刑法总则精义》，罗结珍译，中国政法大学出版社 1998 年版，第 467-468 页。

③ 林东茂：《刑法综览》，一品文化出版社 2007 年版，第 1-15 页。

④ 〔美〕哈伯特 L. 帕克：《刑事制裁的限制》，梁根林等译，法律出版社 2008 年版，第 112 页。

定条件，既不存在主观上的任意选择性。”[①] 英美法系国家的审判实践认为，在保全的生命多于牺牲的生命时，如果得到被害人同意或者承诺，行为人主观上不存在任意选择性，紧急避险可以成为免责抗辩事由。[②] 笔者认为，考虑生命权的特殊意义，同时借鉴英美法系国家经验，秉着宜严不宜松的原则，紧急避险损害他人生命权的，除符合紧急避险的一般条件外，还应当符合下列条件，才可以考虑排除犯罪性。

其一，必须是为了避免他人的生命权受到危险侵害。由于生命的无价，保护生命权以外的法益任何时候都不应该成为损害生命权的理由。

其二，必须得到作为避险对象的人牺牲其生命的真实承诺或者同意。这是文明社会避免残忍、自私、弱肉强食等野蛮、不合理现象发生所必需的。

其三，损害的生命数量必须小于保全的生命数量（不包括避险对象人本人）。这样做的目的，是保证行为拯救更多人的生命，使紧急避险具有实质意义。

其四，剥夺生命的数量必须以足以防止危险发生的数量为限，不得伤害其他生命。这是适当性原则的要求。

其五，行为人必须承担一定的举证责任，这是紧急避险被允许损害生命权的程序条件。在避险对象死亡的情况下，由于死无对证，加上人的趋利避害的本能，如果根据避险人的一面之词认定紧急避险的主客观条件，可能使上述条件失去意义。因此，只有尽可能证实上述条件成就，排除避险行为的犯罪性才是合理的。避险人如果有条件提供相关证据而不予举证，应当负举证不能的责任，不能成立紧急避险。

有条件地允许成立损害生命权的紧急避险，与肯定说存在本质不同。如上所述，根据肯定说的逻辑，针对生命权的紧急避险存在限度，超过限度的应当成立避险过当。有条件地允许成立损害生命权的紧急避险，作为一种特例与紧急避险的限度无关。它表明生命作为人的最高权益，是无价的，原则上不得以紧急避险加以剥夺。作为例外，损害他人生命如果符合

① 储槐植：《美国刑法》，北京大学出版社 1996 年版，第 117 页。

② 英国有个著名的判例：三名水手和一名船舱服务员因海船失事漂流在大西洋上，数天未食未饮，生命岌岌可危。其中两名水手同意用抽签方式决定谁成为“牺牲品”，但身体最弱的服务生没有赞成。抽签的结果是服务员成为“牺牲品”，三名水手便将服务员杀死，吃肉喝血。四天后，三名水手被路过的海轮救起。尽管根据当事情况，如果没有一个人“牺牲”被食则四人均会死亡，但英国法院还是判处两名水手谋杀罪，后来上诉法院将死刑改为 6 个月监禁，罪名不变。

特定条件，可以允许成立紧急避险。因此，允许成立损害生命权的紧急避险，是极为特殊的个案，只存在是否符合条件之分，不存在有无限度之别。紧急避险损害生命权，符合特定条件的，可以免除刑事责任；否则，成立故意杀人罪，不存在避险过当问题。当然，其中存在的避险目的等情节，可以在量刑时予以考虑。

第五章　但书与犯罪停止形态的处罚范围

犯罪停止形态包括犯罪未完成形态和完成形态。由于不同的停止形态距离犯罪结果发生的远近存在差别，所以其社会危害性也存在程度上的差异。一般来说，停止形态距离犯罪结果发生越近，行为的社会危害性越大；反之，行为的社会危害性就越小。由于犯罪是具有一定的社会危害程度的行为，不可能包容未达既遂的任何未完成形态。只有社会危害程度达到一定程度的未完成形态，才能以犯罪论处。于是，对于不同的犯罪未完成形态，确定其可罚范围就需要以但书为依据，排除那些“情节显著轻微危害不大”的情形，确保值得处罚的未完成行为足以构成犯罪。可见，以但书为基础是能够合理审视刑法规定的未完成犯罪的处罚范围的。同时，根据但书还可以进一步确定犯罪既遂的基本形态。

第一节　但书与预备犯的处罚范围

预备犯是指为了犯罪，实施了准备工具、制造条件的行为的犯罪形态。由于预备犯还没有开始实施实行行为，因而其社会危害性只能根据与预备行为有关的各种情节来判断。尽管从主观上来看，预备行为与未遂行为等区别可能不大，但是从客观危害来看，预备行为距离犯罪得逞还非常遥远，可以说其对法益（犯罪客体）的侵犯只是间接的，因而其客观危害不可与未遂犯等相提并论。对预备犯的处罚范围，只有充分运用但书才能作出合理的判断。

一、预备犯概述

预备犯，是指已经着手实施犯罪预备行为，由于行为人意志以外的原因，未能着手实施犯罪实行行为的犯罪形态。我国学界一般认为，西方国家刑事立法以不处罚预备犯为原则，以分则有特别规定的情况下处罚预备犯为例外。[①] 各国有关犯罪预备的立法方式大体有以下四种：一是在刑法总则中和刑法分则中均无处罚预备犯的规定；二是在刑法总则中不设处罚预备犯的一般规定，只在刑法分则的某些对社会易造成严重危害的犯罪条文中特别载明处罚预备犯；三是仅在刑法总则中对处罚预备犯的一般原则加以规定，在刑法分则中不予以特别列举规定；四是既在刑法总则中加以概括规定，又在刑法分则中加以特别规定。[②] 其中，绝大多数国家的刑事立法，都以不处罚预备犯为原则，以处罚预备犯为例外。具体做法是在刑法分则中规定应当处罚预备行为的各种具体犯罪，对分则条文没有明文规定的预备行为，不追究刑事责任。[③]

各国刑法规定的预备犯的处罚方式通常分为三种情形：一是概括处罚，即概括规定处罚所有预备犯。由于犯罪预备存在于所有直接故意犯罪中，这种规定意味着，对于所有直接故意犯罪都应当处罚其预备犯。这种立法无疑将预备犯提升到与既遂犯相辅相成的地位，从而形成最广义的预备犯立法样态。这种立法形式非常罕见，仅在极少数社会主义国家或具有社会主义背景的国家刑法典中见到，1926 年、1960 年的苏联刑法典，以及蒙古国、朝鲜、中国等国刑法就属此类。其中，1960 年苏联刑法典明确规定在任何情形下均应处罚预备犯。[④] 二是处罚严重犯罪的预备犯。具体可以分为两种形式：其一，在刑法总则中特别规定处罚严重犯罪的预备犯。如《俄罗斯联邦刑法典》第 30 条之二规定，“只有对预备实施严重犯罪和特别严重的犯罪，才追究刑事责任”[⑤]。其二，在刑法分则中明确应受处罚的预备犯，对无规定的不处罚。通常，刑法分则明确处罚的为特别严重犯罪的预备犯，如日本、德国等国刑法典就属此类。三是仅对共同犯罪中的预备犯进行处罚。英美法系国家基本上不对一般犯罪的预备犯进行处罚，但对共同犯罪中的预备犯，通常加以处罚，并在总则中予以规定，这便是犯罪共谋。“犯罪共谋是刑法总则的一个概念，就是两个或更多人之间为了实施犯罪，或者非法行为，或者用犯罪手段完成一个本身不是犯罪的行为而进行协议。”[⑥] 对于共同犯罪中的犯罪预备进行处罚，并在总则中明文概括规定，是英美法系国家不同于大陆法系国家的典型特征。从

---

① 高铭暄主编：《刑法专论》（上编），高等教育出版社 2002 年版，第 295 页。

② 陈一榕：《海峡两岸犯罪预备的比较研究》，《政法论坛》1998 年第 2 期，第 50 页。

③ 马克昌主编：《犯罪通论》，武汉大学出版社 1999 年版，第 432 页。

④ 薛瑞麟：《俄罗斯刑法研究》，中国政法大学出版社 2000 年版，第 197 页。

⑤ 《俄罗斯联邦刑法典》，黄道秀译，中国法制出版社 1996 年版，第 14 页。

⑥ 储槐植：《美国刑法》，北京大学出版社 1996 年版，第 149 页。

司法实践中的情形来看，英美法系国家处罚犯罪共谋，只是针对叛逆罪、毒品犯罪以及白领犯罪等，并非普遍。大陆法系国家对犯罪共谋可以按照共同犯罪理论处罚。

各国刑法规定的预备犯的处罚程度通常分为三种情形：一是按照同等处罚原则，即对预备犯处以与同一既遂犯同等的刑罚。其特点是，在刑事立法上，没有对既遂犯、预备犯、未遂犯等不同犯罪形态作明确区分。一旦遇到需要处罚的犯罪预备行为，就适用处罚既遂犯的刑罚幅度，这主要是早期的刑事立法不发达造成的，现代各国刑法已不存在这种立法例。① 二是按照必减原则，即对预备犯比照同一既遂犯减轻处罚。如《德国刑法典》第 81 条规定，以暴力或暴力威胁实施针对联邦的叛乱行为的，处终身自由刑或 10 年以上自由刑。第 83 条规定，预备实施针对联邦的叛乱行为的，处 1 年以上 10 年以下自由刑；情节较轻的，处 1 年以上 5 年以下自由刑。②《日本刑法典》在第 201 条规定，对杀人罪的预备犯处 2 年以下惩役，但可根据情节免除处罚，而一般杀人罪的刑罚则为死刑、无期或者三年以上惩役。③ 三是按照得减原则，即对预备犯可以比照同一既遂犯从轻处罚、减轻处罚，或者可以不从轻处罚、减轻处罚。

我国对预备犯的规定与多数国家通行做法不同。《刑法》第 22 条规定："对于预备犯，可以比照既遂犯从轻、减轻处罚或者免除处罚。"按照该规定，我国刑法对预备犯的规定具有以下特点：一是在立法上，在总则中对预备犯采取原则性规定，在分则中不再予以特别列举规定；二是在处罚上，采取的是概括原则，即不分重罪与轻罪，对任何犯罪的预备犯，一概予以处罚；三是在处罚程度上，采取得减原则，即处罚预备犯时，一般情形下应当比照既遂犯从轻、减轻处罚或者免除处罚，在特殊情形下可以按照既遂犯同等处罚。不难看出，我国刑法对预备犯的规定，不但处罚范围涉及所有直接故意犯罪，处罚程度上也与未遂犯非常接近，这在世界各国是非常罕见的。其立法意图，无非是尽力做到法网恢恢、疏而不漏，保证刑罚制裁的有效性与严密性。然而，事实证明，这样规定并不能有效达成立法意图，也难以体现刑法的公正与效率，对实现刑法的秩序维护机能与人权保障机能也并无多大益处。

---

① 马克昌主编：《犯罪通论》，武汉大学出版社 1999 年版，第 433 页。

② 《德国刑法典》，徐久生、庄敬华译，中国法制出版社 2000 年版，第 96-97 页。

③ 《日本刑法典》，张明楷译，法律出版社 1998 年版，第 64 页。

二、预备犯的处罚根据

刑法为什么惩罚预备犯，是一个值得深思的问题。站在客观主义的立场，行为人负刑事责任的根据乃行为的客观危害性，鉴于犯罪预备尚未造成实际危害，不应受刑罚处罚。“犯罪是实施足以引起损害的符合构成要件的行为，而犯罪预备行为不可能直接引起损害结果，也不是某种具体犯罪的构成要件行为，因而不应当作为犯罪予以处罚。”① 如 1810 年《法国刑法典》就采取客观主义立场，并为 1871 年《德国刑法典》、1968 年《意大利刑法典》继承。站在主观主义的立场，行为人负刑事责任的根据在于其主观犯罪意思以及由此体现出来的人身危险性，犯罪预备与犯罪既遂的主观犯罪意思都是一样的，因此预备犯当然应负刑事责任。由于绝对的客观主义或绝对的主观主义之缺陷明显，故没有人会据此考虑预备犯的刑事责任依据。

于是，有学者从行为违法的原因上探究预备犯的处罚依据。在大陆法系中，关于行为之违法原因，历来存在行为无价值论与结果无价值论之别。行为无价值论根据形式的违法性，站在规范违反说的立场，认为刑法的目的是维护伦理道德性，行为人主观罪恶、意图就是对道德伦理性的侵犯，也是违法性的主要依据；结果无价值论根据实质的违法性，认为刑法的目的是对法益的保护，违法性是对法益的侵害或威胁，行为产生危害结果就是存在违法性的根据。行为无价值论分为一元的行为无价值论与二元的行为无价值论。前者认为只有行为无价值决定违法性，结果是偶然的产物，仅仅是客观的处罚条件而已。一元的行为无价值论由考夫曼提倡，主张社会关系的判断只能从“行为”考虑，关注行为人的主观目的、动机，行为人的身份、义务以及行为本身的状态和方式。在认定行为的危害性后，结果只是作为客观处罚轻重的依据。二元的行为无价值论以结果无价值论为基础，同时加入行为无价值论的内容，是一种折中的违法论。该学说既考虑行为本身的状态与目的，又考虑危害结果是否发生。之所以将之归为行为无价值论，原因在于，“在二元论之下，本来只有在行为无价值和结果无价值相结合之后才能确定违法性，但实际上，正如从（1）的场合所看到的一样，这种观点还认为，存在仅仅根据行为无价值就能确定违法性的场合。在这种意义上，可以说，这种观点和一元的行为无价值论之

① 马克昌主编：《刑法理论探索》，法律出版社 1995 年版，第 213 页。

间并无本质上的区别”①。结果无价值论则认为，结果是判定犯罪是否成立的全部因素，因此完全不用考虑行为人的动机及行为状态。应当说，较之行为无价值，结果无价值更强调客观的、事后的危害，客观的评价自然相对具有可操作性，充分体现刑法的谦抑性与刑法的补充性原则，更能起到保障人权的作用。

此外，少数日本学者还提出了危险无价值论。如日本学者中山敬一认为，“仅仅以严格意义上的结果无价值的概念，不能全部说明可罚性的前提。结果发生了的场合，结果能够客观上归属于行为时，根据结果无价值能够给不法奠定根据。然而，在未遂犯，结果发生的‘具体的危险’是给不法奠定根据的”②。从本质上看，无论是行为无价值论还是结果无价值论，抑或是危险无价值论，都通常以作为构成要件符合性的犯罪实行行为为基础，解释犯罪既遂乃至犯罪未遂成立犯罪的原因，对于犯罪预备则难以说明。于是，学者们又搬出原则和例外这一特殊武器，阐述刑法处罚预备犯乃一种例外。如德国学者耶赛克、魏根特认为，“立法者只是以特殊的刑事政策为根据，例外地将预备行为置于刑罚之下。a）首先，涉及特定构成要件的非独立的扩展，其特点要求特别早地采取措施，因为否则的话刑罚就不可能达到任何目的，如叛国行为、刺探国家机密、绑架犯罪的预备行为或者劫持飞机的预备行为等情况下，即如此。b）其次，具有典型特征和高度危险性的犯罪预备，被作为独立的犯罪受刑法处罚，行为人没有必要已经实施一个完整的、特定的犯罪，如伪造货币罪的预备行为……c）最后，第 30 条中规定的因共犯心理上的内在联系，共犯预备行为的特别危险的情况，要受刑法处罚”③。日本学者泷川幸辰指出，“我国刑法原则上不处罚预备，仅仅有若干作为例外的情况，对某些个别犯罪惩罚其预备行为。有两种情况要处罚预备行为：有侵害社会的法益或个人的重大利益的威胁时，将其预备作为犯罪的预备行为给予处罚（刑法第 88 条、93 条、113 条、201 条、207 条）；具有侵害社会法益的威胁时，可将其预备行为特别作为独立的犯罪加以处罚（刑法第 123 条、157 条）”④。中山敬一认为，在犯罪预备中，法益侵害的危险性很小，证明犯罪意思非常困难，从刑事政策考虑以不处罚为宜。但对于极重要的犯罪，准备实行

---

① 〔日〕曾根威彦：《刑法学基础》，黎宏译，法律出版社 2005 年版，第 88 页。

② 马克昌：《比较刑法原理——外国刑法学总论》，武汉大学出版社 2002 年版，第 318 页。

③ 〔德〕耶赛克、魏根特：《德国刑法教科书》（总论），徐久生译，中国法制出版社 2001 年版，第 627-628 页。

④ 〔日〕泷川幸辰：《犯罪论序说》，王泰译，法律出版社 2005 年版，第 122 页。

犯罪的行为（预备）或谋议实行犯罪的行为（阴谋）则作为例外予以处罚。①

与大陆法系国家刑法理论从本原上探讨预备犯处罚根据不同的是，我国通说认为，犯罪预备完全符合犯罪的主客观要件，应当以犯罪论。因为在犯罪预备的情况下，符合主体条件的行为人客观上具有实行和完成某种犯罪而创造便利条件的预备行为，从而对法律所保护的某种社会关系造成了实际威胁，只是由于行为人意志以外的原因而未能着手犯罪的实行行为，也未能使预备犯罪并进而实行和完成犯罪的意图得以实现。这就是犯罪预备的四个构成要件。② 也有学者指出，"在明确预备犯的概念之后，那么，我们对于正确认定预备犯成立的条件，就有了充分的依据，根据预备犯的概念，预备犯成立的条件有五：（1）已经实施严重罪行的预备行为；（2）预备行为须对法益构成严重威胁；（3）必须在犯罪预备阶段停顿下来；（4）预备行为停顿在预备阶段，是由于行为人意志以外的原因；（5）已经具备修正的构成要件。这是从预备犯是犯罪形态（犯罪行为）这一结论所得出的必然结论"③。还有学者提出犯罪预备可罚性危险说。按照该说，处罚犯罪预备的实质根据是犯罪预备行为对刑法法益的危险性，危险性是预备犯可罚的唯一根据。这里的主客观相统一的行为的社会危害与行为对法益的危险性都是预备行为可罚的实质理论根据，两者没有实质区别。④

我国学界从规范的角度出发考虑问题，在形式上或许成立。但是，如果仅仅根据刑法规定而认为未遂犯应当受罚，就没有实际意义。需要回答的是，刑法为什么将预备犯作为犯罪进行刑罚处罚？就这一点来看，通说及其他观点都缺乏说服力。无论是认为预备行为须对法益构成严重威胁，还是认为犯罪预备行为对刑法法益具有危险性，都非常勉强。虽然说我们应当肯定预备犯具有一定的社会危害性，即具有对法益的某种危险性。从犯罪发展进程来看，犯罪由预备阶段直到出现预想的最终结果，一般按照意思决定—预备前行为—预备行为—实行行为—产生结果这一顺序发展而成，这是犯罪的基本类型⑤；但是仔细分析预备犯的社会危害性，就会发

① 〔日〕中山敬一：《刑法总论Ⅱ》，成文堂1999年版，第668页。

② 高铭暄主编：《刑法学原理》（第2卷），中国人民大学出版社1993年版，第285页。

③ 黄开诚：《关于犯罪预备和预备犯若干问题的再思考》，《武汉大学学报》2004年第6期，第682页。

④ 沈志民：《犯罪预备可罚性的本质探究——兼论抢劫罪犯罪预备的认定》，《吉林大学学报（社会科学版）》2003年第5期，第26页。

⑤ 〔日〕西原春夫：《犯罪实行行为论》，戴波、江溯译，北京大学出版社2006年版，第4页。

现明显不同于既遂犯的和未遂犯的。刑法制裁犯罪最主要的原因，在于犯罪具有造成预想最终结果实现的客观现实性，不论是造成实害结果还是危险结果。如果某一行为自身不可能造成实害结果或危险结果，如迷信犯[①]，则不能被纳入刑法评价范围。犯罪未遂指已经开始实施犯罪实行行为，具有导致实害结果或者危险结果实现的现实可能性（危险性），具有明显的社会危害性。为了避免法益损害的危险，惩罚未遂犯在情理之中。不过，这种危险毕竟与构成既遂所需要的造成实害结果或者危险结果相比，对法益的损害要缓和得多，故对未遂犯是可以从轻处罚的。犯罪预备则不然，从本质上看尚未实施犯罪实行行为，距离实害结果或者危险结果比较遥远，必须通过实行行为才能与实害结果或者危险结果联系起来。对实害结果或者危险结果的发生，预备行为不可能是直接原因，充其量只能是间接原因。当然，预备行为还具有促成犯罪实行行为的现实危险性，比较充分的预备行为会大大加功犯罪实行行为，并为犯罪人实现预想的最终结果打下坚实基础。从这一角度来看，犯罪预备还是具有社会危害性的。对此，日本学者平野龙一指出：并非只要实施了实现犯罪的准备行为，就成立预备罪。只有当准备行为对实现犯罪直接起作用，对着手实行犯罪具有明显、现实的危险时，才能成立预备罪。[②] 犯罪预备的社会危害性十分有限。由于预备行为有促成实行行为的现实危险性，不可能直接造成犯罪的实害结果或者危险结果，因而对刑法保护的法益的侵害没有现实可能性，至多只是一种条件。基于这一点，有学者主张一般不对预备犯加以刑罚处罚。“从法益侵害或威胁的角度看，既遂犯对法益造成了实际的损害；未遂犯对法益构成了实际的威胁；预备犯由于行为人意志以外的因素，在准备工具、制造条件的阶段即被制止了，对法益几乎没有构成威胁。因此，预备犯欠缺对法益的侵害或威胁，故一般情况下，不应犯罪化。”[③]

三、但书与预备犯的处罚范围

犯罪预备行为具有社会危害性，但并非直接对法律所保护的某种社会关系造成了实际威胁。犯罪预备行为具有两个显著特征：一是危害的间接

---

① 所谓迷信犯，“是指由于人出于极端迷信、愚昧无知而采取没有任何客观依据、在任何情况下都不可能产生实际危害结果的手段、方法、企图实现犯罪意图的情况。损害的迷信手段，意图实现自己所追求的某种危害结果”〔陈兴良：《刑法适用总论》（上），法律出版社 1999 年版，第 433 页〕。

② 〔日〕平野龙一：《刑法总论》，有斐阁 1975 年版，第 339 页。

③ 蒋剑锋：《过失危险行为的犯罪化与刑法谦抑》，梁根林、张立宇主编：《刑事一体化的本体展开》，法律出版社 2003 年版，第 120 页。

性。从客观上，预备行为不可能直接对法律所保护的某种社会关系造成实际威胁。预备行为充其量只具有引起实行行为的危险，乃至进一步促成刑法保护的法益受到实际损害或者现实威胁。因此，对于刑法所保护的社会关系而言，预备行为只能间接威胁，并不能直接威胁。我们完全可以说，预备行为只是使刑法保护的法益受到实际损害或者现实威胁的条件。根据刑法理论与司法实践，间接危害刑法保护的法益的行为，通常是不受处罚的。二是危害的轻微性。预备行为的社会危害主要表现为对犯罪实行行为的加功与促进，而不是直接造成危害结果发生。根据客观主义，虽然预备行为具有某种程度的危险性，但这种可能造成损害的行为毕竟是一种潜在的危险，不具有现实性，因而其社会危害是非常轻微的。如果刻意对其与同一犯罪的既遂犯同等处罚，具有明显的主观归罪嫌疑，不符合现代法治理念。

由于预备行为社会危害的间接性与轻微性，根据《刑法》第 13 条但书规定，对预备行为通常是不应该加以处罚的。对于一般犯罪来说，犯罪预备对刑法法益之社会危害性由于具有间接性，本来就是十分轻微的，其完全符合“情节显著轻微危害不大”的出罪条件，不应当以犯罪处理。否则，就有违背罪刑法定之嫌疑。正如李斯特指出，“未遂的本质特征在于，无论是在主观上还是在客观关系上均没有发生符合构成要件的对外部世界的改变。离既遂的发生越远，犯罪行为在思想意志活动的越早阶段中断，此等关系也就越难证明之，也就越不能谈及行为的客观危险性。因此，有必要将离既遂更远的犯罪预备行为与既遂较近的行为区分开来，前者不处罚，而后者则要处罚”①。

另外，不处罚某些预备行为还在于立法者必须考虑惩罚的可能性与现实性。“为了犯罪，准备工具、制造条件”，是缺乏犯罪实行行为的一个犯罪阶段。这就必然导致认定上出现疑问，即“准备工具、制造条件”不但可以是为了犯罪，日常生活中的许多事情都可以事先准备工具或者制造条件。“‘购来一支手枪’（杀人）是‘犯罪预备’，还是‘已经着手实施犯罪’？一个人‘购买一支手枪’，不仅可能是为了杀人，也可能是为了自我防卫，还可以是为了自杀；同样，在夜间溜进某一有钱的漂亮女人休息的房间，这一事实到底是盗窃、杀人或者是强奸的‘犯罪预备’，还是‘着手实施犯罪’，甚至只不过是一场恶作剧？”② 例如，甲和乙为同村村民，

① 〔德〕李斯特：《德国刑法教科书》，徐久生译，法律出版社 2000 年版，第 337 页。

② 〔法〕卡斯东·斯特法尼：《法国刑法总则精义》，罗结珍译，中国政法大学出版社 1998 年版，第 233 页。

向来有仇，快过春节两人又发生矛盾，甲扬言要杀害乙。此后，甲连续几天在家里磨杀猪刀。乙知道后非常害怕，就报告公安机关。其实，按照当地风俗，年关将至，许多家庭都会杀猪过年，甲家里就有两头肥猪。那么公安机关如何判断甲的行为是否为犯罪预备行为呢？相信这绝对是难题。因为，甲称自己磨刀是准备杀猪过年，无论是从情理还是从现实来看，都是无可厚非的。正是由于预备行为是实行犯罪的前奏，因而很难与日常生活中的某些正常行为区分开来，这无疑为认定犯罪预备埋下了重重困难。换句话说，离开犯罪实行行为制约，“准备工具、制造条件”缺乏客观评价标准，只能依照“为了犯罪”这一行为人的主观内在心理进行认识，区分犯罪预备行为与日常生活行为，这几乎是不可能的。

事实上，行为人出于逃避刑事责任考虑，往往会极力证实其预备行为属于日常正当行为。正如我国台湾学者所言，预备阶段之行为事实与一般社会生活事实无异，此时欲证明行为人具有一定犯罪意思存在，实属困难，故在将来立法、修法上宜审慎考虑并删减有关预备犯之处罚规定。① 德国学者玛拉哈也指出，法律还要充分地考虑、期待相反的情况。本身虽然是真正的预备行为，但基于行为者的再考虑，或由于外部的障碍，经过一段时间，改变为别的情况，以致没有发展到未遂领域的还不少。② 我国大陆也有学者认识到这一点。如有学者指出，“刑法总则关于处罚犯罪预备行为的规定具有一定的虚置性，表现为立法过剩”③。还有学者认为，“将所有预备行为宣告为可罚，不仅违反刑罚的经济性原则，在实践中无法实行，而且也是没有理论根据的。是一种立法和理论的懒惰”④。这些见解很有道理。

概括地说，将预备行为酌情予以非犯罪化的理由主要在于：一是处罚预备行为代价高昂。由于缺乏实行行为，查处预备行为难度极大，需要付出高昂代价。二是处罚预备行为效率极低。在司法实践中，纯粹处罚预备行为的情形非常罕见，但这并不代表预备行为极少发生。许多故意犯罪特别是有蓄谋的犯罪，行为人往往会进行犯罪预备，但很少能在预备阶段就被发现，这充分说明制裁预备行为的效率是极低的。三是处罚预备行为容易约束人们合乎社会需要的行为。预备行为只要没有进入实质的实行行为阶段，其发展方向尚存在变数，制裁该类行为将不可避免地约束人们合乎

① 陈一榕：《海峡两岸犯罪预备的比较研究》，《政法论坛》1998 年第 2 期，第 58 页。
② 马克昌：《比较刑法原理——外国刑法学总论》，武汉大学出版社 2002 年版，第 314 页。
③ 陈兴良：《本体刑法学》，商务印书馆 2001 年版，第 487 页。
④ 李海东：《刑法原理入门》，法律出版社 1998 年版，第 139 页。

社会需要的行为。例如，买菜刀预备杀人，后因故放弃实施犯罪的场合，行为人买菜刀可能变成合乎社会需要的行为。将之入罪，势必会导致公权力过分介入人们的日常生活，从而约束人们合乎社会需要的行为。

那么又是什么原因使各国刑法存在处罚预备行为的例外情形呢？这就必须从这些例外情形本身说起。国外在刑法分则中直接将某些预备行为规定为独立的预备罪进行处罚，是特别谨慎的。如1907年的《日本刑法典》就在有关内乱、外患、私战、货币伪造变造、杀人、强盗等罪方面规定了惩罚预备罪，日本现行刑法对预备犯在总则中未作任何规定，在分则中对内乱、外患、私战、对建筑物放火、伪造通货、杀人、以要求赎金为目的的拐取以及强盗八种严重犯罪规定了处罚预备犯。1953年的《德意志联邦共和国刑法典》也规定了侵略战争、内乱、伪造货币印花、伪造官署证明、爆炸罪方面的预备罪。① 我国台湾地区刑法在刑法分则规定处罚预备犯的有内乱罪、外患罪、放火罪、杀人罪、强盗罪、掳人勒赎罪等。从以上罪名可以看出，各国刑法对预备犯的处罚，主要集中于对国家和社会有重大危险的犯罪行为的预备行为。这些犯罪的预备行为，由其特殊性质决定，从一开始起就有别于日常生活中的一般犯罪行为，因为其促成的实行行为能够对刑法保护的法益造成巨大损害。例如，为了伪造货币而购买制造钱币的机器、特制纸张等，就具有明显的指向伪造货币罪的意图，惩罚其预备行为是切实可行的。所以，特殊情况下（im Grenzfall）才能处罚预备行为，也就是说，只有当预备行为很清楚地指向了某一犯罪，或者需要及早预防某些犯罪时，才能将预备行为规定为犯罪。② 可见，从国外立法经验上看，处罚预备犯通常限于对应的实行行为具有巨大的社会危害性的预备行为。

综上所述，由于尚未实施犯罪实行行为，因而犯罪预备行为的社会危害性是相对较轻的。根据但书规定，符合“情节显著轻微危害不大”的预备行为必然会很多，故对于预备行为不能一概不以犯罪论，必须严格控制其制裁范围。在我国，虽然刑法总则概括规定了处罚预备犯，但司法实践不能一概论之。只有对社会危害十分严重的某些犯罪或者法益非常重大的某些犯罪，才考虑规定处罚其预备犯。“就我国目前的立法而言，由于实质预备犯已通过分则的罪责规范设定而被拟制为实行行为，一般的犯罪预

---

① 邢志人：《犯罪预备研究》，中国检察出版社2001年版，第18-19页。

② 〔德〕冈特·施特拉腾韦特、洛塔尔·库伦：《刑法总论Ⅰ——犯罪论》，杨萌译，法律出版社2006年版，第250页。

备行为可通过《刑法》第13条‘但书’的过滤而被认定为情节显著轻微、危害不大的非犯罪行为，所以，关于预备行为实行性缺乏的问题，主要针对的是缺乏分则规范的类型化犯罪构成与独立罚则而又具有严重的法益侵害性的预备行为，而该类行为的共同点则在于紧邻或者无限接近于作为实行行为开端的‘着手’。”① 由于我国刑法对于重大的法益，一般都规定较重的法定刑，故可以选择对刑法规定的重罪的预备犯进行处罚：首先，将刑法规定的特别严重的犯罪的预备行为，纳入刑法制裁之列。这类犯罪主要指根据刑法规定，法定最低刑为10年以上有期徒刑的犯罪，如背叛国家罪，抢劫枪支、弹药、爆炸物、危险物质罪，绑架罪等；其次，有选择地制裁刑法规定的重罪的预备行为。这类犯罪主要指法定最低刑为3年以上有期徒刑的犯罪，如投敌叛变罪、以危险方法危害公共安全罪、强奸罪、抢劫罪等。由于这类犯罪相对复杂，不宜对之预备行为全面处罚。

四、但书与预备行为实行化的处罚范围

严格地说，在《刑法修正案（九）》出台之前，关于预备犯的概念和处罚范畴，至少从我国刑法规定的角度来看是不存在什么争议的。即使刑法对预备犯有规定，但司法实践对预备犯的处罚还是基本上遵循慎之又慎的原则，即单纯处罚预备犯的情形并不多见。但是，《刑法修正案（九）》出台之后，由于存在将预备行为实行化的规定，使人们对预备犯的理解、适用以及处罚范畴产生了较大的争议。与之相关联的是，如何确定预备行为实行化的处罚范围。有学者认为，“由于独立预备罪已经被规定为既遂犯罪，所以，不能过于限制独立预备罪的处罚范围，否则会违反刑法的宗旨”②。同样，由于预备行为的特殊性，不能在对独立预备罪处罚时肆意放纵，乃至于过于扩张其处罚范围。因此，合理确定预备行为实行化后的处罚范围，具有重要的理论价值与实践意义。

（一）预备行为实行化与预备犯的类型

所谓预备行为实行化，是指将本为某些犯罪的预备行为独立规定为刑法规定的类型化行为，规定单独的罪状和法定刑，从而实现对该类预备行为进行独立定罪量刑。本来，预备行为是相对实行行为而言的。只有相对实行行为，预备行为才具有实质意义。预备行为实行化等于将完全不同的两类行为同一化，因而所谓的预备行为实行化似乎存在自相矛盾之处。这

① 郑延谱：《预备犯处罚界限论》，《中国法学》2014年第4期，第241页。

② 张明楷：《刑法学》，法律出版社2016年版，第336页。

里关系到实行化后的预备犯是否存在实行行为的问题。

众所周知，在大陆法系国家刑法理论中，存在基本的犯罪构成和修正的犯罪构成之分。前者是指既遂犯的犯罪构成，后者是指预备犯、未遂犯以及中止犯等的犯罪构成。根据修正的构成要件理论，对于实行化后的预备犯是否存在实行行为，存在肯定说（多数说）与否定说之别。“否定说认为，由于实行行为仅限于符合基本构成要件的正犯的实行行为，所以着手实行之前的预备行为不具有实行行为性。而且，预备行为的无定型性也是其否定实行行为性的理由之一。相反，肯定说脱离这种形式逻辑的思考，在相对的、机能的把握实行行为概念的基础上认定预备罪的实行行为性。既然存在预备罪的构成要件，当然就能够认定实行行为性（多数说）。此观点在是否成立预备罪的共犯问题上，具有意义。”①

客观地说，关于预备行为实行化后是否存在实行行为，要看如何理解实行行为。有学者认为，“实行行为应是指蕴含于具体犯罪构成中具有法益侵害现实危险性的行为”②。从形式意义上理解，实行行为是指作为符合构成要件的构成事实的具体性行为。③ 实行行为本来就意味着构成要件中行为人以动词形式表达的行为，其范围及内容在形式上根据各自的构成要件的解释来决定。④ 如果这样理解实行行为，那么就应该承认预备行为在独立地成为刑法中的类型行为后，因为具备了独立的构成要件以及符合构成要件的具体事实行为，就理当具有自己的实行行为。因为实行行为作为构成事实的、符合构成要件的具体行为，是由独立的刑法类型化行为决定的。当预备行为没有独立成罪，那么预备行为是相对实行行为而言的；当预备行为独立成罪，那么预备行为本身就属于实行行为。“如果将预备罪的法律性质视为独立犯罪，就能够认定预备罪的实行行为性。”⑤

我国在《刑法修正案（九）》颁行之前并未出现典型的预备行为实行化。《刑法修正案（九）》增设的准备实施恐怖活动罪，就属于典型的预备行为实行化。具体规定为：“有下列情形之一的，处五年以下有期徒刑、拘役、管制或者剥夺政治权利，并处罚金；情节严重的，处五年以上有期

① 〔韩〕金日秀、徐辅鹤：《韩国刑法总论》，郑军男译，武汉大学出版社2008年版，第528页。

② 范德繁：《犯罪实行行为论》，中国检察出版社2005年版，第48页。

③ 董玉庭：《论实行行为》，《环球法律评论》2004年第2期。

④ 〔日〕西原春夫：《犯罪实行行为论》，戴波，江溯译，北京大学出版社2006年版，第2页。

⑤ 〔韩〕金日秀、徐辅鹤：《韩国刑法总论》，郑军男译，武汉大学出版社2008年版，第527-528页。

徒刑，并处罚金或者没收财产：（一）为实施恐怖活动准备凶器、危险物品或者其他工具的；（二）组织恐怖活动培训或者积极参加恐怖活动培训的；（三）为实施恐怖活动与境外恐怖活动组织或者人员联络的；（四）为实施恐怖活动进行策划或者其他准备的。”不难发现，准备实施恐怖活动罪的行为类型，本为恐怖活动犯罪的预备行为，由于刑法将之单独规定为刑法的类型化行为，并赋予独立的法定刑，因而上述准备实施恐怖活动行为又有了自己独立的罪名、罪状和法定刑。正因预备行为的实行化，预备犯的类型出现了多样化特征，典型的便是形式预备犯（从属预备犯）与实质预备犯（独立预备犯）的分野。

那么什么是形式预备犯与实质预备犯呢？对此，有学者认为，一般来说，刑法将准备行为作为基本犯罪构成要件行为（实行行为）之前的行为予以规定的情形，就属于从属预备罪；刑法将准备行为规定为独立的犯罪类型时，就属于独立预备罪。① 有学者提出，形式的预备是指刑法明文规定处罚预备行为的犯罪预备类型，其特点是刑法条文只能以“预备（行为）”或“预备犯”命名并规定予以处罚；实质的预备是指刑法条文不直接命名为“预备（行为）”或“预备犯”，但仍处罚犯罪预备形态的犯罪预备类型，其特点是不在刑法当中称谓“预备”，而往往将实际上的预备行为以独立罪方式加以规定。② 还有学者认为，形式预备犯在规定形式上，其处罚通常附属于该罪既遂犯的构成要件；实质预备犯是与形式预备犯相对的概念，是立法者将某些本来仅是预备的行为，予以入罪化（入刑化），使其分离出来成为一种独立的犯罪类型。③ 据此可以确定，所谓的形式预备犯，是指附随于既遂犯而存在的，处罚时以刑法对既遂犯的处罚为参照标准的预备犯；所谓的实质预备犯，是指被刑法类型化的其他犯罪的预备行为，并具有自己独立的罪状和法定刑的犯罪形态。预备行为实行化的结果，成就了实质预备犯的规范地位。

由上可知，实质预备犯是相对形式预备犯而言的，两者在本质上存在很大差异：首先，实质预备犯通常规定在刑法分则中；形式预备犯则往往由刑法总则概括规定。其次，实质预备犯具有独立的罪状和法定刑，形式预备犯的罪状和法定刑依附于其他犯罪。最后，实质预备犯有自己的实行行为；形式预备犯本来就指预备行为，是相对实行行为而言的。对于实质

---

① 张明楷：《刑法学》（上），法律出版社 2016 年版，第 334 页。

② 邢志人：《犯罪预备研究》，中国检察出版社 2001 年版，第 53-54 页。

③ 林钰雄：《新刑法总则》，中国人民大学出版社 2009 年版，第 278 页。

预备犯，有学者认为其在构成要件行为形式上虽然不是其他犯罪的预备行为，但立法是因其可能成为其他犯罪的预备行为而将其规定为独立的犯罪的。① 我们认为，虽然实质预备犯是立法因其可能成为其他犯罪的预备行为而将其规定为独立的犯罪的，但其在构成要件行为的形式上仍然是其他犯罪的预备行为，只不过由于预备行为独立成罪，因而对相关犯罪的预备行为只能按照实质预备犯论处，而不能认定为形式预备犯而比照相关犯罪论处。

（二）但书视野下实行预备犯的处罚原则

在大陆法系国家刑法理论中，一般认为形式预备犯是不可罚的，只有实质预备犯才是可罚的。如贝林就指出，预备行为是不可罚的，但在有些情况下，预备行为也有可能是可罚的，即该预备行为本身就是一个构成要件，在法律上被规定为一个独立的构成要件。② 预备行为通常不可罚，是有其内在缘由的。“一般而言，预备行为与犯罪参与行为与实行行为相比，在应受谴责程度上具有类型化的差异，除非有特殊的刑事政策需要，不宜将这种原则性的差异作立法上的消除。”③ 问题在于，刑法又偏偏将某些犯罪的预备行为实行化，明确对其处罚的具体法律依据，不难发现对预备犯的罚与不罚之间的矛盾。一律处罚预备犯，不利于保障人权；一概不处罚预备犯，又不利于维护社会秩序。如何更好地协调刑法的社会秩序维护机能与人权保障机能，确实值得进一步探究。

刑法的社会秩序维护机能与人权保障机能一直以来就存在如何有效协调与平衡的问题，只是到了风险社会显得尤为突出。风险社会基于维护社会秩序的需要，往往需要加强对犯罪的控制，以便更好地满足国家、社会和公众的安全需要。预备行为实行化就是加强犯罪控制的典型表现。“‘预备行为实行化’是传统刑法向风险刑法转型的一个缩影。就犯罪控制而言，它突破了传统刑法的打击面，将那些离恐怖主义犯罪实害还显有距离、对法益只有侵害可能性的预备行为拟制为实行行为作为独立的犯罪予以打击，即把犯罪的可罚线不断向前推移，恐怖活动刚有露头的迹象时就可动用刑事手段予以规制。若秉承传统的罪责刑法，等到危害结果出现时

① 梁根林：《预备犯普遍处罚原则的困境与突围——刑法第 22 条的解读与重构》，《中国法学》2011 年第 2 期。

② 〔德〕恩施特·贝林：《构成要件理论》，王安异译，中国人民公安大学出版社 2006 年版，第 170 页。

③ 王志远：《〈刑法修正案（九）〉的犯罪控制策略视野评判》，《当代法学》2016 年第 1 期，第 29 页。

刑法再予以干预，势必无法满足公众的安全需求。”① 这是因为在风险社会背景下，无论是国家还是社会，抑或是公众，往往都会“较少关注个体犯罪人的责任、过错、道德感、诊断、干预或处理，相反，它更关注对被认为是危险群体的识别、分类和管理”②。

在风险社会，基于维护社会秩序和满足国家、社会以及公众安全感的需要，预防刑法理念应运而生。“所谓预防刑法，系相对于建立在启蒙思想之上的传统古典刑法而言，它不再严格强调以既成的法益侵害结果作为追究刑事责任的基础，而是着眼于未来，基于对安全的关注，着重于防范潜在的法益侵害危险，从而实现有效的社会控制。”③ 预防刑法论往往将在未然之中防止侵害、在事前进行考虑作为主旨，在侵害发生之前的阶段采用有效的预防对策。预防目的、效果目的越强烈，积极利用刑事制裁的倾向就越明显（所谓刑法的机能化），将可罚性早期化、创制出普遍法益的倾向就越来越明显。④ 抽象危险犯，通常被看作对事前控制、预防最为合适的立法手段。因为既然遭受恐怖犯罪、极端主义犯罪的侵害已经成为一种难以避免的风险，那么，为了让风险管理机制顺利启动，将所有的社会成员作为对象，不管有无实际损害或者具体的危险状态，都以强制手段对所有社会成员的行动选择、决定进行规制，是最为有效的。⑤ 可以说，作为抽象危险犯的实质预备犯，就是风险社会应对犯罪威胁而特别设立的立法成果之一。

然而，为了维护社会秩序而过度控制犯罪，即一律处罚预备犯，既不可行也不必要。因为刑罚的全面发动是很难做到的，既缺乏足够的法理正当性，也没有刑事政策上的必要性，同时还存在着法律适用上的困难，导致《刑法》第 22 条基本处于闲置状态。

有学者就指出，《刑法修正案（九）》将拒不履行信息网络安全管理义务罪的部分犯罪准备行为予以犯罪化，虽有一定的积极价值和意义，却带有相当程度情绪化色彩，存在诸多不合理之处。如有扩大犯罪圈之嫌，“致使违法信息大量传播”与“致使刑事案件证据灭失”的规定存在自相

① 王胜华：《“预备行为实行化”立法的正当性根据》，《石河子大学学报（哲学社会科学版）》2017 年第 3 期，第 19 页。

② 〔英〕海泽尔·肯绍尔：《解读刑事司法中的风险》，李明琪译，中国人民公安大学出版社 2009 年版，第 31 页。

③ 何荣功：《预防刑法的扩张及其限度》，《法学研究》2017 年第 4 期。

④⑤ 黎宏：《〈刑法修正案（九）〉中有关恐怖主义、极端主义犯罪的刑事立法》，《苏州大学学报哲学社会科学版》2015 年第 6 期，第 91 页。

矛盾之处。[①] 同时，利用刑法维护社会秩序与安全，向来被认为并非首要的、唯一的选择，刑法基于保障人权的需要，必须维持谦抑性，只有在必要的时候才能够发动刑法规制。“在一种过度渲染秩序与安全的大环境下，社会成员之间往往会徒增敌对感与恐惧心理，进而过分关注自身的自卫能力，甚至在必要之时采取‘合法’伤害他人的行为。然而，由规范角度观之，对此情形的法律应对也不宜由最具暴力属性的刑法来进行宣扬和捍卫。”[②]

于是，为了不至于厚此薄彼，“如何在预备犯领域中寻求刑罚膨胀与法益保护之间的平衡”[③]，更好地协调刑法的社会秩序维护与人权保障的关系，就变得十分重要。有学者认为，“眼下要做的事情，就是在尊重抽象危险犯立法模式的前提之下，基于传统刑法在保护法益和保障人权之间进行衡平的考虑，将其尽量纳入传统刑法理论的框架中来”[④]。具体来说，“从法益侵害说的立场出发，对抽象危险犯中的危险概念进行分析，并从法益侵害的角度对危险的含义进行说明，维持抽象危险犯的立法模式和传统的法益侵害原则之间的平衡与协调，从而避免上述抽象危险犯的立法模式可能引发的问题”[⑤]。

问题在于，无论是抽象危险行为还是法益侵害，其内容既泛且空，不具有可操作性。根据但书规定，必须对抽象危险行为根据危害程度进行界定，对法益侵害进行性质和程度上的甄别，排除对情节显著轻微危害不大的抽象危险行为进行处罚，以便为立法与司法提供现实的、可操作性的标准，而不是提供维持何种平衡与协调这样空洞、抽象的说理。例如，就预备行为的类型而言，并非所有类型的犯罪预备行为都是可以实行化的，需要以但书规定作为评价犯罪预备行为的轻重程度的标准，将确实值得处罚的预备行为实行化。又如，就法益的性质而言，也不是侵犯任何性质法益的犯罪，其预备行为都可以实行化的。这就需要根据一定的准则来确定预备行为实行化的处罚范围。

以但书规定为指导，人们对预备行为实行化的原则进行了探究。如有学者提出重大法益原则，即认为只有法益重大的几种犯罪才值得处罚。

---

① 刘宪权：《刑事立法应力戒情绪以〈刑法修正案（九）〉为视角》，《法学评论》2016年第1期，第90-91页。

② 邵博文：《晚近我国刑事立法趋向评析——由〈刑法修正案（九）〉展开》，《法制与社会发展》2016年第5期，第142页。

③ 车浩：《刑事立法的法教义学反思—基于〈刑法修正案（九）〉的分析》，《法学》2015年第10期，第11页。

④⑤ 黎宏：《〈刑法修正案（九）〉中有关恐怖主义、极端主义犯罪的刑事立法》，《苏州大学学报哲学社会科学版》2015年第6期，第89-90页。

“由于可罚的预备是只能基于行为无价值进行处罚的例外的现象，所以考虑法益的重大性仅限于在几个构成要件中设置预备罪的处罚规定。”① 有学者提出异常性原则与高度危险性原则，认为应类型化的预备行为明显异常于符合社会规范要求的日常行为，且是对于法益侵害而言具有高度的危险实现的可能的行为。② 还有学者认为，预备行为实行化必须遵循必要性原则与确定性原则。“对犯罪预备的成立范围必须进行严格限制，即只能将实质上值得处罚的预备行为作为犯罪处罚。第一，只有从刑事政策的角度来看，需要尽早预防某些犯罪时，才有必要处罚犯罪预备。换言之，只有当某种预备行为的发展，必然或者极有可能造成重大法益或者大量法益的侵害时，才有必要处罚犯罪预备。第二，只有当行为人的犯罪故意确定，确实将实行某一特定犯罪，并实施了相应的预备行为时，才有必要作为犯罪预备处罚。”③

不难看出，人们上述原则的目的，均为限缩预备行为实行化的处罚范围，并便于将情节显著轻微危害不大的预备行为排除在应当处罚的实行化行为之外。那么如何才能有效限定预备行为实行化的范畴呢?《刑法修正案（九）》将准备实施恐怖活动行为实行化主要考虑的是法益的重大性。法益重大，能够说明行为性质的严重性以及社会危害性的严重性，能够体现但书规定的价值评价。“恐怖主义活动的一个重要特点，就是恐怖事件一旦发生，往往会给国家和公共安全、社会稳定、公民人身财产安全造成极大的破坏，引起严重的社会恐慌甚至社会秩序混乱。”④ 《刑法修正案（九）》将非法利用信息网络行为实行化，主要基于两点考量：一是网络犯罪的独特影响，即不易控制，极易扩散并造成重大社会影响。“网络犯罪迅速蔓延和泛滥，一个主要原因是由于网络的无地域性，极易在短时间内通过网络组织多地不特定人共同参与犯罪活动，也极易通过网络针对大量不特定人实施犯罪。”⑤ 极易扩散并造成严重的社会影响，也是能直接影响行为的社会危害性的，可以体现但书规定的价值评价。二是网络犯罪的

---

① 〔韩〕金日秀、徐辅鹤：《韩国刑法总论》，郑军男译，武汉大学出版社 2008 年版，第 525－526 页。

② 阎二鹏：《预备行为实行化的法教义学审视与重构——基于〈中华人民共和国刑法修正案（九）〉的思考》，《法商研究》2016 年第 5 期，第 63－64 页。

③ 张明楷：《刑法学》，法律出版社 2016 年版，第 336 页。

④ 赵秉志主编：《〈中华人民共和国刑法修正案（九）〉理解与适用》，中国法制出版社 2015 年版，第 111 页。

⑤ 沈德咏主编：《〈刑法修正案（九）〉条文及配套司法解释理解与适用》，人民法院出版社 2015 年版，第 261 页。

事实认定、调查取证难。“随着互联网应用的普及，一些传统犯罪出现了网络时代的新特点，实践中打击网络犯罪在证据提取、事实认定、法律适用等方面，也面临着新的问题和困难，需要有针对性地对刑法相关规定作出调整和完善，以适应这种新的情况和变化。”① 这种针对性的调整与完善，便是将法益保护提前，以解决因网络犯罪的隐蔽性更强等给犯罪证据收集、案件处理带来的新困难。“《修九》基于网络犯罪治理的需要，将违法利用信息网络等传统犯罪的预备行为单独成罪，有助于解决网络犯罪的实践难题，也反映出我国刑法立法理念的创新。”②

当然，犯罪猖獗、治理形势严峻也是考虑因素之一，上述恐怖活动犯罪和网络犯罪均为近年来司法实践中最为突出的两类犯罪，不但犯罪高发、犯罪分子十分猖獗，而且也极难被防治，给社会造成严重的不良影响。如果认为事实认定、调查取证难意味着容易纵容犯罪，乃至于造成不良影响以及治安形势严峻，那么也可以认为其是可以体现但书规定的价值评价的。

对于上述观点，如果认为网络犯罪及其预备行为、恐怖活动犯罪及其预备行为明显异常于符合社会规范要求的日常行为，以及恐怖活动、网络违法犯罪的易扩散、不可控性等具有高风险性的话，那么预备行为实行化遵循异常性原则与高度危险性原则，也是值得理解的。但是，在笔者看来，这样的表述概括性不强，且容易造成认定与理解上的混淆，可以用必要性来替代。因为无论是认为应类型化的预备行为明显异常于符合社会规范要求的日常行为，还是认为其是对于法益侵害而言具有高度的危险实现的可能的行为，均表明将预备行为实行化确实有其独特的必要性，换句话说，就是不得不动用刑罚手段来规制这样的预备行为。至于从刑事政策的角度来看是否需要尽早预防某些犯罪，本质上属于必要性的问题。此外，至于学者提出的所谓的确定性，即只有当犯罪故意确定，行为人确实将实行某一特定犯罪，并实施了相应的预备行为时，才有必要作为犯罪预备处罚倒是没有必要特别要求，因为所谓的故意确定、确实实行犯罪等，属于主观心理范畴，并不容易调查取证，会给犯罪认定带来极大的麻烦。同时，即使故意不确定，是盖然的，行为人也同样有可能实施实行行为并造成严重后果。因此，没有必要设置这样的特别要求。

---

① 臧铁伟、李寿伟主编：《〈中华人民共和国刑法修正案（九）〉条文说明、立法理由及相关规定》，北京大学出版社2016年版，第228页。

② 赵秉志、袁彬：《中国刑法立法改革的新思维—以〈刑法修正案（九）〉为中心》，《法学》2015年第10期，第21页。

综上所述，预备行为实行化应当遵循两大原则：一是重大法益原则；二是必要性原则。侵犯重大法益本身就说明预备行为性质不同于一般犯罪，体现其自身具有较大的社会危害性；必要性原则则综合反映了预备行为具有较大的社会危害性，已经到了不利用刑罚制裁不足以遏制的地步。其中，法益的重大性包含两层含义：一是法益性质的重大性，如准备实施恐怖活动罪侵犯的公共安全，就具有非常重大的特征；二是法益本身的独特性，即该法益相对同类法益具有特殊性，因而显得更为重大。例如，虽然都是侵犯公共安全，但恐怖活动犯罪所侵犯的公共安全更为特殊、重大，因而需要将恐怖活动犯罪的预备行为实行化。所谓的必要性原则，就是根据犯罪状况、治理需要以及犯罪本身的特殊性等，确实有必要将其预备行为实行化。另外，考虑到预备行为社会危害的间接性以及实行化后所带来的影响，以及我国预备行为实行化尚处于探索阶段，在贯彻重大法益原则和必要性原则时，总地来看，要审慎，以采取较高标准和较严要求为妥。

（三）实质预备犯的处罚范围

实质预备犯的处罚范围包含两种情况：一是实质预备犯的类型化的行为的处罚范围；二是实质预备犯的未完成形态的处罚范围。

对于第一种情况，有学者认为，“原则上仅限于刑法有明文规定的场合。在以法律明文规定以外的方式为犯罪提供准备的，不能构成本罪的预备犯。在为他人实施恐怖活动而准备了凶器、危险物品或者其他工具，即便他人最终没有使用的场合，也可能构成本罪。因为，为实施恐怖活动而准备凶器、危险物品本身就已经具有危害公共安全的抽象危险，不要求该凶器最终被实际用于实施”①。笔者基本赞同这种观点。问题在于，就刑法规定来看，如果类型化行为确定，是不存在认定上的问题的。例如，就准备实施恐怖活动罪而言，前三项行为，即为实施恐怖活动准备凶器、危险物品或者其他工具的，组织恐怖活动培训或者积极参加恐怖活动培训的以及为实施恐怖活动与境外恐怖活动组织或者人员联络的，并不难确定。但是如何理解“为实施恐怖活动进行策划或者其他准备的”呢？对此，应当比照既有行为加以认定，这便是行为的侵害可能性。这是因为前三项行为均是实质性的、对刑法保护的法益具有侵犯可能性的行为。不属于这类性质的行为，即便是实施恐怖活动的准备行为，也不能认定为准备实施恐

① 黎宏：《〈刑法修正案（九）〉中有关恐怖主义、极端主义犯罪的刑事立法》，《苏州大学学报哲学社会科学版》2015 年第 6 期，第 89-90 页。

怖活动罪。

第二种情况实质上关系到有没有必要处罚实质预备犯的未完成形态的问题，其中主要是有关实质预备犯的预备行为的处罚范围问题。因为实行阶段的中止犯与未遂犯已经实施实行行为，意味着其对法益业已产生抽象危险，对其加以处罚在情理之中。

一般来说，预备行为实行化后，预备行为被法律拟制为实行行为。此时，对预备罪的既遂犯进行处罚，是符合罪刑法定要求的，也与但书规定相契合。但是，实行化后的预备行为及其内容较为多样，如果一概加以处罚显然是不合适的。以准备实施恐怖活动罪为例，“其范围极为广阔，且未在‘量’上做‘情节严重’之类的限制，这种具有‘过度犯罪化’嫌疑的规定，容易给刑罚权的发动带来较大的随意性。”① 这里需要探讨的是，对于实质预备犯，是否需要处罚其未完成形态？这关系到预备行为实行化后的处罚范围。显然，确定预备行为实行化后的处罚范围，离不开但书规定的指导。“对于预备行为实行化的立法，即使是刑法典分则采取的是行为犯的立法模式，但是在司法过程中，我们必须考量我国刑法立法定量因素的限制，合理界分行政处罚与刑事处罚的界限，通过实质解释将‘情节显著轻微危害不大’的行为，排除在刑事处罚的范围之外。”②

众所周知，形式预备犯中的“为了犯罪”是指为了实行犯罪，即实施犯罪实行行为。预备行为实行化后，通常被认为“独立于被已经被规定为独立的犯罪，不再属于犯罪预备形态”③。既然对于实质预备犯而言，原本的犯罪预备行为不是犯罪预备行为而是犯罪实行行为，那么从理论上讲这样的实行行为也应该存在预备行为。于是就产生了另一问题：实质预备犯的预备行为是否需要处罚，若处罚，能否按照《刑法》第 22 条的规定以预备犯论处？对此，有学者认为，从形式上说，既然独立预备罪的行为已经是实行行为，那么为了实施独立预备罪而实施的准备行为，也符合从属预备罪的“为了实行犯罪，‘准备工具、制造条件”的成立要件。鉴于独立预备罪实际上已经扩大了预备罪的处罚范围，如果一概将独立预备罪之前的准备行为认定为犯罪，必然导致处罚范围的不当扩大。因此，对于

① 梅传强：《我国反恐刑事立法的检讨与完善——兼评〈刑法修正案（九）〉相关涉恐条款》，《现代法学》2016 年第 1 期，第 41 页。

② 商浩文：《预备行为实行化的罪名体系与司法限缩》，《法学评论》2017 年第 6 期，第 173 页。

③ 陈兴良：《本体刑法学》，商务印书馆 2001 年版，第 489 页。

为了实施《刑法》第 120 条之二规定的准备实施恐怖活动罪而实施的准备行为，只能通过实质判断认定其是否值得科处刑罚。[①] 论者还特别加以例示。“为了组织恐怖活动培训，已经联系了讲授人员与参加人员，或者准备了培训场所的，应按照《刑法》第 22 条的规定，以预备犯（从属预备罪）处罚。但是，为了准备危险物品而阅读相关书籍或者在网络上查询相关资料的行为，不能认定为预备犯；为了购买凶器而挣钱的行为，也不能认定为预备犯。概言之，只有当行为对法益具有一定的抽象危险时，才可能认定为预备犯。”[②]

笔者认为，对于实质预备犯的预备行为，原则上不应处罚。理由在于：首先，处罚一般犯罪的预备犯是一种例外，这意味着预备行为实行化也是一种例外。这样，预备犯的预备行为就属于例外的例外，实在没有处罚必要。其次，预备犯的预备行为不具有社会危害性。预备犯对法益的侵害就是间接的，预备犯的预备行为对法益的侵害只能是间接之间接，其距离危害结果发生很遥远，将这样的行为纳入刑罚制裁之列，缺乏正当性。例如，为实施恐怖活动准备凶器的预备行为，可能是为了买凶器的赚钱行为，如技能培训、从事正常工作等；积极参加恐怖活动培训的预备行为，就可能是日常的工作请假行为等；为实施恐怖活动与境外恐怖活动组织或者人员联络的预备行为，就可能是买手机等行为。对这样的行为，刑法没有理由利用刑罚加以制裁。如果确实要制裁这样的行为，不但难以起到维护社会秩序和安定的作用，反而会造成不必要的社会或者生活紊乱，反而不利于维护社会秩序安全。

第二节　但书与未遂犯的处罚范围

未遂犯是指已经着手实施犯罪，由于意志以外的原因没有得逞的犯罪停止形态。与预备犯不同的是，未遂犯已经开始实施实行行为。从主观上来看，未遂犯与既遂犯的区别可能不大。但是，从客观危害来看，未遂犯毕竟没有造成法定危害结果的发生，因而其客观危害较之既遂犯要小。未遂犯的处罚范围，也必须运用但书才能作出合理的判断。

---

①② 张明楷：《论〈刑法修正案（九）〉关于恐怖犯罪的规定》，《现代法学》2016 年第 1 期，第 29 页。

一、未遂犯概述

未遂犯，是指已经着手实施犯罪实行行为，由于犯罪分子意志以外的原因而未得逞的犯罪停止形态。未遂犯通常具有以下特征。

一是已经着手实施犯罪，即行为人已经开始实行刑法分则条文所规定的某种具体犯罪客观方面的行为。如行为人点燃物品放火、意图伤害而持刀砍向他人等。已经着手实施犯罪，是未遂犯区别于预备犯的主要特征，表明行为人已经从犯罪预备阶段进入实行阶段，即行为人从为实施犯罪创造条件的阶段进入开始实施并完成犯罪的阶段。其犯罪行为本身就能揭示其犯罪意图，并预示着危害结果将要发生。如果没有出现犯罪分子意志以外的原因，任由犯罪实行行为发展下去，那么犯罪最终就会得逞。

二是犯罪未得逞，即行为人没有通过具体犯罪行为达到既遂。犯罪未得逞并不等于没有发生任何危害结果，而是犯罪的特定危害结果没有发生，如强奸没有奸入、故意杀人未能将被害人杀死、抢夺贵重物品没有将之夺取到手等。犯罪未得逞是未遂犯的重要特征，也是其与既遂犯的主要区别。需要注意的是，行为人如果已经得逞，即使后来消除了犯罪危害，也只能成立既遂犯，不能成立未遂犯。如故意伤害他人造成轻伤结果后治好他人伤害的，抢夺财物到手后又还给被害人的，等等，均只能成立既遂犯，不能成立未遂犯。

三是犯罪未得逞是由于犯罪分子意志以外的原因，即犯罪分子之所以未能达到预期的危害结果，并非因为犯罪分子不希望或者阻止危害结果发生，而是因为其不能或者不敢把犯罪继续进行下去，其决定性因素是出现了犯罪分子意志以外的原因，致使犯罪未完成。这里的“犯罪分子意志以外的原因”，是指不以犯罪分子的主观意志为转移的原因，它既包括外界出现的出乎行为人意料之外的客观原因，如被警察、群众发现，被害人的强烈反抗，自然力的障碍，客观情况的变化等；也包括犯罪分子本人能力欠缺等原因，如自己没有能力完成犯罪，自己实施犯罪的方法、手段等没有奏效，自己身体上出现不利于继续犯罪的症候等；还包括犯罪分子主观认识上的错误，如对实施犯罪的客观情况估计有误、对事先的情况在判断上存在差错等。犯罪未得逞是违背犯罪分子意志的，而不是犯罪分子自愿的，这是区别未遂犯与中止犯的关键。

二、但书与未遂犯的处罚范围

（一）未遂犯处罚范围的立法规定

从国内外刑法对未遂犯的规定来看，关于未遂行为处罚范围的立法规定，大致有几种不同模式。

1. 刑法总则概括规定处罚范围，分则不再具体规定未遂犯的处罚。即刑法总则就未遂犯的处罚作出一般性规定，而刑法分则不再对具体犯罪的未遂犯处罚加以具体规定。如果分则规定的个罪需要处罚未遂犯，依照总则规定处罚便可。意大利、瑞士等国刑法就采取这种模式。如《意大利刑法典》第 56 条第 2 款规定："对犯罪未遂者的处罚是：如果法律为有关犯罪规定的是死刑，对未遂犯罪的犯罪人处以 20 年至 30 年有期徒刑；如果法定刑为无期徒刑，处以 12 年以上有期徒刑；在其他情况下，处以为有关犯罪规定的刑罚并减轻三分之一至三分之二。"① 《瑞士刑法典》第 21 条规定："行为人在开始实施重罪或轻罪后，未将其违法行为实施终了的，从轻处罚（第 65 条）。"第 22 条规定："犯罪行为已经实施终了，但重罪或轻罪的结果未发生的，可对行为人从轻处罚（第 65 条）。"第 23 条规定："1. 行为人实施重罪或轻罪的方法或对象事实上不可能使犯罪行为实施终了的，法官以自由裁量减轻处罚（第 66 条）。2. 行为人因无知而行为的，法官可免除其刑罚。"② 在刑法总则中概括规定处罚未遂犯，一般是针对所有犯罪的未遂犯而言的，因而只要是未遂犯就通常要接受处罚，只是在处罚上与既遂犯有所不同。

2. 刑法总则原则上对未遂犯处罚不作规定，由刑法分则各本条规定处罚范围。典型的如日本刑法的相关规定。《日本刑法典》第 43 条规定："已经着手实行犯罪而未遂的，可以减轻刑罚，但基于自己的意志中止犯罪的，应当减轻或者免除刑罚。"第 44 条规定："处罚未遂的情形，由各本条规定。"③ 这里实质上在总则中就明确规定处罚未遂由分则各本条来规定。第 223 条规定："以加害生命、身体、自由、名誉或者财产相通告进行胁迫，或者使用暴行，使他人实施并无义务实施的事项，或者妨害他人行使权利的，处三年以下惩役。以加害亲属的生命、身体、自由、名誉或者财产进行胁迫，使他人实施并无义务实施的事项，或者妨害他人行使权利的，与前项同。前两项犯罪的未遂，应当处罚。"④ 这里明确了对强要未遂犯的处罚。由刑法分则各本条规定处罚范围，意味着只有对刑法分则明文规定需要处罚未遂犯的才给予处罚，如果刑法分则各本条没有规定处罚未遂犯，那么该罪的未遂犯将不受处罚。另外，由于总则和分则均未

---

① 《最新意大利刑法典》，黄风译注，法律出版社 2007 年版，第 25 页。

② 《瑞士联邦刑法典》，徐久生译，中国法制出版社 1999 年版，第 5-6 页。

③ 《日本刑法典》，张明楷译，法律出版社 2006 年版，第 22 页。

④ 参见上书，第 82 页。

对未遂犯如何处罚作出规定，因而对未遂犯的处罚通常由司法自由裁量决定。

3. 刑法总则规定未遂犯处罚原则和范围，同时刑法分则限定具体犯罪未遂犯的处罚范围。韩国刑法采取了该种模式。《韩国刑法典》第25条第2款规定："对未遂犯的处罚，可以比照既遂犯予以减轻。"第27条规定："因实行的手段或者对象错误，致使结果不可能发生，如果存在危险性，仍予处罚，但可以减轻或者免除处罚。"第29条规定："未遂犯之处罚，以有关条文有特别规定者为限。"①为了与第29条规定相适应，韩国刑法分则就对何种犯罪的未遂犯处罚作了明确规定。例如，第300条规定："前三条的未遂犯，亦予处罚。"② 其中的前三条规定所指罪名为强奸罪、强制猥亵罪、准强奸罪、准强制猥亵罪，第300条则意味着其未遂犯得予处罚。

4. 刑法总则和分则均有未遂犯的处罚规定，但区分重罪与轻罪的未遂犯，予以不同处罚。德国、挪威等国刑法采取该种模式。如《德国刑法典》第23条第1款规定："一、重罪的未遂一律处罚；轻罪的未遂以法律有明文规定者为限。二、未遂可比照既遂减轻处罚（第49条第1款）。三、行为人由于对犯罪对象和手段的认识错误，在性质上其犯罪行为不能实行终了的，法院可免除其刑罚，或减轻其刑罚（第49条第2款）。"③ 根据该条规定，对重罪的未遂犯一律处罚，对轻罪的未遂犯以刑法分则有明文规定为限。对此，《德国刑法典》第174条规定，犯对被保护人性行为未遂罪的，亦应处罚。④ 又如《挪威刑法典》第49条规定："重罪没有完成，但已实施的行为表明重罪已着手进行，构成可罚的未遂。实施的轻罪未遂不可罚。"第51条规定："对未遂的处罚应轻于重罪既遂，依照重罪既遂减轻处罚，并适用较缓和的刑罚措施。未遂但行为人故意造成任何上述结果，可以对未遂适用重罪既遂的最重刑罚。适用这种严重的刑罚具有正当性。"⑤ 与德国刑法不同的是，挪威刑法对未遂犯的处罚有两点不同：一是挪威刑法虽然区分重罪与轻罪，但对轻罪的未遂犯一律不处罚，而德国

① 《韩国刑法典及单行刑法》，〔韩〕金永哲译，中国人民大学出版社1996年版，第5页。

② 参见上书，第48页。

③ 《德国刑法典》，徐久生、庄敬华译，中国法制出版社2000年版，第49页。根据该法典第12条的规定，重罪是指最低刑为1年或1年以上自由刑的违法行为，轻罪是指法定最高刑为1年以下自由刑或科处罚金刑的违法行为。

④ 《德国刑法典》，徐久生、庄敬华译，中国法制出版社2000年版，第142页。

⑤ 《挪威一般公民刑法典》，马松建译，北京大学出版社2005年版，第34页。

刑法对轻罪的未遂犯并非一律不处罚，刑法分则规定处罚的则要处罚其未遂犯。二是对于重罪未遂犯，德国刑法规定可比照既遂减轻处罚，而挪威刑法虽规定应减轻处罚，但也不排除与既遂同等处罚。如《挪威刑法典》第 148 条第 2 款规定："未遂的处罚与既遂相同。"①

（二）未遂犯处罚范围的理论基础

1. 主观主义与客观主义

关于未遂犯的处罚范围，主观主义和客观主义有着不同见解。站在主观主义的立场，通常认为犯罪人的主观恶性或者说危险性格是追究行为人刑事责任的基础，在犯罪未遂中由于行为人符合构成要件的犯罪意图已经通过外部行为表现出来，即使未完全实现构成要件结果，也足以体现出行为人的危险性格，故应和既遂犯一样处罚。站在客观主义的立场，往往认为承担刑事责任的基础是表现在外部的犯罪人的行为及其实际损害。如果没有外部行为及其所造成的实际损害结果，就没有认定犯罪的依据，否则容易造成法官的任意擅断。由于未遂犯没有造成侵害合法利益的实际结果，所以不能将未遂犯作为犯罪处理。② 在客观主义与主观主义的对峙中，主观主义还是赢得了多数人的赞同。"西方法律理论在总体趋势上支持主观的犯罪原则的回归，以此来解决关于未遂的法律中两个中心要点。主观论的方法是通过对这样一种主张的排斥而定义自己的：未遂行为是一个清晰的责任领域。对主观论而言，重要的是行为人为落实其犯罪意图而采取了行动步骤，而要施加责任，并不需要特别定义的行为。这意味着，不应当以未遂的'行为'要素出了某种差错为由而不做有罪认定。"③

不过，主观主义采取了更为折中的立场。在主观主义看来，未遂犯虽然有着与既遂犯一样的故意，且已经实施了实行行为，从这一点来看其与既遂并无不同；但是，由于最终因故没有达到既遂，其与既遂犯还是存在差别的。因此，应当处罚未遂犯，但应当与既遂犯有所不同。目前，在未遂犯的处罚范围上，坚持绝对客观主义立场和绝对主观主义立场的国家并不多，多数国家采取温和的主观主义立场。

2. 功利主义与报应主义

根据功利主义，未遂犯罪只是一种以实质犯罪为目标的行为，这些实施犯罪的行为人是希望行为成功的。因此，对未遂犯罪的惩治起到了预防

① 《挪威一般公民刑法典》，马松建译，北京大学出版社 2005 年版，第 13－14 页。

② 见黎宏、申健：《论未遂犯的处罚范围》，《法学评论》2003 年第 2 期，第 126 页。

③ 〔美〕弗莱彻：《反思刑法》，邓子滨译，华夏出版社 2008 年版，第 122 页。

的作用，这借鉴了对实质犯罪的惩罚。而如果对未遂犯罪判处死刑则不能产生更大的影响。因此，未遂犯罪不能被判处死刑。① 功利主义遭受大批判是：首先，一方面，如果一个人成功实施了犯罪行为，他会想方设法逃避法律的制裁。因此，他愿意冒着可能被判处死刑的风险去犯罪。另一方面，他也意识到，如果他的犯罪行为没有得手，他极有可能被捕。在此情况下，因为法律对犯罪未遂规定了制裁，他会考虑中止犯罪行为。其次，以主观主义学者的理论分析，任何一个企图犯罪的人都有危险性。最后，不完整犯罪为警察阻止罪行的实施进行干预提供了理由。②

根据报应主义理论，对未遂犯罪的惩罚是可行的，虽然报应主义学说有别于防卫未遂的理论。一些报应主义学者（他们被称为主观报应主义学者）主要研究未遂犯罪者的可责性，认为一个杀手未能击中受害人，与其射中受害人一样都是有罪的，唯一的区别就是罪犯的犯罪目标实现与否或是受害人的运气不同。还有一部分报应主义学者（也叫客观报应主义学者）赞成对未遂犯罪惩罚的理由是，未遂犯的行为已经扰乱了法律制定的秩序。③

无论是功利主义还是报应主义，在对未遂犯的处罚上，均主张对未遂犯较之既遂犯判处相同或者较轻的刑罚。④

（三）我国刑法中的未遂犯处罚范围

我国《刑法》第 23 条规定："已经着手实行犯罪，由于犯罪分子意志以外的原因而未得逞的，是犯罪未遂。对于未遂犯，可以比照既遂犯从轻或者减轻处罚。"该规定似乎对未遂犯应当采取的是一律处罚的原则，即任何犯罪只要存在未遂犯均应处罚，只是要比照既遂犯从轻或者减轻处罚。但是，理论上对未遂犯是否一律处罚存在不同见解。

肯定对未遂犯一律处罚的观点主要是根据《刑法》第 23 条规定的文本含义来理解的。如有学者认为，"我国刑法将犯罪未遂以及犯罪预备形态规定在刑法典总则之中，而不是由刑法典分则特别加以规定。所以，刑法分则中除举动犯以外的所有的直接故意犯罪都存在着既遂与未遂的区分以及犯罪预备形态。"⑤ 还有的学者指出："我国刑法在总则中规定了犯罪预备、犯罪未遂、犯罪中止三种犯罪的未完成形态，但对这三种犯罪形态

---

①② 〔美〕德雷斯勒：《美国刑法精解》，王秀梅等译，北京大学出版社 2009 年版，第 352 页。

③ 参见上书，第 353 页。

④ 参见上书，第 353-354 页。

⑤ 曲新久：《生产、销售伪劣产品罪的既遂、未遂与预备形态》，《人民检察》1998 年第 10 期，第 15 页。

的存在范围，既没有通过分则条文予以明确，也没有在刑法总则中作明确限定，这意味着我国刑法全面确认了犯罪的预备、未遂、中止行为的刑事可罚性。”①

否定对未遂犯一律处罚的观点则认为，虽然根据《刑法》第 23 条规定似乎对未遂犯应一律惩罚，但情况未必如此。如有学者认为，从事实来看，惩罚未遂犯只能算是例外。“从表面上看，在我国，任何一种故意犯罪都有成立未遂犯的可能性，但事实上并非如此。换言之，刑法文字上似乎处罚所有故意犯罪的未遂，但实际上未遂犯的处罚具有例外性。”② 有学者认为，根据《刑法》第 13 条但书规定，如果情节显著轻微危害不大的未遂行为，不应当以犯罪论。“关于未遂犯的处罚范围，在此还应该指出的一点是，对我国刑法中处罚犯罪未遂的概括规定，不能机械地理解为是要对一切故意犯罪的未遂形态都定罪判刑，而应对之作辩证的理解。结合我国刑法典第 13 条‘但书’的规定，犯罪未遂形态如果综合全部案情属于情节显著轻微危害不大的，就应当根据刑法典第 13 条法定的犯罪概念不认为是犯罪，不动用刑罚手段。”③ 还有学者认为，对未遂犯一律处罚的观点难以成立。主要理由在于：首先，认为所有成立未遂的行为均应作为未遂犯处罚，与我国《刑法》第 13 条中但书规定的基本精神相冲突。其次，从对未遂行为的处罚范围采取概括规定模式的其他立法例来看，其刑法理论上并非就认为所有的未遂行为均应成立未遂犯。再次，从刑法谦抑主义的角度看，没有必要将所有的未遂行为都规定或者认定为犯罪。最后，对我国关于未遂行为的处罚模式的立法背景资料进行分析，也不能得出我国刑法要处罚所有的未遂行为的结论。④

笔者赞成否定说。尽管刑法对未遂犯的处罚范围没有限定范围，但必须注意的是，未遂行为的社会危害毕竟小于既遂的，未遂犯不可能像既遂犯那样一律受处罚。而且，《刑法》第 13 条但书规定就是对犯罪未遂行为加以有限制裁的法律依据。“结合我国《刑法》第 13 条‘但书’的规定，犯罪未遂形态如果综合全部案情属于情节显著轻微危害不大的，就应当根据《刑法》第 13 条的法定的犯罪概念不认为是犯罪，不动用刑罚手段。”⑤

---

① 刘之雄：《犯罪既遂论》，中国人民公安大学出版社 2003 年版，第 170 页。

② 张明楷：《刑法的基本立场》，中国法制出版社 2002 年版，第 207 页。

③ 赵秉志：《犯罪未遂形态研究》，中国人民大学出版社 2007 年版，第 67 页。

④ 王志祥：《论未遂刑为的处罚范围》，《山东公安专科学校学报》第 4 期，第 17-18 页。

⑤ 苏宏峰：《犯罪未遂基本问题研究》，中国政法大学出版社 2012 年版，第 63 页。

大陆法系国家在刑法上定罪通常不考虑行为的社会危害程度，这意味着即使是危害不大的行为也可以犯罪论处。在这样的前提下，许多大陆法系国家刑法对犯罪未遂行为不加以一律处罚。而在我国，根据刑法规定，定罪需要考虑行为的社会危害程度，即根据但书规定，情节显著轻微危害不大的行为不认为是犯罪。有这样的处罚条件，反而对犯罪未遂行为一律处罚，实在难以合理。事实上，根据《刑法》第 13 条但书规定，如果未遂行为确实情节显著轻微危害不大的，不应当认为是犯罪。不过，接下来的问题是，究竟什么情形下的未遂行为可以认定为情节显著轻微危害不大呢？对此，有学者认为可借鉴德国刑法的规定，即区分重罪与轻罪，借此对犯罪未遂的处罚范围加以适当限制。“结合我国自身的实际，考虑我国社会普遍的犯罪观念和刑罚的严厉程度，笔者认为可将最高法定刑为三年有期徒刑作为区分重罪与轻罪的界限，法定刑最高为三年有期徒刑的犯罪为轻罪，其他为重罪。对轻罪一般不处罚未遂犯，如有必要可以作出例外的规定。”① 有学者则分不同情况限定未遂犯的处罚范围：一是犯罪性质严重的未遂应当以犯罪未遂论处，如故意杀人未遂、抢劫未遂、放火未遂等；二是犯罪性质一般的未遂只有情节严重时，才能以犯罪未遂论处，如盗窃未遂、诈骗未遂等；三是犯罪性质轻微的未遂不以犯罪论处。②

笔者认为，根据但书规定，似乎不宜对未遂犯的处罚范围作特别刚性的量化规定。即便是轻罪，如最高刑为 3 年有期徒刑的犯罪，假设是较重的轻罪，其未遂行为也有可能不属于情节显著轻微危害不大的情形，而有必要被给予刑罚处罚。同样，即便是重罪，如抢劫罪等，也存在情节显著轻微危害不大而不需要给予处罚的情形。当然，为了司法操作的便利以及定罪的协调一致，适当规范未遂犯的处罚范围或许有其积极意义，但必须以《刑法》第 13 条但书规定为根据综合评价。据此，可以考虑通过下述方法限定未遂行为的处罚范围：一是对于犯罪性质较轻的犯罪，只要不存在可能加重其社会危害性评价的主客观因素，就可以考虑对其未遂犯不以犯罪论处。二是对于犯罪性质较重的犯罪，一般情形下应处罚其未遂犯。如果确实存在减轻其社会危害性的特殊情节，可以将其认定为情节显著轻微危害不大，对其未遂犯可不以犯罪论处。

---

① 金泽刚：《犯罪既遂的理论与实践》，人民法院出版社 2001 年版，第 241-242 页。

② 张明楷：《刑法第 140 条“销售金额”的展开》，《清华法律评论》（第 2 辑），清华大学出版社 1999 年版，第 188 页。

三、手段不能犯与迷信犯的界限

所谓不能未遂犯，“是指因犯罪人对有关犯罪事实认识错误而使犯罪行为不可能达到未遂的情况”①。手段不能犯属于不能未遂犯的一种，是指由于犯罪人对有关犯罪手段的事实情况存在错误认识，而使犯罪行为不可能达到既遂的情况。误把白糖当作砒霜故意杀害他人的，为典型的手段不能犯。所谓迷信犯，“是指由于人出于极端迷信、愚昧无知而采取没有任何客观依据、在任何情况下都不可能产生实际危害结果的手段、方法、企图实现犯罪意图的情况”②。手段不能犯与迷信犯存在诸多共同之处：行为人主观上都具有犯罪意图；行为人客观上都实行了一定的行为；危害后果都没有最终发生；等等。尽管如此，在我国刑法理论与司法实践中，两者却存在截然不同的处遇：手段不能犯构成犯罪，是一种特殊的未遂犯，必须承担因犯罪未遂导致的刑事责任；迷信犯不属于未遂犯，不成立犯罪，任何时候都不承担刑事责任。

那么手段不能犯与迷信犯究竟有何差别，致使在定性上完全不同呢？对此，有学者认为，“一般认为，手段不能未遂犯与迷信犯具有本质区别，手段不能犯时，行为人所实施的行为与其所认识（或本欲实施）的行为完全相同，而迷信犯所实施的行为与其所认识（或本欲实施）的行为完全不同；手段不能犯是由于认识错误所致，迷信犯是由于愚昧无知所致；如果不是由于认识错误，手段不能犯可能导致危害结果发生；迷信犯的行为在任何情况下都不可能导致结果发生。因此，通说认为，手段不能犯成立犯罪未遂，而迷信犯不成立犯罪”。上述观点看起来理由充分，实质上并没有解释清楚手段不能犯与迷信犯在处罚根据上的区别。首先，无论是手段不能犯还是迷信犯，在行为人所实施的行为与其所认识（或本欲实施）的行为上，均是存在差异的。两者实施的均为不能既遂的行为，认识的却是能够既遂的行为，认为手段不能犯“行为人所实施的行为与其所认识（或本欲实施）的行为完全相同”并不客观。其次，本质上，愚昧无知导致的错误也是认识错误，两者在主观认识上并无区别，不应该成为影响处罚的原因。最后，认为“手段不能犯可能导致危害结果发生”也不符合实际。事实上，从客观效果来看，正是由于手段不能，手段不能犯在任何时候都

① 高铭暄、马克昌主编：《刑法学》，北京大学出版社、高等教育出版社 2007 年版，第 170 页。

② 陈兴良：《刑法适用总论》（上），法律出版社 1999 年版，第 433 页。

是不能导致危害结果发生的。"其行为之未完全实现构成要件之内容，系由于行为之性质并无发生结果之可能性即危险性者，为不能犯，无可罚性，如有发生结果之可能性即危险性者，则为未遂，仅生科刑问题，于犯罪之成立并无影响。"

大陆法系国家一般认为，不能犯由于不能引起危险，不作为未遂犯加以处罚。在有无危险发生的判断根据上，为了界定不能犯与未遂犯、迷信犯的不同，学术界存在各种理论，这些理论主要立足于行为无价值和结果无价值加以判断。立足于结果无价值的客观危险说以发生结果的绝对不能与相对不能，作为界定不能犯、迷信犯与未遂犯的依据，受到普遍指责。因为未遂犯都是不能发生结果的，如果根据事后的所有客观事实为基础，可能会导致不存在未遂犯。从不能犯与迷信犯对比来看，由于两者都是绝对不能产生结果的行为，按照客观危险说均不能处罚。这本为德、日之现实，不至于产生问题，但对于我国来说则大有干系。因为按照我国刑法规定，不能犯未遂是要受到刑罚制裁的。因此，以客观危险说解释不能犯与迷信犯之界限，至少对我国来说并不合适，故在这里重点介绍立足于行为无价值的主观说。

以行为无价值为基础的见解，可以分为主观的行为无价值论与客观的行为无价值论。前者包括主观说与抽象危险说，后者主要指具体危险说。① 主观说又称极端主观主义，以行为人的犯罪意思为核心，认为只要行为人具有犯罪意思并实施了实现犯罪意思的行为，就应当成立未遂犯。如宫本英修认为，"既然有了犯意的飞跃的表动，就不管其未能既遂的原因如何，通常应认定为未遂"②。按照主观说，"无论行为人所施为之对象或所运用之手段系相对不能，抑或绝对的不能，同属不能发生犯罪结果，必欲在客观上区分为未遂犯与不能犯殊无意义可言"③。换句话说，在主观说看来，由于迷信犯具有犯罪意思，且实施了表征犯罪意思的行为，应当以未遂犯论处。抽象危险说认为，根据行为人行为之时所认识到的事实，从抽象的角度看，一般人感到结果发生的为未遂犯，否则为不能犯。如木村龟二认为，"以行为当时行为人所认识到的事实作为危险判断的基础，根据一般人的见地即从客观上看，在这种情形下实施行为具有完全实现构成要件内容的可能性或者危险性时，就是未遂，否则便是不能犯"④。

① 〔日〕曾根威彦：《刑法学基础》，黎宏译，法律出版社2005年版，第128页。
② 〔日〕宫本英修：《刑法大纲》，弘文堂1935年版，第190页。
③ 韩忠谟：《刑法原理》，中国政法大学出版社2002年版，第185页。
④ 李海东主编：《日本刑法学者》（上），中国法律出版社、日本国成文堂1995年版，第192-193页。

根据抽象危险说，迷信犯以符咒、不科学的方法作为犯罪手段，从一般人的角度观察，根本不具有使危害结果发生的抽象危险，应当不具有可罚性。具体危险说认为，立足于行为当时行为人特别认识到的事实以及一般人可能认识到的事实，从一般人的见地进行客观判断，具有发生危害结果危险的，是未遂犯，否则是不能犯。如有学者认为，以行为当时一般人可能认识的情况与行为人特别认识到的情况为基础，从一般人的见解具体、客观地判断结果发生的危险性，如果能够肯定结果发生的危险性，为未遂犯，否则为不能犯。[①] 根据具体危险说，迷信犯以符咒、不科学的方法作为犯罪手段，从行为人的角度看具有使危害结果发生的危险性，但从一般人的角度观察则根本不具有使危害结果发生的抽象危险，故不可罚。此外，还有一种可归属于行为无价值的学说，即印象说。该说认为，“在行为人的法敌对意思具有扰乱一般人的法律稳定感或社会的平稳状态的印象时，可以认定为具有危险性”[②]。按照该说，由于迷信犯（特别是具有较为普遍认识的迷信）对于一般人来说，往往具有扰乱法律稳定感或社会的平稳状态的印象，因而是可罚的。

上述观点中，主观说的缺陷是显然的。按照该说，利用迷信手段杀害他人的迷信犯同样构成未遂犯，这过于让人难以接受。于是，主观说便例外地否定其可罚性。“其理由，认为迷信犯人或无犯罪之故意，或无犯罪行为，或迷信之手段无任何之危险性，其行为并未违法等等，不一而足。”[③] 然而，正如学者指出，主观说也把使用迷信方法的未遂排除在可罚范围之外，因为迷信的方法不含有危险，所以不必罚。然而如果贯彻主观说的立场，一切的未遂——包括迷信犯，都因为不具有危险性而不必受罚。主观说利用了对其他场合施加非难时使用的客观危险的概念，这暴露了主观说的弱点。主观说无非是犯罪征表主义的夸张。[④] 抽象危险说考虑了行为的危险性以及一般人的认识态度，具有一定的客观性，值得肯定。但是，抽象危险性仅仅是从将规范的主观危险化作为违法性的外部界限的刑法理论中派生出来的，必然存在不足。[⑤] “抽象危险说想纠正主观说的偏颇，试图客观地进行危险性判断，在这一点上有值

① 〔日〕中山研一著：《刑法总论Ⅱ》，成文堂 1999 年版，第 694 页。

② 〔韩〕李在祥著：《韩国刑法总论》，〔韩〕韩相敦译，中国人民大学出版社 2005 年版，第 312 页。

③ 甘添贵：《迷信犯》，《海外法学》2003 年第 2 期，第 24 页。

④ 泷川幸辰著：《刑法讲义》，弘文堂 1937 年版，第 127 页。

⑤ 〔日〕西原春夫著：《犯罪实行行为论》，戴波、江溯译，北京大学出版社 2006 年版，第 8 页。

得肯定之处，但是，它以行为时行为人认识的内容作为危险性判断的基础，就不得不说有偏重行为人主观方面的缺陷。根据这种标准，就会使成立不能犯的范围变得过于狭窄。”① 对于具体危险说，也有学者提出疑问：其一，该说例外地将行为人的认识（特别知识）作为危险判断的基础。诚如具体危险性说所指出的那样，完全不考虑特别知识，有时候确实会得出不合适的结论，但由行为人的认识来决定有无危险性，这并不合理。其二，该说以一般人的知识水准作为危险判断基准，并不合理。有关法则性的知识应以科学性知识为基准，这又与一般人的危险感这一具体危险说的前提存在矛盾。其三，该说以一般人在行为之时所具有的印象、危险感作为未遂的处罚根据并不合理。② 至于印象说，由于对“扰乱一般人的法律稳定感或社会的平稳状态的印象”的认识，很容易导致偏向于主观说，从而扩大未遂犯的处罚范围，因而赞成的学者很少。

尽管上述学说都存在缺陷，但相对而言具体危险说更为合理，成为德国、日本等国刑法理论的通说。如大塚仁认为，“相对于这些学说，具体的危险说以行为人的认识和一般人的认识可能性为基础判断实行行为的危险性，是站在与相当因果关系说的折中说同样的思考态度上，能够根据社会观念适当地把握行为的危险性，应该说是妥当的见解”③。川端博则指出，“在刑法是以一般人为受规范人之行为规范（评价规范）之立场上，一般人之观点以及行为时之情状具有相当重要之意义，结果之违法性亦应该以行为时之情况为基础来判断……从人的不法论之立场，目前仍以具体的危险说较为合理，客观的危险说应予以否定”④。

值得注意的是，关于不能犯、迷信犯不处罚的理论还有一种，即事实不能与法律不能说。该说认为，“不能犯未遂与幻觉犯的差异，原则上讲是很简单的：即在不能犯未遂的情况下，行为人误认为存在客观上并不存在的构成要件要素（相反的构成要件错误）。在幻觉犯情况下，错误则涉及行为的禁止：即行为人误认为自己的行为属于禁止规范范畴，但实际上

① 〔日〕大塚仁著：《刑法概说》（总论），冯军译，中国人民大学出版社2003年版，第230页。

② 〔日〕西田典之著：《日本刑法总论》，刘明祥、王昭武译，中国人民大学出版社2007年版，第252页。

③ 〔日〕大塚仁著：《刑法概说》（总论），冯军译，中国人民大学出版社2003年版，第230页。

④ 〔日〕川端博著：《刑法总论二十五讲》，余振华译，中国政法大学出版社2003年版，第338页。

并不存在该禁止规范（相反的禁止规范）”①。在该说看来，迷信犯乃出于法律认识错误，即将不违反刑法的行为认为是违反刑法的行为，故不应当处罚。有学者对此提出质疑，认为这种标准并不明确。“此说分犯罪之要件为法律上要件，与事实上之要件，其区别亦非能明确，例如，杀人罪之构成要件，须有‘人’之客体，并须有足以杀人之方法，若发枪而枪管炸裂，不能中人，故可称之为事实上之要件不备（未遂犯），但枪管炸裂，不足以杀人，称之为法律上之要件不备亦无不可，……由此可知，所谓法律上之不能与事实上之不能，其观念亦殊难确定。”② 这种批评不无道理。

德国、日本等国刑法理论立足于客观归责原理，从行为本身的客观效果上分析两者的不同，具有一定的科学性。具体地说，作为通说的具体危险说主要优点在于：首先，具体危险说以行为人的认识为依据，此乃规范功能的要求。众所周知，刑法规范是典型的行为规范，以保护社会的重大法益为出发点，禁止人们实施导致一般人普遍感到威胁、侵害法益的严重反社会行为。当有人作出严重危害社会的行为举动，对需要保护的法益造成严重危险时，刑法会发出强制命令，否定这种行为及其产生的危险，恢复社会正常秩序。刑法的主要机能包括评价功能和制裁功能。当某一行为发生而被刑法纳入评价范畴时，刑法起初面对的是对行为价值的评价。此时，对于犯罪行为来说，刑法规范以服从事前判断为准则，具有明确的针对性和目的性。当符合刑法规定的行为导致一定危害结果时，刑法在面对这种客观事实后会采取自我保护措施，确定该行为是否违背命令规范的要求。此时，对于犯罪行为来说，刑法规范以事后判断为基准，对之评价并作出制裁。“当它把行为评价为无价值的时候，紧接着会发挥其决定机能的作用，命令行为者不要走向违法行为。在结果发生时，刑法规范已经不发挥作为行为规范的机能，而是作为制裁规范……，其评价机能发挥作用，判断结果的无价值，同时，再加上判断行为本身的无价值，便能确定行为整体的无价值。前者的评价是关于行为本身的违法性，后者的评价是关于结果的违法性。”③ 对行为本身的违法性进行判断，必然要求明确认识行为的性质、意义。通常，无意识的行为不会纳入刑法的评价之列，具有意识的行为才在刑法上具有意义，这种意识便是行为人行为时的意识。

① 〔德〕耶赛克、魏根特著：《德国刑法教科书》（总论），徐久生译，中国法制出版社 2001 年版，第 638-638 页。

② 韩忠谟著：《刑法原理》，中国政法大学出版社 2002 年版，第 183 页。

③ 〔日〕野村稔著：《刑法总论》，全理其、何力译，法律出版社 2001 年版，第 353 页。

因此，行为的违法性判断离不开对行为者的行为意思的判断。其次，具体危险说以一般人的认识为依据，乃主观见之于客观，具有科学性。刑法制裁的行为，相对其他部门法来说最为严重，故而刑法保护的社会利益应该是重大、普遍的，而不是琐碎、零散的。“使用强制性制裁的需要愈少，法律就愈能更好地实现其巩固社会和平与和谐的目的。”① 如果刑法的调控范围过宽，过分地压制个人的社会活动，令人们感觉到所受的约束太多，几至动辄得咎的地步，这无疑使人们的积极性、创造力和潜能的发挥受到限制，从而妨碍社会进步和经济发展。② 既然刑法保护的利益相当重大且具有普遍性，那么根据一般人的认识评价行为的违法性，也就在所必须。而以一般人的认识为基础，无疑使刑法在评价行为时具有一定的客观性。“具体危险说，在以行为时的事前判断为依据的一点上和抽象危险犯相似，但是，在将一般人的认识也考虑在内的一点上，具有客观的色彩（客观的行为无价值论）。”③ 这种客观色彩，显然增添了行为无价值判断的科学性与合理性。

综上所述，根据客观的行为无价值论，站在一般人的立场观察，迷信犯不但不具有主观的抽象危险，而且不具有导致危害结果发生的具体的、客观的危险的任何可能性，此乃其不应受处罚的主要根据。手段不能犯则不然。站在一般人的立场观察，手段不能犯的行为不但具有主观的抽象危险，而且具有导致危害结果发生的具体的、客观的危险的现实可能性。如果不是行为人的手段错误，损害结果必将发生。换句话说，在一般人看来，手段不能行为具有不失误的可能性，从而使行为人有机会达到不法目的。因此，迷信犯不值得处罚，手段不能犯受罚则情有可原。

第三节　但书与中止犯的处罚范围

在大陆法系国家刑法理论中，一般将中止犯作为未遂犯的一种，谓之中止未遂，因而其处罚根据与未遂犯并无不同。根据我国刑法规定，中止犯在性质上完全不同于未遂犯，且在处罚上与未遂犯也存在很大不同，因而立足于但书规定确定中止犯的处罚范围，具有十分重要的现实意义。

① 〔美〕博登海默著：《法理学——法哲学及其方法》，邓正来、姬敬武译，华夏出版社 1987 年版，第 336 页。

② 蔡墩铭主编：《刑法总则论文选辑》，台北五南图书出版公司 1984 年版，第 24 页。

③ 〔日〕曾根威彦著：《刑法学基础》，黎宏译，法律出版社 2005 年版，第 128 页。

一、中止犯概述

所谓中止犯，是指在犯罪过程中，自动停止犯罪或者自动有效地防止犯罪结果发生的犯罪停止形态。中止犯具有如下特征。

一是中止的时间性。中止必须发生在“犯罪过程中”，即发生在犯罪开始实施之后、犯罪达到既遂之前的整个犯罪过程中。“在犯罪过程中”意味着中止犯既可以发生在犯罪预备阶段，也可以发生在犯罪实行阶段，这与预备犯、未遂犯有所不同。“在犯罪过程中”表明在中止前行为业已处于犯罪过程中，属于犯罪行为。如果只是产生犯意，没有进入犯罪过程的停止犯意的情形不成立犯罪中止。“在犯罪过程中”还表明犯罪必须在持续进行中，没有形成其他犯罪停止形态，如没有成立预备犯、未遂犯，否则不能成立中止犯。

二是中止的自动性。成立犯罪中止，要求行为人“自动”放弃犯罪或者“自动”有效地防止犯罪结果发生。这是犯罪中止与犯罪预备、犯罪未遂在主观上的区分标志。中止犯由此也可以分为自动停止犯罪的中止犯和自动有效防止犯罪结果发生的中止犯。其中，两种不同的中止犯的自动性在要求上有所不同。自动停止犯罪的中止犯的自动性，是指行为人认识到客观上可以继续实施犯罪，但出于自己的真实意志自愿停止正在进行的犯罪。一方面，行为人必须认识到客观上可以继续实施犯罪。如果行为人因认识到客观上不可能继续实施犯罪而停止犯罪，那么其停止犯罪的主观意愿就不可能是自愿的。另一方面，行为人自愿停止继续实施犯罪。即行为人自愿放弃原来的犯罪意图而不再希望犯罪既遂出现，并自愿停止犯罪。目前，中止犯的自动性在中外理论与实践中存在不少争议，争议的焦点是如何判断行为的自动性。① 自动有效防止犯罪结果发生的中止犯的自动性，则只强调行为人自愿防止犯罪结果的发生。这里的自愿不管是否出于行为人内在的真实意愿，只要在形式上是主动、积极的即可。但是，在效果上行为人的行为必须有效地防止了犯罪结果的发生，即行为人的行为与犯罪结果没有发生之间存在因果关系。因此，这里的自动性侧重强调客观效果，与自动停止犯罪的中止犯的自动性有所不同。究其原因，在于自动有效防止犯罪结果发生的中止通常以行为已造成一定的侵害为前提，如果不进行有效的防范，那么犯罪结果将会发生，因而如何防止犯罪结果发生

① 关于中止犯自动性判断的问题较为复杂，具体可以参见彭文华：《中止犯自动性的目的限缩》，《法学家》2014 年第 5 期。

至关重要；而自动停止犯罪的中止则行为通常没有发生一定的危害结果，因而侧重强调行为人的真实意愿，只要据此停止犯罪便可。

三是中止的有效性。不管哪一种中止，都必须没有发生作为既遂标志的犯罪结果。如果行为人虽然自动放弃犯罪或者自动采取措施防止结果发生，但发生了作为既遂标志的犯罪结果，就不成立中止犯。当然，犯罪中止的成立并不要求没有发生任何犯罪结果，而是只要求没有发生作为既遂标志的犯罪结果即可。例如，作为故意杀人罪既遂标志的结果是被害人死亡。行为人在杀人过程中，自动放弃犯罪或者自动采取有效措施防止死亡结果发生的，就成立犯罪中止；即使造成了他人身体伤害，也不妨碍犯罪中止的成立。

二、中止犯的法律性质

在大陆法系国家，一般不对中止犯和未遂犯加以区分，而是将中止犯作为未遂犯的一种，即所谓的中止未遂，其与障碍未遂同为未遂犯的两种不同类型。尽管如此，由于中止未遂与障碍未遂毕竟有所不同，在理解中止犯的性质时显然不能照搬障碍未遂的，故如何认识中止犯在法律上的性质，便成为需要探讨的课题。对于中止犯的法律性质，有学者称之为中止犯的“立法理由”，日本有学者则称之为中止犯的“法的性格”，是指对中止犯必须减轻或者免除处罚的根据。①

对于中止犯的性质，德国学者耶赛克、魏根特有着较为全面的论述②：一是金桥理论（刑事政策理论）。该说出自费尔巴哈的刑事政策理论，认为刑法规定犯罪中止不予处罚，以鼓励行为人在既遂之前放弃犯罪，在必要的情况下避免结果的发生。二是恩惠理论（褒奖理论）。该说认为刑法规定旨在鼓励自动中止未遂，自动中止犯罪并阻止既遂，或者为实现此目的而真诚努力者，即使犯罪本来就不可能既遂，同样能够部分地再次消除其行为在社会中对法律动摇的影响，从而能得到宽大处理。三是刑罚目的说。该说为联邦法院判例所提倡，认为将中止犯不应受处罚性建立在脱离刑罚目的基础之上。如果行为人在行为既遂之前自动放弃犯罪，则表明其尚不具有将行为实行终了的对法律的敌对意志。因此，无论基于特殊预防的需要，还是基于一般预防的需要，均无须对其科处刑罚，在此

① 袁彬：《中止犯若干问题比较研究》，《四川警官高等专科学校学报》2004年第6期，第11页。

② 〔德〕耶赛克、魏根特：《德国刑法教科书》，徐久生译，中国法制出版社2001年版，第644-646页。

等情况下，甚至就连正义也不要求对其进行处罚。四是统一理论。该说整体考察，对未遂行为和作为“法律行为的撤销”的犯罪中止分别进行评价，其整体考察为统一理论所追求。不过，该理论并没有说明，在今天的德国法中，是基于何等理由对自动中止犯罪不予处罚，而只是简单地将犯罪中止理解为量刑观点。五是责任理论。该说认为通过认定减免责任事由，作为在自动中止犯罪情况下对未遂犯不处罚的实体上的根据。

关于中止犯减免处罚的根据，我国学者提出了一些不同看法。如有学者认为，免除或者减轻处罚的根据是主客观相统一的中止行为使行为人本欲实施到底的犯罪的社会危害性程度大大降低，对于中止犯免除或者减轻处罚有利于鼓励罪犯中止犯罪，使罪犯悬崖勒马，及时保护社会主义社会关系，避免给国家和人民利益造成实际损害。① 有学者提出，“中止犯的‘犯意’主动、及时、彻底的消除是对其减免刑罚、从宽处理的根本原因，或者说是核心根据，其他根据都是从这个根本原因中派生出来的”②。鉴于我国刑法对中止犯的独特规定，有学者还指出，不能简单地以欧陆刑法学关于中止犯不予处罚的理由作为我国中止犯减免处罚的根据，应当以尊重历史与现实的态度看待我国中止犯减免处罚的根据，追求公平正义的刑事政策价值才是我国中止犯减免处罚的根据。③ 笔者认为，这些看法和建言非常中肯。确实，理解和认识中止犯不能仅局限于欧陆刑法学，必须以本国刑法规定为基础，深入分析、研讨才能得出科学、合理的结论。以下笔者将结合国外有关未遂犯和中止犯的规定，对我国刑法中的中止犯的处罚根据加以深入探讨。

客观地说，如果仅仅对即有行为进行评价，中止犯与未遂犯并无实质区别，因为两者都具备犯意与犯行，均停止犯罪且没有达到既遂。两者的本质区别在于，犯罪过程中行为人的危险人格以及再犯可能性，因特定因素介入后而发生根本转化。各国对这种转化在刑法上的定位主要有两种不同类型：一是不区分犯罪人的人格转化，对未遂犯与中止犯一视同仁地处罚。据此，在未遂犯与中止犯造成相同或者相似危害结果的情形下，尽管中止犯的犯罪人人格的反社会危险程度因产生转化而有所不同，在处罚上两者却并无差别。这说明，刑罚制裁的着重点在于既有的行为和犯罪人

---

① 张明楷：《犯罪论原理》，武汉大学出版社 1991 年版，第 512-513 页。

② 魏东、李运才：《中止犯的处罚根据检讨》，《江西公安专科学校学报》2005 年第 3 期，第 36 页。

③ 谢望原：《论中止犯减免处罚之根据——以比较刑法为视角》，《华东政法大学学报》2012 年第 2 期，第 25-26 页。

格，而非犯罪人的危险人格实现的转化。英美法系国家在处罚未遂犯和中止犯时就持这种态度。“一旦为实施犯罪所采取的步骤足以达到未遂的程度，无论未完成犯罪是由于犯罪人的自愿中止，还是警察的干涉，还是其他原因是没有什么区别的。”① 二是区分犯罪人的人格差异，对未遂犯与中止犯区别处罚。据此，即使未遂犯与中止犯造成相同或者相似危害结果，由于中止犯的犯罪人的反社会危险人格在犯罪过程中出现转化，因而在处罚上应与未遂犯有所区别。这表明，刑罚制裁的重点不限于即有的犯意与犯行，还包括犯罪人的危险人格在犯罪过程中的转化。这种情形通常为大陆法系国家刑法在处罚未遂犯和中止犯时所采用。比较之下就会发现，刑法规定中止犯的立法目的，是使之区别于未遂犯并给予完全不同的定位和处罚，于是认定中止犯的自动性自然具有重要的价值和意义。如果刑法对未遂犯与中止犯给予同等处罚，则区分中止犯与未遂犯无实质意义，如何认定中止犯的自动性就失去价值，也没有必要。换句话说，只要是在未遂犯的范畴内，无论怎样理解中止犯的自动性都是可以接受的。据此，可以得出以下结论：刑法设立中止犯的主要目的，在于对其定位与处罚区别于未遂犯，以便对于犯罪人的危险人格在犯罪过程中实现质的转化给予必要的褒扬与激励。

美国学者帕克指出，“从再社会化思想的犯罪人导向看，我们可以得出一个结论，即刑罚的强度和时限应该以被认为为改造犯罪人人格之所需来衡量”②。同理，既然中止犯与未遂犯的处罚不同，那么刑罚的强度和时限也应以犯罪人危险人格以及再犯可能性的转化程度来衡量。具体地说，未遂犯与中止犯的刑罚强弱差别越大，表明刑法对犯罪人危险人格以及再犯可能性的转化的要求越高；刑罚强弱差别越小，表明刑法对犯罪人危险人格以及再犯可能性的转化的要求越低。这就不难理解，英美法系国家刑法由于在处罚未遂犯与中止犯上一视同仁，因而对犯罪人危险人格以及再犯可能性的转化自然无要求。大陆法系国家在处罚中止犯时虽然较之未遂犯有所不同，且具体量刑时也是存在差别的。刑罚的强弱之别，揭示了不同国家刑法对犯罪人危险人格以及再犯可能性的转化要求的不同。例如，根据《日本刑法典》第 43 条规定，对障碍未遂犯可以减轻刑罚，对于中止未遂犯应当减轻刑罚或者免除处罚。根据《德国刑法典》第 23 条规定，对一般未遂犯可以比照既遂犯减轻处罚；根据第 24 条规定，对于

---

① 〔英〕史密斯、霍根：《英国刑法》，李贵方等译，法律出版社 2000 年版，第 358 页。

② 〔美〕帕克：《刑事制裁的界限》，梁根林等译，法律出版社 2008 年版，第 54 页。

中止未遂犯则不处罚或者免除处罚。不难发现，较之障碍未遂犯，德国刑法对中止未遂犯的处罚比日本刑法要轻。这种差异，使德国的实务界对犯罪人危险人格以及再犯可能性的转化之要求较之日本实务界的要高。“德国的判例要求行为人必须最终放弃犯意，否则不成立中止犯。但日本的判例和多数学者认为，任意性的成立不以行为人彻底放弃犯意为必要。”①

当然，由于德、日刑法均规定中止犯属于未遂犯的一种类型，两者属于同质犯罪形态，这使区分两者的实质意义有所降低。同时，德、日刑法对未遂犯的处罚范围，也使区分中止犯与未遂犯的意义大打折扣。《日本刑法典》第44条规定：“处罚未遂的情形，由各本条规定。”《德国刑法典》第23条规定：“重罪的未遂一律处罚；轻罪的未遂的处罚以法律有明文规定为限。”这意味着德、日对相当一部分未遂犯是不处罚的。在一部分未遂犯不处罚的情形下，中止犯与未遂犯的区别处罚的价值也就大打折扣。无怪乎有学者指出，“即使将中止未遂认定为障碍未遂，仍然属于未遂犯这一个大范畴之内的问题，不会有根本性错误”②。特别是在日本，由于障碍未遂犯与中止未遂犯的处罚差异相对较小，区分两者的理论价值与实践意义就更小，这或许可以解释日本理论界与实务界对中止的自动性的理解，为何更具多样性与随意性。

我国刑法对犯罪中止的规定与德、日刑法的相关规定有所不同：首先，我国刑法明确规定未遂犯与中止犯属于性质完全不同的两种停止形态，中止犯在未遂犯之外独立存在。其次，根据我国《刑法》第23条规定，对未遂犯采取一律处罚的原则，即处罚所有的未遂犯。于是，所有存在犯罪停止形态的犯罪，都需要严格区分未遂犯（包括预备犯）与中止犯以分别处罚，这使界定两者意义重大。最后，较之未遂犯，我国《刑法》对中止犯的从宽处罚力度较大。我国《刑法》第23条规定，“对于未遂犯，可以比照既遂犯从轻或者减轻处罚。”这意味着，在处罚未遂犯时，先要考虑比照既遂犯从轻处罚，然后才考虑比照既遂犯减轻处罚。而且，这样处罚并非绝对的，在特殊情形下，对未遂犯也可以按照既遂犯处罚。比较而言，对中止犯的处罚则要轻得多。根据《刑法》第24条规定，“对于中止犯，没有造成损害的，应当免除处罚；造成损害的，应当减轻处罚”。这表明，对于中止犯中没有造成损害的必须免除处罚，即使对于造成损害的中止犯也必须减轻处罚。既然中止犯在性质上不同于未遂犯，且在处罚上

① 张明楷：《外国刑法纲要》，清华大学出版社2007年版，第288页。

② 陈兴良、周光权：《刑法学的现代展开》，中国人民大学出版社2006年版，第355页。

较之未遂犯显著从宽，那么相应地，对犯罪人在犯罪过程中实现危险人格以及再犯可能性的转化，必须在程度上有着更高的要求。只有这样，才能合理解释我国刑法对中止犯予以极大宽宥的正当性，彰显刑法的立法目的。“制裁规范的问题归根结底是刑罚论的问题，是国家刑罚权正当化根据的问题。”①

笔者认为，立足于我国刑法目的，中止犯的自动性应当具备以下要求：犯罪人的危险人格必须实现了由恶向善的根本转化，乃至于无再犯可能性。这是因为，中止犯与未遂犯的停止犯罪，在形式上均体现为犯罪人的决意，只是前者是在自由意思支配下的意思自治的结果，后者是在意思受到压制下的意思障碍的结果，它们的“自动性”在实质上是相对的。既然如此，与犯罪未遂中犯罪人的人格危险性依旧存在相对应的是，中止犯的人格危险性理应消除，即犯罪人的人格实现了由恶向善的根本转化。这是刑法对中止犯的定性截然不同于对未遂犯的，且对中止犯的处罚较之未遂犯的显著从宽的必然要求。

三、但书与中止犯处罚范围

（一）国外刑法有关未遂犯处罚范围的规定

从各国对中止犯的处罚规定来看，关于中止犯的处罚范围规定并不相同。对中止犯的处罚效果大致有不予处罚、免除处罚和减轻处罚三种方式。但是，对于不予处罚、免除处罚和减轻处罚，各国刑法规定存在较大差异。

《意大利刑法典》第 56 条规定：“如果犯罪人自愿中止行为，只有当已完成的行为本身构成其他犯罪时，才处以为该行为规定的刑罚。如果自愿阻止结果的发生，处以为犯罪未遂规定的刑罚并减轻三分之一至一半。”② 根据该条规定，犯罪人自愿中止行为，只要已完成的行为没有构成其他犯罪，就不应处罚。如果自愿阻止结果的发生，虽然处罚但较之未遂犯要减轻三分之一至一半，即只处以未遂犯刑罚的一半至三分之二。不难看出，根据意大利刑法规定，中止犯的处罚较之未遂犯的是绝对减轻的。

《瑞士刑法典》第 21 条规定：“行为人自动中止犯罪的实施，法官可

---

① 〔日〕高桥则夫：《规范论和刑法解释论》，戴波、李世阳译，中国人民大学出版社 2011 年版，第 9 页。

② 《最新意大利刑法典》，黄风译注，法律出版社 2007 年版，第 25 页。

免除其刑罚。”第 22 条规定：“行为人主动阻止犯罪结果的发生或实际阻止了犯罪结果发生的，法官以自由裁量减轻处罚（第 66 条）。”瑞士刑法对中止犯区分处罚与意大利刑法的相似，即分为自动停止犯罪的中止和自动有效防止犯罪结果发生的中止。瑞士刑法对前者免于处罚，这与意大利刑法规定的不处罚有所不同；对后者减轻处罚，这一点与意大利刑法规定相同，但没有规定减轻处罚的幅度。考虑到对未遂犯也可以减轻处罚，故瑞士刑法对中止犯的减轻处罚较之未遂犯而言并非绝对减轻，这是与意大利刑法规定的不同之处。

《德国刑法典》第 24 条规定：“行为人自动中止犯罪或主动阻止犯罪完成的，不因犯罪未遂而处罚。如该犯罪没有中止犯的行为也不能完成的，只要行为人主动努力阻止该犯罪完成，应免除其刑罚。”① 不难看出，德国刑法原则上对中止犯不处罚，即使在不因中止也不能完成的情形下，只要行为人主动努力阻止该犯罪完成，也应免除其刑罚。这样的处罚规定较之意大利刑法和瑞士刑法的规定显然要轻。俄罗斯刑法规定与德国刑法规定差不多。《俄罗斯联邦刑法典》第 31 条规定：“二、如果行为人自愿并且彻底中止将犯罪进行到底，则不应对犯罪承担刑事责任。三、自动中止犯罪的人，如果其事实上已实施的行为含有其他犯罪构成时，则应该承担刑事责任。”② 在这里，只有中止行为构成其他犯罪的才承担刑事责任，否则不因犯罪中止而承担刑事责任。

与上述规定不同的是，挪威刑法对中止犯规定绝对不处罚。如《挪威刑法典》第 50 条规定：“行为人在认识到其重罪行为被发现之前，基于自己的自由意志停止其重罪行为因而未完成的未遂，或者防止成立重罪的结果的发生，该未遂不可罚。”③ 对中止犯这样宽容的处罚规定在世界各国刑法中并不多见。而韩国刑法则对中止犯规定的是减轻或者免除处罚。如《韩国刑法典》第 26 条规定：“已经着手实行犯罪，但行为人自动中止或者防止其结果发生的，减轻或者免除处罚。”④ 这样的处罚规定相对而言是较重的。

（二）我国刑法规定的中止犯的处罚范围

我国《刑法》第 24 条规定：“对于中止犯，没有造成损害的，应当免除处罚；造成损害的，应当减轻处罚。”根据这一规定，我国刑法对中止

---

① 《德国刑法典》，徐久生、庄敬华译，中国法制出版社 2000 年版，第 49 页。
② 《俄罗斯联邦刑法典》，黄道秀译，中国法制出版社 1996 年版，第 14 页。
③ 《挪威一般公民刑法典》，马松建译，北京大学出版社 2005 年版，第 13 页。
④ 《韩国刑法典及单行刑法》，〔韩〕金水哲译，中国人民大学出版社 1996 年版，第 5 页。

犯实行的是一律处罚的规定，即对中止犯一律以犯罪论。当然，在如何处罚上我国刑法还是有所不同：没有造成损害的，应当免除处罚；造成损害的，应当减轻处罚。对于这一规定，学界并无任何进一步的探讨，似乎认为对中止犯这样的处罚是理所当然的。甚至有学者认为，大陆法系国家对中止的成立范围总是限定得比较严格。而在我国，中止在刑法上具有独立地位，不属于犯罪未遂的特殊情形，只要停止犯罪是基于行为人的意思，即使行为性质处于中止和未遂之间的灰色地带，也要尽量考虑认定为中止，而不要人为限定中止犯的成立范围。[①] 言外之意，较之大陆法系国家，我国更应当放宽中止犯的成立范围。

笔者认为，无论是纯粹根据刑法规定绝对处罚中止犯还是上述观点，都是值得商榷的。就刑法规定而言，处罚不应当是绝对性的。如前所述，与未遂犯相比，中止犯的人格危险性是已经得到消除的，即其犯罪人的人格实现了由恶向善的根本转化。如果根据刑法规定一律处罚中止犯，有时难以体现中止犯与未遂犯的本质差别，有所不妥。因为，刑法规定对未遂犯同样可以减轻或者免除处罚。至于认为在我国应放宽中止犯的成立范围，显然没有顾及我国刑法与大陆法系国家刑法对中止犯的定性与处罚的巨大差异，忽视了我国刑法对中止犯的处遇之宽以及对行为人人格改善的要求之严的内在关联，因而是不可取的。

因此，应以刑法规定为基础，进一步限制中止犯的处罚范围。其积极意义有二。

一是符合实现刑罚目的的要求。从刑罚的特殊预防目的来看，犯罪人改恶从善应当是中止犯自动性的根本特征。对于中止犯而言，一方面，由于犯罪人在实施犯罪过程中实现了人格由恶向善的转化，对犯罪人的特殊预防未经处罚便得以实现。这样，改造犯罪人的要求自然大大降低，给予其较之未遂犯更为宽泛的处罚在情理之中。另一方面，由于犯罪人的人格危险的消失，对其进行人格改造的代价会随之下降，这将大大降低司法成本，作为激励给予其较之未遂犯更大的从宽处罚也是必要的。从一般预防的角度来看，中止的自动性也应该以改恶从善为标志。一般预防的基本内容是，通过制定刑罚法规，向全体民众宣告什么样的行为是犯罪行为以及实施这样的行为的刑罚后果，教育民众自觉守法，并通过对已然犯罪的惩罚威慑社会上的潜在的犯罪人，抚慰犯罪被害人及其家属等。[②] 刑法将犯

---

① 陈兴良、周光权：《刑法学的现代展开》，中国人民大学出版社 2006 年版，第 355-356 页。
② 徐久生：《刑罚目的及其实现》，中国方正出版社 2011 年版，第 79-80 页。

罪中止规定为独立的犯罪停止形态，是想向民众宣示其与犯罪未遂是完全不同的，进而使民众认识到犯罪中止的性质，威慑社会上的潜在犯罪人和教育广大公民，不要被迫放弃犯罪，而应真正改恶从善停止犯罪，只有这样才能在刑法上获得截然不同的处遇。

二是满足贯彻相关刑事政策的需要。以犯罪人业已改恶从善而不具有再犯可能性，作为认定中止犯自动性的标准，是符合我国有关刑事政策的。最高人民法院《关于贯彻宽严相济刑事政策的若干意见》第 15 条规定，“被告人具有犯罪预备、犯罪中止、从犯、胁从犯、防卫过当、避险过当等情节，依法不需要判处刑罚的，可以免予刑事处罚。”这意味着，犯罪中止即使已经造成损害，只要不需要判处刑罚，就可以免予刑事处罚。较之《刑法》第 24 条的规定，这样的处罚无疑更为宽大。在刑事政策上给予中止犯如此宽大的处遇，表明在犯罪人的危险人格消除后行为人不具有再犯可能性的情形下，对中止犯给予处罚的可能性与现实需要确实大大降低。

根据上述理由，以我国《刑法》第 13 条但书为基础，可知我国刑法对中止犯的规定过于绝对化，总体而言有重罚之嫌，应适当限缩处罚范围。因为，较之未遂行为，中止行为的社会危害性显然是要小些的。如前所述，既然在处罚犯罪未遂行为时要排除其中的“情节显著轻微危害不大”的情形，那么对中止行为而言处罚就更应该排除其中的“情节显著轻微危害不大”的情形。而且，中止犯的处罚范围理当小于未遂犯的处罚范围。据此，笔者认为，对中止犯应当像意大利、德国、瑞士等国刑法那样，规定不处罚的情形。具体地说，应当根据犯罪性质的不同，对我国刑法中的中止犯作如下处罚规定。

1. 对于预备阶段的中止犯，一律不以犯罪论处。如前所述，犯罪预备行为本身社会危害就十分轻微，若行为人中止预备行为，足以说明其情节显著轻微危害不大，不应当认为是犯罪。即便是危害国家安全的犯罪行为人，只要中止其预备行为的，也应当一律不处罚。

2. 对于轻罪，即理论上所说的最高刑为 3 年以下有期徒刑的犯罪的中止犯，没有造成损害的，一般不认为是犯罪；已经造成损害的，可减轻处罚或者免予处罚。因为，最高刑为 3 年以下有期徒刑的犯罪，本身的社会危害性就较小，如果行为人自愿停止犯罪且没有造成损害，那么认定为情节显著轻微危害不大，是完全符合事实与情理的，故不以犯罪论处是可行的。如果已经造成损害，由于损害的大小轻重差别巨大，一律予以处罚似乎不合情理，因而规定允许免予处罚也是值得理解的。

3. 对于重罪，即理论上所说的最低刑为 3 年以上有期徒刑的犯罪的中止犯，原则上适用现行刑法规定。这是因为，这类犯罪本身性质就非常严重，社会危害性也很大，在成立中止犯的情形下，无论是否造成损害，以犯罪论处并不为过。至于是否处罚，另当别论。

4. 对不属于轻罪与重罪之间的犯罪的中止犯，没有造成损害的，可酌情不以犯罪论处或者免予处罚；已经造成损害的，可酌情区分损害的大小分别予以免予处罚或者减轻处罚。

第四节 但书与犯罪既遂形态

一、犯罪既遂形态概述

（一）大陆法系国家和地区刑法理论中的犯罪既遂形态

由于犯罪既遂不是关注的重点，大陆法系国家和地区刑法理论对犯罪既遂形态的研究很少论述，理论上研究更多的是如何认定犯罪未遂形态，而不是犯罪的既遂标准。但是，根据学者们对犯罪结果以及犯罪未遂等的论述，犯罪既遂形态通常包括结果犯与行为犯两大类。其中，结果犯又可以分为实害犯与危险犯。

意大利学者帕多瓦尼将犯罪既遂形态分为即成犯与持续犯。所谓“即成犯”，是指以（行为犯中的）犯罪行为最后一个举动的完成，或（结果犯中）犯罪结果的发生为既遂标志，犯罪构成要件并不向行为或结果之后延伸的犯罪。所谓“持续犯”，是法律规定行为或结果在时间上必须具有持续状态的犯罪。① 不难发现，即成犯又可以划分为结果犯和行为犯，这样犯罪既遂形态就包括结果犯、行为犯和持续犯。法国学者斯特法尼将犯罪既遂形态划分为实质犯与形式犯。前者是指犯罪结果为其构成要件的那些犯罪；后者是指在犯罪未达到结果之前，犯罪便告既遂的犯罪。俄罗斯学者也将犯罪既遂形态划分为实质犯与形式犯。实质犯符合犯罪的实质构成，社会危害结果是其客观方面的必要要件，必须实际发生犯罪的危害结果才构成犯罪既遂。形式犯符合犯罪的形式构成，从实施法律规定的危害社会行为之时起犯罪就已既遂，它不要求危害社会结果作为犯罪构成的必

---

① 〔意〕杜里奥·帕多瓦尼：《意大利刑法学原理》，陈忠林译评，中国人民大学出版社 2004 年版，第 261 页。

要要件，没有发生犯罪的实害结果不影响犯罪既遂成立。①

我国台湾地区学者黄荣坚主张将犯罪既遂形态分为结果犯与行为犯。这里的结果犯，是指行为人的行为在客观上实现其所预见到的结果的犯罪；行为犯则是指刑法所规定之特定犯罪，其构成仅以一定的行为为要件，而不是以侵害结果的实现为要件。② 他坚决反对将危险犯作为犯罪既遂形态之一。理由是，“危险犯的立法性质本来就是实质上的未遂犯的特殊形态，既然未遂犯的构成基本上就没有以纯粹客观上的危险性为要件，甚至对于因为重大无知而不知其行为根本不能发生犯罪结果的未遂，法律上的处理也仅仅是减轻或免除处罚，自然没有理由在危险犯的客观不法上突兀的以客观上的危险结果作为犯罪构成的要件”③。该主张可以说与多数学者的观点不同。

值得注意的是，大陆法系国家刑法理论将行为犯作为既遂形态，其与刑法关于犯罪的规定是相吻合的，即犯罪成立仅取决于刑法规定的行为类型。这就使构成犯罪没有行为之量的限制，行为本身便是犯罪，从而保证实行行为一经实施或者实施完毕即成立犯罪既遂，且都是建立在犯罪成立基础上的。即使是在俄罗斯刑法典中，也一改苏联的定罪根据，完全根据行为之质确定犯罪类型。《俄罗斯联邦刑法典》第 14 条规定：“本法典以刑罚相威胁所禁止的有罪过地实施的危害社会的行为，被认为是犯罪。”“行为（不作为）虽然形式上含有本法典规定的某一行为的要件，但由于情节轻微而不具有社会危害性，即未对个人、社会或国家造成损害或构成损害威胁的，不是犯罪。”这里虽然规定了“情节轻微”的情形，却限定为“不具有社会危害性”，显然在某种意义上排除了行为的社会危害程度显著轻微的成立犯罪的情形。“必须将情节显著轻微的行为与危害社会的犯罪行为加以区别。情节显著轻微的行为虽然与刑法分则某些条文规定的应受刑事惩罚的行为具有形式上的相同点，但其不具备危害社会的特性。”④ 可见，俄罗斯刑法是将情节显著轻微的行为拟制为没有社会危害性的行为，不当成犯罪处理。

（二）中国刑法理论中的犯罪既遂形态

由于犯罪既遂在我国刑法理论中占有重要地位，人们对犯罪既遂形态

① 〔俄〕Л. В. 伊诺加莫娃-海格主编：《俄罗斯联邦刑法》（总论），黄芳、刘阳、冯坤译，中国人民大学出版社 2010 年版，第 118 页。

② 黄荣坚：《基础刑法学》（下），元照出版有限公司 2004 年版，第 109-110 页。

③ 参见上书，第 127 页。

④ 〔俄〕Л. В. 伊诺加莫娃-海格主编：《俄罗斯联邦刑法》（总论），黄芳、刘阳、冯坤译，中国人民大学出版社 2010 年版，第 30 页。

的研究也相对深入。不过，从现行各类教科书、报纸杂志文献等资料所载来看，关于犯罪既遂形态的划分标准与类别极不统一，呈现百花齐放态势。

1. 犯罪既遂的二元形态

二元形态即采取双重标准，将犯罪既遂形态按照基本形态与派生形态、一般既遂形态与特殊既遂形态、对偶形态等划分成若干类型。

（1）基本形态与派生形态。这种观点将犯罪既遂形态分为基本罪的既遂形态与派生罪的既遂形态。如有学者认为，犯罪既遂形态可以分为基本形态与派生形态。基本罪的形态包括结果犯、行为犯、危险犯与情节犯；派生罪的形态包括结果加重犯、其他类型的加重犯、派生的减轻犯。① 还有学者将犯罪既遂形态分为基本犯的既遂形态和派生犯的既遂形态。基本犯的既遂形态包括基本犯的基本类型的既遂形态与基于犯罪构成的定量因素划分的基本犯的既遂形态。前者指结果犯，后者包括数额犯、情节犯、目的犯。派生的既遂形态包括结果加重犯、数额加重犯、情节加重犯和包容加重犯。②

（2）一般既遂形态与特殊既遂形态。有学者认为，根据犯罪既遂基本构成要件的不同，可以划分为行为犯既遂、结果犯既遂、危险犯既遂、阴谋犯既遂。根据犯罪的加重构成要件，可以区分为结果加重犯既遂和情节加重犯既遂。前四种为犯罪既遂的一般形态，后两种则是犯罪既遂的特殊形态。③

（3）对偶型既遂形态。有学者则根据对应类型将犯罪既遂划分为四组形态，即行为犯与结果犯、实害犯与危险犯、继续犯与状态犯和基本犯与独立犯。④ 还有学者根据刑法分则规定的犯罪构成客观要件的不同情况，认为犯罪既遂有如下几种对比形态：行为犯、结果犯；危险犯、实害犯；结果加重犯、情节加重犯。⑤

2. 犯罪既遂的一元形态

理论上更多的是采取一元化标准将犯罪既遂划分为不同的形态，具体包括五形态说、四形态说、三形态说、二形态说。

---

① 金泽刚：《犯罪既遂的理论与实践》，人民法院出版社2001年版，第74页以下。

② 王志祥：《犯罪既遂新论》，北京师范大学出版社2010年版，第125页以下。

③ 徐逸仁：《故意犯罪阶段形态论》，复旦大学出版社1992年版，第215页。

④ 李恩慈：《犯罪形态与刑罚适用原理》，中国人民公安大学出版社2003年版，第11页以下。

⑤ 高铭暄主编：《中国刑法学》，中国人民大学出版社1989年版，第169-170页。

（1）五形态说。五形态说主张将犯罪既遂划分为五种不同形态。如有学者认为，犯罪既遂的表现形式分为结果犯的既遂、结果加重犯的既遂、举动犯的既遂、行为犯的既遂以及危险犯的既遂。①

（2）四形态说。四形态说主张将犯罪既遂划分为四种不同形态。如有学者认为，犯罪既遂可以分为结果犯、举动犯、行为犯、危险犯四种不同形态。② 有学者认为，根据我国刑法对各种犯罪的规定，我国刑法中犯罪既遂的形态主要有以下几种：阴谋犯；危险犯；行为犯；结果犯。③ 还有学者认为，犯罪既遂主要有以下四种形态：行为犯、危险犯、结果犯、结果加重犯。④

（3）三形态说。三形态说主张将犯罪既遂划分为三种不同形态。如有学者认为，犯罪既遂可以划分为结果犯、行为犯、危险犯。⑤ 有学者认为，犯罪既遂形态可划分为实害犯、危险犯和行为犯。⑥还有学者认为，犯罪既遂通常有下列几种形态：行为犯、结果犯、结果加重犯。⑦

（4）二形态说。该说认为，犯罪既遂可划分为实害结果犯与危险结果犯。⑧

对于二元形态的既遂分类，笔者持反对意见。派生的犯罪既遂不但与犯罪既遂的基本属性相矛盾，其理论基础也经不起推敲，无论从理论上还是司法实践来看，都不值得提倡。⑨ 至于对偶型既遂形态分类也有所不妥。在对偶型既遂形态分类中，行为犯与结果犯、实害犯与危险犯、继续犯与状态犯、基本犯与独立犯的分类方式，则明显存在交叉重复现象。例如，继续犯与状态犯中就包含有实害犯或者危险犯，基本犯与独立犯的分类也存在包容其他既遂形态的情形，这样的既遂形态划分方法显然不符合要求，不足以为据。至于将犯罪既遂划分为行为犯、结果犯、危险犯、实害犯、结果加重犯、情节加重犯，结果加重犯与情节加重犯本来就是作为

---

① 马克昌主编：《犯罪通论》，武汉大学出版社 1999 年版，第 495 页以下。

② 高铭暄、马克昌主编：《刑法学》，北京大学出版社、高等教育出版社 2007 年版，第 161 页以下。

③ 王作富主编：《中国刑法适用》，中国人民公安大学出版社 1987 年版，第 149－150 页。

④ 张炳明主编：《刑法》，四川人民出版社 1998 年版，第 177－178 页。

⑤ 何秉松主编：《刑法教科书》（上卷），中国法制出版社 2000 年版，第 420－422 页；苏惠渔主编：《刑法学》，中国政法大学出版社 2007 年版，第 135 页；李洁著：《犯罪既遂形态研究》，吉林大学出版社 1999 年版。

⑥ 徐光华：《犯罪既遂问题研究》，中国人民公安大学出版社 2009 年版，第 43 页。

⑦ 高铭暄：《刑法总则要义》，天津人民出版社 1986 年版，第 156 页。

⑧ 刘之雄：《犯罪既遂论》，中国人民公安大学出版社 2003 年版，第 112 页。

⑨ 有关派生犯的既遂形态问题，将在下文予以详细分析。

派生的既遂形态出现的，是否可取有待商榷。

在一元形态既遂分类中，坚持四形态说与三形态说的学者相对较多，主张五形态说、二形态说的学者比较少。在既遂的不同形态中，结果犯、危险犯作为犯罪既遂形态基本上得到人们的一致认同，主张行为犯既遂的也比较多，也有部分学者主张举动犯既遂、结果加重犯既遂。其他诸如情节加重犯等仅为个别学者所主张，不足以为据。归纳一下，上述观点的主要分歧集中在：一是举动犯是否为犯罪既遂形态；二是行为犯是否为犯罪既遂形态；三是结果加重犯是否为犯罪既遂形态。其中，将结果加重犯作为既遂形态，目前学界支持者甚寡，似乎不足以成为问题来讨论。这里重点讨论举动犯与行为犯①的问题，即以但书为依据分析举动犯与行为犯能否成为犯罪既遂形态。

二、但书与犯罪既遂形态的范畴

可以肯定，预备阶段是可以排除犯罪既遂成立的，因为该阶段行为人尚未实施犯罪实行行为，所谓的犯罪完成无从谈起。这样看来，犯罪既遂只能存在于犯罪实行行为着手实施至既遂的实害结果发生之前的阶段中。那么犯罪实行行为一经着手实施是否即可成立犯罪既遂？法定犯罪行为的完成可否成为犯罪既遂的标志？对此，只要运用但书规定加以具体分析，就能得出合理的结论。

（一）但书与举动犯

首先，犯罪实行行为一经着手实施即成立犯罪既遂，是举动犯既遂之观点，它源自德、日等大陆法系国家刑法理论。“在举动犯的情况下，只要有行为者的一定的身体上的活动犯罪就直接成为既遂，所以一般不考虑未遂的问题。”② 这种观点为我国许多学者所认可，并成为通说。根据通说，典型的举动犯有组织、领导、参加黑社会性质组织罪，煽动民族仇恨、民

① 在我国，相当一部分学者主张行为犯与举动犯是同一概念，从中也可以看出这两种分类确有不妥。如有学者认为，“行为犯，也称为举动犯，是指行为人只要单纯地实施刑法分则所规定的构成要件的行为就足以构成犯罪，而无须发生一定的犯罪结果”。（陈兴良：《刑法哲学》，中国政法大学出版社 1997 年版，第 217 页；陈兴良：《刑法哲学》，中国政法大学出版社 1997 年版，第 217 页。）有学者认为，行为犯即形式犯，亦称举动犯，与实质犯相对。只要有一定的行为（作为与不作为）即构成犯罪。这种犯罪不考虑是否发生一定的实害或危险的结果。（参见曾庆敏主编：《刑事法学词典》，上海辞书出版社 1992 年版，第 342 页。）还有学者认为，所谓的“举动犯”称谓是不科学的，应当改成“即成行为犯”。（参见史卫忠：《行为犯研究》，中国方正出版社 2002 年版，第 93 页。）

② 〔日〕野村稔：《刑法总论》，全理其、何力译，法律出版社 2001 年版，第 328 页。

族歧视罪，传授犯罪方法罪等，举动犯的犯罪的实行行为都是具有教唆性、煽动性的行为。[①] 笔者认为，举动犯成立具有特定的刑法语境，不能一概而论。在大陆法系国家，定罪的依据是行为之质，凡是实施刑法规定的行为的，均可构成犯罪，因而将着手实施实行行为作为既遂形态，是具有法律依据的。我国刑法则不然。根据《刑法》第13条但书规定，犯罪的必要条件是行为之质，充分条件却是行为之量。据此，任何犯罪都谈不上一着手实施实行行为便达到足以构成犯罪的程度，只有社会危害达到一定程度的，才能以犯罪论。换句话说，无论刑法规定的犯罪性质多么严重，其行为类型都存在情节显著轻微危害不大而不构成犯罪的情形。既然如此，那么刑法规定的任何犯罪都存在一着手实施犯罪实行行为，却因社会危害显著轻微而不构成犯罪的情况。不构成犯罪，也就不存在犯罪既遂。可见，举动犯既遂与《刑法》第13条规定是存在冲突的。

其次，犯罪行为本来就是一个过程，举动犯一经着手便成立既遂，显然是否定犯罪的过程性的，这不符合客观事实。包括举动犯在内，任何犯罪得逞或多或少都需要一个过程，并非一着手便告既遂。以传授犯罪方法罪为例，如果甲传授乙抢劫方法，依照构成要件论，只要甲一拿出刀（传授持刀抢劫方法），就成立犯罪既遂，这显然是荒谬的。因为单纯拿刀的行为在日常生活中十分普遍，如果不经过进一步判断，司法机关根本不能断定这种行为是传授犯罪方法行为。正如日本学者泷川幸辰指出，判断未遂和既遂，要严格区分事实问题，即对行为人已实现的事实及其计划进行研究；在事实和计划搞不清楚的场合，不可以就实行或预备进行判断决定。[②] 在缺乏实现的事实及其计划的情形下，如果某一举动行为没有经过预备而一经实行，是无法区分既遂与未遂的。“即使在举动犯的场合，其举动，即作为意思活动的行为并不是一着手便马上完成，在以一定的时间间隔为必要的场合下，着手未遂的形态下的未遂是可以肯定的。”[③] 又如参加黑社会性质的组织的，亦非一参加就既遂。在司法实践中，对于参加黑社会性质的组织，没有实施其他违法犯罪活动的，或者受蒙蔽、胁迫参加黑社会性质的组织，情节轻微的，可以不作为犯罪处理。[④] 此外，举动

① 高铭暄、马克昌主编：《刑法学》，北京大学出版社、高等教育出版社2007年版，第162页。

② 〔日〕泷川幸辰：《犯罪论序说》，王泰译，法律出版社2005年版，第120页。

③ 〔日〕野村稔：《刑法总论》，全理其、何力译，法律出版社2001年版，第328页。

④ 最高人民法院2000年12月4日《关于审理黑社会性质的组织犯罪的案件具体应用法律若干问题的解释》第3条。

犯与行为犯的界限，也很难界定，两者极易混淆。如有学者认为，煽动分裂国家罪是行为犯，只要以分裂国家、破坏国家统一为目的实施了煽动行为的，即可构成本罪既遂。①

（二）但书与行为犯

我国学者曾一度认为，行为犯是指只要实施刑法分则规定的某种危害社会的行为就构成既遂的犯罪形态，它包括举止犯（即举动犯）与过程犯。②“行为犯，是指只要实施了符合刑法分则规定的某种基本构成要件行为就为既遂，而无须发生特定的犯罪结果或有该犯罪结果发生的法定危险的犯罪类型。”③ 现在一般认为，行为犯是“指以法定犯罪行为的完成作为既遂标志的犯罪。”④ 笔者认为，行为犯是值得商榷的。首先，犯罪行为完成并不等同于犯罪完成。⑤ 犯罪行为完成是从行为实施本身来说的，表明的是犯罪行为实施完毕；犯罪完成则是立足于行为效果而言的，揭示的是犯罪遂愿、得逞，因而在法律上可以认定为既遂。故犯罪行为完成并不等于犯罪既遂。其次，犯罪行为完成并不能完全代表实害结果没有发生时的最严重社会危害性，不能作为既遂标志。作为单纯揭示行为过程的概念，犯罪行为完成充其量只能表明犯罪行为实施状况，并不能完全代表行为的社会危害性本身。犯罪既遂作为犯罪完成形态，具有最严重的社会危害性，它不仅取决于犯罪行为实施状况，还取决于行为实施的手段、对象等条件。在犯罪行为完成而其他条件不充分时，犯罪具有的最严重社会危害性并非必然出现。故即使犯罪行为完成，也完全可能成立未遂，实行终了的未遂便是如此。仅从犯罪行为实施状况而言，我们不能否定实行终了的未遂是犯罪行为之完成，但由于其他条件不成熟，它并不能代表犯罪既遂。实行终了的未遂，应当说在刑法规定的所有直接故意犯罪中都是客观存在的。总之，以犯罪行为完成作为既遂标志也是不妥的，行为犯不是犯罪既遂形态。

---

① 赵秉志主编：《新刑法教程》，中国人民大学出版社 1997 年版，第 186 页。

② 姜伟：《犯罪形态通论》，法律出版社 1994 年版，第 115-116 页。

③ 史卫忠：《行为犯》，中国方正出版社 2002 年版，第 99 页。

④ 高铭暄、马克昌主编：《刑法学》，北京大学出版社、高等教育出版社 2007 年版，第 161 页。

⑤ 需要注意，如果将犯罪行为完成理解为犯罪完成，就会犯定义重复的逻辑错误。因为犯罪既遂的本质是犯罪完成，若将犯罪行为完成理解为犯罪完成，则等于将行为犯等同于犯罪既遂概念，显然不妥。

第六章 但书与共同犯罪的处罚范围

共同犯罪奉行的是部分行为全部责任原则，只要共同犯罪成立，本不应该涉及处罚范围问题。但是，由于共同犯罪的复杂性，不同的行为人及其行为在社会危害性上相差很大。对于不同的共同犯罪行为，是不是都应该动用刑罚加以制裁，值得进一步探究。事实上，共同犯罪中不同的参与人的责任千差万别，很有必要依照但书规定确定不同共同犯罪参与人的罪与非罪的界限。换句话说，在共同犯罪中，对不同的参与人应当根据但书规定确定刑事制裁的界限，而非一人构成犯罪则全部参与人均应以犯罪论处。例如，共同犯罪中责任最重的行为人的行为刚好达到定罪标准，对于其他参与人而言，如果其行为符合“情节显著轻微危害不大”的条件，那么不认定为犯罪在情理之中，也完全符合刑法规定。在共同犯罪中，需要根据但书规定探讨处罚范围的，主要包括共谋未实行、中立帮助行为以及独立教唆犯等。

第一节 但书与共谋未实行的处罚范围

共谋是指两个以上行为人共同谋划、商议实行犯罪的行为，即对实行犯罪或者实行犯罪的具体方案在着手实施实行行为之前进行意思上的联络。共谋即使是暗示的，也可以成立，不一定要事前谋议。两人以上者相互之间暗示互相协力，沟通实现共同犯意的意思就可以成立共谋。共谋不要求一定谋议犯罪行为的时间、场所、手段等以及具体内容的细枝末节，即对实行方法的具体细节，可不进行谋议，因而即使行为人不知道这些，只要参加了犯罪要点的谋议，就可以说有共谋。① 共谋后，如果犯罪人均参与实行犯罪，属于共谋实行的犯罪，各行为人均应承担刑事责任是毋庸

① 马克昌：《比较刑法原理——外国刑法学总论》，武汉大学出版社 2002 年版，第 683 页。

置疑的。但是，共谋后也可能存在共谋人不实行犯罪的情形，这便是共谋未实行。严格地说，谋议本来属于犯罪预备的范畴，与正犯本是不相关的。承认共谋共同正犯的结果，在扩张正犯范畴的同时，也会极大地扩张犯罪的处罚范围。例如，日本的审判实践表明，“在下级法院的判决中，有将仅表示了犯罪企图的人也作为共同正犯的倾向”①。事实上，我国学界对共谋未实行的成立范围及处罚范围，还是存在争议的。有据于此，本节内容拟对共谋共同正犯之共谋未实行的成立范围与处罚范围加以深入探讨。

一、共谋未实行的含义

共谋未实行大致有两种情形：一是所有参与共谋者均未着手实行犯罪的情形；二是共谋者中有的着手实行了犯罪，有的未着手实行的情形。为了表述的方便，笔者将第一种情形称为纯正的共谋不作为，将第二种情形称为不纯正的共谋不作为。

在日本刑法理论中，存在共同共谋正犯的概念。所谓共谋共同正犯，是指二人以上者共谋了实施一定的犯罪，在其中的一部分人作出了实行时，包括没有参与实行行为的人，共谋者的全体成员都直接成立共同正犯。② 日本判例也认可共谋共同正犯的存在，如大审院联合部判决昭和十一年（1936 年）5 月 28 日刑集 15 卷 715 页，最大判昭和三十三年（1958 年）5 月 28 日刑集 12 卷 8 号 1718 页（练马事件）等多个判例，均确认了共谋共同正犯。③ 以前，日本法院仅认可恐吓罪这种智能犯罪的共谋共同正犯，后来并逐渐扩张了其范围，最高裁判所也承袭了这种做法。于是，共谋共同正犯逐渐也适用于放火罪、杀人罪、窃盗罪、强盗罪等所谓实力犯，甚至连法定犯也肯定了共谋共同正犯。④

日本理论与实务中的共谋共同正犯的成立，要求共谋者中必须有着手实行了犯罪的人，即要求符合上述第二种情形的共谋未实行（不纯正的共谋不作为），并不包括上述第一种情形的共谋未实行（纯正的共谋不作为）。究其缘由，在于纯正的共谋不作为属于典型的犯罪预备，对于预备犯大陆法系国家向来不处罚，要处罚也只是处罚个别例外情形。因此，日本的共谋共同正犯理当不包括纯正的共谋不作为情形。

---

① 〔日〕平野龙一：《刑法的基础》，黎宏译，中国政法大学出版社 2016 年版，第 113 页。

②④ 〔日〕大塚仁：《刑法概说》（总论），冯军译，中国人民大学出版社 2002 年版，第 258 页。

③ 〔日〕山口厚：《刑法总论》，付立庆译，中国人民大学出版社 2018 年版，第 336 页。

由于纯正的共谋不作为属于纯粹的犯罪预备，只不过参与者不是一个人而是两人以上，因而其处罚范围可以参照前述有关预备犯的处罚范围来认定。也即是说，如果共谋的是实质预备犯，就按照实质预备犯的处罚范围来确定共谋共同正犯的处罚范围，并根据刑法分则的相关规定定罪处罚；如果共谋的不是实质预备犯，就需要按照形式预备犯的处罚范围来确定共谋共同正犯的处罚范围，并根据《刑法》第 22 条规定定罪处罚。这里重点研究的是不纯正的共谋不作为的处罚范围。

二、不纯正的共谋不作为的处罚范围

不纯正的共谋不作为的处罚范围包括两种不同类型：一是不纯正的共谋不作为的成立范围；二是不纯工的共谋不作为的处罚范围。前者解决的是哪些共谋行为可以成立共谋共同正犯的问题，在确立了共谋共同正犯的成立范围后，不成立共谋共同正犯的共谋行为，属于犯罪预备行为，应当区分形式预备犯与实质预备犯，并按照前述有关形式预备犯与实质预备犯的处罚范围的界定，确定应当处罚的共谋行为。后者需要解决的是对共谋共同正犯的共谋行为应当如何处罚，不同的处罚也关涉处罚范围问题。

（一）不纯正的共谋不作为的成立范围

我国刑法没有规定正犯概念，并不等于不存在正犯。日本刑法学者大谷实就指出，“对于中国刑法中的共同犯罪，当然也可以认为包含着共谋共同正犯。第 26 条第 1 款规定的犯罪集团与主犯、第 2 款所规定的犯罪组织以及第 3 款所规定的首要分子”①。不过，与刑法未明确规定正犯一样，早先的理论对于正犯的认定相对简单，主要有否定说和肯定说之分。否定说认为，共谋而未实行，就意味着缺乏共同犯罪行为。因此，共谋不是共同犯罪行为，不能构成共同犯罪。② 肯定说则主张，共谋是共同犯罪行为，参与共谋即使未实行也构成共同犯罪。因为共同犯罪行为包括犯罪的预备行为和实行行为，而犯罪的预备和犯罪的实行是两个紧密相连的阶梯，共谋属于犯罪预备，不能把犯罪的预备同犯罪的实行之间的密切联系割裂开来，而把甲、乙共谋杀丙的行为视为与甲单独杀死丙这一犯罪活动的全过程无关的、以外的行为。③ 不难看出，否定说主张一律不处罚不纯正共谋不作为行为，在这样的前提下自然不存在不纯正的共谋不作为的成

① 〔日〕大谷实：《日本刑法中正犯与共犯的区别——与中国刑法中的“共同犯罪”相比照》，王昭武译，《法学评论》2002 年第 6 期，第 118 页。

② 高铭暄主编：《刑法学》，法律出版社 1982 年版，第 190 页。

③ 邓定一：《共谋而未实行，不构成共同犯罪吗?》，《法学》1984 年第 6 期，第 26 页。

立范围与处罚范围之说。肯定说则认为不纯正共谋不作为行为构成共同犯罪，应予处罚。这里只解决了不纯正的共谋不作为的成立范围问题，至于处罚范围则未涉及。不过，从其表述来看，所主张的似乎是一律处罚不纯正共谋不作为行为。

近年来，受德、日刑法理论与实务的影响，不少学者引进共谋共同正犯概念，并对不纯正的共谋不作为的成立条件与处罚范围进行了深入探讨。有学者认为，限缩共谋共同正犯的范围，应当从共谋的事实、实行的必要性以及实行行为的客观实质分担性三方面加以考虑。其中，所谓的实行行为的客观实质分担性，是指单纯共谋者的共谋关系对于共同犯罪的实行行为形成了重要参与关系，以至于能够被评价为具有分担实行行为的性质。此处所说的实行行为分担性，是从共谋者对于实行行为以及犯罪结果的在贡献上的价值分担而言的。① 有学者提出共谋射程理论，认为“完全可以从共谋的射程是否及于引起最终结果的行为这一全新视角来界定共同犯罪中的‘共同行为’，进而统一研究共犯诸问题”②。根据该观点，是否在共谋的射程之内，要以客观因素与主观因素为依据。客观因素包括行为人在共谋阶段的影响力的大小、当初的共谋与引起最终结果的行为在内容上的共同性、关联性以及对引起最终结果的行为本身的参与程度；主观因素包括应考虑犯意的同一性、持续性、动机、目的的共同性以及对引起最终结果的行为及其结果的预测可能性程度。③ 还有学者借鉴日本刑法理论中的实质正犯论中的“重要作用说”来认定共谋共同正犯，认为“共谋共同正犯的成立条件被归结为‘对犯罪的实现起了至少与实行者相当的重要作用’，由此，如果行为人仅仅参加共谋而未对犯罪的完成起到与实行者相当的作用时，不能作为共同正犯处理”④。至于重要作用的具体判别标准，则进一步按照共谋者与实行者之间的关系细化为支配型与分担型两种：前者强调共谋者对实行者的支配关系；后者着眼于共谋者与实行者处于对等立场对犯罪的实现共同发挥了同等的作用。⑤

上述观点虽然存在分歧，却大同小异。总地来说，对不纯正的共谋不作为不一律以共谋共同正犯论处成为共识。但是，如何限缩共谋共同正犯的成立范围，确实是个十分复杂的问题。在这一点上，或许日本刑法理论

---

① 刘艳红：《共谋共同正犯论》，《中国法学》2012 年第 6 期，第 120-123 页。

② 王昭武：《论共谋的射程》，《中外法学》2013 年第 1 期，第 154-155 页。

③ 刘艳红：《共谋共同正犯论》，《中国法学》2012 年第 6 期，第 164-167 页。

④⑤ 阎二鹏：《共谋共同正犯理论中国化的障碍及其解释对策》，《中外法学》2014 年第 1 期，第 1100 页。

中的“重要作用说”更值得借鉴。究其原因，在于“所谓以‘重要作用’为判别标准的实质的正犯论，与我国《刑法》中的主从犯一样，均是以共同犯罪案件中的主客观事实要素作为判断重要抑或主要作用的基准，在这一点上，两者没有任何区别”[①]。既然“重要作用说”具有法律上的依据，以之作为判断依据更具有说服力。

（二）不纯正的共谋不作为的处罚范围

不纯正共谋未实行的处罚范围，实质上是指对共谋共同正犯应当如何处罚的问题。对此，如果按照正犯论，当然要一律处罚；但是，如果不按照正犯论，就意味着可以以预备犯论处。根据预备犯的处罚规定，此时就不能对共谋共同正犯给予一律处罚。

对于不纯正的共谋不作为的处罚范围，理论上有观点认为，应根据共谋共同正犯理论主张给予一律处罚。如有学者认为，“共谋共同正犯具有独立的被处罚性，只是各自的责任应根据其对于共同犯罪意思的形成以及实行行为活动所发挥的作用来决定”[②]。有学者指出，对集团犯罪、聚众共同犯罪中的首要分子，我国刑法已经明文规定为主犯，因此，对于该种共谋，共同正犯应负主犯责任；对于其他共同犯罪形式中应当认定为共谋共同正犯的行为人的正犯责任，根据我国刑法规定，应当根据案件的具体情况和共谋而没有实施实行行为的具体情况，或承担主犯的刑事责任，或以从犯追究其刑事责任。[③] 换句话说，成立共谋共同正犯的共谋行为，具有完全的独立性，行为人据此应当承担相应的刑事责任。司法实践受共谋共同正犯理论的影响，基本上均主张对不纯正的共谋不作为以正犯之既遂犯论处。下面试举几个案例加以具体说明。

【案例一】被告人刘某、王某、张某共同商议对歌厅坐台小姐白某实施抢劫。三人商定：三人一起到歌厅消费，王某、张某配合，由刘某在白某面前装大款，消除白某的戒备心，然后伺机实施抢劫。当晚，三人来到歌厅，进入包厢后点名让白某相陪，玩乐中，王某发现白某随身没有带多少钱，乘白某出去之际，王某把此情况告诉了刘某、张某二人。三人商议后，决定放弃此次作案，由刘某继续扮大款，为下次作案打基础。按照商定，三人在离开时，刘某很大方地从

① 阎二鹏：《共谋共同正犯理论中国化的障碍及其解释对策》，《中外法学》2014 年第 1 期，第 1104 页。

② 刘艳红：《共谋共同正犯论》，《中国法学》2012 年第 6 期，第 129 页。

③ 林亚刚：《共同共谋止犯问题研究》，《法学评论》2001 年第 4 期，第 42 页。

身上掏出500元钱甩给白某，并约定次日再来找她玩。到了第二日，刘某越想越怕，决定不再参与此事，遂以有事为由，拒绝了土某、张某的邀约，由土某、张某二人前往。三日后，刘某被公安部门传讯，并被告知土某、张某二人于当晚在歌厅灌醉白某，抢得现金2 000元和手机一部，总价值4 800元。①

【案例二】2009年4月中旬，被告人王某知道周某（已判刑）认识广东省的毒品上家，故介绍周某与被告人青某认识，青某、王某、周某随即共谋至广东省购买毒品运输来沪贩卖。三人商定由周某先前往广东省联系毒品货源，而后通知王某赶至广东省，与周某共同购买毒品后运输来沪，毒资由青某提供。周某随后赶往广东省汕尾市甲子镇，与当地人阿涛（另行处理）联系毒品货源。同年4月29日，王某因吸毒受到公安机关审查，即打电话通知了青某。因王某无法赶往广东省，青某遂指使蒋某（绰号校长，已判刑）、张某（绰号小黄毛，已判刑）于当日乘飞机赶往广东省汕尾市甲子镇。次日，蒋某、张某、周某一起从阿涛等人处购得一袋白色晶体、3 000粒红色药片及489.27克添加剂，青某通过把钱打入张某和阿涛等人卡里等方式支付了毒资79 100元。当晚，周某、蒋某、张某携带所购毒品及添加剂搭乘长途汽车返沪，至沪杭高速公路枫泾检查站时被公安人员查获。经鉴定，前述白色晶体净重250.97克、红色药片净重281.53克，从中均检出甲基苯丙胺成分。②

【案例三】甲、乙、丙三人没有正式职业，平时经常聚在一起混日子。某日，三人闲聊，谈到最近大家都手头紧，想办法弄点钱花就好。甲说附近村庄的丁做生意，家里比较宽裕，白天其家人一般皆有事，家里基本上没什么人，并对丁所在村庄的位置、人员以及治安情况等作了介绍。乙说自己可以准备盗窃用的一些工具，开锁的工具、绳索等。丙说自己不想干这种缺德事，但特别提醒既然甲、乙执意而为，要注意防范丁家的大黄狗，免得偷鸡不成蚀把米，丢人丢面子。乙说自己买点药可以搞定那只狗。后甲、乙去丁家行窃，共窃取价值3万余元的赃物。

① 杨俊超、贾长青、王志刚：《共谋抢劫而中途不参与如何处理》，《中国检察官》2007年第6期，第59页。

② 郭寅、黄伯青：《共谋而未参与实行行为构成共同犯罪》，《人民司法》2011年第2期，第7-8页。

关于第一个案例，司法机关对刘某、土某、张某三人均构成抢劫罪没有异议，但就刘某个人的行为，结合量刑，讨论其犯罪形态时，却产生了分歧意见。主要存在四种不同意见：一是认为刘某的行为属于犯罪预备；二是认为刘某的行为应构成犯罪未遂；三是认为刘某的行为应构成犯罪中止；四是认为刘某的行为应构成犯罪既遂。① 笔者支持犯罪既遂论。关于第二个案例，争议的焦点在于王某参与贩卖、运输毒品的共谋，因意志以外的原因未能实施本该由其实施的行为，而张某、蒋某代王某实施了王某应实施的行为，青某、周某、张某、蒋某构成了贩卖、运输毒品犯罪的既遂，王某能否认定为青某、周某、张某、蒋某贩卖、运输毒品犯罪的共犯？对此，主要存在三种不同意见：一是认为王某仅参与共谋未参与实行行为，不构成共同犯罪；二是认为王某构成共同犯罪；三是认为王某构成共同犯罪的正犯。② 笔者认为王某应该对贩卖、运输毒品罪的既遂承担刑事责任。

对于上述观点，有学者提出不同见解，认为不能一概而论。论者将共谋不实行区分为预定不参与实行行为的共谋者与因故未参加实行行为的共谋者，提出这两者有着本质区别。“预定不参与实行行为的共谋者”藏身于幕后，在组织犯、教唆犯、帮助犯中必居其一，对实行犯具有明显的心理影响，故因“隐恶”需要严格打击。“因故未参与实行行为的共谋者”的情况则不同。只要在共谋阶段没有组织、教唆、帮助的行为，其对实行行为就不具有支配力或者影响力，因此犯罪不成立。“因故未参与实行行为的共谋者”如果在共谋阶段有类似准备犯罪工具、指示犯罪对象、规划犯罪方案等预备帮助行为，则以预备犯论定其罪责（共谋中的帮助仍属于犯罪预备，因为共谋只能属于预备阶段）。③ 针对实务界将共谋共同正犯以实行犯的既遂论处的一般做法，论者指出，不管是哪种情况，对犯罪实现（既遂）的作用均不重要甚至可以忽略不计，其参与“共谋”与犯罪既遂两者之间没有因果关系，故对“因故未参与实行行为的共谋者”依实行犯的既遂论处是错误的，应当以预备犯论处。④

客观地说，日本刑法理论中的共谋共同正犯理论有其合理之处，但是移植过来笼统地加以应用，显然是值得商榷的。一方面，日本的司法实践处罚共同共谋正犯并非不分青红皂白一概处罚。另一方面，共谋行为与预

① 杨俊超、贾长青、王志刚：《共谋抢劫而中途不参与如何处理》，《中国检察官》2007年第6期。

② 郭寅、黄伯青：《共谋而未参与实行行为构成共同犯罪》，《人民司法》2011年第2期。

③④ 章雨润：《论未参与实行行为共谋者的罪责》，《理论月刊》2011年第3期，第105页。

备行为并非具有同等含义。共谋，本意是共同谋议，即共同出谋划策之意，其与准备工具、制造条件并非一回事。如在案例三中，丙只是提示甲和乙要注意防范被盗对象处的一条狗，并未参与其他谋划，也没有后续行为。显然，提示注意一条狗，既不是准备工具行为，也不是一般的制造条件的行为。因为丙只是提醒甲、乙而已，并没有谋划对狗采取防范性措施为盗窃制造条件，充其量只是制造条件的辅助行为。丙的这种单纯提示行为属于谋划行为，不属于严格意义上的预备行为，至多是辅助的预备行为。这样的预备行为虽然具有一定的社会危害性，显然属于情节显著轻微危害不大的情形，可不以犯罪论处。

对于将共谋不实行区分为预定不参与实行行为的共谋者与因故未参加实行行为的共谋者的观点，和对因故未参加实行行为的共谋者，或不以犯罪论处，或以预备犯论处的观点，则不能一概而论。一方面，论者排除对实行行为不具有支配力或者影响力的行为的犯罪性，即排除类似于上述所言的提示行为的犯罪性，应当说有其合理性，至少从但书的立场来说是符合刑法规定的。另一方面，对于预备帮助行为主张以预备犯论定其罪责，将决定性、主导性共谋行为作为实行犯论处，有其可取之处。问题在于，对于分别不以犯罪论处和以预备犯论处的两种不同行为，即非组织、教唆、帮助行为且对实行行为不具有支配力或者影响力的共谋行为与预备帮助行为如何界分，论者似乎没有关注。在笔者看来，似乎可以这样认为：对于属于不具有支配力或者影响力的预备帮助行为的共谋行为，不以犯罪论处；对于属于具有支配力或者影响力的预备帮助行为的共谋行为，以预备犯论处；对于其他共谋行为，以实行犯论处。

另外，将共谋不实行区分为预定不参与实行行为的共谋者与因故未参加实行行为的共谋者，并确定不同的处罚范围，似乎没有必要。从字面意思推断，“预定”与“因故”的区别主要体现为主观原因与客观原因的区别，这种区分对于确定共谋共同正犯的处罚范围并无实质价值。因为无论是主观原因还是客观原因，对定罪及量刑均具有直接影响，不应差别对待。如果认为预定不参与是基于藏身于幕后组织、教唆、帮助等，则直接根据对实行行为是否具有支配力、影响力等来确定就可以了，根据是否预定、因故等，并不能区分共谋不实行对实行行为是否具有支配力、影响力。

需要注意的是，对于属于具有支配力或者影响力的预备帮助行为的共谋行为，以及其他共谋行为，以预备犯和实行犯论处也不能一概而论，这里主要涉及的是共谋的中止问题。在共谋不作为者中止犯罪的场合，可以区分为两种不同情形：一是其他实行犯造成犯罪结果发生；二是其他实行犯没有造成犯罪结果发生。在第一种情形下，对共谋不作为者给予处罚是毋庸置疑的。在第二种情形下，对其是否一律处罚就有所不同。这是因为，犯罪中止本来就是危害较轻的，对于共谋不作为者来说，如果中止犯罪且最终犯罪结果没有发生，所实施的又是较轻的犯罪，那么很可能符合“情节显著轻微危害不大”的要求，根据《刑法》第13条但书规定是可以不以犯罪论处的。这样一来，对于属于具有支配力或者影响力的预备帮助行为的共谋行为，以及其他共谋行为，在其他实行犯没有造成犯罪结果发生的情形下，共谋者中止犯罪，情节显著轻微危害不大的，可不以犯罪论处。

根据上述分析，以但书规定为评价标准，对不纯正的共谋不作为者应当区分不同情形作如下处理：首先，对于不属于严格意义上的预备行为，即准备工具、制造条件的行为，充其量只是预备行为的辅助行为的共谋者，可以认定属于情节显著轻微危害不大的情形，不以犯罪论处。如对案例三中的丙，就可以不认定为犯罪。其次，对于参与准备工具、制造条件的共谋者，是否处罚不能一概而论：其一，在其他实行犯造成犯罪结果发生的场合，此时，由于犯罪已然既遂，故对共谋未实行者应当按照犯罪既遂论处。这样看来，在案例一和案例二中，司法机关对刘某、王某的处罚，还是相对合理的。其二，在其他实行犯没有造成犯罪结果发生的场合，符合“情节显著轻微危害不大”的要求的，如共谋的犯罪是轻罪，且共谋未实行者有犯罪中止行为，可不以犯罪论处。

第二节　但书与中立帮助行为的处罚范围

一、中立帮助行为概述

在我国，中立帮助行为①犯罪化早已有之②，在刑法和司法解释中显

① 中立帮助行为虽然源自德、日等大陆法系国家刑法理论，但至今为止尚无权威定义。大陆学者谓之“中立帮助行为”者居多。为了行文便利及表述的一致性，本书采用“中立帮助行为”这一学界通行称谓。

② 如2001年“两高”《关于办理生产、销售伪劣商品刑事案件具体应用法律若干问题的解释》第9条规定：“知道或者应当知道他人实施生产、销售伪劣商品犯罪，而为其提供贷款、资金、账号、发票、证明、许可证件，或者提供生产、经营场所或者运输、仓储、保管、邮寄等便利条件，或者提供制假生产技术的，以生产、销售伪劣商品犯罪的共犯论处。”

著增多是在2010年后。[①]《刑法修正案（九）》增设帮助信息网络犯罪活动罪及快播案的热议，使中立帮助行为的处罚范围引发广泛关注，并由此引发了学界对中立帮助行为处罚范围的探究。

处罚中立帮助行为的目的在于保护法益。然而，扩张处罚范围容易导致刑法对公民权利与自由的过分干预，立法者对此不无顾忌。例如，刑法及司法解释较早前将特定类型的中立帮助行为入罪[②]，体现的是帮助行为处罚圈的有限扩张，表明立法者在处罚中立帮助行为上的谨慎态度。后来，也许是考虑到风险社会惩罚各种犯罪之需要，才对中立帮助行为的处罚类型不作类型性限定。[③] 由将特定类型的中立帮助行为入罪，发展到对入罪的中立帮助行为不作特定类型限制，体现了立法者制裁中立帮助行为的态度逐步由谨慎干预转变为积极处罚。但是，这并不意味着刑法无原则地扩张中立帮助行为的处罚范围，否则刑法就有过分干预公民权利与自由之嫌。尽管学界通说主张对中立帮助行为限制处罚[④]，然而司法实践在确定具体的中立帮助行为的处罚范围时往往较为随意，缺乏可操作的依据和标准，致使有的判决令人生疑。如父母明知儿子杀了人，还留儿子在家吃住，被法院认定成立窝藏罪。[⑤]

目前，学界对中立帮助行为及其处罚范围有过一些探讨，但总体来看不够深入，依旧存在不少问题。例如，如何理解中立帮助行为之“中立”的含义？中立帮助行为有何基本属性？中立帮助行为与共犯帮助行为、片面帮助行为是何关系？关于中立帮助行为处罚范围应采取何种理论学说更合理？如何科学划分中立帮助行为的类型？中立帮助行为可罚与不可罚类型有哪些？如何理解我国《刑法》第287条之二第1款之规定？等等。本

---

① 据笔者统计，自1997年刑法修改以来，与中立帮助行为处罚相关的司法解释有30余个，其中近80%颁行于2010年以后。自2010年以来，基本上每年都有相关司法解释出台。

② 如《刑法》第350条第2款将生产、买卖、运输制毒原料或配剂的特定帮助行为规定为制造毒品罪的共犯，2010年最高人民法院《非法集资案件的解释》第8条将以共犯论处的帮助行为限定为“提供广告等宣传”。

③ 如2017年“两高”《关于办理组织、利用邪教组织破坏法律实施等刑事案件适用法律若干问题的解释》（以下简称《组织、利用邪教组织的解释》）第13条规定：“明知他人组织、利用邪教组织实施犯罪，而为其提供经费、场地、技术、工具、食宿、接送等便利条件或者帮助的，以共同犯罪论处。”

④ 关于处罚中立帮助行为的理论，主要有全面处罚说与限制处罚说。前者主张对中立帮助行为给予一律处罚，后者主张对中立帮助行为进行有限处罚。通说为限制处罚说。主要理由在于，若全面处罚会导致刑法对人们的日常生活行为的过分介入，乃至于不恰当地干预公民的正常生活，侵犯公民个人的自由权益。

⑤ 陈洪兵：《论中立帮助行为的处罚边界》，《中国法学》2017年第1期，第191页。

章拟对上述问题加以深入分析和研究，以期合理确定中立帮助行为的处罚范围。

二、中立帮助行为的含义、属性及与其他相关行为的关系

正确认识和理解中立帮助行为，是确定中立帮助行为的处罚范围的前提和基础。学界对中立帮助行为的定义还是存在一定的分歧。这说明人们对中立帮助行为的认识和理解，在某些方面并不一致，需要给予澄清。

（一）中立帮助行为之“中立”的内涵

从内涵上看，中立帮助行为与一般的共犯帮助行为之最大不同，在于其对犯罪行为之帮助乃属“中立”，故而学界提到中立帮助行为往往谓之“中立”行为或者“中性”行为等。从学者们的不同表述，可知理论上对何谓中立帮助行为之“中立”或者“中性”存在不同的解读。

陈洪兵教授是我国学界较早关注中立帮助行为及其处罚范围的人，他通过对各种中立的帮助行为进行分析，认为实施这些“帮助行为的人可以看作是处于‘中立’的立场，即其本意并不在于帮助任何一方，而在于谋求个人的某种非犯罪的利益，因此，将这种帮助行为称为‘中立的帮助行为’较为妥当”①。这里所谓的“中立”，显然是指行为人本意之中立，故可称为本意中立说。刘艳红教授则认为，“中立帮助行为是指在日常生活中，行为至少在外形上是中立的，即不存在犯罪的主观意思，但这种行为在客观上对正犯行为起到了促进作用”②。据此，其中的“中立”乃指主观意思上之中立，可谓之意思中立说。

本意中立说看似有道理，实则不然。学界通常认为，中立帮助行为属于日常生活行为。如德国学者罗克辛认为，“中性的行为”是在日常生活中（大多数是在正常的职业范围内）反复出现的行为。③ 我国台湾地区学者林钰雄认为，中性帮助行为乃日常生活的举止行为。④ 张明楷教授指出，“中立的帮助行为并没有一个明确的定义，一般来说，是指外表上属于日常生活行为、业务行为等不追求非法目的的行为，客观上对他人（正犯）的犯罪起到促进作用的情形”⑤。黎宏教授认为，作为日常生活行为

① 陈洪兵：《中立的帮助行为论》，《中外法学》2008 年第 6 期，第 932 页。

② 刘艳红：《网络中立帮助行为可罚性的流变及批判——以德日的理论和实务为比较基准》，《法学评论》2016 年第 5 期，第 40 页。

③ 〔德〕罗克辛：《德国刑法学总论》（第 2 卷），王世洲等译，法律出版社 2013 年版，第 155-156 页。

④ 林钰雄：《新刑法总则》，中国人民大学出版社 2009 年版，第 361 页。

⑤ 张明楷：《论帮助信息网络犯罪活动罪》，《政治与法律》2016 年第 2 期，第 11 页。

的中立帮助行为"通常是可以反复、继续实施的日常生活行为或者业务行为"①。既然是日常生活行为，就表明行为人的本意在于实施日常之行为，即论者所言的"在于谋求个人的某种非犯罪的利益"，只不过在特定场合促进犯罪。这样看来，中立帮助行为人的本意不在于帮助任何一方，乃属客观情况。另外，从论者表述来看，其所谓的"中立"似乎是相对犯罪人和被害人而言的，由于中立帮助行为对犯罪人实施犯罪具有帮助作用，因而形式上很难说在犯罪人与被害人之间保持中立。可见，本意中立说并未澄清中立帮助行为之"中立"的内涵。

意思中立说的问题在于，认为中立帮助行为人"不存在犯罪的主观意思"，等于直接否认其构成犯罪，因为客观上促进犯罪而无主观意思的行为是不能被认定为犯罪的。另外，从字面上理解，其所谓的"中立"似乎是无犯意与客观上促进犯罪之间的中立，然而此两者似乎无中立之存在余地。所谓中立，本意是指"在对立双方或各方之间，不倾向于任何一方的立场"②。无犯意与客观上促进犯罪之间并不存在逻辑上的对立关系，自然无中立可言。

笔者认为，中立帮助行为之"中立"具有以下两层含义：一是客观之中立。即中立帮助行为在客观性质上具有危害性与正当性。中立帮助行为因属于日常生活行为而具有正当性，因促进犯罪而具有危害性，这使其既非有害行为亦非正当行为，而是兼具危害性与正当性。这使中立帮助行为游离于有害行为与正当行为之外，对于有害行为与正当行为而言是"中立"的。"同一行为同时呈现出有益性和有害性两种截然相反的社会意义，这种客观上的'对立'构成了中立帮助行为'中立性'之主要内容。"③二是主观之中立。即行为人的主观心态界于有害意思与正当意思之间。行为人既有实施社会生活行为之正当意思，亦有实施有害行为之有害意思，故而主观上兼具实施有害行为与正当行为之意思。相对于有害意思和正当意思而言，可谓是"中立"的。

（二）中立帮助行为的基本属性

作为日常生活行为，中立帮助行为具有两个基本属性：惯常性与偶发性。

---

① 黎宏：《论"帮助信息网络犯罪活动罪"的性质及其适用》，《法律适用》2017年第21期，第34页。

② 胡裕树主编：《新编古今汉语大词典》，上海辞书出版社1995年版，第800页。

③ 曹波：《中立帮助行为刑事可罚性研究》，《国家检察官学院学报》2016年第6期，第109页。

日常生活行为乃一般人（或从业者）在日常生活中惯有的、常发性行为，因而中立帮助行为具有惯常性。惯常性意味着行为人面对正犯之同态情形的其他人也会实施其行为，同时也表明中立帮助行为乃行为人基于法所容许之目的实施的法所容许之行为。正如德国学者 Wohlleben 所言："实施者假使面对与正犯相同情况的其他人也会从事的行为，因为其行为自始是为了实现独立犯罪或犯罪人之外，而且并非法所不许可目的之自我目的。"① 中立帮助行为之惯常性具有甄别功能，可以将中立帮助行为与专门为了犯罪而实施的特别帮助行为区别开来。如果行为人在某种情境下实施了特定的助益犯罪行为，该行为不具有惯常性，就不属于中立帮助行为，可直接以帮助犯论处。例如，行为人从事日用品买卖，在他人斗殴时将菜刀卖给当事方，致使另一方受伤，该行为就属于中立帮助行为。相反，如果行为人并不从事日用品经营，却在他人斗殴时特意将刀具卖给当事方，致使另一方受伤，不属于中立帮助行为，可以故意伤害罪的帮助犯论处。

作为法所容许的日常生活行为，中立帮助行为本不具有可罚性。但是，由于在特定场合下助益犯罪，使得中立帮助行为在该种情境下具有有害性。可见，中立帮助行为只是在特定场合下偶尔发生的行为，即"在个别案件中助长了一个犯罪性举止"②，这使其具有偶发性。如果行为人所实施的行为看似日常生活行为，但主要或者自始至终是为了助益犯罪，则不属于真正的日常生活行为，不能认定为中立帮助行为，可以帮助犯论。日本曾发生一起宣传册案，即 X 为卖淫团伙印刷宣传册，辩方称印刷一般属于正当业务行为，且行为人对斡旋卖淫没有得到任何特别利益，主张不能追究其责任。东京高裁平成二年 12 月 10 日判决（判タ 752 号 246 页）认为，X 印刷卖淫宣传册不属于一般的正当业务行为，因为 X 印刷制作的宣传册是特别用于卖淫宣传的册子，即便委托其他印刷厂家印刷，遭到拒绝的可能性也很大，因而判定 X 成立斡旋卖淫罪的从犯。③ 该案中，印刷宣传册虽然属于日常生活行为，但行为人印刷宣传册主要是为卖淫团伙提供帮助，这使其沦为犯罪助益行为而非真正的日常生活行为，故属于典型的共犯帮助行为，而非中立帮助行为。

---

① 曹波：《中立帮助行为刑事可罚性研究》，《国家检察官学院学报》2016 年第 6 期，第 108 页。

② 〔德〕罗克辛：《德国刑法学总论》（第 2 卷），王世洲等译，法律出版社 2013 年版，第 155-156 页。

③ 〔日〕松原芳博：《刑法总论重要问题》，王昭武译，中国政法大学出版社 2014 年版，第 357 页。

（三）中立帮助行为与共犯帮助行为、片面帮助行为的关系

1. 中立帮助行为不同于共犯帮助行为

就客观上对正犯行为的助益而言，中立帮助行为与共犯帮助行为（帮助犯）并无实质不同。问题在于，中立帮助故意与帮助犯之帮助故意是否也相同呢？对此，学界存在不同看法。有学者认为，“中立帮助行为往往难以否认客观上的因果性及主观上的帮助故意，按照传统帮助犯理论，对中立帮助行为应一律以帮助犯论处”①。该观点显然将中立帮助故意等同于帮助犯之帮助故意，认为中立帮助行为人主观上便是出于帮助犯之帮助故意。有学者则否定中立帮助行为之非法目的。如张明楷教授指出中立帮助行为是“不追求非法目的的行为”，付玉明教授也认为中立帮助行为“是指那些主观上不追求非法目的……的行为”②。由于帮助犯之帮助故意既包括追求正犯既遂的非法目的之故意，也包括不具有追求正犯既遂非法目的之故意，不追求非法目的之中立帮助故意在内涵上显然小于帮助犯之帮助故意。

将中立帮助故意理解为帮助犯之帮助故意，实质上等于肯定中立帮助行为就是帮助犯，其结果无异于否定中立帮助行为本身。正如有学者所认为的，“既然是帮助行为，往往是针对违法犯罪行为而言的，如果行为主体对犯罪行为有帮助意识，行为就不具备中立属性，而是一定程度上推动犯罪结果的发生，该行为已经演变为犯罪行为的帮助犯，或者是应该受到道德谴责的越轨行为，由此，理论上与实践上就不应该存在中立的帮助行为概念”③。如此，讨论中立帮助行为的处罚范围就变得毫无意义。那么中立帮助故意在内涵上是否小于帮助犯之帮助故意呢？这里需要先弄清楚帮助犯之帮助故意与中立帮助故意之内涵。

根据通说，共同犯罪中帮助故意具有双重内涵，即初步帮助故意（帮助的故意）与帮助既遂故意（正犯的故意）。“所谓帮助故意，亦如教唆故意，同样要求有双重帮助故意，亦即除了帮助他人从事特定犯罪行为的初步帮助故意之外，并且具有帮助他人实现该特定不法构成要件的帮助既遂故意。”④ 这意味着，“除了要求对于正犯犯罪行为之促进的认识、预见之

---

① 陈洪兵：《论中立帮助行为的处罚边界》，《中国法学》2017 年第 1 期，第 191 页。

② 付玉明：《论刑法中的中立帮助行为》，《法学杂志》2017 年第 10 期，第 64 页。

③ 赵运锋：《帮助信息网络犯罪活动罪的立法依据与法理分析》，《上海政法学院学报（法治论丛）》2017 年第 1 期，第 21 页。

④ 林山田：《刑法通论》（下），北京大学出版社 2012 年版，第 79 页。

外，就连由正犯引起既遂这一点也必须要有认识、预见”[①]。不难看出，帮助犯之帮助故意的内涵较之教唆故意的要宽泛得多，因为教唆故意通常需要认识到具体的犯罪行为及可能产生的危害结果，而帮助故意只要认识到可能的犯罪行为就可以，无须进一步的具体认识。“这个教唆人预先就确定了这个构成行为，并且，在这个事件的发生应当由他承担时，他就必须至少是已经概略地知道了。与此相反，这个帮助人发现了这个实行人的构成行为决定，并且由此准备了所计划的构成行为的方案，不必再说明其进一步的轮廓了。”[②] 正因帮助犯之帮助故意内涵宽泛，所以应当包含追求非法目的与不追求非法目的在内的所有帮助故意。

中立帮助故意与帮助犯之帮助故意显然不同。由于行为人实施的是法所容许的日常生活行为，只是在特定情形中促进了犯罪，因而其主观上并不具有追求非法目的之意图，这表明中立帮助故意不可能包含帮助他人犯罪的直接故意。不过，可以肯定的是，中立帮助行为人为了追求一个非犯罪目的（实施日常生活行为）而放任某种危害结果（促进犯罪的危害结果）的发生的情形，当属于间接故意。[③] 理论上，有学者将企业从业人员协力型行为，即企业一般从业人员明知自己的工厂违规排污严重污染环境，还接受领导指使直接排放、运输倾倒危险废物的行为，认定为中立帮助行为。[④] 对此，笔者不敢苟同。因为，此时企业员工具有直接追求严重污染环境结果发生的直接故意，不属于中立帮助行为，当成立帮助犯。

由上可知，中立帮助行为之故意在类型上属于间接故意，其内涵较之帮助犯之帮助故意的要窄。但是，由于中立帮助故意所追求之非犯罪目的限于日常生活行为，其范围较之帮助犯之间接故意所追求的一般性非犯罪目的的要窄，相应地，中立帮助故意的范围较之帮助犯之间接故意的范围的也要窄些。由此可见，中立帮助行为属于特殊类型的共犯帮助行为。

2. 中立帮助行为不同于片面帮助行为

在刑法理论中，实施片面帮助行为成立片面帮助犯。所谓片面帮助犯，亦称片面共犯，是指共犯（或者是共同者）对正犯（或者是其他的共同者）单方地予以加功的场合的意义上的共犯样态。[⑤] 有学者提出，中立

① 〔日〕山口厚：《刑法总论》，付立庆译，中国人民大学出版社 2018 年版，第 334 页。

② 〔德〕罗克辛：《德国刑法学总论》（第 2 卷），王世洲等译，法律出版社 2013 年版，第 169 页。

③ 黎宏：《刑法学总论》，法律出版社 2016 年版，第 189 页。

④ 陈洪兵：《论中立帮助行为的处罚边界》，《中国法学》2017 年第 1 期，第 201 页。

⑤ 〔日〕山口厚：《刑法总论》，付立庆译，中国人民大学出版社 2018 年版，第 363 页。

行为实际上是以片面共犯的理论为前提的，中立的帮助行为在实质上属于不真正的片面帮助行为，因为正犯者对于这个帮助行为的存在是明知的，但并不知道帮助者的帮助故意。[①] 笔者认为，这种观点值得商榷。事实上，片面帮助行为与中立帮助行为有所不同：首先，前者一般为特定帮助行为；后者则属于日常生活行为。其次，前者之被帮助者不知道具体的帮助者及帮助行为；后者之被帮助者则知道具体的帮助者及帮助行为。可见，将中立帮助行为以片面帮助行为论有所不妥。

三、但书是确定中立帮助行为处罚范围的基本依据

德、日等国刑法理论对中立帮助行为的可罚性向来争议很大。主要有以下观点：一是原则上限于存在确定的故意的场合，应认定成立从犯；二是限于超出正常业务行为范围的场合，应认定成立从犯；三是考虑社会有用性，能谓之为“允许的危险”的场合，应否定成立从犯；四是只有有意地提高结果发生危险的行为，才属于从犯；五是只有正犯行为与参与行为双方具有相同意义上的犯罪意义时，才认定为从犯。[②] 国内学者通常将这些观点分为主观说、客观说和折中说。如第一种观点属于主观说，第二、第三种观点属于客观说，第四、第五种观点属于将主观标准与客观标准结合起来的折中说，各种学说均有判例的支持。

第一种观点的问题在于，无论是确定故意还是不确定故意均可成立帮助犯（从犯），若将中立帮助行为的处罚范围限定为确定故意，会让人感到莫名其妙。第二种观点所谓的“超出正常业务行为范围”，表明的是行为已非日常生活行为或者说日常业务行为，如前所述这样的行为不应认定为中立帮助行为，成立从犯理所当然，故该观点无实质意义。第三种观点所谓的“允许的危险”则存在如下问题：首先，中立帮助行为属于助益犯罪的行为，如果将助益犯罪作为一种风险，如何评价其对可罚性的影响是个问题。其次，中立帮助行为在很多时候是职业行为，如何评价职业行为的特定风险性颇为棘手。例如，根据客观归责理论，普通公民与基于营运需要的出租车司机将犯罪者运送到指定地点，所制造的风险有所不同，因而会影响可罚性。实质上两者在制造风险上并无不同。最后，客观说容易导致将违法犯罪行为纳入中立帮助行为之列，引发认定上的混

---

① 孙万怀、郑梦凌：《中立的帮助行为》，《法学》2016 年第 1 期，第 144 页。

② 〔日〕松原芳博：《刑法总论重要问题》，王昭武译，中国政法大学出版社 2014 年版，第 356 页。

乱。第四种观点所谓的“有意地提高结果发生危险的行为”，在某种程度上可以认定为意在促进结果的发生的行为，这样的行为在性质上已不属于中立帮助行为，而是典型的帮助犯，理当以从犯论处。第五种观点无异于将中立帮助行为等同于共犯帮助行为，有所不妥。需要注意的是，尽管上述观点存在分歧，但它们之间的关系却并非排斥的。“这些观点分别关注的是有关从犯之界限的不同侧面，不处于相互排斥的关系。”① 这似乎也从侧面揭示了上述观点是基于不同立场之主张，确有其勉强之处。

国内学界对中立帮助行为的可罚性主要有客观说与综合说之别。例如，陈洪兵教授基于利益衡量的客观说，认为要否定中立帮助行为的可罚性，只能从否定帮助犯的客观构成要件即违法性入手。为在自由保障与法益保护之间寻求平衡，只要不违反相关法律、法规和行业规范的要求，行为人就不负有法益保护义务与危险源监督义务，此时应当尊重和保护公民的交易交往自由，这种行为不宜被评价为帮助行为，不符合帮助犯的客观构成要件。② 综合说（全面性考察说）主要是综合各种主客观各种因素加以全面考察，以确定中立帮助行为的可罚性。例如，张明楷教授认为，“应当通过综合考虑正犯行为的紧迫性、行为人（帮助者）对法益的保护义务、行为对法益侵害所起的作用、大小以及行为人对正犯行为的确实性的认识等要素，得出妥当结论”③。刘艳红教授则针对网络中立帮助行为提出全面性考察说。“所谓‘全面性考察’是指对于网络中立帮助行为的所有受助者如何使用该帮助行为进行全面性的评价，进而得出该中立帮助行为是否构成相应的犯罪。”④

客观说的优点在于可操作性。例如，根据基于利益衡量的客观说，凡是不违反相关法律、法规和行业规范的要求的中立帮助行为不宜评价为帮助行为，否则可以评价为帮助行为并以从犯论。问题在于，作为日常生活行为，中立帮助行为本身就是法所容许的，谈不上违反相关法律、法规和行业规范的要求。“通常，中性帮助行为如果独立出来看的话，乃无关犯

① 〔日〕松原芳博：《刑法总论重要问题》，王昭武译，中国政法大学出版社 2014 年版，第 356 页。

② 陈洪兵：《论中立帮助行为的处罚边界》，《中国法学》2017 年第 1 期，第 197 页。

③ 张明楷：《刑法原理》，商务印书馆 2011 年版，第 383 页。

④ 刘艳红：《网络中立帮助行为可罚性的流变及批判——以德日的理论和实务为比较基准》，《法学评论》2016 年第 5 期，第 47 页。

罪及犯罪人的日常生活举止，其本身并非法所禁止的行为。”[①] 而且，认为中立帮助行为之可罚性在于违反规范，可能导致将中立帮助行为与共犯帮助行为混为一谈。如在前述日本的宣传册案中，法院驳斥辩方所谓的“一般的正当业务行为”的理由，是“X 的行为有意地提高了实施正犯行为的危险”[②]，并判定 X 成立斡旋卖淫罪的从犯，这是根据客观说得出的结论。事实上，涉及卖淫宣传的印刷行为属于典型的违法犯罪行为，提高实施正犯的风险在所必然，应排除在中立帮助行为之外。[③] 虽然说法院认定其为从犯是对的，但以“有意地提高了实施正犯行为的危险”为由以从犯论，明显将中立帮助行为与帮助犯混为一谈，有所不妥。

综合说在解决问题时较为抽象、概括，针对具体案情也往往只是例示性的，缺乏具体的可操作标准，因而为人诟病。“帮助犯的成立只需要帮助行为促进正犯实施犯罪即可，何以在中立帮助行为的场合却要求这种促进具备‘紧迫性’、‘极大’或者‘明显方便’等表示程度的要素?”[④] 尽管如此，综合说可谓对中立帮助行为之认识和理解是最为彻底的。这是因为，中立帮助行为与一般共犯帮助行为存在明显不同，需要综合评价确定其可罚性。

作为日常生活中的惯常行为或者业务行为，中立帮助行为属于公民的一种基本权利和自由，通常是一种有益于社会的行为，不会损害、干涉他人权利和自由。而一般共犯帮助行为往往属于公民的个别化、特定化行为，虽然也是公民的一种权利和自由，但谈不上对社会有益，甚至还可能对他人的权利或自由造成损害，因而这种权利和自由需要以不损害他人的权利或自由为前提。因此，较之一般共犯帮助行为，中立帮助行为更具有正当性。同时，中立帮助行为作为日常生活中的惯常行为或者业务行为，只要求行为人以行为行使之正当自律便可，无须顾忌其他。另外，行为的惯常性或者职业化，使行为人的规则意识钝化具有一定的合理性，法律也不应过分期待行为人关注行为正当行使之外的合规性。而一般的共犯帮助行为由于是特定的个别化行为，自然不存在规则意识钝化的可能性。公民不但要以行为行使之正当自律，更需要自觉审视行为本身的合规性，以确保行为不至于损害他人的权利和自由。正是由于中立帮助行为是公民的

---

① 林钰雄：《新刑法总则》，中国人民大学出版社 2009 年版，第 361 页。

②③ 〔日〕松原芳博：《刑法总论重要问题》，王昭武译，中国政法大学出版社 2014 年版，第 357 页。

④ 曹波：《中立帮助行为刑事可罚性研究》，《国家检察官学院学报》2016 年第 6 期，第 116 页。

一项基本权利和自由，即使其偶然促进犯罪，在决定处罚该类行为时必须考虑对公民基本权利与自由之保障，避免因为保护犯罪所侵犯的法益而不恰当地损害公民的基本权利和自由。有学者就指出，如果大范围的日常行为被认定为犯罪，从经济发展的角度来看，这无疑让每个经营者对消费者的消费意图都具有审查的义务，将使处于日常生活的公民陷入恐慌，无法正常进行经营活动，阻碍社会经济的发展，有损社会的稳定。①

中立帮助行为的上述特征决定了，其可罚之关键在于权利行使的不恰当性。于是，就需要在权利行使与权利滥用之间进行综合权衡，判断中立帮助行为是否超出适当的尺度而构成犯罪，这便是综合说更具合理性的缘由所在。不难看出，中立帮助行为在性质上不同于刑法分则中的类型化行为，而是与作为违法阻却事由的紧急避险等较为相似，即均属于实施合法行为时滥用权利，并对第三人的合法利益造成不应有的侵犯的行为。正因如此，日本学者松原芳博指出，“即便行为人的参与行为相当于帮助行为，仍有可能根据《刑法》第 35 条（‘正当行为’）的规定，而阻却违法性”②。

根据综合说，对中立帮助行为进行利益衡量的价值判断时，应当以《刑法》第 13 条但书规定作为判断罪与非罪的标准。对此，司法解释亦有明确规定。③ 同时，恰当评价中立帮助行为的性质，确定成立犯罪的价值尺度和标准也至关重要。虽然中立帮助行为与避险过当较为相似，但两者亦存在重要区别：首先，对第三人合法利益的损害方式不同。避险过当是对第三者合法利益加以直接损害（实行犯），中立帮助行为人是对第三者合法利益加以间接损害（帮助犯）。其次，故意内容不同。避险过当人对他人合法权利的损害既可以是直接故意也可以是间接故意，中立帮助行为人对他人合法权利的损害只能基于间接故意。最后，刑法规制避险过当，是通过对直接侵犯法益的紧急避险人进行惩罚实现的；而中立帮助行为的受罚主体除中立帮助行为人外，还包括直接侵犯法益的犯罪人。应当说，相对于处罚犯罪人，处罚中立帮助行为人只不过是基于延伸预防之所需。

① 刘艳红：《网络中立帮助行为可罚性的流变及批判——以德日的理论和实务为比较基准》，《法学评论》2016 年第 5 期，第 47 页。

② 〔日〕松原芳博：《刑法总论重要问题》，王昭武译，中国政法大学出版社 2014 年版，第 357 页。

③ 最高人民法院、最高人民检察院、公安部《关于办理非法集资刑事案件适用法律若干问题的意见》规定：“为他人向社会公众非法吸收资金提供帮助，从中收取代理费、好处费、返点费、佣金、提成等费用，构成非法集资共同犯罪的，应当依法追究刑事责任。……情节显著轻微、危害不大的，不作为犯罪处理。”

两相比较，可知中立帮助行为的社会危害较之避险过当的要轻，相应地其入罪条件较避险过当的高才属妥当。这样看来，处罚中立帮助行为当慎之又慎，这或许可以解释德、日等国为何严格限制作为从犯的中立帮助行为的范围。

四、中立帮助行为类型化及其可罚与不可罚类型

张明楷教授曾感言："要对中立的帮助行为设定处罚标准，是极为困难的。"[①] 的确，从上述中外理论学说来看，众多认定标准足以表明确定中立帮助行为的处罚范围之复杂性。如上所述，虽然综合说更具合理性，但因其较为抽象、概括且缺乏具体的可操作标准，因而仅仅以综合说为依据并不容易界分可罚与不可罚的中立帮助行为范围。如果能通过科学、合理的方法将中立帮助行为类型化，并以之为据确定可罚与不可罚的行为类型，不失为解决问题的可取途径。

（一）学界有关中立帮助行为类型化之缺陷与不足

行为类型化有助于确立相对客观的评价标准，便于司法操作。但是，由于类型化方法多样，因而如何科学确立中立帮助行为的类型极为关键。若类型化方法不当，会对中立帮助行为的处罚范围造成严重的不利影响。可见，选择科学、合理的类型化方法，对于界定中立帮助行为的处罚范围至关重要。国外刑法理论对中立帮助行为的归类，基本上采取个别化、碎片化的例示或者列举方式，缺乏科学性与体系性。我国学者则主要根据行业性质来划分中立帮助行为的类型，并根据不同的类型确定其处罚范围，总体而言也存在不少缺陷和不足，主要表现在以下几个方面。

一是缺乏科学的类型化方法，致使对中立帮助行为的归类较为随意。例如，有学者为划定中立帮助行为的处罚边界，将中立帮助行为大致分为商品交易型、商业服务提供型、民事契约型、企业从业人员协力型、网络服务提供型五种类型进行类型化研究。[②] 有学者则直接采取列举的方式，将中立帮助行为划分为销售行业的中立帮助行为、服务行业的中立帮助行为、网络行业的中立帮助行为三类。[③] 还有学者基于情景预设，将中立帮助行为划分为提供饮食、住宿的情形，出租车运输的情形，网络服务商的运营行为三种不同类型。[④] 不难看出，这些所谓的类型化均缺乏科学的依

① 张明楷：《论帮助信息网络犯罪活动罪》，《政治与法律》2016 年第 2 期，第 13 页。

② 陈洪兵：《论中立帮助行为的处罚边界》，《中国法学》2017 年第 1 期，第 199 页。

③ 付玉明：《论刑法中的中立帮助行为》，《法学杂志》2017 年第 10 期，第 69 页。

④ 张伟：《中立帮助行为探微》，《中国刑事法杂志》2010 年第 5 期，第 28 页。

据和标准，基本上是按照不同的认识和理解进行的归类，具有随意性、个别化特点。其结果便是导致中立帮助行为的类型多样化，不易统一，难以为司法实践提供切实可行的依据和标准，可操作性不强。

二是逻辑上的不周延性。无论是划分为五种类型还是三种类型，均难以涵盖司法实践中形形色色的中立帮助行为。这样一来，凡是不能纳入所归类的行业，就意味着对其中的中立帮助行为就无法确定处罚范围，从而导致确定中立帮助行为的处罚范围不能全覆盖，这样的处罚在逻辑上呈现出明显的不周延性。处罚不周延性的结果，便是许多中立帮助行为的处罚范围无从确定，乃至留下缺漏和遗憾。

三是不同类型的中立帮助行为存在交叉，影响类型化的科学性与严肃性。由于上述归类因缺乏科学的依据和标准而显得极为随意，致使不同类型的中立帮助行为之间界限模糊甚至存在交叉，严重影响类型化的科学性与严肃性。例如，商品交易型、商业服务提供型与民事契约型中立帮助行为就存在交叉，因为商品交易、商业服务提供所签订的协议、合同等，很多时候就属于民事契约，如论者将出租房屋或者提供仓储服务作为民事契约①就是例证。又如，网络服务提供与商业服务提供也存在交叉，因为许多网络服务提供在性质上本来就属于商业服务提供。中立帮助行为类型的交叉化，会导致同一中立帮助行为是否可罚可能出现不同的结果，影响中立帮助行为处遇上的一致性。

四是漠视行为性质的重要作用，影响类型化的公正与合理。根据行业性质分类可能导致漠视行为性质之重要作用，影响类型化的公正与合理。主要表现在两个方面：一方面，漠视同一行业不同行为之性质差异。例如，在金融行业中，银行贷款、兑付存款以及转账结算等就属于不同性质的行为，将其混为一谈实属不妥。另一方面，漠视不同行业之相似行为之同质。例如，有学者指出，在商品交易型中立帮助行为中，商人出售可以在市场上自由交易的商品的行为，没有制造不被法所容许的危险，不成立帮助犯。而在民事契约型中立帮助行为中，如果双方准备形成债权债务关系，由于他人并无必须借钱与其形成债权债务民事关系的义务，这时应当优先履行刑事义务，若主动借钱给他人从事犯罪活动的，可能成立有关犯罪的共犯。② 众所周知，买卖与民间借贷均属自由行为，根据该观点却得出完全不同的结论：若商人准备形成买卖关系并最终助益犯罪

① 陈洪兵：《论中立帮助行为的处罚边界》，《中国法学》2017 年第 1 期，第 201 页。
② 参见上书，第 200-201 页。

的，不成立共犯。而在民事契约中双方准备形成债权债务关系并最终助益犯罪的，则可以成立共犯。同质之行为截然不同的差别化处遇，难言公正与合理。

（二）霍菲尔德的基本法律概念与中立帮助行为的类型化

1. 霍菲尔德的基本法律概念

作为日常生活行为，中立帮助行为属于一种权利行为。权利作为法学中的核心概念之一，贯穿法律和法律体系始终，是法学理论绕不过去的话题。由于法律和法律体系中的权利概念远较我们想象的要复杂得多，故而多年来人们总是试图勾勒出权利的本质、类型等，借以解决法律关系中的权利冲突。“虽然法律理论努力寻找答案来回答这样一些问题，但其主要任务还在于阐明权利的概念并逐渐构建出一些理论来证明或解释权利的本质以及如何协调各种互相冲突的权利。”① 其中，20 世纪初美国分析法学派的代表人物霍菲尔德有关基本法律概念的分析，长期被认为是西方法学在这一领域中的权威学说。② 他对法律基本概念的分析主要体现在对权利—义务关系的分析上，并成为法律科学中的经典逻辑表述。

霍菲尔德认为，所有法律关系都可归之于广义的“权利”和“义务”的关系。为了给法律分析提供一种技术手段，霍菲尔德确定了八个基本法律概念，认为所有法律素材都可以精炼成这八个元素。③ 这八个概念分别为权利（狭义）、义务（狭义）、特权、无权利、权力、责任、豁免和无权力。以这八个概念为基础，霍菲尔德从相关关系（correlatives）和相对关系（opposites）两个方面，对相关概念进行逻辑分析。立足于相关关系可形成四对基本法律关系：“权利（rights）—义务（duties）”“特权（privilege）—无权利（no-rights）”“权力（power）—责任（liabilities）”和“豁免（immunities）—无权力（disabilities）”。立足于相对关系亦可形成四对基本法律关系：“权利—无权利”“特权—义务”“权力—无权力”和“豁免—责任”。④ 见下表。

---

① 〔英〕雷蒙德·瓦克斯：《法哲学：价值与事实》，谭宇生译，译林出版社 2013 年版，第 52−53 页。

② 沈宗灵：《对霍菲尔德法律概念学说的比较研究》，《中国社会科学》1990 年第 1 期，第 67 页。

③ A. K. W. Halpin，Hohfeld's Conceptions：From Eight to Two，44 Cambridge L. J. 435 (1985)，p. 435.

④ Wesley Newcomb Hohfeld，Some Fundamental Legal Conceptions as Applied in Judicial Reasoning，23 Yale L. J. 16 (1913—1914)，p. 30.

霍菲尔德基本法律概念的对应关系

相关关系	权利	特权	权力	豁免
	义务	无权利	责任	无权力
相对关系	权利	特权	权力	豁免
	无权利	义务	无权力	责任

权利是指要求他人作为或不作为的资格，与之相关的是义务是指应当作为或者不作为，与之相对立的无权利是没有权利。特权是指不受他人依法要求作为和不作为的地位，与之相关的无权利是他人对特权人无权利请求作为或者不作为，与之相对的义务是他人具有不妨碍特权的义务。不难看出，特权在某种程度上与自由有相似之处。"'特权'一词显然是在'自由'这一概念中使用的，正如我们所想的，但'自由'的真正否定是'没有自由'，正如'权利'的否定是'没有权利'一样。"① 特权既可以是法律所赋予的，如救济流浪汉的自由；也可以是向他人请求获得，如获主人准许后进入其庄园的自由。权利与特权的主要区别在于：前者是针对他人而言的，是对他人主张的作为和不作为，需要他人作为或不作为才能实现，其相关概念是义务；后者是由自己支配的，仅与自己的作为和不作为有关，其相关概念是无权利。"权利代表了对另一个人的肯定主张，区别于'特权'——一个人从权利或另一方的请求中得到的自由。"②

权力是指一个人通过作为或者不作为创设某种法律关系的能力，与之相关的责任是指当事方应当承担该种法律关系的后果，与之相对的无权力是指没有权力。"权力的具体特征是，正如霍菲尔德所使用的，主要指操控法律关系的能力，以此来控制行为，而权利并非像权力那样直接用来控制行为。'权利'与'权力'之间的关系可以通过'词'和'名词'的关系来说明，每个名词都是一个词，但不是每个词都是名词。"③ 例如，受托人乙将委托人甲交给其保管的名画卖给不知情的丙，乙就属于行使权利的表现，包括乙在内的当事方需要受乙和丙的买卖合同约束。豁免是指对自己特定的改变法律关系的作为或者不作为不承担责任，与之相关的无权力则指他人无此权力，与之相对的责任是指当事方承担法律关系改变带来

① Albert Kocourek, Hohfeld System of Fundamental Legal Concepts, 15 Ill. L. R. 24 (1920—1921), p. 27.

② Walter Wheeler Cook, Hohfeld's Contributions to the Science of Law, 28 Yale L. J. 721 (1918—1919), p. 724.

③ Isaac Husik, Hohfeld's Jurisprudence, 72 U. Pa. L. Rev. 263 (1923—1924), p. 264.

的责任。例如，警车执行任务时闯红灯，就具有法律责任豁免权。豁免的概念是霍菲尔德的一个非常有益的发明，对许多看似不可能合理确定权利和义务的法律领域，以之为据都能够作出相对满意的分析。①

2. 中立帮助行为之类型

霍菲尔德的基本法律概念在法教义学上有着广泛的应用，是被公认的卓有成效的方法论。“将韦斯利·霍菲尔德的法律关系理论纳入我们的课程有多种原因。他的系统为教授一些基本技能，包括批判性阅读提供了一种机制，这是所有技能的基础。它是一种有效的教学方法，对于阐明复杂的问题尤其有价值。”② 作为一种权威的分析法学方法，运用霍菲尔德的权利—义务理论来分析中立帮助行为的类型及其处罚范围，或许能够帮助我们形成相对严密的逻辑框架和体系，并在确定中立帮助行为的可罚范围时推断出更为合理、可靠的结论。

通过对霍菲尔德的基本法律概念加以分析，可知相关关系是说明权利、义务的相关联之关系的，而相对关系则可以看作是进一步说明相关法律概念之属性的，因而通常可以根据相关关系来梳理法律基本概念。在相关关系的八个基本概念中，狭义的权利与特权实质上均属于广义的权利，只是权利行使方式以及相关概念有所不同。权力的特殊性在于通过一定的作为和不作为创设新型法律关系，至于作为与不作为是否为权利在所不论，因而严格地说权力并非权利的范畴。无权利与无权力则表明特权与豁免所具有的排他性与绝对性的属性。据此，可以将日常生活行为划分成四种不同类型：权利型行为、义务型行为、权力型行为和豁免型行为。权利型行为是指自己自由决定的作为或者不作为，或者要求他人作为或者不作为的行为。具体包括两种不同类型：一是积极的权利（特权）型行为，即自己自由决定的作为或者不作为；二是消极的权利（狭义的权利）型行为，即依法要求他人作为或者不作为的行为。义务型行为是指依法需要履行的对他人的作为或者不作为。权力型行为是指创设某种特定法律关系的作为或者不作为。豁免型行为是指改变特定法律关系而不承担责任的作为或者不作为。

相应地，中立帮助行为也包含四种不同类型：一是权利型中立帮助行为，是指因自己作为或者不作为，或者要求他人作为或者不作为而促进犯

① H. J. Randall, Hohfeld on Jurisprudence, 41 L. Q. Rev. 86 (1925), p. 93.

② Curtis Nyquist, Teaching Wesley Hohfeld's Theory of Legal Relations, 52 J. Legal Educ. 238 (2002), p. 257.

罪的行为。包括积极的权利（特权）型中立帮助行为和消极的权利（狭义的权利）型中立帮助行为。前者是指因自己作为或者不作为而促进犯罪的行为，如给予冷得发抖的犯罪人衣物的行为；后者是指因要求他人作为或者不作为而促进犯罪的行为，如要求犯罪人以赃款偿还正当债务而使赃款藏匿的行为。二是义务型中立帮助行为，是指因履行法定义务而促进犯罪的行为，如兑付犯罪人在银行的存款助其犯罪的行为。三是权力型中立帮助行为，是指因创设某种特定法律关系而促进犯罪的行为，如提供网络下载服务而促进他人传播淫秽物品的行为。四是豁免型中立帮助行为，是指虽然对犯罪有促进作用却不承担法律责任的行为，如警察基于破案需要而允许个别犯罪人进入现场的行为。

可以看出，上述不同的中立帮助行为类型，在性质上存在明显差异。例如，权利型中立帮助行为属于行为人的权利，但因可以区分为积极的权利和消极的权利，两者之行使条件和自由程度有所不同，在进行利益衡量确定两者是否构成犯罪时，要求应有所不同。又如，权力型中立帮助行为则无关权利，而是行为人的特别的作为与不作为，这显然与权利行为不同，对这种特别的行为如何进行利益衡量需要特别对待。

（三）中立帮助行为之可罚类型

1. 权利型中立帮助行为具有可罚性

权利型中立帮助行为的主要特征是行为人具有可选择性。“在自我的层面上，日常活动的一个基本构成部分便是选择。”① 行为的可选择性使人们能够在自己的自由意志支配下理性而为，而理性和意志自由恰恰是一个人成为犯罪主体的决定性因素。人们只要不受特定义务约束就表明具有自由支配的权利，人们可以根据自己的选择作出决定。“个人每天所作的每一个决定——穿什么、吃什么、如何工作、晚上与谁约会等——都是上述惯例之具体内容。所有的这些细微选择（以及那些更大、更重要的选择）不仅是有关‘如何行为’的决定，而且是有关‘要成为谁’的决定。”② 如果行为人在自由意志的支配下选择实施促进犯罪的行为，乃至于构成犯罪的，就应对自己的选择承担刑事责任。因此，权利型中立帮助行为具有可罚性。

不过，虽然同为权利型行为，积极的权利型中立帮助行为与消极的权

① 〔英〕安东尼·吉登斯：《现代性与自我认同：晚期现代中的自我与社会》，夏璐译，中国人民大学出版社 2016 年版，第 75 页。

② 参见上书，第 76 页。

利型中立帮助行为还是存在明显不同的。首先，积极的权利型中立帮助行为是否实施不依赖于他人的作为或者不作为，基本上属于个人的自由选择。例如，银行贷款给犯罪人的行为就属于积极的权利型中立帮助行为。消极的权利型中立帮助行为则受到他人作为或者不作为的影响，故而其选择权受制于他人的作为与不作为。例如，银行接受犯罪人用赃款偿还贷款的行为属于消极的权利型中立帮助行为。比较而言，由于前者不以他人成就为前提，故前者的选择权显然要大于后者的。"'权利'是通过一方当事人的眼睛看到的权利义务关系，而相关的'义务'则是通过另一方的眼睛看到的相同的权利义务关系。"① 选择权大表明积极的权利型中立帮助行为之行为具有更完全的自由意志。其次，积极的权利型中立帮助行为由于不依赖于他人的作为或者不作为，因而是否实施一般不影响利益的实现。例如，银行是否贷款给犯罪人，并不会影响银行利益的实现，因为银行可以贷给其他人。消极的权利型中立帮助行为需要依赖于他人作为或者不作为，是否实施有时会影响自身合法权益的实现。例如，如果银行不接受犯罪人用赃款偿还贷款，就有可能面临贷款难以收回的不利情形，导致自己的权益难以实现。

正是由于存在上述不同，本书的观点是，消极的权利型中立帮助行为较之积极的权利型中立帮助行为应当有更高的入罪标准和要求。这是因为，积极的权利型中立帮助行为之行为人是在较为充分的自由意志支配下，主动而非理性地选择促进犯罪的行为的。比较而言，消极的权利型中立帮助行为的社会危害性要小些：一方面，行为人是在义务人履行义务的情形下作出的选择，其自由意志具有被动性特征，这与主动、积极的非理性行为有所不同。另一方面，行为人毕竟是为了实现自己的合法债权，与积极的权利型中立帮助行为之为了获取特定收益有所不同，因而在情理更容易获得理解与宽宥。

2. 权力型中立帮助行为具有可罚性

与权利型中立帮助行为不同，权力型中立帮助行为有两个显著特征：一是创设新的法律关系。权力型中立帮助行为不像权利型中立帮助行为那样依附于即有的法律关系，而通过实施特定行为，创设新的法律关系，以改变现有法律关系以及当事方的法律地位。"霍菲尔德利用权力来攫取一方当事人的潜力，以改变另一方的法律关系，而在将责任视为夺取另一方

① Alan D. Cullison, A Review of Hohfeld's FundamentalLegal Concepts, 16 Clev. -Marshall L. Rev. 559 (1967), p. 564.

的相关地位时，霍菲尔德显然利用责任来表达潜在的地位而不是现有的义务。”① 二是承担相应的责任。在所创立的新型法律关系中，包括行为人在内的当事人均要受之约束，并依法承担相应的责任。“要约赋予受要约人在合同中约束要约人的权力。要约人在霍菲尔德所称之为‘责任’的情况下，受要约人通过接受要约来强制要约人的义务。无论要约是否可撤销，法律关系（权力责任）都是随着时间的推移而持续的。”② 对于行为人而言，其意义在于需要对自己的特别行为引起的后果承担法律责任。

不难看出，权力型中立帮助行为较之积极的权利型中立帮助行为更具有可罚性。一方面，这种行为是在行为人的特别意志支配下的特殊行为，形式上有点类似于刑法上的先行行为，自己的行为自己负责，这使刑法处罚该类行为具有较为充分的理由。另一方面，行为人受到新型法律关系约束，需要承担相应的法律后果，若助益犯罪而构成犯罪，理当承担相应的刑事责任。例如，甲欠乙借款，乙知道丙因从事不法勾当而有钱，就同丙商量由丙代替甲偿还债务，再由丙向甲追偿，丙表示同意。该案中，乙与犯罪人丙创立新的法律关系，收取丙代甲偿还的借款而帮助其藏匿赃款，若构成犯罪对乙可以包庇罪论处。

权力型中立帮助行为在网络中立帮助行为中较为常见，典型的是提供深度链接服务或者特定软件服务的行为，其可罚性对于解决某些网络中立帮助行为的入罪问题具有重要的指导意义。以快播案为例，在一审判决中，法官认定当事人构成传播淫秽物品牟利罪，主要理由在于快播公司负有网络视频信息服务提供者所承担的网络安全管理义务却没有履行。对此，有学者解读为“这是典型的类推入罪思维，是违背罪刑法定原则的”③。有学者则指出，快播案的宣判意味着放弃了以技术中立规则对冲贸然出台的法律规定的重要机会，很容易被理解为机会主义的刑事指控。法律决策者必须考虑快播案宣判之后可能引发的一系列麻烦，并要提前做好应对。④

笔者认为，一审判决之所以引起争议，主要原因之一在于裁判说理不

---

① Andrew Halpin，Rights，Duties，Liabilities and Hohfeld，13 LEG 23（2007），p. 26.

② Pierre Schlag，How to Do Things with Hohfeld，78 Law & Contemp. Probs. 185（2015），p. 197.

③ 刘艳红：《无罪的快播与有罪的思维——“快播案”有罪论之反思与批判》，《政治与法律》2016 年第 12 期，第 112 页。

④ 桑本谦：《网络色情、技术中立与国家竞争力——快播案背后的政治经济学》，《法学》2017 年第 1 期，第 93－94 页。

贴切，容易引起误解。因为网络安全管理义务容易被人理解为一种通行义务，即凡是提供网络服务的人均应履行的义务。如此一来，就会将权力型的网络中立帮助行为与其他网络中立帮助行为，甚至与非网络中立帮助行为相混淆。在快播案中，这具体表现为将方便、加速淫秽视频下载、传播的软件服务提供者与一般的网络接入、服务器托管、网络储存、通信传输服务提供者相提并论，因为他们承担相同的网络安全管理义务。事实上，由于网络接入、服务器托管、网络储存、通讯传输服务面对的是不特定的对象，正如卖刀人针对不特定人卖刀一样，因而并非中立帮助行为。正因会导致这样的混淆，反对定罪者才会指出，“在网络服务体系中，访问软件与网络平台的作用和地位并不相同。访问软件一经发表，提供者对于用户使用行为、使用方式完全失去了支配权。用户对软件的使用独立于软件的提供者。软件提供者对用户的使用行为不承担刑事责任”①。另外，如果侧重从不履行网络安全管理义务方面阐述理由，也会让人对以传播淫秽物品牟利罪定性产生疑虑。如有学者就指出，如果快播案发生在《刑法修正案（九）》生效之后，完全可以按照拒不履行信息网络安全管理义务罪定罪处罚。②

其实，快播案当事人的行为属于典型的权力型中立帮助行为。快播公司提供QSI软件和QVODPlayer软件为网络用户提供网络视频服务，其中心调度服务器在站长与用户、用户与用户之间搭建了一个视频文件传输平台，通过以缓存调度服务器为核心的平台，在全国各地不同运营商处设置缓存服务器1 000余台，为用户提供快速下载服务，这完全可以看作是创立了一种新型法律关系。在部分淫秽视频因用户的点播、下载次数较高而被缓存服务器自动存储，缓存服务器方便、加速了淫秽视频的下载、传播，且快播公司因此受到行政警告处罚并被责令整改后，其主观上存在明显的帮助故意。在这样的情况下，公司及相关责任人员显然应该对此特定的权力型中立帮助行为承担责任。由于在提供服务过程中，出现大量淫秽视频得以方便、加速下载、传播，故而当事人所承担的网络安全管理义务应限于对淫秽视频的下载、传播，而不是对软件的下载承担网络安全管理义务，故对当事人不能以拒不履行信息网络安全管理义务罪论处。据此，公司及相关责任人员就具备了承担传播淫秽物品牟利罪之刑事责任的基

① 涂龙科：《网络内容管理义务与网络服务提供者的刑事责任》，载《法学评论》2016年第3期，第72页。

② 孙道萃：《网络片面共同犯罪的制裁边界：兼议“快播”案》，载《浙江工商大学学报》2016年第4期。

础，法院定性应当说是合理的。

需要注意的是，以上只是分析了中立帮助行为的可罚行为类型，至于其是否构成犯罪则需要根据综合说加以整体价值判断。根据《刑法》第13条但书规定，只有综合评价后达到犯罪程度的中立帮助行为才可以犯罪论处，如果属于情节显著轻微危害不大的则不能认定为犯罪。以快播案为例，在受到行政警告处罚并责令整改后，快播公司并未认真进行整改。2013年8月5日，执法人员登录快播网站很快便找到了可播放的淫秽视频。2013年年底，为了规避版权和淫秽视频等法律风险，快播公司将完整播放的视频节目碎片化存储，使淫秽视频集合后依旧可以完整播放。案发时，公安机关从服务器里提取了29 841个视频文件进行鉴定，认定其中属于淫秽视频的文件为21 251个。对这种屡教不改，致使大量淫秽视频得以扩散下载、播放的行为，以犯罪论处是完全可取的。

（四）中立帮助行为的不可罚类型

1．义务型中立帮助行为不可罚

作为日常生活行为，义务型中立帮助行为随处可见。例如，在银行的业务中，兑付存款就属于义务型行为。成立义务型中立帮助行为的前提条件，是具有合法的义务根据。以银行的兑付存款义务为例，客户储蓄就是银行承担义务的合法根据。一般来说，对义务型中立帮助行为以不认为是犯罪论为宜。理由在于：一方面，法律不应强人所难。义务型中立帮助行为以行为人负有法定义务为前提，这种义务使行为人在社会生活中丧失部分选择自由。行为人不履行这种义务，会遭到法律制裁，并使权利人利益受损。因此，法律要求行为人拒绝履行义务行为在某种程度上就是强人所难。“禁止也好、命令也好，都是以人们在行为的当时可以不违反禁止规范或者命令规范为前提的，也可以说以自己能够控制不实施违反规范的行为为前提。”① 另一方面，惩罚义务型中立帮助行为会背离刑罚目的。运用刑罚制裁中立帮助行为的目的在于保障公民的合法权益，而一方履行义务本身就是保护另一方合法权益的表现。保障公民合法权益与履行法定义务本来就是相辅相成的，妨碍个体履行法定义务必然殃及他人合法权益的实现。因此，处罚义务型中立帮助行为与制裁其之刑罚目的是相背离的。

由于道德义务与法定义务不同，故需要探讨履行道德义务的中立帮助行为的可罚性问题。道德对犯罪成立的影响是显而易见的，英国的西蒙兹

① 张明楷：《刑法格言的展开》，法律出版社1999年版，第227页。

法官就充分肯定道德之于刑法的重要性。“仍然留在法院手中的权力是，贯彻法律的最高的和基本的目的，不仅保持国家的安全和秩序，而且维护国家的道德利益。法院的职责在于，保卫国家免受那些花样翻新、难以预防而更加阴险有害的危害行为的侵袭。”① 尽管如此，只有属于社会公共道德的中立帮助行为才不具有可罚性。这不仅因为社会公共道德作为最低限度的实质性共同价值信仰，与法律拥有共同的基础，而且因为社会公共道德往往具有相对一致的判断标准，有利于具体操作。在英美法系国家，就非常崇尚以共同的道德准则作为犯罪成立的评判标准。当道德标准与建立、适用、改变普通法规则相关时，法院就应当适用社会道德标准。这些道德标准可以由已经获得充分支持的道德标准推出，或者在形式上已经获得类似的支持。② 例如，体现救死扶伤美德的救助伤情严重的犯罪人，即便造成犯罪人负伤出逃等，也不能以犯罪论处。相应地，作为一般道德义务的中立帮助行为通常不能被免除可罚性，因为一般道德义务带有明显的个别化、地域化色彩，且复杂多样，缺乏可操作性。

2. 豁免型中立帮助行为不可罚

由于豁免型行为能够免除责任，因而不可罚在情理之中。确定中立帮助行为的豁免类型是个复杂的问题。一般来说，如果中立帮助行为乃基于保护重大权益或履行、代行特别职责等，则可通过利益衡量使之不足以构成犯罪，不具有可罚性。“这些自由活动，有着法律规定的手续、条件、限制或惩罚等自身义务和责任，为了维护国家安全、领土完整或公共安全、防止混乱或犯罪、保护健康或道德、保护他人的名誉或权利、发泄机密信息或者维护司法机关的权威或公正，这对民主社会而言是必需的。”③ 在司法实践中，常见的豁免型中立帮助行为主要有以下几种。

（1）基于公益目的之中立帮助行为。公共利益是国家、社会或者集体共有之利益，是事关国家安全、社会秩序和集体权益的利益，通常较个体利益更为重大。如果基于公益目的而助益犯罪，乃至于损害他人的权益，通常是被允许的。“公共利益原则的消极适用是，为防止某种公共利益受

---

① 〔英〕鲁珀特·克罗斯、菲利普·琼斯：《英国刑法导论》，赵秉志等译，中国人民大学出版社1991年版，第20页。

② See H. Wellington, Commom Law Rules and Constitutional Double Standards: Some Notes on Adjudication, 83 Yale L. J. 221, 244 (1973).

③ Timothy J. Christian, The Limitation of Liberty: AConsideration of Section 1 of the Charter of Rights and Freedoms, U. B. C. L. Rev. 105 (1982), p. 111.

到损害而阻止私人利益的实现或权利行使。”① 例如，行为人助人为乐，修复被洪水冲垮的桥梁，致使拒捕的犯罪人经由修复的桥梁逃脱追捕的，对该中立帮助行为就不能以犯罪论处。

（2）履行社会共同体责任之中立帮助行为。保护社会成员的合法权益，是一个国家和社会应尽的基本职责。社会共同体的利益与社会共同体的正义，是超越个体利益和个体正义的更高级的利益和正义。“社会共同体的正义是作为超越个人的、对每一个人都具有约束力和规范性的共同体的最基本价值。”② 基于维护社会共同体的利益而实施的促进犯罪的行为，通常不具有可罚性。例如，诈骗犯罪人被群众围殴治伤，基于维护社会秩序和保护犯罪人生命健康而救助犯罪人，却导致其借机逃脱的，该行为不可罚。

（3）保护更重大法益之中立帮助行为。如果行为人的行为乃基于保护更重大法益之需要，而助益犯罪的，不具有可罚性。例如，将触犯轻罪的伤势危重的人送往医院抢救，致使其逃脱的，不具有可罚性。保护更重大法益之中立帮助行为之所以不可罚，一方面是因为行为人保护了更为重大之法益，不属于权利滥用；另一方面，由于保护了更重大的法益，利益衡量之结果显然对国家和社会更为有益。这样的行为不具有犯罪的社会危害性，故而失去了处罚的正当依据。

（4）体现重要社会伦理关系之中立帮助行为。伦理与道德并不相同，如果说“道德是自由意志在人自身内部的实现，那么，伦理就是直接以意志的概念即自由为自己的内容”③。伦理作为人们心目中认可的社会行为规范，很多时候发挥着法律所难以实现的作用。与道德一样，并非所有的伦理行为都能阻却行为的犯罪性，只有体现那些最重要、最基本的伦理关系的中立帮助行为，才不具有可罚性。“只有社会伦理原则的核心部分才受到法的保护。人们常常称之为‘伦理的最低限度’，它由法律强制实施。”④ 例如，父母与子女之间日常扶助、友爱行为等，就属于最基本、最重要的伦理规则，若属于中立帮助行为应不具有可罚性。因此，子女（父母）为饥肠辘辘的犯罪父母（子女）提供饭食的行为，不能以犯罪论处。

---

① 梁上上：《公共利益与利益衡量》，《政法论坛》2016年第6期，第9页。
② 贺来：《个人责任、社会正义与价值虚无主义的克服》，《哲学动态》2009年第8期，第17页。
③ 〔德〕黑格尔：《法哲学原理》，杨东柱、尹建军、王哲编译，北京出版社2007年版，第75页。
④ 〔德〕魏德士：《法理学》，吴越、丁晓春译，法律出版社2005年版，第181页。

五、我国刑法中的相关规定及其适用

近年来，我国刑法与司法解释对中立帮助行为的规定呈不断扩张态势。这些规定有一定的针对性，其积极意义应当肯定。不过，就具体内容而言，这些规定也存在一些问题。特别是网络中立帮助行为备受关注，在理解与适用上争议较多。

（一）我国刑法与司法解释中相关规定之特点与问题

从我国刑法与司法解释的相关规定来看，取消“通谋”之限定可以看作是针对中立帮助行为的一种特别处遇规定。① 这些有关中立帮助行为的规定，主要有如下特点：一是主观上要求“明知”，如果行为人主观上并非“明知”，只能按所触犯的具体罪名论处。② 至于明知的内容一般要求是犯罪，典型模式是“明知……犯罪”③。有时，明知的内容也可以是非法资质。④ 此

---

① 从以往的立法以及司法解释的规定来看，在《刑法》第 25 条对共同犯罪有规定的情形下，并无必要针对通谋帮助行为再作出大量特别规定，因为这种行为属于典型的帮助犯，按照刑法规定论处便可。

② 例如，2014 年“两高”、公安部《关于办理暴力恐怖和宗教极端刑事案件适用法律若干问题的意见》（已失效）（以下简称《暴恐和宗教极端案件意见》）规定：“虽不明知图书、文稿、图片、音像制品、移动存储介质、电子阅读器中载有利用宗教极端、暴力恐怖思想煽动分裂国家、破坏国家统一或者煽动民族仇恨、民族歧视的内容，但出于营利或其他目的，违反国家规定，予以出版、印刷、复制、发行、传播或者提供仓储、邮寄、投递、运输、传输等服务的，按照其行为所触犯的具体罪名定罪处罚。”对明知之认定，主要采取综合判断方式。如《暴恐和宗教极端案件意见》规定：“对是否‘明知’的认定，应当结合案件具体情况，坚持重证据，重调查研究，以行为人实施的客观行为为基础，结合其一贯表现，具体行为、程度、手段、事后态度，以及年龄、认知和受教育程度、所从事的职业等综合判断。”有时亦可根据行为推断。如 2010 年“两高”《关于办理利用互联网、移动通讯终端、声讯台制作、复制、出版、贩卖、传播淫秽电子信息刑事案件具体应用法律若干问题的解释（二）》［以下简称《淫秽电子信息案件解释（二）》］第 8 条规定：“实施第四条至第七条规定的行为，具有下列情形之一的，应当认定行为人‘明知’，但是有证据证明确实不知道的除外：（一）行政主管机关书面告知后仍然实施上述行为的；（二）接到举报后不履行法定管理职责的；（三）为淫秽网站提供互联网接入、服务器托管、网络存储空间、通讯传输通道、代收费、费用结算等服务，收取服务费明显高于市场价格的；（四）向淫秽网站投放广告，广告点击率明显异常的；（五）其他能够认定行为人明知的情形。”

③ 如 2009 年“两高”、公安部《关于办理制毒物品犯罪案件适用法律若干问题的意见》第 1 条第 5 项规定：“明知他人实施走私或者非法买卖制毒物品犯罪，而为其运输、储存、代理进出口或者以其他方式提供便利的，以走私或者非法买卖制毒物品罪的共犯论处。”

④ 如 2016 年“两高”《关于办理环境污染刑事案件适用法律若干问题的解释》第 7 条规定：“明知他人无危险废物经营许可证，向其提供或者委托其收集、贮存、利用、处置危险废物，严重污染环境的，以共同犯罪论处。”

外，明知的内容也可以是非法状态。[①] 二是行为类型主要体现为积极的权利型中立帮助行为。常见的中立帮助行为类型为积极的权利型中立帮助行为，如提供贷款、账号、发票、证明、许可证件，或者提供信用卡、手机卡、通信工具、通讯传输通道，等等。有时，义务型中立帮助行为等也涵盖其中，如提供资金所包含的银行提供存款兑付资金等。至于行为方式，在不同的犯罪中有所不同。有的限定为特定行为[②]，有的限定为几种特定类型行为[③]，有的不作限定，原则上所有中立帮助行为均纳入其中。[④] 三是网络中立帮助行为成为重点关注的对象。一方面，最高司法机关针对特定犯罪的网络中立帮助行为出台过专门的司法解释[⑤]；另一方面，在其他司法解释中也往往对网络中立帮助行为作出针对性规定。[⑥] 而《刑法》第287条之二规定的帮助信息网络犯罪活动罪，乃刑法首次将中立帮助行为独立成罪，足见立法者对网络中立帮助行为的重视。四是对中立帮助行为主要以共犯论，有时需择一重论处。在定性上，中立帮助行为一般以所帮助之罪的共同犯罪论处。有时，如果构成其他犯罪的，择一重罪论处。[⑦]

---

① 例如，《关于办理网络赌博犯罪案件适用法律若干问题的意见》（以下简称《网络赌博案件的意见》）第2条规定："明知是赌博网站……"

② 如《非法集资案件的解释》规定："明知他人从事欺诈发行股票、债券，非法吸收公众存款，擅自发行股票、债券，集资诈骗或者组织、领导传销活动等集资犯罪活动，为其提供广告等宣传的，以相关犯罪的共犯论处。"

③ 如2013年"两高"《关于办理危害食品安全刑事案件适用法律若干问题的解释》（以下简称《危害食品安全的解释》）第14条规定："明知他人生产、销售不符合食品安全标准的食品，有毒、有害食品，具有下列情形之一的，以生产、销售不符合安全标准的食品罪或者生产、销售有毒、有害食品罪的共犯论处：（一）提供资金、贷款、账号、发票、证明、许可证件的；（二）提供生产、经营场所或者运输、贮存、保管、邮寄、网络销售渠道等便利条件的；（三）提供生产技术或者食品原料、食品添加剂、食品相关产品的；（四）提供广告等宣传的。"

④ 如2012年"两高"、公安部《关于办理走私、非法买卖麻黄碱类复方制剂等刑事案件适用法律若干问题的意见》规定："明知他人利用麻黄碱类制毒物品制造毒品，向其提供麻黄碱类复方制剂，为其利用麻黄碱类复方制剂加工、提炼制毒物品，或者为其获取、利用麻黄碱类复方制剂提供其他帮助的，以制造毒品罪的共犯论处。"

⑤ 如《淫秽电子信息案件解释（二）》以及2010年"两高"、公安部《网络赌博案件的意见》就专门针对网络中立帮助行为作出规定。

⑥ 例如，2014年"两高"《关于办理危害药品安全刑事案件适用法律若干问题的解释》就规定有提供"网络销售渠道"的中立帮助行为。

⑦ 例如，2017年"两高"《关于办理扰乱无线电通讯管理秩序等刑事案件适用法律若干问题的解释》（以下简称《扰乱无线电通讯管理秩序的解释》）第6条规定："明知他人实施诈骗等犯罪，使用'黑广播''伪基站'等无线电设备为其发送信息或者提供其他帮助，同时构成其他犯罪的，按照处罚较重的规定定罪处罚。"该规定显然以构成诈骗等犯罪的共犯为前提，若同时构成其他犯罪的，择其重者论处。

我国刑法与司法解释对中立帮助行为的规定，主要存在以下问题：首先，将中立帮助行为与非中立帮助行为相混淆。[①] 其弊端有二：一是混淆中立帮助行为与共犯帮助行为的界限；二是可能导致在入罪标准上将中立帮助行为与共犯帮助行为等同对待。其次，将不同类型的中立帮助行为同等对待有所不妥。虽然刑法和司法解释所规定的主要是积极的权利型中立帮助行为，但也包含有义务型中立帮助行为等。[②] 这些不同类型的中立帮助行为是不能被等同视之的。如前所述，对义务型中立帮助行为原则上是不能以犯罪论处的。可见，处罚时不作区分欠妥。再次，中立帮助行为入罪标准有时设置极不合理。[③] 最后，中立帮助行为在定性上不协调，有损刑法适用的一致性。中立帮助行为构成所帮助之罪的共犯，同时还构成其他犯罪的，属于法规竞合，应以处罚较重的罪定罪量刑，这应该说具有普遍性。但是，司法解释只就少数几种中立帮助行为存在法规竞合的场合，规定择重罪处罚。[④] 这种明确少数而罔顾多数的做法，严重影响刑法适用的一致性。

（二）帮助信息网络犯罪活动罪的处罚范围及其司法适用

网络空间的虚拟性、无边际性等特征，决定了网络犯罪有着传统犯罪不具有的特殊性，网络帮助行为亦如此。网络帮助行为具有独立性，不但行为人在主观上独立于实行行为人，而且行为在客观上也独立于实行行

---

① 例如，2016 年“两高”、公安部《关于办理电信网络诈骗等刑事案件适用法律若干问题的意见》（以下简称《电信网络诈骗的意见》）第 4 条第 3 项规定的八种行为类型中，“制作、销售、提供‘木马’程序和‘钓鱼软件’等恶意程序”等并非日常生活行为，不能认定为中立帮助行为，而是属于违法犯罪行为。将之与“提供信用卡、资金支付结算账户、手机卡、通讯工具”等属于日常生活行为的中立帮助行为相提并论，显然是鱼目混珠。

② 例如，《组织、利用邪教组织的解释》第 13 条有“提供经费”之规定，就包含银行提供贷款与兑付存款，但前者属于积极的权利型中立帮助行为，后者属于义务型中立帮助行为。

③ 例如，2011 年“两高”《关于办理危害计算机信息系统安全刑事案件应用法律若干问题的解释》第 9 条规定，提供互联网接入、服务器托管、网络存储空间、通讯传输通道、费用结算、交易服务、广告服务、技术培训、技术支持等帮助，违法所得 5 000 元以上，或者通过委托推广软件、投放广告等方式向其提供资金 5 000 元以上的，以非法侵入计算机信息系统罪、破坏计算机信息系统罪等的共同犯罪论处。《淫秽电子信息案件解释（二）》第 7 条则规定，以投放广告或者其他方式向淫秽网站提供资金数额在 50 000 元以上的，或者为淫秽网站提供费用结算服务，收取服务费数额在 20 000 元以上的，以制作、复制、出版、贩卖、传播淫秽物品牟利罪的共同犯罪处罚。从刑法规定来看，非法侵入计算机信息系统罪等实质上较制作、复制、出版、贩卖、传播淫秽物品牟利罪要轻，但其中立帮助行为的入罪标准反而远低于后者的，其合理性存疑。

④ 如《扰乱无线电通讯管理秩序的解释》第 6 条规定就做此规定。

为，这使之得以突破传统帮助行为的从属地位。[①] 同一般中立帮助行为相比，网络中立帮助行为较为复杂，类型也更为丰富多样。因此，正确理解与适用有关网络中立帮助行为的犯罪，具有重要的现实意义。特别是《刑法》第 287 条之二第 1 款规定的帮助信息网络犯罪活动罪[②]，学界对其性质一直存在较大争议，司法实践对之适用也存在较大困惑。

理论上，对该罪是否为帮助行为正犯化，存在否定说与肯定说两种不同见解。否定说认为，《刑法》第 287 条之二第 1 款规定只是一种量刑规则。“不管是从字面含义上解释我国《刑法》第 287 条之二第 1 款的规定，还是对该款规定进行实质的分析，都应当认为，该款并没有将帮助犯正犯化，只是对特定的帮助犯规定了量刑规则。”[③] “《刑法》第 287 条之二所规定的帮助信息网络犯罪活动罪，并不是将帮助犯正犯化，只是帮助犯的量刑规则。”[④] 肯定说则认为，该款规定属于帮助行为正犯化。“只存在帮助犯的正犯化，不存在帮助犯的量刑规则。”[⑤] “帮助信息网络犯罪活动罪应当是一种帮助行为正犯化的立法现象，而不仅仅是量刑规则。”[⑥] 笔者认为，否定说与肯定说看似存在分歧，实则不然。《刑法》第 287 条之二第 1 款规定既可以看作是一种针对特定的帮助犯规定的量刑规则，也可以认为是帮助行为正犯化，因为对网络中立帮助行为予以正犯化与对之规定特别的量刑规则，本来就不存在矛盾和冲突。

之所以认为《刑法》第 287 条之二第 1 款规定可以看作是一种针对特定的帮助犯规定的量刑规则，理由在于：如前所述，中立帮助行为既非针对危害结果的直接故意帮助行为，亦非一般的间接故意帮助行为，而是一种极为特殊的共犯帮助行为。即使作为犯罪论处，其社会危害性也较之一般的帮助犯的要轻，故而在处罚范围上需要适当限缩，处罚也应从轻，《刑法》第 287 条之二第 1 款的规定正体现了限缩处罚范围与从轻处罚的

① 于志刚：《网络空间中犯罪帮助行为的制裁体系与完善思路》，《中国法学》2016 年第 2 期，第 6-7 页。

② 根据《刑法》第 287 条之二第 1 款规定，帮助信息网络犯罪活动罪是指明知他人利用信息网络实施犯罪，为其犯罪提供互联网接入、服务器托管、网络存储、通讯传输等技术支持，或者提供广告推广、支付结算等帮助，情节严重的行为。

③ 张明楷：《论帮助信息网络犯罪活动罪》，《政治与法律》2016 年第 2 期，第 5 页。

④ 黎宏：《论“帮助信息网络犯罪活动罪”的性质及其适用》，《法律适用》2017 年第 21 期，第 35 页。

⑤ 于志刚：《共犯行为正犯化的立法探索与理论梳理》，《法律科学》2017 年第 3 期，第 89 页。

⑥ 刘宪权、方慧颖：《帮助信息网络犯罪活动罪的认定疑难》，《人民检察》2017 年第 19 期，第 10 页。

意旨。一方面，由于有“情节严重”之定性限制，逻辑上会推断出刑法设置该罪是为了限缩网络帮助行为的处罚范围。“根据我国《刑法》第 287 条之二的规定，……只有‘情节严重’，才能认定为帮助信息网络犯罪活动罪。这足以说明，我国《刑法》第 287 条之二的规定，并没有扩大帮助犯的处罚范围，相反，其以‘情节严重’的要求缩小了处罚范围。”① 另一方面，刑法对该罪除设置“情节严重”这一较高的入罪标准外，还配置了较许多犯罪的共犯明显要轻的法定刑，即 3 年以下有期徒刑或者拘役。这表明，该罪所规制的网络帮助行为并非一般的共犯帮助行为，而是危害相对要轻的中立帮助行为。否则，立法增设该罪纯属添乱。“如果《草案》对原本可以按照共同犯罪的规定进行处罚的行为，‘画蛇添足’地增设一个罪名，且最后使得参与犯罪的人得到从轻发落，刑法立法的目的就可能落空。”②

之所以认为《刑法》第 287 条之二第 1 款规定是帮助行为正犯化，是因为刑法业已将该类行为独立成罪，并规定了独立的罪状和法定刑。究其缘由，主要有二：一是网络中立帮助行为较传统帮助行为具有更大的社会危害性，需要独立成罪予以单独处罚。“网络犯罪的帮助行为相较于传统的帮助行为，其对于完成犯罪起着越来越大的决定性作用，社会危害性凸显，有的如果全案衡量，甚至超过实行行为。”③ 二是网络中立帮助行为具有广泛性与多发性，有必要独立成罪以示特别处罚。司法实践中，网络帮助行为与网络犯罪一样极为泛滥，几乎存在于所有的网络犯罪之中。以网络第三方支付平台为例，网上的淫秽色情、赌博、传销等活动大多通过第三方支付平台支付，很多第三方支付平台在明知他人实施犯罪的情况下，仍为其提供支付服务并从中提成获利。④

另外，学界对《刑法》第 287 条之二第 1 款规定之帮助行为类型也存在不同看法。有学者认为，“帮助信息网络犯罪活动罪可以视为所有为网络犯罪提供信息技术支持行为的兜底性罪名，是立法对于网络犯罪帮助行为的整体性回应”⑤。有学者指出，“所有为网络犯罪提供信息技术支持行

---

① 张明楷：《论帮助信息网络犯罪活动罪》，《政治与法律》2016 年第 2 期，第 13 页。

② 周光权：《网络服务商的刑事责任范围》，载《中国法律评论》2015 年第 2 期，第 178 页。

③ 全国人大常委会法制工作委员会刑法室编：《〈中华人民共和国刑法修正案（九）〉条文说明、立法理由及相关规定》，北京大学出版社 2016 年版，第 233 页。

④ 最高人民法院研究室、最高人民法院刑法修改工作小组办公室编著：《〈刑法修正案（九）〉条文及配套司法解释理解与适用》，人民法院出版社 2015 年版，第 267 页。

⑤ 于志刚：《网络空间中犯罪帮助行为的制裁体系与完善思路》，《中国法学》2016 年第 2 期，第 11 页。

为”既包括通谋帮助行为，也包括未通谋帮助行为，如片面帮助行为、中立帮助行为等。问题在于，如果将通谋帮助行为也纳入该罪，就会面临否定说之尴尬，与立法目的不符。于是，有学者认为，“帮助信息网络犯罪活动罪是片面共犯在立法上的反映”①。

笔者认为，帮助信息网络犯罪活动罪不应视为所有为网络犯罪提供信息技术支持行为的兜底性罪名，也并非立法对于网络犯罪帮助行为的整体性回应，而应当属于所有为网络犯罪提供中立帮助行为的兜底性罪名，是立法对网络中立帮助行为的整体性回应。主要理由在于：首先，从行为类型来看，信息网络犯罪活动的帮助行为基本为付费服务，属于积极的权利型中立帮助行为，将之入罪具有可行性。其次，自《淫秽电子信息案件解释（二）》《网络赌博案件的意见》颁行以来，司法解释将大量网络中立帮助行为入罪。为避免重复规定，对网络中立帮助行为设置统一的罪名加以整体性回应，在情理之中。再次，“情节严重”之规定极大地限缩了处罚范围，唯针对网络中立帮助行为才能自圆其说，毕竟中立帮助行为入罪标准较共犯帮助行为的要高，处罚范围理应限缩。最后，较低的法定刑适用于网络中立帮助行为能体现罪刑相适应，若将所有网络犯罪帮助行为纳入其中，并将法定刑限于3年以下有期徒刑，与其社会危害性明显不相称，有违罪刑相适应原则。

至于认为帮助信息网络犯罪活动罪是片面共犯在立法上的反映，也是不合理的。网络帮助行为本与片面帮助行为并非一回事。很多时候，网络帮助行为人通常不具有帮助既遂之故意。同时，被帮助人往往知道行为人提供帮助。这些特点是片面帮助行为所不具备的，故认为“帮助信息网络犯罪活动罪是片面共犯在立法上的反映”并不恰当。

有学者在肯定帮助信息网络犯罪活动行为属于中立帮助行为的同时，担心这种立法手段会模糊可罚与不可罚行为之间的界限，容易将不具有可罚性的行为认定为犯罪。② 对此，笔者不以为然。帮助信息网络犯罪活动入罪所要求的“情节严重”，是以利益衡量为基础，综合主客观要素加以整体衡量的。只要认定正确，可罚与不可罚行为之界限并不会模糊不清。不但如此，“情节严重”之入罪标准还能充分发挥限制网络中立帮助行为处罚范围的作用。有学者就针对《刑法修正案（九）》施行后帮助信息网

① 赵运锋：《帮助信息网络犯罪活动罪的立法依据与法理分析》，《上海政法学院学报（法治论丛）》2017年第1期，第23页。

② 刘艳红：《网络犯罪帮助行为正犯化之批判》，载《法商研究》2016年第3期。

络犯罪活动罪的司法适用进行过统计，得出该罪的适用率较低。① 这说明司法实践对该罪的认定是较为谨慎的，所谓模糊可罚与不可罚行为界限及扩大处罚范围，也许并不成为问题。

既然帮助信息网络犯罪活动罪针对的是网络中立帮助行为，那么适用时应当注意以下几点：一是由于网络中立帮助行为的社会危害性较之一般的网络帮助行为的要低，因而对“情节严重”之要求应较一般共犯帮助行为要更高，这就需要以《刑法》第13条但书为基础，根据综合说进行充分的价值判断。二是对于《刑法修正案（九）》颁行前以共犯论处的网络中立帮助行为，在《刑法修正案（九）》颁行后只能以本罪论处，不再以相关犯罪的共犯论处，以维护刑法适用的平等与协调。对于《刑法修正案（九）》颁行以前未经判决的网络中立帮助行为，若构成犯罪的，应根据《刑法》第12条规定的从旧兼从轻原则，确定是以相关犯罪的共犯还是以本罪论处。三是如果实施网络犯罪活动之中立帮助行为又构成其他罪的，按照本罪与其他罪之处罚较重者定罪量刑。

第三节　但书与独立教唆犯的处罚范围

一、独立教唆犯概述

我国《刑法》第29条第2款规定：“如果被教唆的人没有犯被教唆的罪，对于教唆犯，可以从轻或者减轻处罚。”这就是刑法规定的独立教唆犯。从刑法规定不难看出，所谓独立教唆犯，是指教唆他人犯罪的人在被教唆者没有犯所教唆之罪时构成犯罪的情形。独立教唆犯是相对于共同教唆犯而言的，后者是指教唆他人犯罪的人因被教唆者犯了所教唆之罪而构成犯罪的情形。

独立教唆犯具有如下特征：首先，主观上必须具有教唆他人犯罪的故意。这是指行为人认识到他人尚无犯罪决意，并知道自己的教唆行为将引起他人犯罪的结果发生。如果行为人认识到他人有犯罪决意而实施教唆，不构成独立教唆犯。其次，客观方面必须实施了教唆他人犯罪的行为。与传播犯罪方法不同的是，行为人实施的是教唆犯罪的行为，至于何种犯罪

① 陈伟、谢可君：《网络中立帮助行为独立可罚性之肯定》，《山东科技大学学报（社会科学版）》2017年第5期，第29-30页。

方法在所不论。最后，被教唆者没有犯被教唆之罪。被教唆者没有犯所教唆之罪主要包括以下几种情况：一是被教唆人拒绝教唆者的教唆；二是被教唆者虽然当时接受了教唆者的教唆，但随后又打消了犯罪的意思，并没有进行任何犯罪活动；三是被教唆者当时接受了教唆者所教唆的犯罪，但实际上实施的是其他犯罪；四是教唆者对被教唆者进行教唆时，被教唆者已有实施所教唆罪的故意，即被教唆者实施犯罪不是由教唆者的教唆所引起的。①

二、独立教唆犯的性质

关于独立教唆犯在刑法上之性质，主要存在以下不同观点。

一是犯罪既遂论。即将独立教唆行为认为是一种独立的行为类型，即使被教唆者没有犯所教唆的罪，由于客观上教唆者实施了教唆他人犯罪的实行行为，因而成立犯罪既遂。如有学者认为，在被教唆人没有犯被教唆之罪的情况下，教唆犯只是成立犯罪，但是并不属于故意犯罪发展中的预备、未遂或既遂任何一种形态。②

二是犯罪预备论。该观点认为被教唆人未犯被教唆之罪时，教唆犯构成犯罪预备。理由主要在于：一方面，教唆犯对被教唆人进行教唆，是为了犯罪而寻找共同犯罪人，属于犯罪预备的一种形式。由于被教唆人没有犯所教唆之罪，因而教唆者也不属于着手实行而是犯罪预备。另一方面，《刑法》第 29 条第 2 款之“可以从轻或者减轻处罚”规定，不是针对教唆未遂而是针对教唆预备规定的处罚原则，因为《刑法》第 23 条已有未遂犯的处罚原则，没有必要再对教唆未遂作同样的规定。③

三是教唆未遂论。该观点认为教唆犯构成犯罪既遂要以实行犯完成犯罪为标志。因此，在教唆者实施了教唆而被教唆者没有犯被教唆的罪的情况下，教唆犯构成未遂。如有学者认为，“根据教唆犯独立性和从属性辩证统一的原理以及我国刑法关于教唆犯、未遂犯的规定，在被教唆人没有犯被教唆之罪的情况下，教唆犯只能认定为犯罪未遂形态，可称之为‘教唆未成未遂’”④。

认为独立教唆行为是教唆既遂的问题在于，独立教唆行为只是刑法总

① 马克昌：《犯罪通论》，武汉大学出版社 1999 年版，第 563-564 页。

② 伍柳村：《试论教唆犯的二重性》，《法学研究》1982 年第 1 期。

③ 高铭暄主编：《新中国刑法学研究综述（1949－1985）》，河南人民出版社 1986 年版，第 368-369 页。

④ 赵秉志：《犯罪未遂形态研究》，中国人民大学出版社 2007 年版，第 242 页。

则规定的处罚形态，并非刑法分则规定的行为类型，因而并非真正意义上的犯罪类型行为。如果将总则中的规定等同于刑法分则规定的具体犯罪的类型行为，显然是不妥的。“无论是从构成要件的作用来看，还是从着手理论来看，都不能将唆使实施盗窃这一行为与盗窃行为评价为相同的行为，否则，是对实行行为概念以及构成要件的不当扩张。”① 对于教唆预备论，有学者认为其有两个理由不能成立：一是它的关于实行犯着手犯罪前教唆行为只能视为犯罪预备的观点，完全是外国刑法学中的关于实行犯着手犯罪前教唆行为只能视为犯罪预备的观点，完全是外国刑法学中具有客观主义片面性的教唆犯从属性说的见解。二是犯罪预备说关于《刑法》第29条第2款是对教唆犯罪预备所规定的重于其他一般预备犯的处罚原则的解释是错误的。若果真如其所释，那么教唆犯罪的未遂形态当然也较一般犯罪未遂形态严重而需行为规定较重的处罚原则，为什么法律只对教唆犯罪的预备行为规定处罚原则，而对更为严重的教唆犯罪的未遂却不再另行规定处罚原则?② 教唆未遂论是以教唆犯二重性为基础的，其有关教唆已成未遂与教唆未成未遂之区分是否合理，本身就值得商榷。而且，教唆未遂论也是以教唆行为是教唆者所教唆之罪的犯罪实行行为为基础的，但如上所述此实行行为由于并非刑法规定的类型行为，因而即使其实施完毕也不能认定为犯罪既遂。

从各国刑法规定来看，对独立教唆犯既有按照未遂犯处罚的，也有按照预备犯处罚的。例如，1932年《波兰刑法典》第29条第2款规定：“犯罪未实行时，教唆犯与从犯，负未遂罪责任，但法院得特别减轻或免除其刑。”《韩国刑法典》第31条规定：“被教唆者承诺实行犯罪，但未着手实行的，教唆者和被教唆者以阴谋犯或者预备犯相应处罚。”“被教唆者未承诺实行犯罪的，对教唆者的处罚亦同前项。”还有规定独立的处罚原则的。如《罗马尼亚刑法典》第29条规定：“被教唆人未实施被教唆之罪及中止犯罪或自动阻止犯罪结果的发生的，教唆行为在所教唆之罪的最低法定刑与刑罚的最低限度之间处刑。法律规定有死刑的，处2年至10年监禁。”我国刑法亦采取此种规定。

笔者认为，独立教唆犯应当属于刑法总则的特别规定。而且，这种规定不同于犯罪预备、犯罪未遂等规定，因为犯罪停止形态之规定虽然具有

① 〔日〕西原春夫：《犯罪实行行为论》，戴波、江溯译，北京大学出版社2006年版，第14页。

② 赵秉志：《犯罪未遂形态研究》，中国人民大学出版社2007年版，第241页。

宏观、概括的指导作用，却是以刑法分则具体犯罪为基础的。换句话说，犯罪预备、犯罪未遂等规定，是以刑法分则规定的具体犯罪为基础的，脱离具体犯罪就不具有独立意义。独立教唆犯则不然。即使被教唆者没有实施任何犯罪，依然可以成立教唆犯。因此，不能简单地将独立教唆犯认定为预备犯、未遂犯等，应当加以独立的评价。

三、但书视野下独立教唆犯的处罚范围

根据《刑法》第 13 条规定，情节显著轻微危害不大的行为，是不能认定为犯罪的。由此，笔者认为，对独立教唆犯的处罚范围，应根据不同情况区别对待。

首先，对于被教唆者没有犯任何罪的，通常应认定为情节显著轻微危害不大的情形，原则上不予处罚。这种情况包括被教唆人拒绝教唆者的教唆以及被教唆者虽然当时接受了教唆者的教唆，但随后又打消了犯罪的意思，并没有进行任何犯罪活动的情形。在国外及我国台湾地区，人们通常认为教唆犯的成立依附于被教唆人的实行行为，有教唆人的教唆行为但缺乏被教唆人的实行行为，是不能成立教唆犯的。① 这意味着教唆犯的可罚性应当被限制在被教唆人的实行行为实施的情形之中，如果正犯行为甚至连未遂都不构成，就不能成立教唆犯。在被教唆人没有犯任何罪的场合，处罚教唆犯存在以下问题：一是可能造成处罚不当。教唆行为不能产生任何实质的危害结果，其社会危害性被限制在最低限度，可能不足以成立犯罪，以犯罪论有所不妥。二是可能会约束人们合乎社会需要的行为。被教唆人没有犯任何罪，教唆行为便被限制在教唆人与被教唆人口头、形式的言行交流的场合。客观地说，这种言行交流在生活中是极为常见的，如骂架、闲谈等都有可能涉及，这也是司法实践极少处罚该类教唆行为的原因所在。如果动用刑罚处罚这类教唆行为，不可避免地会对一些日常生活行为造成严重干扰，进而约束人们合乎社会需要的行为。因此，在被教唆人没有犯任何罪的场合，可以考虑对教唆犯原则上予以非犯罪化。

其次，对于被教唆者当时接受了教唆者所教唆的犯罪，但实际上实施

---

① 〔德〕耶赛克、魏根特：《德国刑法教科书》（总论），徐久生译，中国法制出版社 2001 年版，第 834 页；〔日〕大塚仁：《刑法概说》（总则），冯军译，中国人民大学出版社 2003 年版，第 265 页；〔日〕大谷实：《刑法讲义总论》，黎宏译，中国人民大学出版社 2008 年版，第 399 页；〔韩〕李在祥：《韩国刑法总论》，韩相敦译，中国人民大学出版社 2005 年版，第 430 页；林山田：《刑法通论》（下册），北京大学出版社 2012 年版，第 57 页。

的是其他犯罪的，具有一定的社会危害性，应按照刑法规定处罚。尽管被教唆者没有犯所教唆的罪，而是犯其他罪，但不能否定教唆行为与犯其他罪行之间具有因果关系。毕竟，在他人尚无犯罪决意的时候，教唆行为引起了他人犯罪的决意，并对社会产生危害，教唆者就应当对此负责。不过，在具体处罚时需要区别对待，即需要考虑被教唆者所犯具体罪行。如果被教唆者所犯罪行极其轻微，也可以考虑对教唆者免除处罚或者不认定为犯罪。

最后，教唆者对被教唆者进行教唆时，被教唆者已有实施所教唆罪的故意，即被教唆者实施犯罪不是由教唆者的教唆所引起的，应参照预备犯的处罚范围处罚。此种情形，教唆者对被教唆者的主要意义，在于加固其犯罪意志和决心，故而对这样的教唆行为，可以视为制造一种特别的犯罪条件，处罚时可以参照预备犯的处罚范围来确定具有可罚性的教唆行为。

第七章　但书与刑法分则定罪模式

但书作为刑法总则规定的犯罪成立的总纲领，对于指导和评价犯罪成立具有决定性的作用。刑法分则规定的具体罪名，均需要以但书规定作为基本指导原则，确定具体的类型行为构成犯罪所需要的量度。遗憾的是，无论是在立法还是在司法中，均存在片面割裂但书规定与具体罪名成立量度的现象，导致具体犯罪的成立标准未能充分体现但书规定，从而给具体犯罪的罪与非罪的认定带来极大困惑。当然，问题显然出在具体犯罪的立法规定与司法认定上，因为这些背离但书规定所确立的犯罪成立标准，必然是片面的和不合理的。本章以但书为指导，拟对犯罪定罪模式以及刑法分则和司法解释确立的犯罪成立/追诉标准进行深入探究。

第一节　犯罪定罪模式概述

一、犯罪定量模式与不定量模式

各国刑法的规定对入罪是否有定量因素的要求并不相同。这种不同主要体现在刑法规定的犯罪概念中，即刑法规定的犯罪概念对犯罪的成立有无量度上的要求。纵观各国刑法关于犯罪概念的规定，可将定罪模式划分为两种不同类型。

（一）定量模式

定量模式即刑法对犯罪成立规定定量要素，犯罪成立必须具备一定的量度。除我国刑法外，诸如俄罗斯等国刑法采取的就是法定定量模式。如《俄罗斯联邦刑法典》第 14 条规定：“行为（不作为）虽然形式上含有本法典规定的某一行为的要件，但由于情节轻微而不具有社会危害性，即未对个人、社会或国家造成损害或构成损害威胁的，不是犯罪。”[①]

（二）不定量模式

不定量模式即刑法基本上不对犯罪成立规定定量要素，这是多数大陆法系国家的做法。如德国、法国、日本、意大利等国刑法都没有对犯罪成立规定任何量度要素。例如，《德国刑法典》第12条只对重罪与轻罪进行了划分，并无轻罪成立的定量要素要求。根据该条规定，最高刑为1年以下自由刑或科处罚金刑的违法行为，都是轻罪。[②] 在这里，刑法规定的“违法行为”就是犯罪。德国刑法不仅在总则中规定入罪以“违法行为”为依据，在具体犯罪上也没有定量要求。例如，《德国刑法典》第243条之二规定：“所盗窃的物品价值甚微的，不属于第1款第2句第1项至第6项所述情节特别严重。”[③] 这等于肯定了盗窃的物品价值甚微的行为也构成盗窃罪，即对盗窃行为入罪并无定量要求。与德国刑法的规定一样，日本刑法对犯罪也无定量要求。日本刑法第七章规定了犯罪不成立的情形，具体包括正当防卫、紧急避难、没有犯罪故意、心神丧失和心神耗弱以及不满14周岁的人的行为不构成犯罪，却没有规定未达一定量度而排除犯罪的情形。[④]

对犯罪成立不定量，意味着只要实施刑法规定的行为，无论其造成何种危害，都以犯罪论处。“不履行合同的人即使给对方当事人造成百万元的损失，也不受刑罚处罚，而最小的诈骗行为也会受到刑罚的威慑，因为遵守合同的利益可通过非刑罚的方式（如损害赔偿义务，违约金等）予以有效的保护，而私法交往中对事实主张的正确性的任，一方面就其功能而言是不可放弃的，另一方面由于损害的不可知性，仅仅用民法方法却是不可能予以保护的。”[⑤] 司法定量在德、日等大陆法系国家普遍存在。例如，在德国，“在轻微的侵害所有权的犯罪和财产犯罪（例如从自助商店中盗窃一盒香烟）情况下，被害人提出告诉是进行追诉的先决条件（如第248条a、第263条第4款、第265条a第3款、第266条第3款）。但主要是

① 《俄罗斯联邦刑法典》，黄道秀译，中国法制出版社1996年版，第8、46页。从该规定不难看出，该规定原封不动地保留了苏联刑法的相关规定。其中的矛盾是显而易见的，即将情节轻微与不具有社会危害性混为一谈。事实上，如前所述情节轻微的行为不一定不具有社会危害性，也可能社会危害性非常轻微，但其社会危害性的存在是客观事实，不容置疑。

② 《德国刑法典》，徐久生、庄敬华译，中国法制出版社2000年版，第46页。

③ 参见上书，第174-175页。

④ 《日本刑法典》，张明楷译，法律出版社2006年版，第20-21页。

⑤ 〔德〕耶赛克、魏根特：《德国刑法教科书》，中国法制出版社2001年版，第66页。

《刑事诉讼法》规定了，对轻微犯罪不予追诉的可能性（《刑事诉讼法》第153条），并规定，由检察官或法院决定，并征得被告人的同意，可以暂时免于起诉，或暂时中止诉讼程序（《刑事诉讼法》第153条a）（参见上文§5 V 3）"①。在日本，"检察官独占追诉权限（《日本刑事诉讼法》第247条，这称为'起诉独占主义'），并且，判断是否予以起诉也交由检察官的裁量（《日本刑事诉讼法》第248条，这称为'起诉便宜主义'）。对于检察官的不起诉处分，由检察审查会予以控制，如果检察审查会议决不起诉的处分并不妥当，检察官则必须再次研究不起诉是否妥当。然而，到现在为止，审查会的劝告并不具有约束力（根据2004年的《检察审查会法》的改正，将导入具有强制力的起诉议决）。在检察官提起公诉之后，即便裁判官认为不必处罚，裁判官也不得作无罪处理，而至多只能付以执行犹豫（缓期执行）"②。

由上可知，对于危害十分轻微的行为，即使秉承不定量模式的国家，在司法实践中一般也不以犯罪论处。例如，在德国，"巴登符腾堡州司法部规定，成人盗窃数额在30马克以下的，一般不宜犯罪论处；盗窃数额在30马克以上的，才能构成微罪，但检察机关可以斟酌确定决定是否起诉，盗窃数额在30至250马克的，检察机关可以有条件地决定不起诉，盗窃数额在250马克以上的，原则上应予起诉"③。这种情况，应当说在其他立法不定量的国家中普遍存在。那么在刑法不定量的情形下，如何将危害轻微的行为排除在犯罪之外呢？从各国的经验来看，一般是通过司法途径将之排除在犯罪之外的，即在刑事诉讼过程中通过司法认定来排除行为的犯罪性。"在刑法犯罪类型的规范中，有若干类型的规定，除实体上犯罪规定者外，更兼含有刑罚权实现的程序运作条件，毕竟刑法是犯罪与刑罚存在的判断规范，至于如何确认犯罪，以及如何实仰赖程序的操作，也就是一个侵害的行为事实存在，必须仰赖刑事程序的认定事实，以及论罪科刑来实现。对于若干的犯罪形态，虽然在实体的判断上，犯罪的成立已经充足，且刑罚的存在也可确认，但对于此种刑罚权的存在，是否必须加以实现，乃设定诉讼条件来节制。故诉讼条件可以视为是一种刑罚权实

---

① 〔德〕耶赛克、魏根特：《德国刑法教科书》，许久生译，中国法制出版社2001年版，第75-76页。

② 〔日〕西田典之：《日本刑法总论》，刘明祥、王昭武译，中国人民大学出版社2007年版，第155页。

③ 孟凡君：《中国犯罪定量规定模式的反思与重构》，吉林大学博士学位论文2010年6月，第38页。

现的限制理由。”[①] 人们把这种在诉讼过程中由司法人员具体确定的犯罪量度称为司法定量。

综上所述，不定量模式是相对于在刑法中的定量模式而言的，是指不在刑法规定的犯罪概念中定量而在司法中定量的模式，因而并非真正的不定量。鉴于两者有所不同，故学界通常将其表述为立法定量与司法定量。一般认为，凡是在刑法规定的犯罪概念中对犯罪的成立标准和尺度予以限定的，属于立法定量模式；凡是不在刑法规定的犯罪概念中对犯罪的成立标准和尺度予以限定，而是在诉讼过程中通过司法途径给予解决的，属于司法定量模式。

二、学界有关立法定量的存废之争

（一）学界关于立法定量模式的不同观点

反对犯罪定量的学者，严格地说并非反对犯罪定量，而是反对在刑法规定的犯罪概念中对定罪给予定量。于是，所谓的立法定量与司法定量之争，就变成了有无必要在刑法规定的犯罪概念中对定罪给予定量之争。对此，在理论上存在肯定说和否定说。

1. 肯定说。该说即充分肯定立法定量的积极意义，认为有其合理之处。如有学者曾认为，我国刑法中定量犯罪概念有正面效应，主要体现在以下三个方面：一是适应我国社会治安三级制裁体系——刑罚、劳动教养和治安处罚——的结构要求；二是可以减少犯罪数，降低犯罪率；三是可以使刑事司法力量集中打击那些事关国家稳固、社会发展以及公民生命与财产安全的犯罪活动，避免把有限的刑事司法资源消耗在对付那些社会危害性不大的一般违法行为上，从而可能使刑事司法发挥最佳效能。[②]

2. 否定说。该说或认为立法定量存在负面效应，或认为其欠缺科学性，或认为其违背宪法原则。如有学者认为，我国刑法中定量犯罪概念的负面效应有三个方面：一是导致刑法理论的困惑和学理解释的尴尬；二是导致最高司法机关司法解释权的膨胀和地方司法机关自由裁量权的萎缩；三是导致刑事法网粗疏，不利于控制和预防犯罪。[③] 有学者指出立法定量

① 柯耀程：《刑法释论Ⅰ》，一品文化出版社2004年版，第271页。

② 储槐植、汪永乐：《再论我国刑法中犯罪概念的定量因素》，《法学研究》2000年第2期，第37-38页。

③ 参见上书，第38-42页。

缺乏科学性。主要理由在于：首先，犯罪的本质是有社会危害性，对社会的危害并不存在量的差异，而是存在质的区别。其次，行为是中性的，不包括任何价值判断，而民事侵权虽然包含着价值判断，但只是个体价值判断，不包括任何社会价值判断的内容，即在认定民事侵权时，根本无须考虑它的社会危害性的有无或大小，只需考虑它是否侵犯当事人的权利，是否给当事人造成损害。最后，量是在一定质的基础上的量的积累，也就是说量是在一定质的范围内的量，即社会危害程度是在社会危害性这一质的基础上的量，只能说明犯罪的严重程度，不能说明罪与非罪的问题。[①] 还有学者认为，我国刑法采用的是“去罪化”的立法模式，即将其他国家通过违警罪或轻罪处罚的违法行为以《中华人民共和国治安管理处罚法》（以下简称《治安管理处罚法》）等行政法律、法规加以制裁。这种立法模式不仅有行政权篡夺司法权之嫌，而且还与一系列宪法原则相冲突，即违反了法律保留原则，违反了正当程序原则，违反了比例原则，违反了司法接近原则。[②]

（二）简评

对于肯定说所认为的立法定量的合理之处，笔者基本认同。一个显而易见的理由是，既然各国不可能将所有刑法规定的行为都认定为犯罪，就意味着成立犯罪是存在量度要求的。既然如此，在刑法中确定犯罪的量度要求，又有什么不妥呢？相反，排除犯罪的定量才是不合理的。当然，刑法确定定量也不能绝对化、机械化，如果背离或者不能充分体现但书所规定的关于犯罪的价值判断，那么这样的定量显然是不可取的。虽然定量设计的不科学、不可取，是立法定量遭到诟病的主要原因，但以此否定立法定量无疑是偏激的。

否定说所认为的负面效应确实存在，但主要是由立法或者司法解释没有科学贯彻但书规定造成的，即将犯罪的价值评价予以绝对化、机械化、量化，造成消极后果在所难免。而认为立法定量不科学，则明显存在误解。一方面，犯罪的本质特征并非社会危害性，因为社会危害性也是违法行为的特征，而违法行为和犯罪在社会危害性上应当存在量的差异。至于说行为是中性的而没有价值评价，无疑是失之偏颇的。必须注意，自然意义上的行为和社会意义上的行为并非同一概念，不能将人的行为理解为像

---

① 李居全：《也论我国刑法中犯罪概念的定量因素——与储槐植教授和汪永乐博士商榷》，《法律科学》2001年第1期。

② 欧爱民：《我国犯罪概念的宪法学透视》，《法商研究》2006年第4期。

自然活动那样完全价值中立。特别是犯罪，作为具有社会意义的行为，不可能脱离人们对它的价值评价。例如，同样是剥夺生命的行为，警察执行公务，枪毙人犯就不能叫杀人，而故意非法剥夺他人生命就会构成故意杀人罪。这里显然体现了价值评价。认为立法定量违背宪法原则，显然有危言耸听之嫌。从逻辑上讲，既然违背宪法原则，应当是定量本身违背宪法原则，而非立法定量或者司法定量使然。因为，在定量的前提下，认为在立法上体现定量就违背宪法原则而在司法上体现定量就不违背宪法原则，是缺乏逻辑性的。而且，认为犯罪定量就违背宪法原则，等于说各国认定犯罪都违背宪法原则，因为没有国家在认定犯罪时是不定量的，其片面之处不言而喻。事实上，立法定量恰恰是符合法律保留原则、比例原则的，因为比例原则本身就要求定罪恰当、合比例。至于正当程序原则，与是否定量完全是风马牛不相及的两个问题，不应混淆一处。

三、司法定量、建立轻罪处理机制及其评价

由于刑法规定，特别是刑法分则对具体罪名规定的定罪标准往往呈现出单一化、量化以及数据化等特征，立法有时难以准确评价犯罪，或者往往难以充分体现司法实践的需要。于是，在立法定量之外，不少学者提出了其他解决途径，试图借此来查漏补缺，以解决认定犯罪时立法定量所存在的空白与不足。其中，最主要的是司法定量与建立轻罪处理机制两种模式。

（一）司法定量及其评价

主张废除立法定量的学者，通常会提出司法定量的建言。在学界，司法定量通常有两种不同情形：一是绝对的司法定量。这种观点主张完全摈弃但书规定，即犯罪概念中的定量因素，据此，刑法分则也只能规定处罚行为的类型，不对具体犯罪作任何定量限定，如何认定具体犯罪全由司法机关裁决。① 二是相对的司法定量。这种观点充分肯定但书规定，即犯罪概念中定量因素的现实意义，但认为刑法分则只能规定处罚行为的类型，不应对具体犯罪作任何定量限定，如何认定具体犯罪由司法机关裁决。“笔者主张，在未找到在分则规定中之明确性实现方式之前，采取总则规定方式而分则不做规定应该是比较合理的，总则规定定量要求，表明轻微行为无罪，具体何种情况属于轻微，由司法机关依司法裁量权处理，其法

---

① 李居全：《也论我国刑法中犯罪概念的定量因素——与储槐植教授和汪永乐博士商榷》，《法律科学》2001年第1期。

律依据是立法定量之宣言，表明司法受立法限制。”①

不难看出，绝对的司法定量与相对的司法定量还是存在异同的。两者的相同之处在于均将但书规定理解为立法定量。两者的主要区别在于：首先，绝对的司法定量否定但书的立法价值，认为这一规定应予取消；相对的司法定量则肯定但书规定的立法价值，认为该规定应予保留。其次，在绝对的司法定量中，刑法分则对具体犯罪的数据化、量化的规定也是定量，两者界限模糊容易混淆；相对的司法定量虽然也将但书规定认定为立法定量，但至少没有将犯罪概念中的定量与具体犯罪的定量相混淆。

司法定量虽然有其合理性，但存在诸多缺陷与不足也是客观的。② 如有学者就指出，绝对的司法定量存在以下困惑：其一，在理论上，我国现有的犯罪概念是立法定量模式在总则上的体现，而司法定量模式的引入将导致犯罪概念的重新定义，进而影响整个犯罪成立理论中定量因素的定位，定量因素在犯罪成立中失去了原有的重要位置。其二，在司法中，定量因素的加入可能会使我国刑事诉讼的相关制度发生断裂。其三，司法定量模式将犯罪圈的范围扩大，实际上这是间接对我国治理权力进行再分配，行政处罚范围的缩小与刑事处罚范围的扩大其背后必然关系到我国机构职能及权利的重新界分，这不仅是法律制度的改革问题甚至涉及政治上的权力变革，这是司法定量模式推进过程中最大的障碍与困境。③ 又如，德国是采取司法定量的国家，但德国刑事法律理论界对之并非没有批评意见。这些意见主要有以下几点：一是容易导致扩大犯罪圈，即将过去仅仅作为轻微犯罪处理的案件，升格为轻罪；二是通过刑事程序来解决被盗物品的价值的意义的做法，不符合德国刑法对犯罪在不法、罪过和违法内容方面的基本要求，也不利于解决行为人在发生对事实认定错误时的刑事责任问题；三是检察官有权决定有条件地不起诉的做法，实际上是在行使准司法性的惩罚权；四是结合刑事诉讼程序解决刑事责任的做法，会产生被告人通过贿赂手段来取消公众对刑事追究的兴趣的危险。④

---

① 李洁：《罪刑法定之明确性要求的立法实现——围绕行为程度之立法规定方式问题》，《法学评论》2002 年第 6 期。

② 由于立法定量一般被认为是混合（实质）的犯罪概念的产物，司法定量通常被认为是形式的犯罪概念的产物，因而关于立法定量与司法定量之争，又往往关涉形式的犯罪概念与混合（实质）的犯罪概念之争。故关于司法定量之缺陷与不足，也可见于犯罪概念之争的相关文献中。这类文献很多，在此不再一一列举。

③ 范淼：《司法定量模式引入的困境与解决》，《社会科学辑刊》2005 年第 1 期，第 72-73 页。

④ 王世洲：《边缘构成加酌定起诉——关于德国刑法上一种划分罪与非罪方法的研究》，《外国法译评》1996 年第 1 期，第 43 页。

除此之外，笔者认为司法定量最大的不足在于缺乏法律依据，主张以司法定量替代立法定量有背离罪刑法定之嫌。因为立法定量至少表明刑法规定了入罪的量度条件，从而为司法定量提供法律依据，司法机关根据罪刑法定原则也应当遵循立法规定。若无立法定量，就意味着刑法规定的行为类型便是犯罪，即所谓的立法定性不定量。在这种情形下，司法定量显然是对立法定性的背离，如此当然违背罪刑法定原则。

相对的司法定量认为刑法分则对具体罪名不应作任何限定，也有不足：其一，刑法总则规定对分则规定具有指导和规引功能，在总则对犯罪有所规制的情形下，若分则不体现出此规制则明显有不协调之嫌。其二，如果对刑法分则规定的行为的入罪不加以适当规制，将导致在认定犯罪时按照行为类型来确定入罪，这显然背离刑罚的立法初衷，并与但书规定相冲突。其三，我国刑法规定了罪刑法定原则，这意味着凡是行为入罪均应当有刑法明确规定。如果个罪认定需要由司法来确定，显然不符合罪刑法定的要求。

（二）建立轻罪处理机制及其评价

也有学者主张通过建立轻罪处理机制来改造现行犯罪定量模式。论者认为，认定犯罪不应当“抓大放小”，而应当不分巨细尽皆入罪。“我们在制定刑事政策和刑罚法规时，也不应‘抓大放小’。刑罚的价值不在于惩治而在于预防，预防的重点不在于一般预防而在于特殊预防，这要求我们在设计犯罪圈时不应放过‘小罪’，通过惩治‘小罪’帮助公民确立正确的道德价值观念，有利于防范‘大罪’的发生。治理‘小罪’的成本是低廉的，这也许更有利于节约和有效利用司法资源，而不是相反。”① 在区分部分犯罪之大小的前提下，论者提出应当借鉴德国的轻罪处理机制，从以下几方面构建我国刑法的轻罪处理机制：首先，刑法应将全部犯罪划分为重罪和轻罪，并确定相应不同的刑事责任和法定刑结构。其次，对于侵犯私法益的轻罪，实行“告诉乃论”。再次，检察官对于由警察或其他行政执法人员移交的轻罪案件，视案件性质和情节，可作出不起诉、缓起诉决定。最后，法官对于检察机关移送起诉的轻罪案件，通过简易程序进行审理，并作出相应裁判。②

至于建立轻罪处理机制，至少存在以下几个致命缺陷：一是将所有行为入罪既不现实也不可能，几乎没有一个国家在立法或者司法过程中做到

① 沈海平：《犯罪定量模式检讨》，《法学家》2015年第1期，第108页。

② 参见上书，第113页。

这一点。二是主张检察官在起诉阶段视案件性质和情节，可作出不起诉、缓起诉决定，同时剥夺法官排除轻微危害行为入罪的权力，无论如何也说不过去。毕竟，这样做不可避免地削弱了审判机关的应有权力，同时扩张了检察机关决定罪与非罪的权力，导致司法权错位，这是不妥的。至于论者提出的不应“抓大放小”，则完全是一家之言。如果什么“小罪”都要抓的话，就会遭到如下批评：“刑法过于严苛，容易使过多的公民处在刑罚的威胁之下，同时容易过多地没有必要地消耗国家有限的刑事司法力量，尤其是把这种力量放在对付偷鸡摸狗的琐事上，从而无法使刑事司法制度集中力量打击严重的犯罪，发挥其最好的作用。”①

除了上述两种基本定量模式外，还有学者提出了“立法定量＋司法定量”的定量模式。“中外刑法中有‘立法定性、司法定量’和‘立法既定性又定量’两种犯罪定量模式，两者各有利弊。但传统的法文化与现实法体系的冲突注定了在我国刑法典中对犯罪进行‘立法定量’的合理性和现实性。只有将‘立法定量’与‘司法定量’协调统一起来，犯罪定量才会得以实现。”② 该观点试图结合立法定量与司法定量的优点，克服两者之不足。该定量模式面临的问题在于：首先，立法定量与司法定量究竟属于何种关系，不得而知；其次，立法定量如何体现以及司法定量如何落实，也是一个需要解决的问题，否则固然可以吸收两者的优点，但同时也可能承继两者的缺陷，最终并没有解决实质问题；最后，如何在定量上分配立法权与司法权，也是不得不面对的，否则将会导致立法权与司法权相互倾轧、模糊不清，不利于司法操作。

第二节　但书不属于立法定量

不难发现，反对在犯罪概念中定量的观点，并没有就定罪提出合理的替代模式。无论是司法定量还是建立轻罪处理机制，均没有真正解决立法定量遗留的问题。“在刑法学这种要求确定性的领域中，犯罪立法概念中归结的‘社会危害性’是一种没有客观边界的主观评价，在犯罪司法概念中归结的‘法定的行为’并没有回答这种‘行为’到底是什么，因此，采

---

① 王世洲：《中德划分罪与非罪方法的比较研究》，《南京大学法律评论》1999 年秋季号，第 96 页。

② 张勇：《犯罪定量刑法模式的比较与选择》，《河北法学》2006 年第 5 期，第 44 页。

用政治理论对犯罪是什么的说明是不够完整的。”① 那么，问题究竟出在哪里呢？笔者认为，这与人们对但书在个罪定罪中的价值、功能以及性质缺乏科学、合理的认识有很大关系。

一、但书在个罪定罪中的价值与功能

不管采取何种犯罪定量模式，首先应当肯定的是但书具有的立法价值。如果在司法实践中对刑法规定的任何行为都以犯罪论处的话，既不现实也无可能。这是因为：首先，司法实践中为刑法所规定且危害十分轻微的行为为数众多，一律以犯罪论处将会极大地增大司法成本，损害司法效率，使司法不堪重负。其次，对刑法所规定且危害十分轻微的行为一律以犯罪论处，必将混淆犯罪与民事违法、行政违法的界限。虽然从行为类型上看不至于导致这样的结果，但诸如正当防卫、紧急避险以及从事职业活动等过程中，则极有可能造成相互混淆的情况。如体育竞技中的伤害行为，即使为刑法所规定而成立犯罪，但其作为有一定危害的伤害行为却是客观的。如果对所有的伤害行为以犯罪论处，那么如何认定职业活动中的伤害行为就成为问题，可能导致这种行为与伤害罪相混淆。最后，刑法是最严重的制裁手段，如果只要是刑法规定的行为就以犯罪论处，就意味着即使盗窃一张白纸也构成盗窃罪，承担刑事责任，这显然有违刑法的谦抑性，也背离民众良善的道德情感。总之，“但书作为我国刑法犯罪概念的一个组成部分，首先是作为一种立法思想而存在的，此时，但书起到宪法位阶的作用，即要求刑事立法尽可能地具有明确性。这种立法思想就是要在法律调整的众多社会关系中，只能把具有严重社会危害性的行为规定为犯罪，在刑事立法已选择了相应的行为类型作为刑事立法的所调整内容的前提下，从刑法规范作为评价规范的意义上讲就是刑法要禁止哪些行为与惩罚哪些行为……”②

但书的司法意义在于，不管刑法采取立法定量还是司法定量，在司法实践中任何国家在处罚犯罪时都不可能完全受制于刑法规定的行为类型。这意味着，对刑法规定的行为加以全面的价值评价后，将不值得处罚的行为排除在犯罪之外，是各国通行的做法。所不同的是，对这样的行为有的国家直接在刑法中予以明确规定，有的国家则在司法活动中解决。因此，

① 王世洲：《现代刑法学》（总论），北京大学出版社 2011 年版，第 74 页。

② 郎士超：《我国刑法第十三条但书的立法与司法价值研究》，《黑龙江省政法管理干部学院学报》2013 年第 1 期，第 67 页。

即使在大陆法系国家刑法理论中，也不得不承认刑法上的行为存在类型差异，即有时可能被认定为犯罪，有时可能被排除在犯罪之外。当然，对这两种不同的行为类型，人们的理解可能不一样。如日本学者大塚仁将犯罪行为理解为具有值得处罚程度的违法性，即可罚的违法性，将排除犯罪性的行为谓之具有不可罚的违法性。“在刑法中议论的违法性，即符合构成要件的行为具备违法性或者违法性被阻却所言场合的违法性，是指某犯罪应该被科以刑罚（strafbar）的违法性，即值得处罚程度的违法性，是只处理那些从全体法秩序的观点承认违法性的情形中在量上具有一定程度以上的严重性、在质上予以刑罚制裁是适当的情形。因此，在刑法上认为有违法性的行为，即使在民法等其他的法律部门中也是违法的，但是，相反，在民法等其他的法律部门中认为是违法的行为并非在刑法中也当然是违法的。可以称这种意义中的刑法上的违法性为可罚的违法性。”① 我国台湾地区学者林山田则直接以民事不法、行政不法和刑事不法为区分。在他看来，“犯罪系一种不法行为，故具有不法的本质。不法系指对于法律或法益的破坏，但并非所有的不法行为均属犯罪，而是只有其中具有较高不法内涵，而达刑事不法的程度者，始属犯罪。不法可分为民事不法、行政不法与刑事不法……”② 这样的理解，与我们通常将行为区分为违法行为与犯罪，在本质上是一致的。

对于我国刑法在犯罪概念中规定但书条款，有学者将之归纳为法文化传统使然。“传统的法文化与现实的冲突决定了在我国刑法典中，定量的犯罪概念应该有一席之地，但其范围应该受到严格地限制。”③ 还有学者进一步指出，“与西方刑法相比，我国现行刑法的这种犯罪圈界立法模式所圈定的犯罪要少得多，是一种小犯罪圈。从反社会行为都应进行相应的处治这一意义上讲，东西方社会治安制裁体制也可以说没有实质性差异，但是二者在总体战略设计和实际效果方面却颇不相同。造成这种差异性反应方式的底蕴就是法文化传统”④。笔者赞同这种观点。无论是在立法中还是在司法中将轻微危害行为排除在犯罪之外，均属于不处罚不值得处罚的行为的体现，因而本质上并无不同。受法文化传统的影响，各国在如何

① 〔日〕大塚仁：《刑法概说》（总论），冯军译，中国人民大学出版社 2002 年版，第 313-314 页。

② 林山田：《刑法通论》（上册），北京大学出版社 2012 年版，第 103-104 页。

③ 储槐植、汪永乐：《再论我国刑法中犯罪概念的定量因素》，《法学研究》2000 年第 2 期，第 42 页。

④ 许发民：《刑法的社会文化分析》，武汉大学出版社 2004 年版，第 181 页。

排除轻微危害行为的犯罪性上存在方式、方法上的差异，是完全可以理解的。

二、但书在性质上不属于立法定量

如上所述，在刑法总则中以概括性条款规定犯罪需要具备一定情节和危害，往往被认为是定量模式。但书规定由此也被认为是立法定量，这几乎成为学界通说。“我国刑法中犯罪概念的定量因素具体体现在刑法总则规定的犯罪的一般概念和刑法分则规定的诸多具体犯罪的概念之中。例如，刑法总则第13条在概括规定犯罪的一般概念之后，接下去的‘但书’规定：‘情节显著轻微危害不大的，不认为是犯罪。’‘但书’的这一规定是对刑法分则诸多具体犯罪构成数量要件（直接规定的和实际内含的）的概括。”① 在认定但书属于立法定量的前提下，许多学者正是基于立法定量的缺陷与不足，来否定但书的立法价值和司法意义的。因此，在澄清问题之前，有必要先弄清但书在定罪中的性质，即其究竟是否属于立法定量？在笔者看来，但书规定不应属于立法定量模式，主要理由如下。

（一）但书揭示犯罪是量与质的辩证统一，不宜理解为给犯罪定量

如前所述，根据但书规定，刑法规定的行为只有具备一定的社会危害性才能构成犯罪，而犯罪在本质上是事实判断与价值判断的辩证统一。如果从事物的规定性来审视犯罪，犯罪又是质与量的辩证统一。

量，本为“计量多少的器具”，“与‘质’一起构成事物的规定性”②。“质是一事物区别于他事物的一种内部规定性，由事物内部的特殊矛盾规定。”③ 可见，事物是质与量的辩证统一，而事物的质与量又是性质不同的事物的规定性。犯罪作为一种社会现象同样如此，是质与量的辩证统一。其中，犯罪的量体现的是犯罪事实的发展规模与程度，是一种客观存在的价值事实。而犯罪的质则是犯罪区别于其他违法行为或者说此罪区别于彼罪的内部特征，体现人的价值认识与需要。例如，我们说到谋杀，必然会想到蓄意杀害他人的情形，会出现一系列蓄意杀人的事实，这些都是不以人的意志为转移的客观存在。但是，他人被谋杀对于不同的人来说可能评价有所不同：站在谋杀者的立场，他认为这是“必要的社会治疗”（如不杀不足以平民愤等）；站在被害人及其亲友角度，他们会认为这将给

① 储槐植、汪永乐：《再论我国刑法中犯罪概念的定量因素》，《法学研究》2000年第2期，第36页。

② 夏征农主编：《辞海》，上海辞书出版社1990年版，第1576页。

③ 参见上书，第305页。

谋杀者、被害人、他们的家庭造成不良影响；站在国家和社会的角度，则谋杀将会被认为是无视国家和社会秩序的表现，会给国家和社会造成不利影响；等等。因此，站在不同的角度进行价值判断，会体现不同的价值认识与需要，得出不同的评价结果。这样看来，犯罪的量作为客观存在时可以用经验的方法加以观察和验证，而犯罪的质则是经过独特的价值判断得出的评价结果，其背后是不同的评价标准使然。“这些正是评价中的事实，是价值事实。它被叫作谋杀、犯罪，或者叫作正当行为，都只是反映了评价标准的不同，而事实仍是事实。在这里，价值事实仍然是可以用经验的方法加以观察和验证的。”①

如果将但书理解为立法定量，则等于将犯罪的质与量、价值判断与事实判断相混淆，这显然会限缩但书的功能和意义，不利于正确理解与科学评价犯罪。因此，不应将但书简单地理解为给犯罪确定具体量度，即立法定量。其实，我国《刑法》第 13 条但书规定是任何国家在认定犯罪时都必须面对的，只不过我国刑法予以明文规定而已。有的国家即使在刑法中无但书规定，也不意味着立法不定量，至少立法并没有绝对排除为犯罪定量。否则，司法机关又据何为犯罪定量呢？所以，必须将没有但书规定与是否排除但书规定两个概念区分开来。

（二）但书并没有给具体犯罪的成立确定具体量度，因而不属于立法定量

何谓为犯罪确定量度，目前学者在理解上较为混乱。例如，有学者认为，“我国刑法中犯罪概念的所谓定量因素，在总则中表现为新刑法第 13 条但书的规定，在分则中表现为作为各具体犯罪构成必要要件的一定的实际损害量，或一定的情节轻重程度”②。这可以说是我国学者对犯罪定量的通行看法。在笔者看来，这样的理解是存在问题的。论者一方面将但书规定的“情节显著轻微危害不大”认定为犯罪定量，另一方面又将刑法分则对具体犯罪的定罪标准理解为犯罪定量。问题在于，这两种情形在性质上并非完全一致：其一，但书规定是针对所有犯罪而言的；而刑法分则规定的入罪标准是针对具体犯罪而言的。其二，但书规定是一种宏观、抽象的限制，不涉及具体的量化、数据化标准，即任何行为如果情节显著轻微危害不大，不能认为是犯罪；而刑法分则为具体犯罪确定的入罪标准，往

① 李德顺：《价值论》，中国人民大学出版社 2007 年版，第 238 页。

② 李居全：《也论我国刑法中犯罪概念的定量因素——与储槐植教授和汪永乐博士商榷》，《法律科学》2001 年第 1 期，第 91 页。

往具有鲜明的数据化、量化特征。那么为所有犯罪确定成立的尺度和为具体犯罪确定成立的量度，是否都属于犯罪定量呢?

为了论述方便，笔者暂且将为所有犯罪确定成立的尺度称为广义的定量，将为具体犯罪确定成立的量度称为狭义的定量。在笔者看来，犯罪定量只能是指狭义的定量，即为具体犯罪确定量度，不可能是为所有犯罪确定具体量度。如前所述，量与质都是事物发展的规定性，这种规定性是针对具体事物而言的。“一切事物都是质和量的辩证统一，事物的质以一定的量为自己存在的条件，事物的量又受它的质制约。”① 离开具体事物，质与量就不具有任何意义，因为不同的事物具有不同的质与量，无法辩证统一，也难以互为存在的条件。离开具体事物，所谓的量变与质变也将不复存在，因为其毫无方向和目标可言。因此，定量只有针对具体犯罪才具有实质意义，所谓犯罪定量也应指为具体犯罪确定一定的量度。如西班牙刑法为盗窃罪、诈骗罪等许多犯罪确定具体的量化标准，就属于典型的立法定量。如果刑法没有为犯罪成立确定量化甚至数据化的标准和尺度，就不应当理解为立法定量。例如，《西班牙刑法典》第237条规定：“为获取利益意图使某动产从原所在位置转移，对他人实施强力，使用暴力或者胁迫的，构成抢劫罪。”② 显然，这里对抢劫罪并没有设置量度。当然，没有为犯罪成立设置量化标准，并不等于不需要遵循但书规定，如果是情节显著轻微危害不大的抢劫行为，同样不应认定为犯罪。总之，犯罪定量应当是为具体犯罪的认定确立的明确的、具体的量化标准和尺度，而不应指概括的、抽象的规定。

（三）如果认为但书属于立法定量，会导致总则与分则规定不协调

有学者认为，《刑法》第13条但书规定是我国刑法典总则部分在犯罪定义中对犯罪之量的规定。分则中共有239个罪名的罪状描述对罪的成立有明确的量的要求。作为刑法典罪之成立的量的要求的用词有：情节严重、情节恶劣、严重后果、重大伤亡、重大损失、较大损失、严重危害、数额较大、数额巨大、多次、严重破坏。③ 在这里，论者一方面肯定但书是定量的，另一方面又认为在分则只有239个罪名定量，即其他罪名没有定量。可见论者将具体犯罪的定量理解为有情节恶劣、重大伤亡、重大损失、严重危害、数额较大等具体限定的情形，这显然是对刑法规定的误

---

① 夏征农主编：《辞海》，上海辞书出版社1990年版，第305页。

② 《西班牙刑法典》，潘灯译，中国政法大学出版社2004年版，第90页。

③ 孟凡君：《中国犯罪定量规定模式的反思与重构》，吉林大学博士学位论文2010年6月，第43页。

解，人为造成总则与分则不协调。因为总则是指导分则的，分则的规定必须遵循总则的规定，既然在总则中有但书规定，那么所有分则罪名都应当受其制约。因此，即使分则具体罪名没有情节恶劣、重大伤亡、重大损失、严重危害、数额较大等限定，也要受但书的价值判断约束。即使具体罪名有情节恶劣、重大伤亡、重大损失、严重危害、数额较大等约束，也不等于充分揭示了但书的价值判断。如前所述，将犯罪成立标准建立在单一的量化标准（如重大伤亡、重大损失、严重危害、数额较大）上，将会使入罪绝对化、机械化，同样不能体现但书的价值判断，有所不妥。

三、立法定量的规范形式

如前所述，既然立法定量是指对具体犯罪的定罪给予定量，那么只有刑法分则对具体犯罪规定的定量标准，才称得上立法定量。在这方面，西班牙刑法的相关规定堪称典型。例如，《西班牙刑法典》第 147 条规定："不论以何种方法、手段，伤害他人肢体完整、身体和精神健康，需医疗处理，构成伤害罪的，处 6 个月以上 3 年以下徒刑。"① 这里要求伤害达到需要医疗处理的程度，就属于定量要求。该法第 234 条规定："为获取利益，未经主人同意取得他人价值超过 50 000 比塞塔财物，构成盗窃罪的，处 6 个月以上 18 个月以下徒刑。"② 这里对盗窃罪的入罪量度就作了明确限制，即财物价值超过 50 000 比塞塔。西班牙刑法分则对许多具体犯罪均给予定量，这表明其所确立的犯罪模式属于立法定量模式。另外，即使刑法总则和分则不对所有犯罪以及具体犯罪的成立规定定量要素，也不排除个别情形下刑法明文规定对具体犯罪加以立法定量。例如，《德国刑法典》第 326 条之六规定："由于垃圾数量小，显然排除对环境，尤其是对人、水域、空气、土地、可食动物或植物的有害影响的，行为不处罚。"③

不难看出，西班牙、德国等国刑法对犯罪定量因素的规定皆有其独特之处。西班牙刑法并没有在总则的犯罪概念中对犯罪成立加以特别限制，这一点与我国刑法规定不同，却与德国刑法规定一致。但是，西班牙刑法在分则中对许多犯罪规定定量化标准，这与我国刑法规定类似，却与德国刑法规定不同。另外，德国刑法虽然通常不对具体犯罪定量，但并不排除个别情形下对特殊犯罪给予定量，这可谓德国刑法的一大特色。总之，不

① 《西班牙刑法典》，潘灯译，中国政法大学出版社 2004 年版，第 58 页。

② 参见上书，第 89 页。

③ 《德国刑法典》，徐久生、庄敬华译，中国法制出版社 2000 年版，第 221 页。

同国家对定罪标准的量化并不相同，并非千篇一律。

第三节　但书视野下的定罪双轨制

一、我国刑法分则中个罪定罪的缺陷与不足

如前所述，但书揭示了犯罪是事实判断与价值判断、质与量的辩证统一，进而为司法定罪提供了法律依据，这样的规定应当说无可厚非，是完全科学、合理的。遗憾的是，我国刑法分则在确定个罪的定罪标准时，过于侧重犯罪的事实判断与定量。这种倚重定量化的定罪模式，将不可避免地造成个罪的定罪标准呈现出形式化、量化的倾向，因为事物的量往往是可以用数量来表示的规定性。“量是事物的规模和发展的程度，是一种可以用数量来表示的规定性。”①

在刑法分则中，许多犯罪以数额较大、后果严重、情节严重等作为定罪标准，这就是个罪定量化的典型表现。为了便于定罪的一致与均衡，司法机关通常会将数额较大、后果严重等量化规定进一步具体化。当然，即使没有具体限定，司法解释也通常会根据《刑法》第13条但书规定设置一定的定罪标准。这种具体的定量化通常可以分为两种情形：一是数据化，即通过设定形式化、数据化的客观标准来定罪，这一般针对刑法没有规定具体的定罪标准的犯罪或者以数额较大等作为定罪标准的犯罪。如最高人民检察院、公安部《关于公安机关管辖的刑事案件立案追诉标准的规定（二）》[以下简称《追诉标准（二）》]第2条规定：“走私伪造的货币，总面额在二千元以上或者币量在二百张（枚）以上的，应予立案追诉。”二是例示化，即通过列举具体的入罪标准来定罪，这往往针对刑法以后果严重或者情节严重等作为定罪标准的犯罪。例如，最高人民检察院、公安部《追诉标准（一）》第26条规定，侵犯著作权“涉嫌下列情形之一的，应予立案追诉：（一）违法所得数额三万元以上的；（二）非法经营数额五万元以上的；（三）未经著作权人许可，复制发行其文字作品、音乐、电影、电视、录像作品、计算机软件及其他作品，复制品数量合计五百张（份）以上的；（四）未经录音录像制作者许可，复制发行其制作的录音录像制品，复制品数量合计五百张（份）以上的；（五）其他情节严重的情

① 胡裕树主编：《新编古今汉语大词典》，上海辞书出版社1995年版，第305页。

形”。这两种定量化的相同之处在于：单一的量化标准可以作为独立的定罪依据。不同之处在于：数据化定量标准较为单一；例示化定量标准较多，有时还会以“其他”概括没有列举的定罪标准。

犯罪定量固然可以使犯罪认定客观化，便于司法操作，但如前所述，其会造成诸多问题，不利于科学、正确地认定犯罪。此外，过于侧重定量化还会在一定程度上造成司法解释的频繁出台，导致司法不堪重负，对“法不责众”观念也会起到强化作用，等等。① 当然，这些问题的滋生，归根结底是由于个罪评价的定量化没有恰当理解但书的价值和功能。换句话说，侧重定量化会削弱甚至漠视犯罪的价值判断与行为由违法到犯罪的质变。因为但书揭示的是事实判断与价值判断、质与量的辩证统一，那么将之理解为给犯罪定量显然是片面的。犯罪的价值评价或者说犯罪的质，是蕴含于任何国家的刑法中的，与刑法有没有规定不存在必然联系。即使刑法没有明文规定，犯罪也不能没有价值评价或者质的要求。当然，犯罪的质的规定性离不开犯罪的量的规定性，如同犯罪的价值判断离不开犯罪的事实判断一样，因而对犯罪加以评价应当通过一定的量来实现。但是确定具体量度只是认定、评价犯罪的方式之一，它虽然在一定程度上可以区分罪与非罪，却并不能因此等同于犯罪认定。同时，犯罪的价值评价或者说由违法行为到犯罪的质变，从性质上讲很难通过定量化来确定。一方面，“价值问题关涉人类群体生活的基本伦理和道德底线”②，而伦理与道德等是难以具体量化的。另一方面，据以定罪的事实本来就具有多元化、复杂化特征，并非由若干事实组成，而是体现为“事实的网络”。“从事实推导出价值中的事实不是一件事实，它是一个‘事实的网络’。人们必须对有关的事实都有所了解，并根据科学掌握客观事物的发展规律，以及可能产生的效果。”③ 只有对“事实的网络”加以整体评价，才能准确认定犯罪。任何试图通过形式化、数据化的若干事实来评价犯罪的做法，注定是不全面的。

二、但书视野下的定罪双轨制之提倡

（一）定罪应坚持立法定量与司法自由裁量并行

定罪过于倚重定量化固然有所不妥，但并不能因此而全盘否定立法定

① 薛进展、杨亚民：《论犯罪概念中的“但书”规定》，《法学》2005年第12期。

② 冯亚东：《犯罪概念与犯罪客体之功能辨析——以司法客观过程为视角的分析》，《中外法学》2008年第4期，第584页。

③ 袁贵仁：《价值学引论》，北京师范大学出版社1991年版，第37页。

量在定罪中的意义。尽管定罪不能只考虑形式化、量化因素，而是需要考虑犯罪事实以及伦理道德、文化习俗等诸多因素，但不可否认的是形式化、量化因素在定罪中起着重要作用。这是因为，定罪标准量化具有自身的优点和长处：首先，定罪标准量化能使国民对自己的行为具有可预测性，有利于发挥刑法的安定性。其次，定罪标准量化能够使司法机关更为客观、中立地认定犯罪，既有利于司法操作也有利于定罪的协调一致。最后，定罪标准量化确有其现实需要。具体表现在两个方面：一是在某些犯罪中，量化、数据化的定罪标准往往可以反映犯罪的价值判断，体现行为的量变与质变。例如，在某些财产犯罪和经济犯罪中，犯罪数额在一定程度上能反映犯罪的价值判断、行为的量变与质变。虚假破产隐匿财产1 000万元和盗窃10万元，根据人们的认识和需要就应当以犯罪论处，换句话说，如果虚假破产隐匿财产与盗窃是违法行为的话，那么虚假破产隐匿财产1 000万元和盗窃10万元足以使之由违法行为上升为犯罪。二是量化、数据化的定罪标准往往是一定时期内司法经验的总结。例如，《追诉标准（二）》第18条规定的"无偿向其他单位或者个人提供资金、商品、服务或者其他资产，致使上市公司直接经济损失数额在一百五十万元以上的"等7种背信损害上市公司利益的情形，就是司法实践的经验总结，以之作为定罪标准有其科学、合理之处。

但是，定罪标准一旦量化、格式化，就会导致定罪呈现出机械化、形式化特征，难以适应司法实践的需要。在司法实践中，定罪是一项十分复杂的司法活动。这是因为：首先，不同的犯罪定罪因素不同，同一种犯罪定罪因素也存在差异，要想将所有影响定罪的因素列举出来，予以量化，既不可能也不现实；其次，如前所述，有些影响定罪的因素如道德风尚、伦理习俗等，是很难通过列举的方式给予量化的；最后，影响定罪的因素有时会随着社会经济的发展而变迁，而刑法又需要延续性与稳定性，不可能朝令夕改，因而难以将这些变化了的定罪因素予以量化。要想使定罪呈现能动性与灵活性，以适应司法实践的需要，最好的办法就是在定罪上赋予司法人员自由裁量权。"无论是在我国刑法中还是在外国刑法中，都有一个对司法者开放的出罪通道，尽管'殊途'，却可'同归'：借此制度机制，司法机关可以克服因刑法的僵硬性可能造成的不合理，从而使刑事处罚更加符合实质正义。"① 坚持定罪的司法自由裁量与坚持定罪的立法定量，其实并不存在矛盾。坚持立法定量是充分肯定立法解决定罪的意义，

① 周少华：《刑法之适应性：刑事法治的实践逻辑》，法律出版社2012年版，第236页。

而坚持司法自由裁量则是充分肯定司法解决定罪的价值，两者应当说各有其优点。“司法解决的优点是显而易见的：在立法上可以保持明确式的规定方式，避免含义不明确或内容不确定的概括式规定，但又可以达到立法意图的要求，解决轻微行为之处理问题。而立法解决的优点在于明确将轻微行为排除在犯罪之外，且由于整体法秩序的衔接，也不会导致对轻微行为的失控，还可以保证刑法的权威性和严厉性。”① 可见，定罪只有坚持立法定量与司法自由裁量并行，才能充分吸收各自的优点，克服各自的缺陷与不足，最大限度地实现犯罪控制与效率的均衡。

外国特别是英美法系国家，特别注重定罪量刑的程序制约，由此犯罪模式也相应地划分为犯罪控制模式与正当程序模式。“‘犯罪控制模式’基本上是一种肯定性模式，处处强调政府权力的存在和行使，其决定性权力是立法权（虽然近似于行政权）。‘正当程序模式’基本上是否定性模式，坚持限制政府权力的本质及其行使方式，它的决定性权力是司法权并且需要诉诸上位阶的法律，甚至宪法。”② 立法定量通过设置量化定罪标准来严格地控制犯罪，确保定罪的客观性与效果，这符合犯罪控制模式的特征。因为犯罪控制模式“认为处罚无辜者抵得上社会为防止市民免受掠夺性犯罪所付出的代价。只要这些错误并不阻碍惩治犯罪，市民就可以忍受。犯罪控制模式强调有效地处理案件，所以它又被称为装配线司法，每个案件就像是一条装配线上的产品”③。当然，由于侧重定罪的格式化与机械化，刑法在控制犯罪时容易出错或者变得不可靠，是在所难免的。“‘犯罪控制模式’则在不妨碍抑制犯罪目标的前提下接受犯错误的可能性，其原因或者是出于太多罪犯逃脱审判，或者是更微妙的，由于普遍意识到这种程序的不可靠性，从而导致刑法威慑效力的下降。”④ 由此，制裁犯罪不力往往被认为是立法定量的最大威胁。“按照犯罪控制模式，如果法院被认为纵容罪犯或不能有效地镇压犯罪，则构成对刑事法院最大的威胁。”⑤

---

① 李洁：《罪刑法定之明确性要求的立法实现——围绕行为程度之立法规定方式问题》，《法学评论》2002年第6期，第32页。

② 〔美〕菲尼、岳礼玲选编：《美国刑事诉讼法经典文选与判例》，中国法制出版社2006年版，第43页。

③ 〔美〕斯黛丽、弗兰克：《美国刑事法院诉讼程序》，陈卫东、徐美君译，中国人民大学出版社2002年版，第22-23页。

④ 〔美〕菲尼、岳礼玲选编：《美国刑事诉讼法经典文选与判例》，中国法制出版社2006年版，第38页。

⑤ 〔美〕斯黛丽、弗兰克：《美国刑事法院诉讼程序》，陈卫东、徐美君译，中国人民大学出版社2002年版，第23页。

司法自由裁量通过司法人员在诉讼活动中具体情况具体分析，来增强定罪的能动性与灵活性，因而更符合正当程序模式的特征。在定罪上实行司法自由裁量，虽然不像立法定量那样易于控制犯罪，却也有立法定量不具有的优点：一方面，在诉讼中决定行为的罪与非罪，可以节省司法成本。“刑事案件非刑事化是控制法院刑事案件工作量和减少费用的一种方法。尽管非刑事案件经常在与审理刑事案件相同的法院判决，但非刑事案件的诉讼不要求法律对刑事被告人规定适用那么严格的程序。被指控犯非刑事罪行的被告人在法院拥有极少的权利。所以，州能免花为遵守这些权利所需的费用。”① 另一方面，在诉讼中决定行为的罪与非罪，还可以防止错误，提高司法效率。“‘正当程序模式’坚持应当尽可能地防止和减少错误；……诉讼程序，因为有效率而可靠；只有当可靠性变得非常微弱以至于损害到效率时，才具有独立考虑的价值。”② 当然，通过诉讼决定罪与非罪的界限，容易造成事无巨细均经由司法途径解决，有时会因案件积累而造成司法压力，所以需要通过将最轻微的案件非犯罪化来减轻司法负担。“刑事法院不断增多的案件工作量对通过将最轻微的案件以非刑事处理来减轻负担的司法系统产生了持久的压力。”③

不难看出，定罪需要立法定量与司法自由裁量并行，这是控制与效率的博弈的体现。刑法所规定的犯罪和刑罚只能用来对付较为严重的、用其他方式已经不足以制裁和遏制的反社会行为，只有这样才能实现效率和公正的兼容。和司法程序相比，行政权本身的特点决定了行政处罚有利于实现效率价值而忽略公正价值。这种平衡和协调机制的建立，既需要在刑事诉讼活动中对侦查活动、行刑活动的限制，也依赖于刑事制裁和行政制裁之间的职能分工，即刑事制裁只适用于严重危害社会的行为，通过设立犯罪的定量因素来实现刑事制裁和行政制裁的分工。④

（二）定罪双轨制下我国刑法分则规定存在的问题及其完善

肯定但书规定的学者，对于刑法分则应当如何对个罪确定定罪标准进行了较为深入地探讨。如有学者认为，“就完善立法设计的定量标准而言，一方面，刑事立法应当科学地、准确地评估犯罪行为的性质及其严重程

① 〔美〕斯黛丽、弗兰克：《美国刑事法院诉讼程序》，陈卫东、徐美君译，中国人民大学出版社2002年版，第17页。

② 〔美〕菲尼、岳礼玲选编：《美国刑事诉讼法经典文选与判例》，中国法制出版社2006年版，第38页。

③ 〔美〕斯黛丽、弗兰克：《美国刑事法院诉讼程序》，陈卫东、徐美君译，中国人民大学出版社2002年版，第17页。

④ 王政勋：《论社会危害性的地位》，《法律科学》2003年第2期，第153-154页。

度，以决定是否在刑法文本中具体设置定量标准。原则上仍然可以延续现行刑法典的模式，对该当犯罪构成的行为本身即具有严重危害性质的，刑事立法原则上不应重复设置定量标准；而对该当构成要件的行为本身性质并不严重，需要通过设定定量标准限制犯罪化范围的，刑事立法则应当继续设定定量标准"①。有学者则提出，对刑法分则第三章破坏社会主义市场经济秩序罪中的多数犯罪可以采用"立法定性又定量"的模式，除该章中某些经济犯罪以外的其他罪，包括盗窃罪、诈骗罪和抢夺罪等传统的财产犯罪在内，均应采用"立法定性、司法定量"的模式。②

笔者认为，上述观点虽然有其合理性，但也有值得商榷之处。例如，以该当犯罪构成的行为本身是否具有严重危害性质，来决定是否需要在刑法立法中具体设定定量标准，就存在问题。因为我国刑法规定的行为虽然在性质上有轻重之别，但是否构成犯罪并不能仅仅由行为性质决定。有些行为如抢劫等，虽然在危害社会性质上较盗窃、侵占等要严重，但并非因此就一律以犯罪论处。因为刑法分则规定的行为类型无论其性质是否严重，均要受但书规定的制约，均存在情节显著轻微危害不大的情形。既然行为本身是否具有严重危害性质不能决定行为是否构成犯罪，那么其不能决定犯罪的定量化自然在情理之中。至于认为破坏社会主义市场经济秩序罪中的多数犯罪可以采用"立法定性又定量"模式，而盗窃罪、诈骗罪等传统财产犯罪应采用"立法定性、司法定量"模式，则多少有些让人费解。一方面，受犯罪性质决定，无论是经济犯罪还是财产犯罪，数额（经济犯罪数额或者财产犯罪数额）始终是评价经济犯罪或财产犯罪的社会危害的重要指标，因而定量化本身对定罪而言应当区别不大。另一方面，经济犯罪采取立法定量，同样会面对定罪标准数据化、格式化的弊端，不利于犯罪认定的能动性与灵活性。而盗窃罪、诈骗罪等财产犯罪定量完全由司法裁决，也似乎不太妥当。且不说这与但书规定不符，如前所述，过于倚重司法自由裁量权显然有走向另一极端之嫌，并不合理。

笔者认为，就刑法分则规定的个罪而言，要想立法定量与司法自由裁量并行，需要做到以下两点：一是对于犯罪数额或者犯罪典型情形在定罪中通常占据主导地位的犯罪，应当设置定量化标准，作为一般情形下的定罪标准。二是在特殊情形下，必须考虑案件的特殊情况，不能将定量标准作为认定犯罪的唯一依据。其中的一般情形，是指犯罪存在定量标准而不

① 梁根林：《合理地组织对犯罪的反应》，北京大学出版社 2008 年版，第 139 页。

② 储槐植：《刑事一体化论要》，北京大学出版社 2007 年版，第 127－128 页。

存在影响定罪的其他主客观因素的情形。以醉酒驾驶为例，如果行为人仅存在醉酒驾驶情况，不存在影响定罪的其他主客观因素，那么就应当以醉酒致每 100ml 血液中含 80mg 酒精为定罪标准。其中的特殊情形，是指犯罪存在定量标准之外影响定罪的其他主客观因素的情形。例如，行为人醉酒致每 100ml 血液中含 80mg 酒精，但因急于将受伤病人送医院急救，铤而走险醉酒驾驶致使病人得救。此时，由于出现“急于将受伤病人送医院急救”的特殊情况，因而综合、整体考量不应对行为人以危险驾驶罪论处。需要注意的是，对于不具有以犯罪数额或者犯罪典型情形作为定罪标准的犯罪，在定罪时不易实行立法定量与司法自由裁量并行。以背叛国家罪为例，由于该类犯罪在司法实践中鲜有发生，因而难以确定作为定罪标准的典型情形，也就难以确定犯罪的定量化标准。此时，除需要根据但书规定排除出罪情形外，还需要根据司法实践进行总结，在条件成熟时将那些典型的入罪情形予以量化，才能在定罪上实行立法定量与司法自由裁量并行。

近年来，定罪立法定量与司法自由裁量并行，逐渐得到了司法解释的认可。例如，根据最高人民法院、最高人民检察院《诈骗刑事案件的解释》第 1 条规定，对于诈骗罪的定罪，通常以诈骗公私财物价值 3 000 元至 10 000 元以上为定罪标准，这显然是立法定量使然。适用该条规定，显然是指不存在影响诈骗罪定罪的其他主客观因素的情形。但是，《诈骗刑事案件的解释》并非以这一量化标准作为唯一标准，如果存在影响诈骗罪定罪的其他主客观因素，则可以通过司法自由裁量决定是否构成犯罪。例如，该解释第 3 条规定：“诈骗公私财物虽已达到本解释第一条规定的‘数额较大’的标准，但具有下列情形之一，且行为人认罪、悔罪的，可以根据刑法第三十七条、刑事诉讼法第一百四十二条的规定不起诉或者免予刑事处罚：（一）具有法定从宽处罚情节的；（二）一审宣判前全部退赃、退赔的；（三）没有参与分赃或者获赃较少且不是主犯的；（四）被害人谅解的；（五）其他情节轻微、危害不大的。”

定罪立法定量与司法自由裁量并行的双轨制模式，既需要为该当定量的犯罪在一般情形下确立定量标准，又需要为特殊情形留下司法自由裁量的空间，这就需要刑法条文给司法自由裁量预留一定的空间，在规范的模糊性与明确性之间寻求平衡。在定罪标准的设定上，要避免两个极端：既要避免绝对客观化或者穷尽式列举，又要避免纯粹抽象化与模糊化。“刑法条文只能在不走向如下两个极端当中求得平衡：一是详细的罗列式规范，二是纯粹一般性的规范或包含模糊因素的规范，因为，前者会割裂概念的完整性，妨害法律规范引导社会——文化价值取向功能的发挥，并且易生法律漏洞，破坏法律的确定性；后者致使法律规范没有具体或确定的内容，刑法蕴含的行为规范和裁判规范的功能都会受到侵损。”① 从这一点来看，实行立法定量与司法自由裁量并行的定罪双轨制模式是符合现代崇尚的相对罪刑法定主义要求的。如果定罪规范过于明确、绝对，致使定罪标准呈现出绝对的确定化、格式化倾向，就会脱离司法实践的需要成为一纸空文，1791 年《法国刑法典》就是例证。该法典不允许法官解释刑法并自由裁量决定刑罚。最终，该法典因未能正式施行而胎死腹中，这表明绝对罪刑法定主义在司法实践中是行不通的。毕竟，法官机械适用刑法规范完全可能导致从形式到内容的背离正义诉求。“近 10 年来，以罪刑法定名义形成的机械执法弊端有目共睹。可以说，对形式意义的罪刑法定盲目崇拜（不排除有时是恶意利用），是当今刑事司法乱象的最大病灶。”② 相反，如果刑法规范过于抽象、模糊，就很可能纵容司法自由裁量权，使刑法成为专制的工具。例如，1935 年，纳粹德国修改刑法时取消了罪刑法定原则，规定：“任何人，如其行为依法律应处罚者，或依刑事法律的基本原则和人民的健全正义感应处罚者，应判处刑罚。”③ 这实质上是把刑法变成专制工具的做法，对刑法进行价值操纵提供了极大的便利，成为法西斯政权推行暴政的工具。“在国家社会主义时期产生的大多数刑法变化，首先是为有计划的瓦解法治国服务的，同时也把法律保障变成为专制的独裁政权服务。这些变化不属于受到继续起作用的改革动机推动的刑法改革蓝图。一个典型的例子是，1935 年 6 月 28 日的法律取消了法治国的基本原理……对刑法进行意识形态操纵的做法为此大开了方便之门。”④ 而贯彻相对罪刑法定主义的成功范例是 1810 年的《法国刑法典》。该刑法典允许法官根据犯罪事实和相关情节适当进行自由裁量，赢得了崇高声誉，为许多国家所效仿。因此，实行立法定量与司法自由裁量并行的定罪双轨制模式，是符合现代刑事法治国要求的。

从定罪双轨制的角度审视我国刑法分则规定的定罪模式，就会发现存在不少问题，具体包括以下问题。

---

① 刘树德：《宪政维度的刑法新思考》，北京大学出版社 2005 年版，第 116 页。

② 孙国祥：《社会危害性与刑事违法性的冲突及其解决》，陈泽宪等：《刑法理论与实务热点聚焦》（上卷），中国人民公安大学出版社 2010 年版，第 123－124 页。

③ 《外国法制史资料选编》（下册），北京大学出版社 1982 年版，第 730 页。

④ 罗克辛：《刑事政策与刑法体系》，蔡桂生译，中国人民大学出版社 2011 年版，第 63 页。

首先，立法定量与司法自由裁量并行的定罪双轨制存在于盗窃罪、诈骗罪、敲诈勒索罪、抢夺罪等少数犯罪中，多数犯罪依旧采取立法定量的定罪模式。即使立法没有定量，司法解释也予以定量化，这显然是不妥的。一旦出现影响定罪的特殊因素，定罪的合理性与科学性就值得怀疑。这也是理论界与实务界在醉酒驾驶、扒窃等出现影响定罪的特殊主客观因素后，往往产生巨大争议的根本原因所在。

其次，尽管盗窃罪、诈骗罪、敲诈勒索罪、抢夺罪等少数犯罪实行了定罪双轨制模式，但这毕竟是司法解释确定的，而不是刑法规定的。从某种程度上讲，司法解释明显有越权之嫌。例如，根据《诈骗刑事案件的解释》第 4 条规定，诈骗近亲属的财物，近亲属谅解的，一般可不按犯罪处理。这意味着诈骗近亲属财物即使达到刑法规定的数额较大标准，一般也不按犯罪处理，这显然是背离刑法规定的。

最后，虽然司法解释的相关规定考虑了一般定罪标准以外的特殊因素，但仍然存在量化现象，不利于司法自由裁量权的发挥，影响定罪的能动性与灵活性。例如，根据最高人民法院、最高人民检察院《关于办理抢夺刑事案件适用法律若干问题的解释》第 2 条规定，抢夺公私财物具有“曾因抢劫、抢夺或者聚众哄抢受过刑事处罚的”等 10 种情形之一的，“数额较大”的标准按照前条规定标准的 50％确定。该条存在的问题是：其一，为什么“‘数额较大’的标准按照前条规定标准的百分之五十确定”？其理由和依据是什么，人们不得而知，显然这样的定量标准是存在疑问的。其二，50％属于绝对的量化标准，适用于所有抢夺犯罪显然不公平。例如，如果行为人符合该条规定的第 3 项，即“一年内抢夺三次以上的”规定，定罪的数量标准根据“数额较大”标准的 50％来确定也许值得理解。但是，如果行为人同时具备该条规定的第 3、4、5、6 项，即同时具备“一年内抢夺三次以上的”“驾驶机动车、非机动车抢夺的”“组织、控制未成年人抢夺的”“抢夺老年人、未成年人、孕妇、携带婴幼儿的人、残疾人、丧失劳动能力人的财物的”，定罪的数量标准仍然需要根据“数额较大”标准的 50％来确定，这显然是不合理的。

上述问题的存在，无疑会严重影响定罪的科学性与合理性，未来对之加以修改和完善显然是必要的。一方面，将双轨制定罪模式由盗窃罪、诈骗罪等少数犯罪扩展到其他犯罪是有必要的。考虑到修改刑法实属不易，具体可以先由国家立法机关授权司法解释行使变更定罪标准的权限，然后通过司法解释推广定罪双轨制，待条件成熟时修改刑法，力图在具体犯罪中尽可能地实行定罪双轨制。另一方面，如果不存在定罪的特殊情节，此时据以主导定罪的量化标准应当成为定罪的决定性因素；如果存在定罪的特殊情节，此时量化标准就成为定罪的依据之一而不是唯一，此时不宜设置绝对量化的定罪标准，如何定罪取决于司法自由裁量。

第四节　定罪双轨制的规范模式

一、定罪双轨制下个罪罪状之设计

如前所述，就我国刑法规定的犯罪而言，根据能否以犯罪数额或者犯罪典型情节为定罪的主要标准，具体可划分为三种不同类型的犯罪：一是不能以犯罪数额或者犯罪典型情节为定罪主要标准的犯罪；二是可以犯罪数额为定罪主要标准的犯罪；三是可以犯罪典型情节为定罪主要标准的犯罪。在定罪双轨制下，这三种犯罪的个罪罪状设计是不相同的。

（一）不能以犯罪数额或者犯罪典型情节为定罪主要标准的犯罪

这类犯罪一般不能以犯罪数额或者犯罪典型情节为定罪主要标准，其危害的法益通常较重，不能通过犯罪数额来衡量，或者由于在司法实践中鲜有发生，因而难言有作为定罪主要标准的典型犯罪情节。这类犯罪在我国刑法中所占比例不多，司法解释一般也不确定定罪标准，典型的如危害国家安全罪。

对于这类犯罪，保留现行刑法规定的罪状便可。在具体适用时需要注意的是，无论这类犯罪性质多么严重，还是可以受但书规定制约的。换句话说，危害国家安全罪也存在“情节显著轻微危害不大”而不以犯罪论处的情形。因此，在进入诉讼程序之前，要特别注意发挥但书的出罪功能，不能因为这类行为性质严重而一律认定为犯罪。除此之外，一些介乎罪与非罪之间的情形，则可以在诉讼程序中，由司法自由裁量决定是否构成犯罪。这类犯罪如果设定特定罪状，反而容易滋生问题。《刑法》第 110 条规定的间谍罪就是如此。该条规定了间谍罪的两种行为方式，即参加间谍组织或者接受间谍组织及其代理人的任务和为敌人指示轰击目标。这种限定性规定显然并不妥当。“由于间谍活动具有广泛性，法律不可能将各种间谍活动都具体规定。同时，间谍活动的实施往往会触犯其他犯罪，如煽动分裂国家罪，煽动颠覆国家政权罪，为境外窃取、刺探、收买、非法提供国家秘密、情报罪等。既然在刑法中有相应的规定对这些犯罪予以评价，也就没有必要在本罪中对间谍活动予以规定，以避免造成法条内容上的交叉重复。"① 另外，有学者还指出，将参加间谍组织或者接受间谍组织及其代理人的任务规定为间谍行为，而将执行间谍组织及其代理人的任务排除在外，并不符合本罪的立法逻辑。② 总之，间谍行为的范畴非常宽泛，且刑法规定的间谍罪的行为方式亦非司法实践中的典型情节，故如此量化规定不利于间谍罪的认定。

（二）可以犯罪数额为定罪主要标准的犯罪

这里的犯罪数额，是指与行为直接相关的涉案数额、犯罪后果等可以用数据量化的情形。可以量化数据作为定罪主要标准的犯罪，较多地存在于经济犯罪、财产犯罪、贪污贿赂犯罪、妨碍社会管理秩序犯罪以及过失犯罪等犯罪中，刑法在表述时通常以数额较大、后果严重、严重后果、重大损失等作为入罪标准，具有较为明显的量化特征。刑法对这类犯罪的定罪标准设置，绝大多数采取绝对量化标准，只有在少数犯罪中对定罪标准加以逐步发展、完善。下面以盗窃罪为例加以详细论述。

1979年《刑法》第151条规定："盗窃、诈骗、抢夺公私财物数额较大的，处五年以下有期徒刑、拘役或者管制。"在这里，数额较大是盗窃罪的唯一定罪标准，这种绝对性规定排除了据以定罪的其他任何情节，所造成的后果是越来越难以适应司法实践的要求。1997年《刑法》第264条对1979年《刑法》规定进行了修改，确定盗窃罪的定罪标准有二：一是盗窃公私财物数额较大；二是多次盗窃。其中，多次盗窃只强调盗窃行为的次数，与盗窃数额无关，这被认为是在数额较大这一客观要素之外，以"行为次数"这一主观要素作为定罪标准。定罪标准的拓展，宣告对盗窃罪设定绝对化定罪标准的时代业已过去，表明评价盗窃行为是否构成犯罪完全可以根据盗窃数额之外的其他情形。此后，《刑法修正案（八）》第39条又对盗窃罪的定罪标准做进一步拓展，将《刑法》第264条修改为："盗窃公私财物，数额较大的，或者多次盗窃、入户盗窃、携带凶器盗窃、扒窃的，……"这样，盗窃罪的定罪标准除了数额较大之外，还包括以下典型情节：多次盗窃、入户盗窃、携带凶器盗窃和扒窃。

尽管如此，由于影响盗窃罪认定的各种情节在司法实践中层出不穷，司法解释并没有仅仅立足于刑法规定，而是作了变通性修改，这样的修改尽管有违背罪刑法定原则之嫌，却也是面对司法实践的无奈选择。例如，最高人民法院、最高人民检察院《盗窃刑事案件解释》第2条规定："盗窃公私财物，具有下列情形之一的，'数额较大'的标准可以按照前条规

①② 赵秉志主编：《当代刑法学》，中国政法大学出版社2009年版，第435页。

定标准的百分之五十确定：（一）曾因盗窃受过刑事处罚的；（二）一年内曾因盗窃受过行政处罚的；（三）组织、控制未成年人盗窃的；（四）自然灾害、事故灾害、社会安全事件等突发事件期间，在事件发生地盗窃的；（五）盗窃残疾人、孤寡老人、丧失劳动能力人的财物的；（六）在医院盗窃病人或者其亲友财物的；（七）盗窃救灾、抢险、防汛、优抚、扶贫、移民、救济款物的；（八）因盗窃造成严重后果的。”该规定对作为定罪标准的“数额较大”作了拓展性解释，如果有上述八种情形之一，那么盗窃数额可以按照一般入罪数额的50%，即500～1 500元计算。《盗窃刑事案件解释》第7条规定：“盗窃公私财物数额较大，行为人认罪、悔罪，退赃、退赔，且具有下列情形之一，情节轻微的，可以不起诉或者免予刑事处罚；必要时，由有关部门予以行政处罚：（一）具有法定从宽处罚情节的；（二）没有参与分赃或者获赃较少且不是主犯的；（三）被害人谅解的；（四）其他情节轻微、危害不大的。”

通过上述关于盗窃罪定罪标准的修改，可以明显看出立法机关、司法机关在确定盗窃罪定罪标准时的多元化倾向，这显然是符合但书规定的精神以及司法实践需要的。美中不足的是，如前所述，无论是立法机关还是司法机关，定罪量化的思维观念还是非常浓烈，即便确立多元化的定罪标准，依然具有明显的量化特征。客观地说，相对于以盗窃数额作为绝对定罪标准的情形，现行刑法以及司法解释规定确实有所进步，即能够更广泛地反应盗窃罪的价值判断与质的规定性。但是，影响盗窃行为构成犯罪的主客观因素是千变万化的，比较而言，刑法以及司法解释的规定依然是冰山一角，远远没有反映盗窃罪的价值判断和质的规定性，依旧会给司法实践带来巨大困惑。例如，行为人盗窃数额在定罪数额的50%～100%之间或者达到定罪数额，却同时具有《盗窃刑事案件解释》第2条、第7条规定情形的，如何定罪？如果根据《盗窃刑事案件解释》第2条规定，显然应当以犯罪论处；如果根据《盗窃刑事案件解释》第7条规定，则完全可以不起诉或者免予刑事处罚；必要时可由有关部门予以行政处罚。如此两种处罚显然有天壤之别，令人费解。又如，具有特定情节时盗窃数额按定罪数额的50%的确定，以及盗窃数额达到定罪数额时的“情节显著轻微危害不大”情节的确定，也具有明显的主观臆断倾向，虽然为的是确定统一的定罪标准，但缺乏科学根据。这样做的结果虽然较之定罪标准绝对定量化时代有所进步，但依然具有鲜明的量化倾向，容易遏制司法自由裁量权的合理应用，难以应对司法实践的需要，不利于准确与公正定罪。

由上可知，现行刑法和司法解释所规定的盗窃罪的定罪标准，并没有充分体现立法定量与司法自由裁量并行，很有必要加以修改和完善。在笔者看来，盗窃数额较大、多次盗窃、入户盗窃、携带凶器盗窃以及扒窃，作为司法实践中的典型形态，在不具备其他影响定罪的主客观情节的常规（或者谓之通常）场合，作为定罪标准是合理可行的。但是，不能将这些定罪标准作为绝对性的定罪标准。诸如盗窃数额等，在定罪中只是起着参考或者主要参考作用，不应在任何时候起决定作用。“在划分财产犯罪罪与非罪的界限时，数额只具有参考的意义，而不具有绝对的意义。价值是否轻微，在德国刑事司法实践中，只是是否适用边缘构成和酌定起诉程序的条件。高于‘轻微价值’的案件，只能直接根据有关刑法、刑事诉讼法的规定进行处理，不能适用边缘构成，也不能采用酌定起诉程序；低于‘轻微价值’的案件，虽然适用边缘构成和酌定起诉程序，但并不意味着被告人绝对不会承担刑事责任。”① 如果存在盗窃数额较大、多次盗窃、入户盗窃、携带凶器盗窃以及扒窃之外的其他影响定罪主客观因素，就意味着属于与定罪的常规场合不一致的特殊情形，此时应当重新考虑定罪标准。目前，司法解释对存在特殊情形的场合修改了盗窃罪的数额标准，但对多次盗窃、入户盗窃、携带凶器盗窃以及扒窃依然坚持绝对性标准，这本身就是不协调、有偏颇的。另外，为了避免重蹈绝对量化的歧路，也不宜采取《盗窃刑事案件解释》第 2 条、第 7 条等设定的定量标准，而是应当将这种情形交由司法自由裁量决定是否定罪，所依据的法律便是《刑法》第 13 条但书规定。

（三）可以犯罪典型情节为定罪主要标准的犯罪

这里的犯罪典型情节，一般是指与行为直接相关的、经过司法实践检验的可作为定罪标准的情节。这种典型情节虽然不是直接通过数据等量化标准体现出来的，但由于作为典型情节具有形式化、格式化特征，因而在适用时也容易造成定罪标准的量化。这类情节通常存在于以情节严重、影响恶劣等作为入罪标准的犯罪中，有时也存在于刑法未规定定罪标准的犯罪中，但在司法实践中往往会出现典型的情节，乃至于司法解释等最终为其确定若干定罪标准。刑法（包括司法解释）对这类犯罪基本上采取具有明显量化特征的定罪标准。下面以强迫职工劳动罪为例加以论述。

《刑法》第 244 条规定：“以暴力、威胁或者限制人身自由的方法强迫

---

① 王世洲：《边缘构成加酌定起诉——关于德国刑法上一种划分罪与非罪方法的研究》，《外国法译评》1996 年第 1 期，第 44 页。

他人劳动的，处三年以下有期徒刑或者拘役，并处罚金；情节严重的，处三年以上十年以下有期徒刑，并处罚金。”该规定没有将情节严重等作为入罪标准，但并不意味着根据行为便可入罪，如果符合但书规定同样不构成犯罪。对此，最高人民检察院、公安部《追诉标准（一）》第31条明确规定：“用人单位违反劳动管理法规，以限制人身自由方法强迫职工劳动，涉嫌下列情形之一的，应予立案追诉：（一）强迫他人劳动，造成人员伤亡或者患职业病的；（二）采用殴打、胁迫、扣发工资、扣留身份证件等手段限制人身自由，强迫他人劳动的；（三）强迫妇女从事井下劳动、国家规定的第四级体力劳动强度的劳动或者其他禁忌从事的劳动，或者强迫处于经期、孕期和哺乳期妇女从事国家规定的第三级体力劳动强度以上的劳动或者其他禁忌从事的劳动的；（四）强迫已满十六周岁未满十八周岁的未成年人从事国家规定的第四级体力劳动强度的劳动，或者从事高空、井下劳动，或者在爆炸性、易燃性、放射性、毒害性等危险环境下从事劳动的；（五）其他情节严重的情形。”根据《追诉标准（一）》，前四种情节都是单独作为定罪标准适用的，即便第五种情形中采用了概括性表述，但仍然是以单个情节作为定罪标准的。这样的入罪标准因为有“其他”这样的概括性规定而保持一定的开放性，但由于单个典型情节可以决定定罪，因而同样具有格式化、量化特征。

“以犯罪典型情节为定罪主要标准的犯罪”所存在的弊端与前述“以犯罪数额为定罪主要标准的犯罪”的大同小异，容易限缩司法自由裁量权，不利于定罪的灵活性与能动性，很多时候难以适应司法实践的要求。解决的办法是将这些典型情节作为认定犯罪的一般情形处理，在不存在其他影响定罪的情节的情形下，可根据《追诉标准（一）》规定定罪。但是，如果存在其他影响定罪的主客观因素，就应当在诉讼活动中由司法机关和司法人员根据但书规定，确定是否构成犯罪。在罪状设计上同样参考上述盗窃罪的罪状设计。

不难发现，上述罪状设计存在一个问题，即如果绝大多数犯罪都特别规定非典型情节下的定罪要求的话，不但有条款重复之感，也不符合法条的简练特征。因此，最好的解决办法便是在《刑法》第13条中增设一款，即“行为虽然不符合刑法分则各本条规定的典型入罪情节，却存在其他影响定罪的主客观因素的，应综合全部情节并根据前款但书规定确定是否构成犯罪”。在总则中设定这样的条款，在分则规定的个罪中就不用特别针对不典型情节规定如何定罪，因而有其科学性与合理性。

二、定罪双轨制下司法自由裁量权的技术制衡

（一）在诉讼中合理扩展定罪的司法自由裁量权

在国外，人们可能对作为不成文法系的英美法系国家的司法自由裁量权以及通过诉讼途径解决行为定性问题的做法印象很深。事实上，大陆法系国家也非常重视诉讼中定罪的司法自由裁量权，借此来认定轻微犯罪以及罪与非罪的界限。

在德国，刑事法律中规定了通过边缘构成加酌定起诉解决罪与非罪的界限的方法，这种边缘构成加酌定起诉的模式，使实体法能够与程序法相互配合、相互制约，共同发挥作用。① 根据德国刑事法的有关规定，轻微犯罪的处理机制主要包括以下几种方式：一是告诉乃论；二是不起诉处分；三是缓起诉处分；四是诉讼程序暂时停止或完全中止。② 此外，德国处理轻微刑事案件的罪与非罪的界限的方法，还有谅解和协商。“今天，德国的许多犯罪案件，尤其是经济犯罪案件，都是通过谅解与协商的方式来结案的。在这种方式中，案件参与人不采取那种过去必须严格遵守的在开庭之前不进行相互接触的法律程序，而是尽可能早地坐在一起讨论案件的事实问题与法律问题，以形成对刑事判决的符合法律的统一认识。辩护方、控诉方和法庭协商的结果，可以是认定有罪、可以是提出从轻处罚的条件、也可以是认定无罪。这种方法在 80 年代末期和 90 年代初期就得到德国刑法理论与实践方面的普遍赞同。因此，谅解与协商就成为德国当前处理犯罪，尤其是经济犯罪中罪与非罪问题的一个重要方法。”③

反观我国刑事诉讼法的规定，在定罪上司法机关和司法人员的自由裁量权是很有限的。根据《刑事诉讼法》（2018 年修正）第 16 条规定，对于情节显著轻微、危害不大，不认为是犯罪的，不追究刑事责任，已经追究的，应当撤销案件，或者不起诉，或者终止审理，或者宣告无罪；第 177 条规定对于犯罪情节轻微，依照刑法规定不需要判处刑罚或者免除刑罚的，人民检察院可以作出不起诉决定。根据这些规定，对情节显著轻微、危害不大的案件，不只有不起诉一种解决途径。虽然说在《盗窃刑事

---

① 王世洲：《边缘构成加酌定起诉——关于德国刑法上一种划分罪与非罪方法的研究》，《外国法译评》1996 年第 1 期，第 44 页。

② 沈海平：《犯罪定量模式检讨》，《法学家》2015 年第 1 期，第 112 页。

③ 王世洲：《中德划分罪与非罪方法的比较研究》，《南京大学法律评论》1999 年秋季号，第 99 页。

案件解释》第7条中，已有扩大诉讼中定罪的司法自由裁量权的倾向，但在定罪标准上依旧有量化迹象，解决的方法也比较单一。因此，有必要扩展定罪的司法自由裁量权，在罪与非罪边界模糊，或者涉及多种量刑情节需要综合比较、衡量的案件上，赋予检察官或者法官在决定以何种性质的案件起诉或者以何种性质的案件审判上有更大的自由裁量权。同时，也可以考虑对轻微犯罪规定告诉才处理或者引起谅解或协商制度。

（二）定罪之司法自由裁量的技术制衡

除了在实体上规范量刑外，通过程序规制保障量刑公正也非常重要。这是因为，定罪的司法自由裁量有可能纵容滥用自由裁量权，导致定罪出现偏差与不协调，有损定罪的科学性与准确性。“法官群体的实践经验并非案件事实本身的简单反映，法官释法是一种能动的法律解释过程。从这个意义上说‘从实然中的否定反观应然中的肯定’所展现的，并不只是何种案情实际上被如何定性，更是法律实际上被如何解释。……在案件事实大体相同的情况下，控审之间乃至法官之间，对一些常见犯罪概念的理解，其差异的程度和广度都有些超乎想象。”① 在司法实践中，“司法裁量权过大，不仅不利于问题的解决，反而容易产生新的问题”②。有效的程序规则能够充分监督、约束法官的自由裁量权，因而是世界上许多国家的成功经验，其意义不容忽视。“有意义的司法程序的保护在量刑时必不可少的。公平的判决应通过提供可靠的事实发现机制给予保证。”③ 笔者认为，定罪的程序性技术规制主要包含以下内容。

1. 建立分叉式刑事审判模式

分叉式刑事审判（Bifurcated Criminal Trials）是当前英美法系国家在刑事诉讼中普遍采用的诉讼方式。它将一个刑事诉讼分成两个部分：定罪程序和量刑程序。这两个程序的证据收集与采信有所不同，证据运用规则也存在差异。“分叉程序的目的是把审判分为两个阶段：定罪阶段和量刑阶段。分叉的核心在于每个阶段运用何种证据类型和规则。定罪阶段主要限定被告人有无犯罪的证据，包括支持和排斥犯罪指控的证据。与定罪主题相关的判例法相对少些，因为定罪规则相对简单。然而，量刑阶段需要引用的判例法数量巨大，因为量刑判例很少有黑白规则。像法律中的许

---

① 白建军：《论具体犯罪概念的经验概括》，《中国法学》2013年第6期，第108页。

② 王世洲：《边缘构成加酌定起诉——关于德国刑法上一种划分罪与非罪方法的研究》，《外国法译评》1996年第1期，第44页。

③ Principles for the Design and Reform of Sentencing Systems，Federal Sentencing Reporter，Vol. 17，No. 5，2005，p. 341.

多事情一样，量刑阶段对证据采信依靠个案的事实。”① 与单一程序相比，这样做可以避免定罪与量刑交互影响，同时不同的裁量主体将会使诉讼更加客观，更为高效。另外，分叉式刑事审判还有方便管理的目的。“在分叉式诉讼中，法官可以对某些问题或主张筛选，据称这样做是为了达到更易于管理的试验目的。”② 在美国，甚至在民事诉讼中也适用分叉式审判。“当一个案件被分成两部分组成，如侵权诉讼被分解为责任和损害赔偿两个相互分离的审判程序，就被称为‘分叉程序’。”③ 在英美法系国家，虽然分叉式刑事审判不是每个州或者郡都采用，但其通常可以应用于所有刑事案件，特别是在一些重要案件中适用较频繁。在我国，受现行条件制约，不可能在每个刑事案件中都采用分叉式刑事审判模式，但对某些疑难复杂的行为定罪时，为了防止滥用自由裁量权而导致量刑不公，采取定罪与量刑相分立的分叉式刑事审判模式，还是有其现实意义的。

2. 建立证据调查采信制度

为了全面评价案情，需要对与之相关的信息进行采信，作为定罪的基础。因此，为了保证定罪的真实、有效，很有必要建立严格的证据调查采信制度。一般来说，定罪的信息采用需要经过几个步骤：一是调查、收集。法官在庭审前或者庭审时，如果有必要，应当亲自出面搜集相关信息，以便完整地掌握与量刑有关的各种信息。二是排查。在相关信息收集之后，要进行筛选，其标准是能够体现对行为及行为人的社会价值评价。庭审时，法官应当尽量要求控辩双方对自己搜集的定罪信息及其影响量刑的理由，予以详细说明。三是评估。在明确所调查与收集非规范信息到底属于何种类型后，区别其对定罪的影响是积极的还是消极的，并在充分听取控辩双方的意见后，法官应当综合评估其对行为的社会危害性以及行为人的人身危险性等的影响程度，以便在定罪时能够合理确定行为性质。

3. 严格规范裁判理由

说明定罪理由可以充分了解法官裁判的事实依据、法律依据以及内心的真实想法，这些对其自由裁量权无疑起着有力的制约作用；同时，说明定罪理由还为被告人和公众提供了充分了解案件真实情况的机会，这实际

① Meredith Hammers, Bifurcated Criminal Trials: A New Mandate Without Guidance, UMKC Law Review, Vol. 72, No. 4, 2004, p. 1141.

② Kip NELSON, Legislative Expansion of Judicial Bifurcation: North Carolina's Double-Edge Sword, Campbell Law Review, Vol. 36, No. 2, 2014, p. 202.

③ Meiring de Villiers, Legal And Policy Analysis of Bifurcated Litigation, Columbia Business Law Review, Vol. 2000, No. 2, 2000, p. 154.

上等于将司法自由裁量权置于社会监督之下；此外，说明定罪理由也为上诉审查提供了依据，有利于上级审判机关监督下级审判机关和提高核准效率。

国外普遍重视裁判的说理性。在德国，“刑事诉讼上的对判决理由的宣示为强制性的规定”①。《意大利刑法典》第132条第2款规定：“在法律规定的限度内，法官根据自己的裁量适用刑罚；他应当对这一裁量权的运用作出合理解释。”② 英美法系国家则历来对量刑理由有着严格的要求。“公平游戏的理念要求参与到程序中的当事人有权知道特定裁判的理由。不陈述理由，当事人只会得到自己是武断的裁判的牺牲者的结论。”③ 目前，我国刑法并无要求陈述裁判理由的规定，即使有其他规定也只是概括要求，操作性不强。这直接导致判决的说理性不受重视，判决的说理部分甚至较为随意，严重影响司法的公信力。因此，为了规范定罪中的自由裁量权，有必要规范定罪理由。笔者认为，规范定罪的裁判理由需要做到以下几点：一是做到所认定的事实客观真实、确凿无误，经得起推敲，不存在含糊之处；二是做到所适用的法律出处明确、适用准确，不能断章取义；三是法理论述层次清晰、准确贴切、逻辑性强，避免泛泛而谈的空洞说理；四是语言表述流畅、深入浅出，让人感到定罪符合情理、水到渠成。总之，定罪判决应当做到理由充分、逻辑推理严密、结论客观可靠。

4. 建立定罪案例数据库

限制法官自由裁量权的方法很多，量化标准不能适应复杂、多样化的现实需要，同时过于量化、数据化容易导致侧重犯罪事实，不利于准确定罪。通过对一些经典、疑难案例建立数据库，能有效地规范、限制司法自由裁量权的不正当运用，使定罪更为客观、公正、协调。因此，要想激活法官的自由裁量权而又不至于造成滥用，建立定罪的案例数据库是有效、可行的措施。虽然说颁布指导性判例也是很有效的方法，但由于最高人民法院颁布指导性判例坚持少而精的原则，因而难以适应千变万化的定罪情节的需要。较之指导性判例，案例数据库具有信息量大、覆盖面广、实用性强等特点，因而能适应不同的定罪情节的需要，非常适合我国的司法现状。

---

① 〔德〕罗科信：《刑事诉讼法》，吴丽琪译，法律出版社2003年版，第456页。

② 《最新意大利刑法典》，黄风译注，法律出版社2007年版，第48页。

③ D. A. Thomas, Sentencing-The Case For Reasoned Decisions. Published in Martin Wasik, The Sentencing Process, Dartmouth Publishing Co. Ltd, 1997, pp. 106-107.

第八章　我国罪刑体系的改革及完善

根据但书规定，刑法规定的犯罪均应有社会危害程度之别，既包括社会危害相对较轻的犯罪，也包括社会危害极为严重的犯罪。以此为依据，对我国犯罪体系加以界分就很有必要。这是因为，我国刑法规定的犯罪在具体定位上比较单一，学界往往将刑法规定的犯罪简单地划分为重罪和轻罪以及介于两者犯罪三种类型。至于具体犯罪，则只能归属于这三种类型之一。如此划分犯罪是存在缺陷的。例如，绑架罪作为重罪，最低刑为5年有期徒刑，这意味着绑架罪不存在情节较轻的情形，这显然与但书规定相冲突。因此，立足于但书规定，进一步改革及完善我国犯罪体系是十分必要的。至于刑罚体系，本与但书不应存在直接关系。因为构成犯罪才有刑罚，不构成犯罪是不能处以刑罚的，研究刑罚及其体系只有在成立犯罪之后才具有实质意义，这与犯罪是否成立显然是完全不同的两个问题；但是，由于但书直接决定犯罪成立及其分类等，而犯罪成立及其分类显然需要相匹配的刑罚。从这一点来看，但书与刑罚体系改革也有关联，以但书为视角探究刑罚体系的改革与完善是有一定意义的。

第一节　我国犯罪轻重体系的改革及完善

一、犯罪体系概述

（一）犯罪体系的概念

犯罪体系又称犯罪类型体系，是指以一定的标准为基础划分的不同类型的犯罪体例与系统。犯罪分类的依据和标准很多，而站在不同的立场具有不同的依据和标准，这就决定了犯罪体系具有多重性。例如，由于分类的依据和标准不同，刑法学上的犯罪体系与犯罪学上的犯罪体系就存在差别。一般来说，刑法学对犯罪加以分类侧重的是定罪量刑的理论与实践，表现在犯罪分类上，在不同时期有着不同的依据和标准。犯罪学重在研究犯罪的特征、成因以及对策等，因而强调以行为人及其人身危险性为基础对犯罪进行分类，旨在描述、揭示犯罪人危险人格之特征和差异。分类的依据和标准之差异，与追求不同的价值取向是相辅相成的。

由于影响犯罪定罪量刑的因素很多，站在不同的角度看问题的方式自然不同。例如，从社会学的角度与从伦理学的角度，看待定罪量刑的影响因素就有所不同。即使站在刑法学的角度来看，影响定罪量刑的因素也是多种多样的。可以说，凡是与犯罪直接相关的因素，都能影响定罪量刑，都可以成为划分犯罪类型的依据。与犯罪并非直接相关，但能影响量刑的因素，也可以成为犯罪分类的依据。这样看来，即使在刑法学上犯罪的分类也是多元的。例如，贝卡里亚就曾立足于犯罪行为及其社会危害，将犯罪分为侵犯私人安全罪、叛逆罪以及扰乱公共秩序和公民安宁罪三种不同类型。加罗法洛则根据犯罪基本都是使两种利他情感中的这种或那种情感受到伤害这一事实，将所有犯罪分为伤害怜悯感的犯罪和伤害正直感的犯罪两大类。① 边沁则从不同角度对犯罪进行了较为系统的分类。例如，他根据受害人的身份，将犯罪分为私罪、半公罪和公罪；根据其他不同标准，他还将犯罪分为混合型犯罪与单一型犯罪、主罪和从罪、作为犯罪与不作为犯罪以及假想罪。②

总体来看，刑事古典学派侧重行为及其客观危害，往往以之为依据和标准对犯罪加以分类。刑事人类学派以及刑事社会学派更侧重犯罪的个人和社会因素，因而侧重于行为人及其人身危险性，并以之为标准对犯罪进行分类。这样，立足于行为与行为人两个不同基点，对犯罪的分类也呈现出五花八门的类别。例如，以行为及其关联因素为依据，对犯罪可以作出如下分类：根据行为方式不同，可以分为作为犯罪与不作为犯罪；根据犯罪的既遂状态不同，可以将犯罪分为结果犯、危险犯、行为犯和举止犯；等等。以行为人及其主观心理态度的不同影响因素为标准，对犯罪就可以划分若干不同类型：以主观心理态度为标准，可以将犯罪分为故意犯罪与过失犯罪；根据犯罪主体不同，可以将犯罪分为自然人犯罪与单位犯罪；根据行为人是否具有特定的主体资格与身份，可以将犯罪划分为身份犯与非身份犯；根据犯罪是否依赖于一定的职务，可将犯罪分为职务犯罪和非

① 〔意〕加罗法洛：《犯罪学》，耿伟、王新译，中国大百科全书出版社1995年版，第49－50页。

② 马克昌主编：《近代西方刑法学说史》，中国人民公安大学出版社2008年版，第76－78页。

职务犯罪；等等。

（二）刑法分则体系

从各国刑法对犯罪分类来看，最显而易见的是刑法分则的分类。刑法分则对犯罪的归类构成刑法分则体系。所谓刑法分则体系，是指刑法分则所规定的不同类型犯罪以及同一类型犯罪所包含的具体犯罪，根据一定的原则和标准排列而成的统一整体。各国刑法分则对具体犯罪的分类及排列，差别很大。

例如，《德国刑法典》将犯罪分为三十章，这意味着共有 30 种不同类型犯罪，分别为危害和平、叛乱、危害民主法治国家的犯罪，叛国罪和外患罪，针对外国的犯罪，妨害宪法机关及选举和表决的犯罪，危害国防的犯罪，反抗国家权力的犯罪，妨害公共秩序的犯罪，伪造货币和有价证券的犯罪，未经宣誓的伪证和伪誓犯罪，诬告犯罪，有关宗教和信仰的犯罪，妨害身份、婚姻和家庭的犯罪，妨害性自决权的犯罪，侮辱罪，侵害人身和隐私的犯罪，侵害他人生命的犯罪，伤害罪，侵害他人人身自由的犯罪，盗窃及侵占犯罪，抢劫与敲诈勒索罪，包庇与窝赃犯罪，诈骗及背信犯罪，伪造文书的犯罪，破产罪，应处罚的利欲性犯罪，妨碍竞争的犯罪，损坏财物的犯罪，危害公共安全的犯罪，污染环境的犯罪以及渎职犯罪。《瑞士刑法典》将犯罪分为 19 种不同类型，分别为针对身体和生命的犯罪，针对财产的犯罪，针对名誉和隐私的犯罪，针对自由的重罪或轻罪，针对性纯洁的犯罪，针对家庭的重罪和轻罪，危害公共安全的重罪和轻罪，针对大众健康的重罪和轻罪、危害公共交通的重罪和轻罪，伪造货币、官方之有价证券、印花税票、度量衡、伪造文书、危害公共安宁的重罪和轻罪，针对国家和州防务的重罪和轻罪，针对民意的轻罪，针对国家权力的犯罪，阻挠与外国的关系、妨碍司法的重罪和轻罪，违反职务义务和职业义务的犯罪以及违反联邦法律规定的犯罪。

各国刑法分则对犯罪体系的排列之所以差别较大，主要受以下三个因素的影响。

一是刑法分则与单行刑法对具体犯罪规定的分工。刑法分则与单行刑法规定的具体犯罪的关系，在不同国家有所不同。有的国家虽然在单行刑法中将某种行为规定为犯罪，但通常概括规定应当追究刑事责任，且单行刑法规定的犯罪一般都会规定在刑法分则中。如我国刑法分则与单行刑法规定的罪名，就属于此类情形。有的国家则不然。单行刑法与刑法分则规定的具体犯罪，在很多情形下并不存在包容关系。在这种情况下，刑法分则规定的罪名，只是部分具有代表性的、典型的犯罪。还有相当部分的具体犯罪规定于单行刑法中，游离于刑法分则之外。这样一来，由于刑法分则规定的犯罪很有限，刑法分则体系主要体现为对具体罪名的排序，并不进行犯罪的类型划分。如德国、日本等便属此类情形。

二是国家对犯罪的价值评价。通常来说，不同类型犯罪的排序，表明国家在制裁犯罪时的不同态度，是国家对犯罪的不同价值取向的体现，揭示了国家对不同犯罪的不同评价。例如，有的国家侧重个人权益的保护，通常将侵犯公民人身权利的犯罪置于刑法分则罪名体系之首，法国刑法典就是如此。有的国家则侧重集群利益的考量，通常将危害国家利益、集体利益的犯罪置于刑法分则罪名体系之首，日本刑法典就属此类。我国在传统上就崇尚集体主义，总是将国家利益、集体利益至于个人权益之上，因而将危害国家安全的犯罪视为最严重的犯罪，排在刑法分则罪名体系之首。

三是国家对具体犯罪不同的价值评价，也体现国家对不同犯罪的谴责和制裁的侧重点的不同，进而影响具体犯罪排序。例如，我国刑法分则第六章第一节将妨碍公务罪排在扰乱公共秩序罪的首位，表明国家在制裁扰乱公共秩序的犯罪时，优先强调对妨碍公务罪的处罚。

（三）犯罪的轻重体系及其意义

立足于刑事政策等需要，在刑法典中明确将犯罪区分为轻重不同的类型，也是许多国家的惯常做法。例如，意大利刑法典将犯罪划分为重罪和违警罪两大类，法国刑法典将犯罪划分为重罪、轻罪和违警罪三类，美国模范刑法典则将犯罪划分为重罪、轻罪和微罪三类。另外，对于不同的犯罪类型，还可以进一步细分。例如，美国模范刑法典第 6.01 条规定，为了量刑的目的，本法典规定的重罪分为下列三个等级：一是一级重罪；二是二级重罪；三是三级重罪。一级重罪和二级重罪，以本法典特别明确规定为限。被认定为重罪的罪，如果没有指明等级，为三级重罪。①

刑法分则体系对犯罪的分类，主要体现了规范与价值之评价。将犯罪按照轻重划分成不同类型，更主要体现的是司法适用上的理论价值与现实意义。有学者认为，“重罪轻罪的划分在刑事实体、诉讼程序以及刑事政策方而均有着重要的意义”②。有学者认为，性使然和研究的有限性，这些建议和设想始终未引起立法者的关注。还有学者认为，轻罪和重罪的法

① 美国法学会编：《美国模范刑法典及其评注》，刘仁文等译，法律出版社 2005 年版，第 88 页。

② 卢建平、叶良芳：《重罪轻罪的划分及其意义》，《法学杂志》2005 年第 5 期，第 23 页。

定界分的现实意义主要表现在犯罪观念方面的意义、刑事政策方面的意义、刑事立法方面的意义和刑事法律方面的意义。① 笔者认为，将犯罪划分为轻重不同类型，总体而言其现实意义可以归结如下。

1. 刑事实体法上的意义

将犯罪划分成轻重不同类型，对定罪量刑具有广泛而积极的作用。无论是犯罪未完成形态与共犯形态的处罚范围、罪数形态的适用原则，还是刑罚裁量与适用的类型化及制度化、前科消灭制度以及追诉时效等，若立足于轻重不同犯罪类型，那么应用时就能更充分地体现刑法适用的公正性与合理性。

如前所述，对于预备犯、未遂犯等犯罪停止形态而言，我国刑法采取的是一律处罚的原则。然而，只要对完成形态与未完成形态加以对比，就会发现这样的处罚是欠合理的，姑且不说预备犯，就是对未遂犯加以一律处罚也是存在问题的。因为同等性质的犯罪行为达成既遂的情况，被视为具备犯罪程度的社会危害性而成立犯罪，那么未遂的情况则表明其社会危害性未达到犯罪成立，因而不能成立犯罪。例如，假设数额型盗窃罪的成立是以盗窃 2 000 元且得逞为标志的，这意味着只有盗窃 2 000 元且既遂的社会危害性，才达到犯罪成立所需要的严重程度。于是，如果针对 2 000 元实施盗窃且未遂，由于其社会危害性较之盗窃 2 000 元且既遂要轻，故而可以认为并不具备犯罪所要求的社会危害性，因而不构成犯罪。比较而言，重罪就不一样了。因为重罪的社会危害性远远超出犯罪成立的标准，因而即使未遂也可以认为仍然具有达到成立犯罪程度的社会危害性。正因如此，不少大陆法系国家对未遂犯采取选择性的处罚原则，而不是一律处罚原则。这种选择性处罚便是以轻重犯罪的划分为依据的。例如，《德国刑法典》第 23 条规定："重罪的未遂一律处罚；轻罪的未遂的处罚以法律有明文规定为限。"

我国无论在理论上还是在司法实践中，其实都注意到未遂不可罚的情形。例如，对于故意伤害罪，一般认为没有造成轻伤以上结果的不构成犯罪，即使是以轻伤为故意的伤害也是如此。故意轻伤而未遂不构成犯罪，就是相对于故意轻伤得逞而致成立犯罪而言的，未遂可视为造成行为尚未达到成立犯罪程度的要素。类似的规定体现在最高人民法院、最高人民检察院《盗窃刑事案件解释》第 12 条中。该条规定："盗窃未遂，具有下列情形之一的，应当依法追究刑事责任：（一）以数额巨大的财物为盗窃目

① 郑丽萍：《轻罪重罪之法定界分》，《中国法学》2013 年第 2 期。

标的；（二）以珍贵文物为盗窃目标的；（三）其他情节严重的情形。”这里将成立盗窃罪的未遂犯的情形限定为三种不同形式。且不说上述做法本身是否合理，如果就横向的不同罪名来看，则明显可以看出上述规定之不合理所在。例如，在有关敲诈勒索罪等的司法解释中，就不存在类似规定。这就不得不让人疑虑：如果敲诈勒索未遂，究竟处不处罚？如果处罚，是否有必要限定为上述三种情形？无论如何，诸如司法实践中对轻伤未遂的做法、司法解释对盗窃未遂的规定等，均属于个别化、碎片化的做法与规定，这样的做法和规定会严重影响司法的协调性与一致性，不利于实现司法的均衡与公正。如果像《德国刑法典》第 23 条规定那样，将犯罪划分成轻重不同的类型，且针对轻罪的未遂是否处罚作出针对性的规定，则可以在很大程度上克服上述个别化、碎片化的做法与规定之不足。

划分轻重不同犯罪体系，对于限制共犯的处罚范围也具有一定意义。例如，法国对重罪和轻罪的教唆犯、帮助犯等均规定应当给予刑罚处罚，但对违警罪则实行有条件处罚。划分轻重不同犯罪体系对罪数形态等的价值在于，在竞合犯（想象竞合犯、法规竞合犯）中，划分轻罪与重罪直接为竞合犯适用提供现行的立法依据，而不是人为的甄别、判断。划分轻重不同的犯罪类型对刑罚适用也有重要的规范与指引作用。例如，《法国刑法典》第 131—1 条至第 131—18 条就对重罪、轻罪以及违警罪的刑罚类型以及刑期就作了明确、具体的规定，这对规范刑罚适用、指引司法人员量刑以及防止司法自由裁量权滥用，无疑具有重要的意义。

2. 刑事程序法上的意义

将犯罪划分成轻重不同类型，在程序法上也具有重要的现实意义。刑事诉讼具有保证准确、及时、公正、有效地追究犯罪分子刑事责任等功能，要想充分实现刑事诉讼的不同功能，将犯罪划分为轻重不同的类型显然具有积极意义。有学者就指出，划分为轻重不同犯罪类型，对于刑事管辖、预审程序的规定、陪审要求、直接传讯的规定、审理程序、判决的效力等 ，均具有一定的意义。① 应当说，这样的观点是较为中肯的。根据刑事诉讼法的规定，犯罪轻重之不同类型对自诉案件就具有直接影响。众所周知，自诉案件对于及时惩罚犯罪，提高办案效率，节省司法资源，维护当事人的合法利益等，都具有重要的现实意义。而根据刑事诉讼法以及相关司法解释的规定，自诉案件的类型之一，便是人民检察院没有提起公诉，

① 卢建平、叶良芳：《重罪轻罪的划分及其意义》，《法学杂志》2005 年第 5 期。

被害人有证据证明的轻微刑事案件，如故意伤害案，非法侵入住宅案，侵犯通信自由案，重婚案，遗弃案，生产、销售伪劣商品案（严重危害社会秩序和国家利益的除外），侵犯知识产权案（严重危害社会秩序和国家利益的除外）以及刑法分则第四章、第五章规定的，对被告人可能判处3年有期徒刑以下刑罚的案件。另外，犯罪轻重之不同类型对简易程序适用也有指导意义。作为第一审普通程序的简化，简易程序对于及时惩罚犯罪，提高办案效率，都有重要意义。根据刑事诉讼法规定，如果是对于“有重大社会影响的”案件等，不适用简易程序。显然，“有重大社会影响的”案件不可能是轻罪，因而犯罪轻重分类对简易程序适用具有一定的指导意义。

在国外，不少国家的刑事诉讼法都将犯罪之轻重不同类型作为某些程序制度适用差异化的依据。例如，法国刑法将犯罪区分为重罪、轻重和违警罪。这种三分法对法国的刑事诉讼制度的应用有着直接影响：在刑事裁判所的管辖上，重罪由重罪法院裁判，轻罪由轻罪裁判所裁判，违警罪由违警裁判所裁判；至于预审，对重罪是义务地进行的，对轻罪是裁量地进行，对违警罪只有在检察官请求时方进行；在公诉的时效时间上，重罪是10年，轻罪是3年，违警罪是1年；等等。

3. 刑事政策上的意义

学界一般认为，刑事政策是指国家的刑事法律思想的外化形式，是以抑制和预防犯罪为根本宗旨的，用于指导国家刑事立法，刑事司法和其他与之相关的社会活动的策略、方针和原则。要想抑制和预防犯罪，就不应仅局限于探求犯罪特点、成因、现状等，而是必须全面、充分地了解犯罪现象，使人们能够熟悉、掌握、知晓不同的犯罪现象，只有这样才能科学、合理地探求遏制犯罪的措施与对策。而熟悉、了解犯罪现象最重要、最有效的方法，无疑是对犯罪进行统计、分析，这离不开对犯罪的科学分类。“评价刑事政策实施的优劣得失也有赖于犯罪调查统计学，犯罪统计必须要以犯罪分类为基础，没有犯罪分类，统计工作是无法进行的，这种评价要求尽可能全面地收集刑事政策实施的各种信息资料，具体编制功效评估的科学量化指标并尽可能客观地分析反映一定功效信念的指数和各项结论。”①

尽管不同的犯罪分类对刑事政策均有不同作用，但犯罪之轻重类型显然在贯彻刑事政策上具有突出的意义，因为这种分类被认为是有效贯彻执行“宽严相济”刑事政策的重要依据。毕竟，不明轻重，何以宽严？在刑

① 姬忠彪、吴敬华：《论犯罪分类与刑事政策的关系及其发展趋势》，《山东警察学院学报》2006年第6期，第96页。

法适用过程中，“宽严”首先应当和“轻重犯罪”相对应。在刑法中，虽然在违法性、有责性的抗辩中可以提出许多区分罪行轻重的标准，但最终都要落实到法定刑的轻重上。法定刑的轻重是划分重罪与轻罪、反映行为的社会危害性轻重的最重要、最明晰的界限，便于认知、理解与执行。对“宽严有度”的“度”的完整解读，应当是既指处罚的幅度，也指处罚的标准。[①] 根据最高人民检察院《关于在检察工作中贯彻宽严相济刑事司法政策的若干意见》的规定，所谓“宽严相济”，是指实行区别对待，注重宽与严的有机统一，该严则严，当宽则宽，宽严互补，宽严有度，对严重犯罪依法从严打击，对轻微犯罪依法从宽处理，对严重犯罪中的从宽情节和轻微犯罪中的从严情节也要依法分别予以宽严体现。在这里，司法解释明确了贯彻宽严相济刑事政策的前提是确定罪之轻重类型，并对轻重罪行给予区别对待。

二、但书与犯罪轻重体系的关系

如前所述，但书的最大价值在于，通过刑法立法将情节显著轻微危害不大的行为排除在刑事处罚之外。这样，同一性质的违法行为，在规范上就面临不同的制裁：刑法规定的类型行为，只有情节达到一定程度、危害较大时，才能被认定为犯罪；刑法规定的类型行为，如果是情节显著轻微危害不大的违法行为，充其量只能属于行政违法行为、民法违法行为，不能被认定为犯罪。

例如，《治安管理处罚法》第 26 条规定：“有下列行为之一的，处五日以上十日以下拘留，可以并处五百元以下罚款；情节较重的，处十日以上十五日以下拘留，可以并处一千元以下罚款：（一）结伙斗殴的；（二）追逐、拦截他人的；（三）强拿硬要或者任意损毁、占用公私财物的；（四）其他寻衅滋事行为。”该条规定的寻衅滋事行为，显然与《刑法》第 293 条规定的寻衅滋事罪的行为在性质上是同一的。又如，《治安管理处罚法》第 29 条规定：“有下列行为之一的，处五日以下拘留；情节较重的，处五日以上十日以下拘留：（一）违反国家规定，侵入计算机信息系统，造成危害的；（二）违反国家规定，对计算机信息系统功能进行删除、修改、增加、干扰，造成计算机信息系统不能正常运行的；（三）违反国家规定，对计算机信息系统中存储、处理、传输的数据和应用程序进行删除、修改、增加的；（四）故意制作、传播计算机病毒等破坏性程序，影

① 王文华：《论刑法中重罪与轻罪的划分》，《法学评论》2010 年第 2 期。

响计算机信息系统正常运行的。”该条规定与《刑法》第 285 条、第 286 条规定的非法侵入计算机信息系统罪、破坏计算机信息系统罪等的行为也是同性质的。与刑法规定的行为类型同性质的行政违法行为，在治安管理处罚法中还有很多。只不过，治安管理处罚法规定的寻衅滋事等属于情节显著轻微、危害不大的非犯罪行为，因而其处罚较之相关犯罪的也就轻得多。

但书将情节显著轻微危害不大的违法行为，排除在犯罪之外，对犯罪体系的构建具有重大影响。这是因为，从国外理论与刑法规定来看，通常将刑法规定的所有类型行为认定为犯罪，包括情节显著轻微危害不大的行为。由于行为类型决定行为性质，使所谓的立法定性实质上揭示的是刑法规定的行为类型的单一性，即刑法规定的类型行为在性质上属于犯罪。即使是情节显著轻微危害不大的行为，只要是刑法规定的类型行为，也属于刑法上的犯罪。以违警罪为例，其处罚对象往往就是刑法规定的情节显著轻微危害不大的行为。例如，根据《法国刑法典》第 131—12 条规定，自然人可处之违警罪刑罚为罚金和第 131—14 条所规定的剥夺权利或限制权利之刑罚。第 131—13 条规定罚金数额如下：一级违警罪，最高罚金 38 欧元；二级违警罪，最高罚金 150 欧元；三级违警罪，最高罚金 450 欧元；四级违警罪，最高罚金 750 欧元；五级违警罪，最高罚金 1 500 欧元；在条例有规定时，累犯之场合，此数额可加至 3 000 欧元。《美国模范刑法典》虽然第 1.04 条规定有违警罪，却与其他国家有所不同，即规定违警罪可以处以民事制裁，且并非实质犯罪，不产生有罪认定所引起的限制能力或者法律上的不利。“如果本法典或者本州其他制定法规定为违警罪，或者仅可以处以罚金、罚金或没收或者其他民事制裁，或者本法典以外的制定法规定犯罪不构成实质犯罪时，本法典或者本州其他制定法规定的犯罪为违警罪。违警罪并非实质犯罪。违警罪不产生有罪认定所引起的限制能力或者法律上的不利。”①

将刑法规定的类型行为中的情节显著轻微危害不大的行为排除在犯罪之外，意味着对犯罪加以轻重划分时，必须以一定危害程度之上的行为为对象。于是，诸如违警罪之类的针对“情节显著轻微危害不大的行为”犯罪类型，就不应在犯罪分类时予以考虑。相应地，适用于违警罪之类的刑罚种类或者方式也不应在刑罚体系中出现。

但书还揭示了犯罪的一个基本属性，即任何犯罪都存在情节显著轻微

---

① 美国法学会编：《美国模范刑法典及其评注》，刘仁文等译，法律出版社 2005 年版，第 8 页。

危害不大的情况，所谓的绝对犯罪是不存在的。这对划分犯罪轻重体系具有重要的指导意义。犯罪之重罪与轻罪之划分，从不同角度可以区分为不同的类型。从犯罪学的角度来看，罪名就可以成为轻重之分的依据，如故意杀人罪、抢劫罪、绑架罪就属于重罪。从犯罪性质来看，也可以区分重罪与轻罪，如《刑法》第 20 条第 3 款规定的无限防卫权中，“行凶、杀人、抢劫、强奸、绑架以及其他严重危及人身安全的暴力犯罪”，无疑属于重罪之列。从侵犯的法益来看，危害国家安全罪等也应归入重罪之列。以但书为依据可以甄别重罪与轻罪之分类的科学性与合理性。

例如，轻罪与重罪就不能以罪名的轻重类型来界分。一方面，罪名是一个多层面的概念，可以根据不同的标准进行分类。罪名既可指刑法分则章节的名称，又可指刑法分则条文规定的某一具体个罪。① 另一方面，罪名的轻重只是形式上、观念上的，并不代表具体犯罪的实质轻重。例如，故意杀人罪属于重罪名，但是该罪也存在罪行较轻的情况，著名的“孝子弑母案”就是典型例子。2014 年 1 月 18 日，云南打工者杨某在东莞市厚街镇一间出租屋内，挥刀砍向瘫痪的母亲，然后用剃须刀片割腕自杀，所幸母子二人均成功获救。东莞第二市区人民检察院公诉人员经调查认定，疑犯有犯罪中止、自首等行为，考虑到杨某只身打零工照顾病母多年，同年 4 月 3 日，“孝子弑母案”最终以检方决定“不予起诉”而在司法程序上告一段落。该案虽然属于故意杀人罪，却属于轻微的犯罪。事实上，刑法中的许多所谓的重罪，均存在情节相对轻微的情形，此种情形实质上并非严重犯罪，故而认定为重罪在实质上是不妥当的。可见，根据罪名轻重来划分犯罪轻重类型并不合理。同样，根据犯罪性质划分轻罪和重罪也不科学，因为犯罪性质也不代表具体犯罪的实质轻重。理论上，犯罪的性质愈严重、罪行愈严重，犯罪的性质愈轻、罪行愈轻，但是这种对应关系只具有相对的意义，并非绝对的论断。如前所述，故意伤人罪属于犯罪性质极其严重的犯罪，但也存在罪行较轻的情形。至于以侵害法益轻重为划分标准，也存在类似问题。

三、我国犯罪轻重体系的构建

（一）刑法上有关重罪与轻罪划分的类型和标准

1. 国外刑法有关重罪与轻罪划分的类型和标准

世界上许多国家刑法都将犯罪按照轻重分类，不过具体的划分类型又

① 黄开诚：《我国刑法中轻罪与重罪若干问题研究》，《现代法学》2006 年第 2 期，第 98 页。

有所不同。例如，意大利刑法典将犯罪分为违警罪和重罪，埃及刑法典将犯罪分为轻罪和重罪，法国刑法典将犯罪分为违警罪、轻罪和重罪，美国模范刑法典将犯罪分为违警罪、微罪、轻罪和重罪，俄罗斯联邦刑法典将犯罪分为轻罪、中等严重的犯罪、严重犯罪和特别严重的犯罪。至于将犯罪分为轻重不同类型的标准，则各有不同。总体而言，以法定刑作为轻罪与重罪划分标准者居多。此外，以刑种以及特别的罪名作为轻罪与重罪的划分标准的也较常见。

在国外，以法定刑（主要是自由刑刑期）作为轻罪与重罪的划分标准，是最常见的方式。但是，由于自由刑的刑期长短差别很大，究竟以多长刑期的自由刑作为划分标准，不同国家刑法之规定有所不同。总体来看，主要取决于一国刑法对犯罪所规定的法定刑的轻重。如果刑法对犯罪规定的法定刑偏重，那么重罪的法定刑标准就相应高些；反之，重罪的法定刑标准就相应低些。

法国刑法典所规定的轻罪与重罪的划分标准是 10 年监禁。根据《法国刑法典》第 131—1 条规定，自然人可处之重罪刑罚为：无期徒刑或终身拘押；最高 30 年徒刑或 30 年拘押；最高 20 年徒刑或 20 年拘押；最高 15 年徒刑或 15 年拘押；有期徒刑或有期拘押之刑期最短为 10 年。根据第 131—3 条规定，自然人可处之轻罪刑罚为：监禁；罚金；日罚金；公共利益劳动；第 131—6 条所规定的剥夺权利或限制权利之刑罚；第 131—10 条所规定的附加刑。第 131—4 条规定，轻罪监禁刑幅度之最高刑为 10 年。① 根据《俄罗斯联邦刑法典》第 15 条规定，故意或过失行为，本法典对其规定的最高刑罚不超过 2 年剥夺自由的，是轻罪；故意或过失行为，本法典对其规定的最高刑罚不超过 5 年剥夺自由的，是中等严重的犯罪；故意或过失行为，本法典对其规定的最高刑罚不超过 10 年剥夺自由的，是严重犯罪；故意行为，本法典对其规定的刑罚超过 10 年剥夺自由或更重刑罚的，是特别严重的犯罪。②《德国刑法典》第 12 条规定，重罪指最低刑为 1 年或 1 年以上自由刑的违法行为，轻罪指最高刑为 1 年以下自由刑或科处罚金刑的违法行为。③《美国模范刑法典》第 1.04 条规定，重罪是指可以处以死刑或者未适用加重刑期之规定 1 年以上监禁刑的实质犯罪，轻罪是指本法典或者本法典生效后颁布的其他制定法规定为轻罪的

① 《法国刑法典》，中国法制出版社 2003 年版，第 11-13 页。

② 《俄罗斯联邦刑法典》，黄道秀等译，中国法制出版社 1996 年版，第 8 页。

③ 《德国刑法典》，徐久生、庄敬华译，中国法制出版社 1990 年版，第 46 页。

实质犯罪，微罪是指本法典或者本法典生效后颁布的其他制定法规定为微罪的实质犯罪，或者依照本法典以外的制定法可处以最高不超过 1 年监禁刑的实质犯罪。①

常见的区分轻罪与重罪标准还有刑种。与通过法定刑划分轻罪与重罪不同的是，这种情形通过对犯罪处以不同的刑种来区分轻罪与重罪。例如，《意大利刑法典》第 17 条将犯罪分为重罪和违警罪。依法应当被判处死刑、无期徒刑、有期徒刑和罚金的行为属于重罪，依法应当被判处拘役或罚款的行为属于违警罪。② 又如，《埃及刑法典》第 10 条规定，重罪是指可以判处下列刑罚的犯罪：死刑；终身监禁；加重监禁；监禁。第 11 条规定，轻罪是指可以判处下列刑罚的犯罪：拘役；上限超过 100 埃镑的罚金。③

相对来说，《西班牙刑法典》对轻、重罪的划分较为详细，其犯罪分类是以刑罚轻重为依据的。该法典第 33 条规定，根据性质和期限，刑罚可以分为重刑、较重刑和轻刑。重刑包括：超过 3 年的徒刑；完全地剥夺权利；剥夺特别的权利 3 年以上；剥夺担任公职、从事职业或担当任务权利 3 年以上；吊销汽车或者摩托车等机动车驾驶执照 6 年以上；剥夺持有武器权利 6 年以上；剥夺在某地定居或者去往某地的权利，禁止接触被害人、其家属、法院或者法官认定的其他人，禁止与以上人员交往，时间超过 3 年的。较重刑包括：6 个月以上 3 年以下的徒刑；剥夺特别的权利不超过 3 年；暂停职业或者公务不超过 3 年；吊销汽车或者摩托车等机动车驾驶执照 1 年以上 6 年以下；剥夺在某地定居或者去往某地的权利，禁止接触被害人、其家属、法院或者法官认定的其他人，禁止与以上人员交往，时间超过 6 个月但不足 3 年的。（根据 LO 14/1999 号法令修改）；处 2 个月以上罚金；按比例处罚金，不论其总额；7 至 24 个周末监禁；96 至 384 小时的公共劳动。轻刑包括：吊销汽车或者摩托车等机动车执照 3 个月以上 1 年以下；吊销武器持有执照 3 个月以上 1 年以下；剥夺在某地定居或者去往某地的权利，禁止接触被害人、其家属、法院或者法官认定的其他人，禁止与以上人员交往，时间不超过 6 个月；处罚金 5 天以上 2 个月以下；1 至 6 个周末监禁；16 至 96 小时的公共劳动。未缴纳罚金而

① 美国法学会编：《美国模范刑法典及其评注》，刘仁文等译，法律出版社 2005 年版，第 8 页。

② 《最新意大利刑法典》，法律出版社 2007 年版，第 11 页。

③ 《埃及刑法典》，陈志军译，中国人民公安大学出版社 2011 年版，第 4 页。

产生的刑罚，按照其被折抵的刑罚的性质，分属较重刑或者轻刑。①

2. 我国刑法中的犯罪轻重类型及划分标准

我国刑法既没有规定犯罪轻重类型，更谈不上确定犯罪轻重划分的标准。不过，虽然刑法没有明确划分轻罪与重罪，但理论界却认为实质上刑法有轻重不同的划分。如有学者认为，“我国刑法没有将犯罪分为重罪与轻罪，但理论上仍然可以对犯罪作出这种分类。刑法第 67 条规定，犯罪以后自首且‘犯罪较轻’的可以免除处罚，也暗示了可以从理论上将犯罪分为重罪与轻罪”②。还有学者指出，根据刑法相关条文的规定，我国刑法还是存在轻重犯罪之分类的。我国《刑法》第 7 条规定：“中华人民共和国公民在中华人民共和国领域外犯本法规定之罪的，适用本法，但是按本法规定的最高刑为三年以下有期徒刑的，可以不予追究。”第 8 条规定：“外国人在中华人民共和国领域外对中华人民共和国国家或者公民犯罪，而按本法规定的最低刑为三年以上有期徒刑的，可以适用本法，但是按照犯罪地的法律不受处罚的除外。”第 72 条规定：“对于被判处拘役、三年以下有期徒刑的犯罪分子，同时符合下列条件的，可以宣告缓刑……”这三条规定意味着轻、重罪的划分标准是 3 年有期徒刑。③

（二）学界有关重罪与轻罪划分的理论观点

如上所述，以犯罪性质等犯罪的特定属性或者特征作为犯罪轻重的划分标准（通常被称为实质标准），基本上可以肯定是不可行的。于是，有学者主张，“从科学的角度和追求良法的角度看，应该以实质标准为主，以形式标准为辅。只有从实质标准出发，才能发现真正的‘严重犯罪’，从而为犯罪控制提供一个方向，为设计合理的犯罪控制政策提供智识支持”④。还有学者认为，罪行轻重的认定应当综合考察行为人的罪过、主观恶性、人身危险性、社会危害性、情节等因素。⑤ 这些观点最终还是坚持实质标准或者坚持以实质标准为主，因而也存在不足之处。事实上，根据但书规定，任何刑法规定的行为类型，均存在情节显著轻微危害不大的情形，所谓的绝对犯罪并不存在，这意味着划分犯罪之轻重，不可能以所谓的实质标准进行判断，只能根据具体的法定刑轻重来判断。当前，理论

---

① 《西班牙刑法典》，潘灯译，中国政法大学出版社 2004 年版，第 14－15 页。

② 张明楷：《刑法学》（上），法律出版社 2016 年版，第 92 页。

③ 黄开诚：《我国刑法中轻罪与重罪若干问题研究》，《现代法学》2006 年第 2 期，第 100 页。

④ 叶希善：《犯罪分层研究——以刑事政策和刑事立法意义为视角》，中国人民公安大学出版社 2008 年版，第 86 页。

⑤ 郑伟：《重罪轻罪研究》，中国政法大学出版社 1998 年版，第 62 页。

界也基本认同应当以法定刑作为犯罪轻重的划分标准。[①]

当然，由于法定刑是个宽泛的概念，具体应当以什么样的法定刑作为犯罪轻重划分标准，理论上存在不同见解。主要观点有以下两种。

1. 以 3 年有期徒刑作为轻重犯罪划分标准

以 3 年有期徒刑作为轻重犯罪划分标准，获得许多学者认同。如张明楷教授认为，“区分重罪与轻罪应以法定刑为标准，而不宜以现实犯罪的轻重为标准。但理论上与实践上对区分重罪与轻罪标准形成共识的时机并未成熟。从刑法的许多相关规定来看（参见刑法第 7 条、第 72 条），可以考虑将法定最低刑为 3 年以上有期徒刑的犯罪称为重罪，其他犯罪则为轻罪”[②]。对于轻罪与重罪的分界线以 3 年有期徒刑为宜的理由，有学者认为主要如下：一方面，我国刑法中的犯罪不仅定性，而且包含定量因素，刑罚整体比许多国家的刑罚起点高，相应地，重罪与轻罪的分界线也不宜定得过低，否则不适合我国重罪、轻罪划分的目的与性质。如果分界线定得太高，将无法起到对重罪的区别对待、在各项实体法及程序法制度上“重罪重处”的作用，失去重罪与轻罪划分的意义，也有悖于“宽严相济”刑事政策的要求。另一方面，这种抉择不仅有上述学者所提及的刑法总则一些条款以 3 年为界限的考虑，而且纵观刑法分则所有罪名，严重刑事犯罪的量刑起点一般都是 3 年，很大程度上说明了立法对犯罪轻重程度的区分倾向。因此，以 3 年作为重罪与轻罪的分界线，兼顾了总则与分则的罪、刑结构体系，有其现实基础，在刑事立法、司法两方面都具有较强的可接受性。[③] 还有学者认为，以 3 年有期徒刑作为轻重犯罪界分标准，乃根植于我国刑事立法同犯罪作斗争的实践经验及实际情况，并且具有立法依据，我国《刑法》第 7 条、第 8 条、第 72 条等的规定，就隐含着法定最低刑为 3 年或 3 年以上的罪行为重罪行，反之则是轻罪行的结论。[④]

2. 以 5 年有期徒刑作为轻重犯罪划分标准

有学者认为，应当以 5 年有期徒刑作为轻罪与重罪的划分界限，法定最高刑为 5 年以下有期徒刑的为轻罪，法定最高刑为 5 年以上有期徒刑的

① 笔者认为，法定刑标准才是真正的实质标准，而犯罪性质等反而应当属于形式标准。这是因为，法定刑轻重实质上就代表罪行轻重，而犯罪性质等并不代表罪行轻重，而只有罪行轻重才能表明犯罪的实质轻重。因此，罪行轻重属于犯罪轻重的实质依据，故而法定刑标准才是划分犯罪轻重的实质标准。

② 张明楷：《刑法学》（上），法律出版社 2016 年版，第 92 页。

③ 王文华：《论刑法中重罪与轻罪的划分》，《法学评论》2010 年第 2 期，第 32 页。

④ 黄开诚：《我国刑法中轻罪与重罪若干问题研究》，《现代法学》2006 年第 2 期，第 100 页。

为重罪。主要理由在于：一方面，作为国家最高司法机关的最高人民法院，其工作报告即是以5年而非3年作为标准统计其处理的轻重罪案件的。例如，2009年最高人民法院报告称："全国各级法院共审结刑事案件768 130件，判处罪犯1 007 304人，其中，判处五年以上有期徒刑至死刑的罪犯159 020人。"显然，依最高人民法院看，处刑5年以下的案件都属于罪行较轻的案件。既然宣告刑5年以下的案件都属于罪行较轻的案件，那么，法定刑5年以下的案件更应属于罪行较轻案件。另一方面，据统计，在刑法469个罪名中，有346个罪名（包括前述246个最高刑为3年以下的罪名）之罪行规定最高刑为5年以下有期徒刑的刑罚，占所有罪名的76.7%。这一比例与国内有的学者统计的德国刑法中轻罪行所占的比例大致相当。① 该观点还指出，"如果将来在立法上实然地明确以3年有期徒刑作为轻罪与重罪的分界线，并以此为依据，建立轻罪、重罪相应的实体、程序制度，则会使轻罪的范畴较为狭窄，也会使一些实际上罪行较轻的行为被纳入重罪范畴。据笔者统计，截止《刑法修正案（八）》，在刑法451个罪名中，有246个罪名之罪行规定有最高刑为3年以下有期徒刑（包括2年、1年以下）的刑罚，占所有罪名的54.5 %。这一比例虽然超过了一半，但仅刚刚超过一半，尚谈不上占绝大多数。因此，虽然以3年有期徒刑作为轻罪与重罪的划分界限在中国具有一定的制度基础，但是合理性较差。"② 对于上述观点所谓的刑事立法的依据，有学者认为，这种隐性的、"犹抱琵琶半遮面"的立法方式既缺乏统一性，显得零乱，也缺乏规范性，难以使公众和司法者真正树立犯罪有层级之分、不同程度的矛盾其解决方式也应不同的理念。论者主张，鉴于我国整个刑罚设置偏高偏重的现状，可将应处5年有期徒刑作为重罪轻罪的分水岭，即应处5年以上有期徒刑、无期徒刑或者死刑的犯罪为重罪，应处5年或者5年以下有期徒刑、拘役或者管制的犯罪为轻罪。③

（三）刑法之犯罪轻重类型和划分标准

1. 刑法之犯罪轻重类型

我国犯罪轻重类型之划分，必须立足于我国国情。总体而言，我国犯罪种类繁多，刑罚处罚范围宽泛。1979年刑法规定罪名有129个。1979年以来，为适应社会经济发展需要，我国刑法就开启了快速的犯罪化历程。1997年刑法修改施行后，根据1997年12月25日最高人民检察院发

①② 郑丽萍：《轻罪重罪之法定界分》，《中国法学》2013年第2期，第137-138页。

③ 卢建平、叶良芳：《重罪轻罪的划分及其意义》，《法学杂志》2005年第5期，第24页。

布《关于适用刑法分则规定的犯罪的罪名的意见》，共确定了 414 个罪名。这 18 年间增设罪名 285 个，平均每年增加约 15.8 个罪名。此后，我国刑法增设罪名进入稳步发展时期，主要表现为通过刑法修正案的形式，根据治理犯罪需要陆续增设相关罪名。截至目前，刑法规定的罪名有 469 个。可以预见，未来我国刑法中的罪名还会持续增加。

如此庞大的罪名体系，如何划分轻重类型确实需要慎重。如果说立足于刑事实体法、刑事程序法以及刑事政策等，需要对犯罪加以轻重类型之划分的话，那么具体如何划分则显然是个破费思量的课题。笔者认为，在具体如何划分犯罪的轻重类型上，一个重要的因素是需要考虑刑法的公平与效率。

对于刑事法治而言，公平与效率是绕不过去的两道坎。例如，在英美法系国家，犯罪控制模式与正当程序模式可以看作是公平与效率平衡、协调的结果。犯罪控制模式突出强调警察的权力，往往倾向于将打击犯罪放在首位；正当程序模式侧重为被怀疑或被提起一项犯罪指控的人提供程序性权利，强调以权利为中心。① 犯罪控制模式先关注对被判有罪者进行适当处置的运作效率，正当程序模式则旨在精确追溯。② 当前，兼顾制裁犯罪与程序正义是发展方向，这使对正当程序模式的要求，从最初的考虑最大化可靠性的模式，朝向相当不同和更为深远的多重价值发展。③

传统上，我国理论界更强调刑法的公平价值。“公正是刑法的首要价值，效率或曰功利是刑法的辅助价值。”④ 例如，刑法所确立的三个基本原则中，刑法面前人人平等原则和罪刑相适应原则就是以贯彻刑法公平为宗旨的。相对而言，人们对刑法效率重视不够，但这并不妨碍刑法立法与刑事司法受其影响。例如，自首、立功以及时效制度等，从功利的角度考量无疑是侧重效率的。相对来说，司法实践较为注重公平与效率的均衡。例如，刑法制定后相当长的时间贯彻的“严打”政策，就是刑事司法重视效率的体现。自 2005 年中央政法委书记罗干正式提出宽严相济的刑事政策后，刑事司法便侧重关注刑法的公平。此后，刑法修正案不断扩展犯罪圈，引发了人们对刑法效率的担忧。例如，许多地方法院为了应对日益增

① 〔美〕泽尔：《视角之变：一种犯罪与司法的新焦点》，狄小华、张薇译，中国人民公安大学出版社 2011 年版，第 61 页。

② 〔美〕帕克：《刑事制裁的界限》，梁根林等译，法律出版社 2008 年版，第 160 页、第 164 页。

③ 参见上书，第 166 页。

④ 黄祥青：《刑法视野中的公正与效率价值论析》，《上海市政法管理干部学院学报》2001 年第 4 期，第 40 页。

多的轻微刑事案件，出台了提高效率的办案机制。如山东省青岛市公、检、法三家联合制定了《关于轻微刑事案件快速办理机制的实施意见》，山东省莱芜市政法委、公、检、法、司等单位联合颁布了《关于建立轻微刑事案件快速办理机制的意见》。① 有的司法机关甚至建议："对于案件事实清楚，证据确实充分的，公安机关应当在刑事拘留 3 日内将案件移送审查起诉，检察院一般应在 2 日内公诉到法院，法院一般应在 2 日内对案件进行审理并作出判决。"②

立足于公平，对犯罪轻重之划分显然越具体、越细致越好，因为这样能够针对轻重不同的犯罪从实体法、程序法乃至刑事政策的角度尽量作出精致的裁判。立足于效率，则划分犯罪轻重类型不能面面俱到、过于琐碎，否则就容易陷入繁复的界分中难以自拔。立足于公平与效率的均衡，犯罪轻重类型的划分应当相对折中，既不可过于细化，亦不可过于粗简。有据于此，笔者认为可以考虑将犯罪划分成轻微罪、轻罪和重罪三种不同类型。这样的划分不但有利于兼顾刑法的公平与效率，而且从刑事实体法、程序法以及刑事政策的角度来考量，较之传统的重罪与轻罪两分法，相对而言更为科学、合理。

从《刑法》第 13 条但书规定来看，情节显著轻微危害不大的行为，不认为是犯罪。从语义逻辑的角度推断，可以构成犯罪的情形，即不属于情节显著轻微的情形应当包括情节轻微、情节较轻以及情节较重等。如果情节较轻对应轻罪，情节较重对应重罪，那么情节轻微显然被排除在外，这说明轻罪与重罪两分法与《刑法》第 13 条但书规定是不协调的。如果将犯罪划分为轻微罪、轻罪和重罪，则与《刑法》第 13 条但书规定较为契合，能够将可以认定为犯罪的不同情形（情节）包含在内。

就犯罪停止形态的处罚而言，三分法也较两分法更为合理。以未遂犯的处罚为例，在两分法中，无论是以 3 年有期徒刑还是以 5 年有期徒刑作为划分标准，对未遂犯都难以不给予处罚。因为即使是轻罪，在可以判处有期徒刑 3 年或者 5 年的情形下，从轻处罚仍然具有很大的调适空间，不处罚似乎说不过去；但是，如果划分为轻微罪、轻罪和重罪，情况就有所不同。对于未遂犯，按照以下原则处罚似乎更为合理：对于轻微罪的未遂犯，原则上不处罚，特殊情形可以给予处罚；对于轻罪的未遂犯，原则上

---

① 朱玉玲、金强星：《轻微刑事案件快速处理程序的效率保证》，《青岛科技大学学报（社会科学版）》2005 年第 1 期。

② 《关于提高危险驾驶案件诉讼效率的司法建议》，《山东审判》2013 年第 6 期。

处罚，特殊情形可以不给予处罚；对于重罪的未遂犯，一律给予处罚。

至于在程序法上，三分法较两分法也更容易对接。众所周知，刑事诉讼程序具体分为三类，即速裁程序、简易程序和一般程序。这三种程序在适用对象、审判庭的组成、审判程序以及审理期限等方面，均有所不同。可以说，这三种刑事诉讼程序在性质上完全不同，因而适用于不同类型的犯罪乃情理之中的事。这从另一个角度也说明，犯罪轻重的三分类型大致可以对应不同的刑事诉讼程序，因而较之两分法更为合理。

此外，从我国刑罚体系来看，三分法也较两分法相对合理些。在我国，尽管近些年来死刑罪名废除不少，但依然有数十个罪名可以适用死刑，这说明死刑和无期徒刑仍然是主要刑种。从非刑罚的处罚措施，到罚金等附加刑，再到管制、拘役及至死刑，我国刑罚体系的跨度仍然是极为宽泛的，即使放在世界范围内也是如此。在宽泛的刑罚制裁体系中，将犯罪划分为轻罪与重罪，则对应的轻罪与重罪之刑罚范畴依然是宽泛的，这无疑会给刑事政策之贯彻带来一定程度的不便利。相对来说，三分法无疑要好些。

总而言之，就当前刑法规定的犯罪现状及刑罚体系而言，无论从哪个角度来看，三分法较之两分法都具有相对合理性。

2. 刑法之犯罪轻重划分标准

既然将犯罪划分为轻微罪、轻罪以及重罪，那么如何确定它们之间的界限呢？笔者认为，可以立足于刑事诉讼程序，同时适当考虑刑法、刑事诉讼法等的相关规定，来确定三者之间的界限。

（1）轻微罪与轻罪，可以考虑以1年有期徒刑为划分标准

以1年有期徒刑作为轻微罪与轻罪的划分标准，主要依据是刑事速裁程序。2014年6月27日第十二届全国人民代表大会常务委员会第九次会议通过的全国人大常委会《关于授权最高人民法院、最高人民检察院在部分地区开展刑事案件速裁程序试点工作的决定》规定："为进一步完善刑事诉讼程序，合理配置司法资源，提高审理刑事案件的质量与效率，维护当事人的合法权益，第十二届全国人民代表大会常务委员会第九次会议决定：授权最高人民法院、最高人民检察院在北京、天津、上海、重庆、沈阳、大连、南京、杭州、福州、厦门、济南、青岛、郑州、武汉、长沙、广州、深圳、西安开展刑事案件速裁程序试点工作。对事实清楚，证据充分，被告人自愿认罪，当事人对适用法律没有争议的危险驾驶、交通肇事、盗窃、诈骗、抢夺、伤害、寻衅滋事等情节较轻，依法可能判处一年以下有期徒刑、拘役、管制的案件，或者依法单处罚金的案件，进一步简

化刑事诉讼法规定的相关诉讼程序。”在这里，立法确定适用速裁程序的，是依法可能判处1年以下有期徒刑、拘役、管制的案件，或者依法单处罚金的案件。而司法解释则对适用速裁程序的案件予以进一步具体化。2014年8月22日发布的最高人民法院、最高人民检察院、公安部、司法部《关于在部分地区开展刑事案件速裁程序试点工作的办法》第1条规定：“对危险驾驶、交通肇事、盗窃、诈骗、抢夺、伤害、寻衅滋事、非法拘禁、毒品犯罪、行贿犯罪、在公共场所实施的扰乱公共秩序犯罪情节较轻、依法可能判处一年以下有期徒刑、拘役、管制的案件，或者依法单处罚金的案件，符合下列条件的，可以适用速裁程序：（一）案件事实清楚、证据充分的；（二）犯罪嫌疑人、被告人承认自己所犯罪行，对指控的犯罪事实没有异议的；（三）当事人对适用法律没有争议，犯罪嫌疑人、被告人同意人民检察院提出的量刑建议的；（四）犯罪嫌疑人、被告人同意适用速裁程序的。”

实践证明，速裁程序大大提高了司法效率，节省了宝贵的司法成本，具有积极的现实意义。例如，2015年4月7日，广州市越秀区法院一上午被安排了3个案件的庭审，经庭前审查，三案均由一位法官独任审判。与以往开庭不同的是，当日三案均由法官通过视频，对3名羁押在看守所的被告人进行远程审理，越秀区检察院指派的检察员也通过视频与法庭连线，予以支持公诉并监督。庭审现场，被告人卢某某对于公诉机关指控没有异议，法官因此宣布此案适用简易程序。由于卢某某自愿认罪、对检察机关的起诉书、量刑建议都无异议，其愿望就是希望法院轻判，由此庭审过程省略了宣读起诉书、法庭调查、法庭辩论等环节，法官结合具体案情，当庭以贩卖毒品罪判决卢某某有期徒刑10个月。整个庭审过程共计用时5分18秒。

尽管2018年修改后的《刑事诉讼法》没有将速裁程序适用的案件限定为可能判处1年以下有期徒刑的案件，但这并不影响将1年以下有期徒刑作为轻微罪与轻罪的划分标准。另外，从刑法规定来看，最高刑为1年以下有期徒刑的罪名也是极少数，如侵犯通信自由罪、危险驾驶罪和偷越国（边）境罪等。其中，如果偷越国（边）境是为了参加恐怖活动组织、接受恐怖活动培训或者实施恐怖活动，处1年以上3年以下有期徒刑，并处罚金。这表明，将1年以下有期徒刑作为轻微罪与轻罪的界分标准，可以在犯罪性质上大大限缩轻微罪的范畴，使轻微罪在性质上名副其实。当然，在其他犯罪中，可以判处1年以下有期徒刑的情形还是很普遍的，而轻微罪的确定至少能够在一定程度上避免重刑化的倾向，有利于认识和理解同一性质犯罪的不同情形。

（2）轻罪与重罪，可以考虑以 5 年有期徒刑为界分标准

到底是以 3 年有期徒刑还是 5 年有期徒刑作为轻罪与重罪的界分标准，确实是个极为棘手的问题。如前所述，即使在传统的两分法中，在该问题上依然存在争议，可谓仁者见仁、智者见智。

就 3 年有期徒刑而言，似乎在刑法和刑事诉讼法上均存在一定的依据。在刑法中，第 7 条规定的属人管辖权之可以不予追究情形，便是以刑法规定的最高刑为 3 年以下有期徒刑为依据；第 8 条规定的保护管辖权之可罚情形，则以刑法规定的最低刑为 3 年以上有期徒刑为标准。同时，缓刑的适用对象亦包括 3 年以下有期徒刑的犯罪分子。此外，以 3 年有期徒刑作为法定刑升格条件的罪名也较以 5 年有期徒刑作为法定刑升格条件的罪名要多。至于在刑事诉讼法中，3 年有期徒刑在适用简易程序时也具有重要意义。根据刑事诉讼法规定，适用简易程序审理案件，对可能判处 3 年有期徒刑以下刑罚的，可以组成合议庭进行审判，也可以由审判员一人独任审判；对可能判处的有期徒刑超过 3 年的，应当组成合议庭进行审判。

但是，以 3 年有期徒刑作为标准，会导致重罪的范畴过于扩大，从而大大削弱犯罪轻重划分的功能和意义。在现行刑法规定的 469 个罪名中，最高刑为 3 年以下有期徒刑（包括 2 年、1 年以下）的刑罚，略微超过所有罪名的一半。如果将 3 年有期徒刑作为轻罪与重罪的界分标准，意味着轻罪（包括轻微罪在内）的比例较之重罪略占优，这意味着刑法将近一半的犯罪被确定为重罪，如此在情理上令人难以接受。如果以 5 年有期徒刑作为轻罪与重罪的界分标准，则 5 年以下有期徒刑（包括 3 年、2 年和 1 年）的轻罪所占比例在所有犯罪中占绝大多数，而重罪所占比例为少数，比较而言显然相对合理些。同时，如果以最低刑 5 年有期徒刑作为重罪认定标准，较之以最低刑 3 年有期徒刑作为重罪认定标准，相关罪名在刑法中所占比例要小得多，这就意味着在性质上重罪所占比例更小。如果考虑到最高刑为 1 年以下有期徒刑的轻微罪所占比例极小，那么在性质上更小比例的重罪也许更为合理些。①

另外，如果考虑到轻微罪与轻罪的划分标准是 1 年有期徒刑，那么以

① 当然，这并非意味着司法实践中重罪少见。因为，最低刑为 5 年以上有期徒刑的罪名，与可能判处 5 年有期徒刑的犯罪，完全是两回事。只要可能判处 5 年以上有期徒刑的，均可以认定为重罪，而这样的犯罪显然在司法实践中并非鲜见。

3 年有期徒刑作为轻罪与重罪的划分标准，会导致轻罪的范畴只能是 1～3 年有期徒刑，让人感觉轻罪范畴有龟缩之感，不尽合理。

综上所述，可以考虑将我国刑法规定的犯罪分为三类：轻微罪、轻罪和重罪。其中，轻罪是指依法可能判处 1 年以下有期徒刑（包括拘役、管制等）的犯罪；轻罪是指依法可能判处 1 年以上 5 年以下有期徒刑的犯罪；重罪是指依法可能判处 5 年以上有期徒刑、无期徒刑和死刑的犯罪。

第二节　我国刑罚体系的改革与完善

一、我国刑罚体系的形成与特征

（一）我国现行刑罚体系的形成

“刑罚体系，是指刑事立法者从有利于发挥刑罚的功能和实现刑罚的目的出发，选择一定的惩罚方法作为刑罚方法并加以归类，由刑法依照一定的标准对各种刑罚方法进行排列而形成的刑罚序列。”① 一国的刑罚体系的形成，总是受国家性质、文化传统、历史渊源及其所处的特定的历史发展阶段的影响。由于不同国家的国家性质、文化传统、历史渊源等可能存在不同，因而不同的国家往往具有不同的刑罚体系。即使是同一国家，如果所处的历史阶段不同，为了适应不同历史阶段社会发展的需要，也可能有着不同的刑罚体系。刑罚体系的差异，主要表现为刑罚体系所包含的刑种的多少不同、刑罚的分类不同以及刑罚方法的内容不同等。②

新中国成立初期，由于我国没有制定刑法典，各类刑罚主要见之于中央人民政府颁行的《惩治反革命条例》《惩治贪污条例》等单行刑事法规之中，主要包括死刑、无期徒刑、有期徒刑、劳役、拘役、管制、罚金、剥夺政治权利、没收财产等。“文化大革命”期间，新中国成立以来的监狱工作成就几乎被否定，刑罚的适用极其随意与泛滥，大批劳改干警遭到迫害，大批劳改单位被砍掉。全国劳改单位在这一时期被占用或交出的就达 50%。劳改工作的方针、政策被践踏，一些合理的规章制度被砍掉。③在这样的背景下，刑罚体系自然无从谈起。随着 1979 年我国第一部刑法典的颁行，具有中国特色的刑罚体系才正式宣告形成，这便是我国现行刑

① 高铭暄、马克昌主编：《刑法学》，北京大学出版社、高等教育出版社 2011 年版，第 328 页。
② 马克昌等主编：《刑法学全书》，上海科学技术文献出版社 1993 年版，第 178 页。
③ 王平：《中国监狱改革及其现代化》，中国方正出版社 1999 年版，第 54 页。

罚体系。根据刑法规定，我国现阶段的刑罚体系由主刑与附加刑组成。主刑是指适用于犯罪分子的主要刑罚方法，具体包括管制、拘役、有期徒刑、无期徒刑和死刑。主刑的特点是只能独立适用而不能附加适用。附加刑亦称从刑，是相对于主刑而言的、适用于犯罪分子的补充刑罚方法，具体包括罚金、剥夺政治权利和没收财产。附加刑的特点是既可以从属于主刑附加适用，也可以脱离主刑独立适用。除了主刑和附加刑之外，我国刑法还规定了专门适用于外国人的刑罚——驱逐出境。此后，我国分别于 1997 年、2011 年对刑法中的刑罚适用进行了适当修订，刑罚体系因此也作了相应的改进。不过，这些改进主要是在适用期限等微观方面的修改，至于刑罚种类等关乎刑罚体系的宏观框架等，依旧保留原貌。

（二）我国刑罚体系的主要特征

1. 我国现行刑罚体系以马列主义、毛泽东思想为指导思想，具有鲜明的中国特色

马列主义历来强调，“只有客观地考虑某个社会中一切阶级相互关系的全部总和，因而也考虑该社会发展的客观阶段，考虑该社会和其他社会之间的相互关系，才能成为先进阶级制定正确策略的依据”①。马克思就指出，在合乎人性的关系中，刑罚是犯了过失的人自己给自己宣布的判决，谁也想不到要去说服他，使他相信别人加在他身上的外部强力就是他自己加在自己身上的强力。② 在这里，马克思强调的是给予罪犯应有的处遇，主张施行刑罚首先应当承认罪犯也是人，而这样的刑罚理论在阶级社会中只能停留在抽象、想象的层面，真正实行这种理论几乎是不可能的。抽象的法律会被纯主观武断所代替，因为在每一个案件中如何使刑罚符合罪犯的个性，都得由官方人士来决定。这就意味着，社会主义的刑罚理论应当立足于罪犯去考虑对其施加的处罚，使其罚得其所。

在运用刑罚同犯罪分子作斗争的过程中，以毛泽东为首的老一辈无产阶级革命家非常注重马列主义在中国具体运用。一方面，惩治犯罪离不开生命刑、自由刑等传统刑罚；另一方面，惩治犯罪也需要结合中国国情，站在罪犯的角度去考量制裁措施的意义和效果，充分实现对犯罪人的个别化处遇，尽量给予罪犯改过自新的机会，彰显刑法的人道主义情怀。例如，1963 年毛泽东在接见阿尔巴尼亚总检察长谈话时就指出：我们相信

---

① 《列宁选集》（第 2 卷），人民出版社 1960 年版，第 602 页。

② 《马克思恩格斯全集》（第 2 卷），人民出版社 1957 年版，第 228-229 页。

人是可以改造过来的，在一定条件下，在无产阶级专政的条件下，一般说是可以把人改造过来的。[①] 马列主义、毛泽东思想中有关罪犯处遇的精神，充分体现在我国刑罚体系之中，从而赋予其浓厚的中国特色。管制和死刑缓期执行的创设，就是很好的例证。

管制是限制自由的刑罚，为我国独创。早在民主革命时期，就出现了管制，主要适用于“那些可以不判徒刑，但须剥夺一定时期的一部或全部政治权利并加以改造的罪犯”[②]。管制的存废，在我国刑罚发展史上存在过争议。主张废除的人认为，管制经过数十年情况已发生了很大变化，司法实践中存在着许多滥用管制的现象，管制运用的对象日趋扩大，并且一管制就是若干年，实际上形成管制无期，等等。主张保留管制的人认为，管制是我国刑法特有的一种刑种，也是同情节较轻的犯罪作斗争的必要刑种，是改造犯罪分子的有效方法。[③] 客观地说，管制刑的弊端，主要不在于其本身存在难以克服的缺陷，而在于具体执行上以及相关配套制度的缺失上。“管制刑存在的缺陷，并不是致命性的，而且主要的并不是其本身所有的，而是与之相配套的制度的问题。”[④] 笔者认为，在中国特有的入罪机制下，管制刑的存在是有其必要的。一方面，根据我国现行刑罚体系，由于剥夺特定的从业资格等不属于刑罚，如果没有管制刑，最轻的主刑当属拘役。这是一种剥夺人身自由的处罚，较之限制人身自由的管制处罚要严厉。另一方面，根据我国刑法规定，具有一定的社会危害性的行为可构成犯罪（社会危害不大的行为除外）。由于社会危害性不同，同样构成的犯罪在处罚上应有所不同。而管制的存在，能很好地为处罚不同社会危害性的行为提供更多的选择，体现了刑罚适用的灵活性、能动性、差异性与个别化，有利于贯彻罪刑相适应原则和实现刑法的公正。

死缓制度同样如此。死刑缓期执行是我国独创的刑罚，其与死刑立即执行同属于死刑，不过死缓保留了不执行死刑的可能性，故在一定程度上可以说两者是“生与死”的区别。在我国，人们对死刑的态度极为复杂，尽管主张废除的人越来越多，但赞成保留死刑的民间声音依旧很大。近些年来，通过国际公约、民主进程和外交手段，许多国家在废除死刑方面取得了显著的进步，可以说废除死刑作为一项“国际人权标准”得到全世界

---

① 金鉴主编：《监狱学总论》，法律出版社 1997 年版，第 485 页。

② 马克昌主编：《刑罚通论》，武汉大学出版社 1999 年版，第 175 页。

③ 高铭暄主编：《新中国刑法学研究综述（1949—1985）》，河南人民出版社 1986 年版，第 434 页。

④ 赵秉志主编：《刑法争议问题研究》，河南人民出版社 1996 年版，第 656-657 页。

的普遍接受。[①] 与此同时，绝大多数中国民众赞成死刑，对废除死刑持反对态度。“当问及对死刑的一般立场，不提及任何有关犯罪的类型和情节以及罪犯的特征时，58%的受访者支持死刑。与此保持一贯性，即使从反面问及他们关于废除死刑的态度时，仍有多数人支持死刑。”[②] 在这样的背景下，死刑缓期执行制度无疑成为废除死刑的社会潮流与赞成死刑的民间诉求的缓冲措施。通过尽可能地对判处死刑的案件适用死缓，能够逐步唤起社会对生命的珍重，减少民众对生命刑的依赖心理与惯性思维，为进一步推动废除死刑提供充分条件。可见，死刑缓期执行作为我国独创的刑罚制度，是有其历史使命和积极的现实意义的。

2. 我国刑罚体系强调惩罚与教育改造相结合，具有鲜明的时代烙印

新中国成立以来，在运用刑罚制裁犯罪的态度和观念上，惩罚始终是重要环节之一，甚至可以说在一定程度上处于主导地位。新中国成立初期，毛泽东同志在党的七届三中全会的报告中就明确指出：“必须坚决地肃清一切危害人民的土匪、特务、恶霸及其他反革命分子。在这个问题上，必须实行镇压与宽大相结合的政策，即首恶者必办，胁从者不问，立功者受奖的政策，不可偏废。”[③] 这里虽然提到“镇压与宽大相结合”，但不可否认镇压（惩罚）在其中的重要作用。新中国成立后相当长的一段时间内，惩罚一直是我国刑罚体系应当发挥的主要效用之一。

党的十一届三中全会以后，伴随着改革开放政策在我国的确立，新中国第一部刑法典颁布、施行。尽管刑法初步明确了我国的刑罚体系层级和架构，但惩罚依旧是刑罚应当发挥的核心功效之一，并在司法实践中得以贯彻落实。1981 年 6 月 13—14 日，中共中央批转印发《京、津、沪、穗、汉五大城市治安座谈会纪要》，提出了对严重危害社会的现行犯罪分子依法从重、从快惩处的方针。1982 年 3 月 8 日全国人大常委会通过了《关于严惩严重破坏经济的罪犯的决定》，旨在对严重经济罪犯依法从严惩处。同年 4 月，中共中央、国务院发布了《关于打击经济领域中严重犯罪活动的决定》，对打击经济领域中严重犯罪活动的斗争作了重要部署。1983 年 9 月 2 日全国人大常委会通过了《关于严惩严重危害社会治安的犯罪分子的决定》，强调对严重危害社会治安的犯罪分子依法予以从重从快惩处。

---

① 〔英〕罗吉·胡德、卡罗琳·霍伊尔：《死刑的全球考察》（第 4 版），曾彦等译，中国人民公安大学出版社 2009 年版，第 43 页。

② 武汉大学刑事法研究中心、德国马普外国刑法与国际刑法研究所：《中国死刑态度调研报告》，元照出版有限公司 2010 年版，第 35 页。

③ 《建国以来的毛泽东文稿》（第 1 册），中央文献出版社 1987 年版，第 395 页。

这些纪要以及决定，充分说明了刑罚的惩罚功能在司法实践中居于主导地位。

刑罚的惩罚功能，还表现在我国刑法及司法实践对待死刑的态度上。由于死刑是剥夺生命的刑罚，因而从性质上讲其主要功能是惩罚而非教育。因此，以刑法对死刑的规定与司法实践判处死刑的案例为依据，是可以看出国家对刑罚的惩罚功能的依赖的。客观地说，死刑在我国的运用还是具有一定的普遍性的。毛泽东同志曾经指出，“对于有血债或其他最严重的罪行非杀不足以平民愤和最严重地损害国家利益者，必须坚决地判处死刑，并迅即执行”①。这可以看作在特定历史阶段国家对死刑的倚重。近些年来，国际上废除死刑的国家和地区越来越多，废除死刑的呼声也空前高涨。在这样的背景下，我国废除死刑的罪名逐步增多，司法实践中执行死刑的案件也逐渐减少。但是，在未来相当长的时间内，死刑在我国仍然将得以保留。“保留死刑的政策是党和国家根据我国的政治、经济的发展状况、犯罪态势以及传统的文化价值观念而提出的刑事政策。……在现实情况下和今后相当长的时期内，适当保留一些严重犯罪的死刑依然是符合我国国情的死刑政策。”② 死刑的保留，可以看作是发挥刑罚的惩罚功能的主要依据之一。

教育改造也是我国刑罚的重要功能之一。毛泽东同志在《实践论》中指出，无产阶级和革命人民改造世界的斗争，包括实现下述任务：改造客观世界，也改造自己的主观世界。所谓被改造的客观世界，其中包括了一切反对改造的人们。③ 早在解放战争时期，我党就十分注重对罪犯的劳动教育和改造。“解放区在对罪犯的教育改造工作中，把抗战时期作为监所三大教育之一的劳动教育突出了起来，不仅在监所生产的规模上、管理制度上有了较大的发展，而且开始把监狱之外的劳动队作为独立的执行徒刑的机关。”④ 1954 年 9 月政务院公布《劳动改造条例》则明确规定，制定该条例是为了惩罚一切反革命犯和其他刑事犯，并且强迫他们在劳动中改造自己，成为新人。刑法典颁行后，进一步明确了劳动教育和改造是刑罚的重要功能。如 1979 年《刑法》第 41 条规定：“被判处有期徒刑、无期徒刑的犯罪分子，在监狱或者其他劳动改造场所执行；凡有劳动能力的，实行劳动改造。”第 43 条规定：“对于应当判处死刑的犯罪分子，如果不

---

① 《毛泽东选集》(第 5 卷)，人民出版社 1997 年版，第 140 页。
② 马松建：《死刑司法控制研究》，法律出版社 2006 年版，第 38 页。
③ 《毛泽东选集》(第 1 卷)，人民出版社 1991 年版，第 296 页。
④ 薛梅卿主编：《中国监狱史》，群众出版社 1986 年版，第 380 页。

是必须立即执行的，可以判处死刑同时宣告缓期二年执行，实行劳动改造，以观后效。”

我国刑罚体系强调惩罚与教育改造相结合，体现了鲜明的时代特色。在历史上，中国共产党就十分重视惩前毖后、治病救人。新中国成立前，我党对于那些社会危害确实严重、屡教不改的敌对分子，会予以坚决惩治，打击其嚣张气焰，这往往会起到良好的社会效果。同时，对待敌对分子也不能一味强调惩罚，绝对地将这些人推向对立面。凡是社会危害不大或者能够反悔且改过自新的罪犯，应当进行教育改造，尽力争取，使其成为服务于党的事业的新人。新中国成立后，我党对待罪犯的态度在一定程度上保留了革命根据地时期对待敌对分子的态度，即施加刑罚时注重惩罚与教育改造相结合。一直以来，强调惩罚与教育改造相结合的刑罚体系，不但在理论上得到人们的一致肯定，在司法实践中也得到很好的贯彻和提倡，并在刑法典中得到充分体现。

3. 我国刑罚体系结构相对合理、层级分明

我国刑罚体系自形成以来，在结构上就比较合理。根据 1979 年刑法规定，主刑由管制、拘役、有期徒刑、无期徒刑和死刑组成，这样就形成了由限制自由刑到生命刑的结构较为完整、科学的刑罚体系。同时，刑法还规定了罚金、剥夺政治权利和没收财产 3 种附加刑，作为主刑必不可少的补充，在一定程度上弥补了主刑的缺陷与不足。总体而言，这样的刑罚体系还是具有相对合理性的，相当长的一段时间内在司法实践中发挥了积极的作用。另外，我国刑法还规定了针对外国人适用的刑罚——驱逐出境。在刑罚之外，1979 年《刑法》第 31 条、第 32 条还规定了赔偿经济损失、训诫、责令具结悔过、赔礼道歉、赔偿损失，或者由主管部门予以行政处分等处罚措施。

我国刑罚体系呈现出层级分明、轻重有别、错落相间的特点。例如，根据 1979 年刑法规定，主刑由管制、拘役、有期徒刑、无期徒刑和死刑组成，形成了由限制自由刑直到生命刑的轻重有别、层级分明的严密体系。其中，管制为限制自由刑，期限为 3 个月以上 2 年以下。拘役和有期徒刑为剥夺自由刑，前者期限为 15 日以上 6 个月以下，后者期限为 6 个月以上 15 年以下。通过分析不难看出，虽然死缓在性质上属于死刑，但其与剥夺生命的死刑立即执行却有所不同，既保留了罪犯判处死刑立即执行的可能性，也给罪犯求生留有余地，因而本质上属于介乎无期徒刑和死刑立即执行之间的处罚方式，是生与死之间的“缓冲阀”。可见，从拘役至死刑立即执行，其间的衔接十分紧凑，层级分明。就管制与拘役的刑期

而言，虽然单纯就刑期而言落差较大，但考虑到管制属于限制自由刑，与剥夺自由刑不可同日而语，因而轻重也是分明的。

另外，1997 年刑法修改时，将拘役的最低刑期由 15 天修改为 1 个月；《刑法修正案（八）》则对死缓减刑后的执行刑期作了相应修改。这些修改无疑使刑罚之间的衔接更为紧凑、合理。例如，管制虽属限制自由刑，但其最长刑期为 2 年，这与拘役的最低刑期 15 日相比，相差太大，这很容易使人产生管制与拘役的刑期衔接较为勉强的感觉。将拘役的最低刑期修改为 1 个月，虽然说在刑期的衔接上未必就很合理，但至少较之修改之前更具有说服力。同样，《刑法修正案（八）》对死缓减为有期徒刑的修改也使自由刑与生命刑之间的衔接更为紧凑。根据 1997 年刑法规定，对于判处死缓的犯罪分子，如果确有重大立功表现，2 年期满以后，减为 15 年以上 20 年以下有期徒刑；《刑法修正案（八）》将此修改为：如果确有重大立功表现，2 年期满以后，减为 25 年有期徒刑。确实，如果考虑到刑法还规定有减刑制度，那么判处死缓的犯罪分子经过减刑后，实际执行的刑期可能就只有 10 年左右，这与有期徒刑的上限明显错开，很不合理。修改后死缓的实际执行刑期，至少也应为 15 年左右，这样就与有期徒刑的最高刑相衔接了，其合理性不言自明。

二、我国现行刑罚体系的主要缺陷与不足

（一）缺乏维度，导致刑罚适用张力不足

理论界一般认为，我国目前的刑罚体系不但要素齐备、结构和内容合理，而且方法人道、宽严相济、衔接紧凑。① 客观地说，仅从形式上看认为我国刑罚体系结构和内容合理、层级分明、衔接紧凑等，尚且说得过去。但是，评价刑罚体系的优缺，显然不能就事论事。有学者就指出，我国刑罚体系存在以下缺陷：与轻重罪分层不合理；确立标准模糊欠妥；背离刑罚结构演变逻辑；不符合刑罚、刑种制配机理；易弱化附加刑的独立地位；实际适用的效应也不佳。② 这种说法未必客观，但有其中肯之处。如果以但书规定为视角来审视我国刑法规定的刑罚体系，就会发现存在以下缺陷与不足。

首先，从纵向上来看，我国刑罚体系具有封闭性，缺乏合理的层级，

① 赵秉志主编：《当代刑法学》，中国政法大学出版社 2009 年版，第 329 页。

② 孙道萃：《我国刑罚体系改革的现代化坐标：以检视主附加刑模式为支点》，《广西政法管理干部学院学报》2012 年第 5 期，第 26 页。

难以适应惩罚不同层级的犯罪需要。

我国现行刑罚体系由主刑和附加刑组成，具体包括 5 种主刑、3 种附加刑以及对外国人适用的驱逐出境，共 9 种刑罚。就主刑而言，有期自由刑无疑处于主导地位，除极个别犯罪（如危险驾驶罪）外，几乎所有的犯罪都规定了有期徒刑。“结合刑法的其他具体规定以及司法实践的实际情况，不难看出，这是一个以自由刑为中心的传统刑罚体系。”① 相对来说，处于两端的刑罚如死刑或者管制等，无论是刑法规定还是司法适用则要少得多。这使刑罚结构或者刑种体系呈现出“两头小、中间大”即中型刑罚居多的“橄榄型”模式，相比于“洋葱头型”“蜡烛台型”模式，更有利于刑罚目的的实现和机能的发挥。② 但是，这样的层级划分与犯罪显得有些不协调。

在司法实践中，犯罪总是呈现金字塔型，即由轻罪到重罪逐步递减。这主要表现在两个方面：一是就全部犯罪而言，总是轻罪居多重罪居少。司法实践中许多刑法规定的行为类型，诸如扒窃等轻微盗窃犯罪以及醉酒驾驶等轻罪，就占有非常大的比例。二是就个罪而言，总是轻微犯罪居多较重犯罪居少。例如，在司法实践中，小偷小摸行为较之严重盗窃犯罪要少很多。既然如此，侧重有期自由刑显然难以适应惩罚犯罪的需要。而且，随着社会的进一步发展以及入罪标准的降低，这样的不适应将越来越明显。就附加刑而言，也存在层级与结构上的不合理之处。例如，剥夺资格刑仅限于剥夺政治权利，就欠合理。从现代社会分工的日益专业化以及种类繁多的资质与资格的现状出发，仅仅将剥夺资格刑限定为剥夺政治权利是远远不够的。“我国的资格刑只限于剥夺政治权利，远远不能满足刑事司法需要。”③

另外，就主刑与附加刑之间的层级结构来看，也存在明显不合理之处。例如，司法实践中逐利性犯罪是非常普遍的，轻微犯罪也占多数。对这些犯罪，从惩罚的效果来看适用罚金刑等附加刑未必就比适用自由刑效果差。可见，将罚金刑规定为附加刑是否合理值得商榷。这也说明我国现行刑罚体系具有封闭性特征，且不同刑罚之间缺乏合理的层级，难以适应不断发展变化的司法实践的需要。轻微犯罪需要适用轻微刑罚，逐利性犯罪需要加大财产刑的适用，而这些在我国现行刑法中并不能有效体现出

① 王晨：《刑罚体系的多元中心》，《法学》1993 年第 6 期，第 11 页。

② 姜涛：《“宽严相济”刑事政策的制度基础与价值边界》，《法商研究》2007 年第 1 期。

③ 郜占川：《我国现行刑罚体系之批判及完善进路管见》，《西部法学评论》2009 年第 6 期，第 135 页。

来，这样就容易破坏罪刑的均衡性。“在特定的社会条件下，刑罚大体上能够保持与所有犯罪的均衡性，即刑罚所剥夺或者限制的犯罪人的合法权益，基本上能与犯罪人从犯罪中获得的非法收益或者受益保持等价关系。”① 不能保持罪刑均衡，刑罚的效果将大打折扣，这显然是不妥的。

其次，从横向上看，我国刑罚体系厚此薄彼，具有重刑化倾向。

如前所述，我国刑法配置刑罚是以自由刑为中心的，即限制或者剥夺自由刑发挥主导作用。在这种体系中，附加刑无疑处于辅助地位。这就意味着，在我国现行刑法体系中，侧重通过对犯罪人自由与生命的限制或者剥夺来惩罚犯罪，而剥夺资格或者罚没财产等处于次要地位，这明显具有厚此薄彼的重刑倾向。即便在自由刑体系中，也同样存在重刑倾向。例如，管制和拘役是相对较轻的主刑，但刑法在配置刑罚时，很少有罪名可单独适用这两种刑罚，两者通常是作为有期徒刑的选择刑种来规定的。又如，我国刑法对死刑的依赖，也是其重刑化倾向之一。从立法来看，我国1979年《刑法》分则规定死刑的条文有15条，涉及罪名28个，而在1981年以后，我国先后颁行20多个单行刑法中大量增加了死刑的规定，使我国死刑的适用范围和适用对象急剧扩大。1997年修订刑法时，立法机关尽管注意并考虑到了这一重刑主义倾向，但修订后的刑法仍然有60多个罪名规定了死刑。②

（二）侧重惩罚力度与社会秩序维护，难以适应现代刑事法治的需要

我国现行刑罚体系对自由刑和生命刑的倚重，与重视刑法的社会秩序维护机能是分不开的。在中国历史上，千百年来，在统治者观念中，犯罪人始终处于国家和社会的对立面，在遭受严刑峻法处遇的同时，也备受社会排斥。这种观念在当代中国社会中依旧存在，从刑罚的结构与体系以及司法判决对犯罪人的处罚中就能略见一斑。“在司法实践中，绝大多数犯罪分子都被判处了剥夺自由刑。究其原因，不外以下几点：一是报应思想根深蒂固，二是重刑思想阴魂不散，三是过分相信监狱、劳改机关改造罪犯的功能。”③ 强调惩罚的力度以及刑法的社会秩序维护机能，必然导致刑法在保障人权方面有所不足，难以适应社会经济发展的需要。

保障人权是刑法最基本的职能之一，强调保障人权业已成为我国社会主义法治的重要内容之一，我国宪法与刑事诉讼法先后规定要尊重和保障

---

① 黄晓亮：《论完善我国现行刑罚体系的原则与思路》，《当代法学》2010年第1期，第104页。

② 高铭暄、赵秉志：《刑罚总论比较研究》，北京大学出版社2008年版，第27页。

③ 王晨：《刑罚体系的多元中心》，《法学》1993年第6期，第11页。

人权。如《宪法》第 33 条就规定："国家尊重和保障人权。"又如，刑事诉讼法规定的对律师辩护权的充分保护、非法证据排除制度、不得强迫任何人证实自己有罪等，无不体现出对人权的尊重和保障。因此，在刑法中以保障人权为侧重点，既是个人本位观的具体体现，也是建设现代刑事法治国的内在要求。"刑法的价值构造应当顺应时代潮流的发展，调整刑法的人权保障机能与社会保护机能之间的关系与比重，刑法机能从社会保护机能向人权保障机能倾斜，加重刑法的人权蕴涵。只有这样，才能在刑法中科学地界定个人与社会的关系，避免不适当地限制个人自由，以赋予个人最大限度的活力。"①

然而，就我国刑法规定来看，显然其还没有达到充分保障人权的地步。一方面，近些年来入罪标准一再下沉，已经显示出侧重报应的倾向。另一方面，刑法对受刑后的犯罪人没有相应的救济措施，也是不重视人权保障的表现。例如，随着入罪标准的下沉，犯罪圈越来越大。众所周知，行为人一旦被贴上犯罪标签，将面临许多限制，且备受社会歧视。例如，根据相关法律规定，犯过罪的人会面临一些职业的准入限制，如司法资格等。这等于一朝犯罪将终生受限，即便犯罪人回归社会后表现再好也枉然。这种标签化的处遇后果，显然不利于保障人权。

（三）刑种相对单一，不同刑种之间衔接不紧密，制约了刑罚的具体运用

我国现行刑罚体系从总体上看能基本适应我国国情，在司法实践中也发挥了一定的作用。但是随着我国经济和社会的发展，我国的刑罚体系已显现出一些缺陷与不足。

首先是刑种相对单一的问题。我国刑法将刑罚分为两类：主刑与附加刑。从数量上看两者相加也不过 8 种，从性质上看不外乎生命刑、自由刑、财产刑和资格刑。这对于纷繁复杂的犯罪现象而言，显然是不够的。我国刑法还规定了不少非刑罚的处罚措施，如训诫或者责令具结悔过、赔礼道歉、赔偿损失、行政处罚或者行政处分等。不过，这些规定并不表明刑法对犯罪的处罚方式更为多元化。赔偿损失、行政处罚或者行政处分等事实上并不属于单独针对犯罪进行的制裁措施。事实上，由于犯罪轻重有别及其种类多元化，理应在刑罚结构上也体现出轻重有别以及多元化特征。遗憾的是，我国现行刑罚结构显然没有达到这一要求。

其次是不同刑罚之间衔接也不甚紧密。例如，我国刑法规定管制的刑

① 陈兴良：《刑法的价值构造》，《法学研究》1995 年第 6 期，第 12 页。

期是 3 个月以上 2 年以下，而拘役的刑期是 1 个月以上 6 个月以下。这样的衔接是否合理呢？我们可以初步推断一下：以先行羁押折抵刑罚为依据，管制由于属于限制人身自由的刑罚，先行羁押 1 日折抵刑期 2 日；拘役属于剥夺人身自由刑罚，先行羁押 1 日折抵刑期 1 日。以此为依据，可以看出管制与拘役的衔接并不是很紧密。当然，尽管我们可以说限制与剥夺人身自由不能简单折算，这也不能证明两者是衔接紧密的。又如，我国刑法规定的有期徒刑最高为 15 年，一般数罪并罚只有 20 年，根据《刑法修正案（八）》的修改，数罪并罚总和刑期超过 35 年有期徒刑时，最高执行期为 25 年，由于存在减刑与假释制度，实践中罪犯往往服完一半刑期即可能被释放，最短为 12 年半；由于存在减刑，无期徒刑名义上是终身监禁，但罪犯服刑满 13 年就有可能被假释。至于死刑，如果被判死缓，一般都会减为无期徒刑，有的还会减为有期徒刑［根据《刑法修正案（八）》的修改，限制减刑的除外］。这样就形成了“生刑过轻，死刑过重”的刑罚轻重不协调的局面，也正是由于从死刑到死缓以至无期徒刑之间存在着很大的真空，对准确量刑造成了一定困难，有时甚至是不得不适用死刑。① 不难看出，我国不同的刑罚在刑期的相互衔接上，确实存在一些缺陷与不足。

三、我国刑罚体系改革的基本方向

（一）改革现有的多元化、含混型的制裁体系

在劳动教养（以下简称劳教）废止前，对犯罪的制裁实质上存在三元体系：行政强制处罚、劳动教养和刑罚。其中，前两种处罚措施规定在行政法律法规之中，刑罚则规定在刑法之中。由于这三种制裁措施均可以适用于具有一定社会危害性的轻微犯罪行为，并且它们分别作为不同性质的处罚规定在不同的部门法之中，故而我国对犯罪的惩罚体系实际上属于多元化、含混型制裁体系。

目前，我国的行政强制处罚主要有收容教育、收容教养、强制隔离戒毒、强制医疗、社区矫正等制裁措施。这些制裁措施期限长短不一，但从其惩罚力度来看有时并不亚于管制、拘役等刑罚。以收容教育为例，1991 年，第七届全国人大常委会通过《关于严禁卖淫嫖娼的决定》，授权公安机关对卖淫嫖娼者“强制集中进行法律、道德教育和生产劳动，使之改掉恶习”，具体办法由国务院制定。2011 年国务院修订的《卖淫嫖娼人员收

① 李希慧主编：《刑法修改研究》，武汉大学出版社 2011 年版，第 83 页。

容教育办法》(下称《办法》),规定收容教育工作由公安部主管。收容教养的期限是6个月至2年,主要是对卖淫嫖娼人员集中进行法律教育和道德教育,组织参加生产劳动,以及进行性病检查、治疗。这样,收容教育就成为公安机关惩治卖淫嫖娼人员的重要措施之一。问题在于,其长达6个月至2年的收容教育期限,在严厉程度上丝毫不亚于管制和拘役两种刑罚。如果考虑到可能面临的其他行政处罚,那么有时对卖淫嫖娼施加的处罚较之轻微犯罪的要严厉得多。这样的制裁力度,绝对是较一般轻微犯罪要重的。收容教育等处罚措施,在一定程度上替代刑罚成为惩治轻微犯罪的手段之一。

当前,劳教业已被废止,相应地,对犯罪制裁的三元体系变换为二元体系,即行政强制处罚与刑罚并行。但是,由于收容教育等行政强制措施依然存在,因而其不可避免地分担着本应由刑罚制裁的对部分轻微犯罪的惩罚任务。与劳教一样,这些行政强制制裁措施也具有审批程序简单、作出处罚决定任意、被处罚对象开放等特点,很容易纵容肆意侵犯人权现象的发生。关键在于,其存在不但使刑罚与行政强制处罚之间的界限变得模糊,而且容易诱发行政机关绕开严格的刑事诉讼程序变相制裁轻微犯罪行为,影响刑罚适用的权威与统一。因此,对于这种多元化、含混型的制裁体系,必须进行相应的改革。

(二)在维护社会秩序与保障人权并重的情形下,以保障人权为主导

社会秩序维护机能与人权保障机能是刑法的两大基本机能。在我国历史上,由于历来奉行刑法的权威与严厉并以之作为维护统治阶级利益的重要手段,因而维护社会秩序始终属于刑法的核心机能,人权保障往往被忽视。在崇尚集团本位的封建法律体系中,维护家权、族权与王权,是全部法律制度的核心,其中王权又是其他一切集团利益的终极目标。在封建法律体系中,除非与家权、族权与王权一致,否则个人几乎没有自由和权利可言。为了维护统治秩序,封建统治者往往运用极其残酷严苛的刑罚打压个人,致使在我国传统法律文化中,秩序始终是法律追求的终极目标。"中国传统法律的集团本位不仅普遍存在于国家法律中,还深刻影响到有别于国法的家法族规中。"① 既然处罚以维护社会秩序为核心,那么个人利益是不可能在这样的法律体系中得到重视的。"自古迄近代,中国从来就没有过独立自主自由的公民身份,从来未曾以个人为本体或本位。"②

① 张中秋:《中西法律文化比较研究》,中国政法大学出版社2006年版,第56页。
② 范忠信:《中西法文化的暗合与差异》,中国政法大学出版社2001年版,第287页。

时至今日，随着人们的人权意识的觉醒，集团本位观较之封建社会要淡化得多，刑法对人权的保障越来越得到社会关注。但是，必须承认，在今天的司法实践中，受工具主义刑法观的影响，维护社会秩序依然主导着刑法机能的实现。如前所述，我国刑罚体系依然具有重刑倾向，这显然是工具主义刑法观的直接体现，也是重视刑法的社会秩序维护机能的标志。同时，从刑法分则对个罪的刑罚规定来看，也体现出重刑主义倾向。例如，在刑法分则中，不少犯罪的起刑点很高，如背叛国家罪的最低刑是10年有期徒刑，绑架罪、组织卖淫罪、强迫卖淫罪等的起刑点是5年有期徒刑。如此重的处罚，是否能够客观地揭示这些犯罪的社会危害性，显然是个疑问。这种重刑主义倾向，与崇尚集体本位论的观念不无关系，其结果便是有时会损害公民个人权益，不利于实现刑法的人权保障机能。值得欣慰的是，在我国现行各部门法中，个体的权利和义务越来越受到重视。在现代法制中，一切公民都应享有同等的政治、经济和文化等各方面的权利，在法律上体现为对公民独立人格的保护和肯定。原来以家庭集体为主导的权利和义务模式已经解体，以单独的个体为出发点和落脚点的权利和义务模式已经在法律制度层面上得到确立。① 个人本位法律观在我国现行法律体系中的确立，为刑法侧重人权保障打下了坚实的基础。

保障人权是现代刑事法治国的核心命题之一，是一国法治文明进步的重要标志，在当代世界各国普遍受到重视。我国先后签署了两个重要的国际人权公约，即《经济、社会及文化权利国际公约》和《公民权利和政治权利国家公约》，这两个国际公约为刑法侧重保障人权奠定了基础。2009年9月，在伊斯坦布尔召开的第18届国际刑法大会通过大会决议，重申了保障人权的必要性，并将具有约束力的国际人权规范和标准，上升到与宪法规范和标准具有同等效力的地步。② 这无疑为我国刑法侧重人权保障指明了方向。我国为了切实履行国际公约规定的义务，包括宪法在内的相关法律对保障人权均作了特别规定，无疑为刑法侧重人权保障提供了法律依据。

特别值得提出的是，2013年11月12日中国共产党第十八届中央委员会第三次全体会议通过的《中共中央关于全面深化改革若干重大问题的决定》重申“国家尊重和保障人权”，这表明“尊重和保障人权”业已成为

---

① 王新举：《论法律制度存在的社会现实基础——以从集团本位到个人本位的变迁为例》，《黑龙江省政法管理干部学院学报》2008年第5期，第21页。

② 《国际刑法大会决议》，赵秉志等译，中国法制出版社2011年版，第164-165页。

国家深化改革的目标之一。尊重和保障人权，就必须淡化刑罚的制裁功能，侧重刑罚的矫治功能，以尊重犯罪人的权益保护为主导，建立轻缓适宜、张弛有度的刑罚体系。“我国刑法改革的价值取向应当是淡化对刑罚威慑功能的崇尚、重视刑法导引功能的发挥。在刑法理念上，树立刑法的导引功能比威慑功能更重要的思想，摈弃重刑主义的思维定式，破除对重刑在遏制犯罪中的作用的迷信；在刑法的规范设置和实际适用上，把改革的重心放在法网的严密性上而不是刑罚的严厉性方面，用刑罚较轻但是疏而不漏的法网来取代刑罚较重但是又疏又漏的法网。”① 因此，在对我国刑罚体系加以改革时，必须以人权保障为主导，指引刑罚结构和体系的改革，使我国刑罚制度真正为建设现代刑事法治国家发挥更积极的作用。

（三）在坚持惩罚与教育改造相结合的基础上，注重刑罚效能的实现

惩罚功能是刑罚最古老、最原始的功能。“刑罚是惩罚犯罪人的手段，它以剥夺犯罪人一定的权益为内容，同时包含着国家对犯罪人的否定评价。所以受到刑罚处罚，必然使犯罪人感受到相当的痛苦。”② 然而，惩罚犯罪并非毫无代价。一方面，制裁犯罪需要国家投入成本，表现为从侦查到审判的整个环节需要一定的司法资源，这些都有赖于国家的高额投入。另一方面，惩罚犯罪人本身也是对国家和社会的一种消耗，无论是被判处死刑的犯罪人还是被判处其他刑罚的犯罪人，因为接受制裁而不能参与社会活动，这实质上也是社会的一种“内耗”。此外，如果惩罚不能使犯罪人产生负罪感而是引起其不满，那么惩罚的效果将有可能激起犯罪人对社会加倍仇视，这对国家和社会无疑是一种潜在威胁。因此，如何以最小的支出，即少用甚至不用刑罚，达到有效的控制和预防犯罪的目的，实现刑罚效果和社会效益最大化，是刑罚结构与体系改革不得不考量的内容。

对犯罪人的惩罚，重点关注的是已然之罪及其社会危害，是对过去之恶的否定与谴责。虽然说惩罚也能够产生威慑效果，使潜在犯罪人不敢轻易以身试法，但这不过是刑罚的效果之一。事实上，从防止犯罪的角度来看，因惩罚而产生的威慑效果毕竟是消极、被动的，是建立在人们害怕、畏惧遭到报应的基础上的，其效果远没有社会公众自觉抵制犯罪那么明显。只有让包括犯罪人在内的所有公民真正意识到犯罪之弊，自觉接受惩罚以及国家通过刑罚禁止犯罪的规诫，刑罚的效果才是积极、主动的，也

① 张智辉：《刑法理性论》，北京大学出版社 2006 年版，第 303 页。
② 马克昌主编：《刑罚通论》，武汉大学出版社 1999 年版，第 45 页。

是最有效的。“刑罚的目的既不是要摧残折磨一个感知者，也不是要消除业已犯下的罪行。……刑罚的目的仅仅在于：阻止罪犯不再重新侵害公民，并规诫其他人不要重蹈覆辙。”① 因此，施加刑罚不能仅仅关注惩罚的力度，还要施以必要的教育改造，使犯罪人意识到自己犯罪之错，并力争成为有益于国家和社会的人。不过，即使坚持惩罚与教育改造相结合，也并非意味着刑罚能产生最佳效能。因为无论是惩罚还是教育改造，都是掌握刑罚权的国家站在自己的立场上考量的。要想使刑罚产生最佳效果，还必须站在犯罪人的立场去思考刑罚的效果。“为了设计一套最佳刑事制裁方案，我们需要一个罪犯行为模型。”②

在多数场合下，犯罪人实施犯罪的动因主要源自他对犯罪的预期收益超过其预期成本。对于犯罪人而言，“其收益是来自犯罪行为的各种不同的有形（在金钱获得性犯罪中）或无形（在所谓的情欲性犯罪中）的满足。而其成本包括各种不同的现金支出（购置枪支、盗窃工具、面罩等）、罪犯时间的机会成本和刑事处罚的预期成本”③。不难看出，对于犯罪人而言，刑罚的成本只是其实施犯罪需要考虑的因素之一，而非全部。由于不同的犯罪人实施同一犯罪其成本构成可能不一样，这会对刑罚的效果产生直接影响。例如，在我国，将醉酒驾驶以犯罪论处，其效果对于公职人员以及一般人就截然不同的。这是因为，醉酒驾驶需要接受的刑罚制裁——拘役由于刑期并不长，因而对于遏制醉驾行为并无多大帮助。但作为犯罪的效果——可能导致剥夺特定职业的从业权，则对不同的人群产生不同的效果。对于公职人员而言，由于犯罪关涉能否继续从事公职，醉酒驾驶关乎饭碗乃至生存，因而其效果十分明显。但是，对于一般人而言，由于没有公职的约束，较短的刑期并无明显作用。问题在于，公职人员醉驾本来就比率很小，因而醉驾入罪主要针对的是一般人。如果醉驾入罪对一般人的效果并不明显，加上导致司法成本提升十分明显，故醉驾入罪形式意义大于实质意义，或者说其刑罚效能并不高。

社会的发展使经济犯罪、行政犯罪等所占据的比例越来越大，相应地，侵犯生命健康权益的犯罪所占的比例越来越低，这就意味着以生命刑和自由刑为主导的刑罚结构必将发生变化。同时，文明的进步要求国家和社会越来越理性并人道地对待犯罪，而不能一味仰赖于惩罚与威慑，这就要求刑罚体系必须与时俱进适应文明进步的需要。而犯罪圈的不断扩大以

---

① 〔意〕贝卡里亚：《论犯罪与刑罚》，黄风译，中国大百科全书出版社 1993 年版，第 42 页。
②③ 〔美〕波斯纳：《法律的经济分析》，蒋兆康译，法律出版社 2012 年版，第 312 页。

及施加刑罚投入的成本不断增加，又将迫使国家在制裁犯罪时必须考虑司法成本与刑罚效率。所有这些因素，都是在改革刑罚结构与体系时需要推敲和考虑的。只有经过这种推敲和考虑，刑罚结构与体系才是持久、高效的。“刑罚和实施刑罚的方式应该经过仔细推敲，一旦建立了确定的对应关系，它会给人以一种更有效、更持久、更少摧残犯人躯体的印象。”①

四、我国刑罚体系的完善

劳教废止以及对收容教育、收容教养、强制隔离戒毒等制度加以改革后，其适用对象中轻微犯罪的部分，原则上应当纳入刑法的规制之列。在认定犯罪时，根据《刑法》第 13 条但书的规定，应避免将情节显著轻微危害不大的行为认定为犯罪。这样，就必须对现有刑罚体系进行必要的改革和完善，具体包括宏观完善和微观完善。

（一）我国刑罚体系的宏观完善

1. 构建一元化多层级刑罚体系

尽管在法理上刑罚与行政处罚界限分明，但是在法律法规以及司法实践中，行政处罚侵蚀刑罚“固有领域”的现象并不少见。在司法实践中，收容教育、收容教养、强制隔离戒毒等限制或者剥夺人身自由的行政处罚，其期限以及严厉程度较之管制、拘役甚至较轻的有期徒刑，均毫不逊色。这样的行政处罚显然在侵蚀着刑罚的“生存空间”，导致刑行不分，甚至出现重复处罚的现象。

以强制隔离戒毒为例，根据《禁毒法》规定，吸毒成瘾人员有下列情形之一的，由县级以上人民政府公安机关作出强制隔离戒毒的决定：拒绝接受社区戒毒的；在社区戒毒期间吸食、注射毒品的；严重违反社区戒毒协议的；经社区戒毒、强制隔离戒毒后再次吸食、注射毒品的。强制隔离戒毒的期限为 2 年，可延期 1 年。从性质上看，强制隔离戒毒无疑属于有条件剥夺人身自由的处罚，其最多长达 3 年的期限在严厉程度上远较管制、拘役要重。同时，强制隔离戒毒在与因犯罪判处刑罚的具体衔接上，也存在不少问题。公安部《公安机关强制隔离戒毒所管理办法》第 65 条规定：“戒毒人员被依法收监执行刑罚、采取强制性教育措施或者被依法拘留、逮捕的，强制隔离戒毒所应当根据有关法律文书，与相关部门办理移交手续，并通知强制隔离戒毒决定机关。监管场所、羁押场所应当给予必要的戒毒治疗。刑罚执行完毕时、解除强制性教育措施时或者释放时强

---

① 〔意〕贝卡里亚：《论犯罪与刑罚》，黄风译，中国大百科全书出版社 1993 年版，第 42 页。

制隔离戒毒尚未期满的，继续执行强制隔离戒毒。”然而，司法实践中的衔接往往并非如此。有人就指出：“刑罚执行完毕、被解除强制性教育措施或被释放时，即使强制隔离戒毒未期满，上述执行机关往往一放了之，而没有再次移送回原来的戒毒所。尤其是异地执行时，异地执行机关出于节约成本、避免移送过程中的安全隐患以及程序烦琐等原因，将吸毒人员移送回原戒毒所继续执行强制隔离戒毒的不多。这在实际上将原为2年的强制隔离戒毒期缩短了，被强戒人员往往半年甚至更短时间就能出来。”①

收容教养也存在类似问题。我国《刑法》第17条规定：“因不满十六周岁不予刑事处罚的，责令他的家长或者监护人加以管教；在必要的时候，也可以由政府收容教养。”据此，收容教养制度指根据法律尤其是刑法的相关规定，对因不满16周岁不予刑事处罚的未成年人采取的强制性教育改造措施。这一规定表明，收容教养虽然规定在刑法中，却并不属于刑事处罚，如果联系公安部在《关于对不满十四岁的少年犯罪人员收容教养问题的通知》中指出的，对未满14岁的人也可以收容教养，则等于肯定了收容教养的行政处罚性质。事实上，在收容教养仍由地级以上人民政府公安机关决定的情况下，应当将收容教养的性质界定为“行政强制措施”②。另外，根据公安部《关于少年犯管教所收押、收容范围的通知》规定，收容教养的期限一般为1至3年。不难看出，收容教养的严厉性是不亚于部分刑罚的，这使虽然刑法对不满16周岁的人没有给予刑事处罚，但实际上处罚强度反而更大。而且，根据公安部《关于对少年收容教养人员提前解除或减少收容教养期限的批准权限问题的批复》规定，如果收容教养人员在收容教养期间有新的犯罪行为，则实际执行期限可达4年。这意味着不管被收容教养人员所犯罪行为何，其收容教养期限最多延期1年。一方面，因轻微犯罪不够刑事处罚被收容教养，其期限可达3年；另一方面，即使再犯罪只要不够刑事处罚，即使犯罪并不轻微，收容教养最多延期1年。其中的矛盾可见一斑。

其实，不仅是强制隔离戒毒、收容教养，其他行政强制措施如上述收容教育等都存在类似问题。这种二元处罚体系，严重削弱了刑法的统一与威严，使刑罚与行政处罚之间的界限变得模糊不清，给司法实践带来许多困惑。“刑法援引《治安管理处罚法》的处罚规定来处罚罪犯，而《治安

---

① 吴加明、陈钢：《强制隔离戒毒与其他限制人身自由强制措施的衔接》，《上海政法学院学报（法治论丛）》2004年第1期，第54页。

② 薛畅宇、刘国祥：《论改革和完善收容教养制度》，《中国人民公安大学学报》2004年第4期，第68页。

管理处罚法》不具刑事执行法的性质，这无异于承认对罪犯的处罚得依赖于处罚非犯罪人的行政处罚措施来完成，从法理上讲，这种做法是错误的。”① 因此，改革现有的二元处罚体系，构建一元处罚体系便成为我国刑罚体系改革的必然选择。问题在于，如何改革现有的二元处罚体系并构建一元处罚体系呢？

劳教废止后，学界提出各种补充或者完善相关制度的建议。具体包括两种形式：一是纳入刑法中予以规范。如有学者认为保安处分是劳动教养制度的改革方向②，应当实现保安处分的法治化。③ 有学者认为以刑法修正案的形式实现由刑法规范劳动教养制度，确立兼具实质合理性与形式合理性的劳动教养法规范体系。④ 二是设立专门制度加以替代。如有学者认为将劳动教养去罪化，不能作为违警罪、轻罪、保安处分等规定在刑法典中，应以“强制性教育措施”替代之⑤；有学者提出以社区矫正制度作为劳动教养制度的替代制度具有必要性和现实可行性⑥；还有学者建议劳教废止后，应当建立独立的社会防卫处遇制度，对具有一定社会危害或者危险性的行为进行社会防卫。⑦ 无论是纳入刑法规范体系还是设立专门的替代制度，主张劳教事由分流是多数学者的共识。“建议把现有的劳教事由分流处理，有步骤地把劳教事由逐渐纳入刑法、治安管理处罚法和其他行政法等部门法中，以实现劳教制度的顺利废除。”⑧

上述措施均有其可取之处，亦存在不足。事实上，劳教废止后究竟采取何种后续措施，不能一概而论，应当结合社会转型时期我国的现状进行综合考量。我国处于社会转型时期，各种不良现象频发。如果将劳教对象一律纳入刑法中规范，这样做虽然在一定程度上能避免适用的随意性和混乱性，却有扩大犯罪圈之嫌。且保安处分等与劳教不可同日而语，不足以解决劳教对象的转化问题。至于设置强制性教育措施、社区矫正制度、社会防卫处遇制度等专门制度以弥补劳教废止留下的缺漏，似乎也不可取。

---

① 王利荣：《我国刑罚体系结构再协调问题之思考》，《法商研究》2011 年第 3 期，第 101 页。

② 刘仁文：《保安处分：劳动教养制度的改革方向》，《中国党政干部论坛》2013 年第 1 期。

③ 时延安：《劳动教养制度的终止与保安处分的法治化》，《中国法学》2013 年第 1 期。

④ 魏东：《以刑法修正案形式规范劳动教养——侧重于劳动教养制度的实体法完善研究》，《北方法学》2013 年第 1 期。

⑤ 莫洪宪、王登辉：《从劳动教养事由的类型化看制度重构》，《法学》2013 年第 2 期。

⑥ 江国华、周紫阳：《劳动教养制度废除背景下的社区矫正制度建设》，《湖南社会科学》2014 年第 1 期。

⑦ 汪红：《劳教取消后可设新防卫体系》，《法制晚报》2013 年 11 月 6 日。

⑧ 莫洪宪、马东丽：《刑罚和行政处罚的衔接与协调应对——以劳动教养制度的废除为视角》，《河南财经政法大学学报》2014 年第 1 期，第 40 页。

人们担忧的最大问题是，很难避免这些制度成为变相的劳教制度。因为对于强制性教育措施、社区矫正制度以及社会防卫处遇制度等，如果不进行严格、有效的规制，重蹈覆辙将在所难免。有学者就指出，“特别关注两个问题，一个是类似于劳教这种非法限制人身自由的场所必须废除，比如说‘法制教育中心’、‘法制教育基地’、‘洗脑班’必须要废除；第二是防止出现新的劳教性替代措施，尤其是防止新的立法，比如前段时间比较热的‘社区矫正法’，我们认为不能制造出新的不叫‘劳教’，而行‘劳教’之实的立法。否则废除劳教措施没有意义”①。实质上，从学者们的建言来看，无论是适用的对象还是程序等，尚没有人提出截然有别于劳教制度且行之有效的替代制度，这充分说明上述替代制度之不可行。可见，如何将劳教对象合理地分流到刑法、治安管理处罚法和其他行政法等部门法中，并非容易的事，弄不好会出现上述两种制度所具有的弊端。

笔者认为，不管是业已废止的劳教，还是现存的收容教育、强制隔离戒毒等行政处罚，均存在限制或者剥夺人身自由期限较长的特点，在适用对象上可以是轻微犯罪者，在严厉程度上并不亚于管制、拘役甚至较轻的有期徒刑。这使这些行政处罚措施在适用对象上与刑罚有交叉之处，在处罚上与刑罚也存在重合与冲突之处。因此，要想改革二元处罚体系，构建一元的犯罪处罚体系，就必须将限制或者剥夺一定期限人身自由的行政强制措施一律纳入刑罚体系中。这样，就可以保证对轻微犯罪的处罚一律实行刑罚化，从而排除在刑罚之外另有处罚犯罪的制裁措施，使行政处罚的适用对象限定在行政违法行为上。这样一来，除非被收容或者强制戒毒者本人愿意，收容教育、收容教养、强制隔离戒毒等的适用期限就不能太长。具体操作时，可以参照相关刑罚的期限酌情而定。例如，由于拘役的最低刑期是1个月，那么剥夺人身自由的行政强制处罚期限就不能高于1个月，以保证行政处罚与刑罚的有效衔接。这样做既能保持刑罚及其处罚对象具有一致性，又能避免肆意假借行政处罚之名行刑罚处罚之实的现象滋生。其实，劳教以及收容教育等是针对特殊对象适用的特定制度，允许在特定情形下对特定人群采取强制措施，在一定的历史时期也有其必要性。虽然法治社会需要规范剥夺人身自由等较为严厉的处罚措施，但法治社会所否定的不是剥夺自由本身，而是非法和任意剥夺。② 这些行政处罚措施无论从适用主体还是从适用对象上，都很难保证使公民的人身自由权

---

① 《中国正式废止劳教引媒体热议》，《参考消息》2013年12月30日。

② 魏晓娜：《走出劳动教养制度的困局：理念、制度与技术》，《法学》2013年第2期。

益不被非法和任意剥夺，纳入刑罚体系显然可以有效避免非法和任意剥夺人身自由权益的现象发生，因而其积极意义不容否定。另外，之所以将“被收容或者强制戒毒者本人愿意”接受限制或者剥夺较长期限的人身自由排除在刑罚体系外，是因为在当事人自愿放弃权益的情形下，无论如何处罚均不能被认定为具有刑罚处罚的性质，故而另当别论。

2. 建立自由刑与矫治刑为中心的刑罚体系，注重实现刑罚的效能

在古代社会，对犯罪人的惩罚讲究“刑不可知，威不可测”，因而极端残忍、暴戾的刑罚往往得到统治者的青睐。这就不难理解，以身体刑、生命刑为中心的刑罚体系，自从产生以来一直到清末都长盛不衰。19 世纪以来，两次鸦片战争的爆发，西方列强用武力打开中国的大门以后，强迫清王朝接受了一系列不公平的司法制度，我国原有的完整司法主权遭到践踏。而太平天国起义以及清末各种阶级矛盾的大爆发，进一步破坏了濒临崩溃的原有社会秩序，严重危及清王朝的统治。在这样的社会背景下，以沈家本为代表的改革派清醒地意识到要想立足于世界之林，必须取长补短，兴利除弊。据此，沈家本系统地阐述了他对刑法改革的观点。“他主张将传统法律中的苛法酷刑全部删除，如凌迟、枭首、戮尸等等，提倡刑罚的人道主义；主张取消连坐，实行罪止其身；取消特权，实行法律平等；取消比附类推，实行罪行法定。沈家本将这些符合当时世界刑法发展趋势的思想融入《大清新刑律》的制定过程中，使《大清新刑律》完全以一种崭新的姿态呈现在世人面前。”① 沈家本改革刑法，无疑动摇了几千年来以身体刑、生命刑为中心的中国刑罚体系，从此以自由刑为中心的刑罚体系在中国得以确立。“肉刑的存在是中国封建刑法的主旋律。清末刑法改制运动的兴起，掀起了中国近代以自由刑为中心的刑罚体系的改革热浪。建构以自由刑为中心的刑罚体系是清末刑法改制之必然要求和结果。”②

和以身体刑、生命刑为中心的刑罚体系相比，以自由刑为中心的刑罚体系无论是严厉程度还是执行方式都有很大的改观，刑罚由侧重威严、残酷逐步向轻缓、人道化转变。从人类文明进步的方向来看，自由刑代替身体刑、生命刑成为刑罚的主导虽然说是进步，但随着社会的不断发展，其弊端也逐渐显现。从效率上看，自由刑并不能令人满意。首先，人们对监

① 高浣月：《中国古代社会变迁与刑事政策的调整》，载张晋藩主编：《社会转型与法律变革研究（古代部分）》，中国政法大学出版社 2010 年版，第 353 页。

② 徐岱：《中国刑名及刑罚体系近代化论纲》，《吉林大学社会科学学报》2001 年第 6 期，第 19 页。

狱等场所改造罪犯的效果越来越持怀疑态度。其次（也是更重要的），自由刑要支付巨额的设施和管理成本，是国家财政和纳税人的一个沉重负担。现在很多人在反思自由刑的经济性，改造自由刑或以其他刑罚方式取代自由刑的主导地位被提上日程，特别是随着经济犯罪、行政犯罪在犯罪中的比例不断攀升，自由刑的局限愈发明显。例如，对于危险驾驶、涉毒犯罪等，显然难以通过判处自由刑达到预期目的。对于危险驾驶而言，驾驶行为本身就是有风险的，即便法律要求行为人须通过严格的考核拿到驾驶证照才能驾驶，这种危险也难以避免。除非剥夺行为人驾驶资格，否则很难有其他可行的办法杜绝危险驾驶与交通肇事犯罪的发生。

遗憾的是，到目前为止，我国刑罚体系仍然局限于刑法规定的主刑和附加刑，矫治刑并没有得到应有重视。如果说近些年国家对犯罪人矫治有所重视的话，也是在《刑法修正案（八）》中略有体现。"《修正案（八）》的上述规定并非确认社区行刑的某些不合理现象，而是旨在全面启动和完善犯罪人人格调查和评估制度。长期以来，司法行政机关作为行刑机关向人民法院提交犯罪人调查评估报告一直缺乏法律的支持或者明确的要求，而《修正案（八）》的此项规定正是为了改变这一现状。"① 当然，虽然说《刑法修正案（八）》规定了社区矫正，但社区矫正也只是作为一种执行方式而非刑罚措施出现的，其在一定程度上不过是刑罚的附属措施而已。至于罚金刑，虽然适用较为广泛，却始终处于附属地位，往往附属于主刑并科适用，这限制了其应有效能的发挥，特别是在单位犯罪中尤为明显。至于资格刑等，则因被限定为政治权利的剥夺而广受质疑，其效能也大打折扣。

因此，完善刑罚体系，必须改变以自由刑为中心的刑罚体系之现状，逐步建立起以自由刑和资格刑、矫正刑为中心的刑罚体系。一方面，科刑不能仅仅局限于关注已然之罪的社会危害性，也应当关注促成未然之罪的人身危险性，并以消除行为人的主观恶性作为防治犯罪的出发点和归宿。"长期以来，反映已然之罪的社会危害性被认为是科刑的唯一根据。而今，在强调这一根据的同时，反映未然之罪的人身危险性也逐渐受到重视。科刑时不仅应当顾及犯罪的社会危害性，还应同时顾及罪犯的人身危险性。刑罚基本理论的发展强烈呼唤着现存刑罚体制的变革：刑罚体系应该由单一中心的传统模式中解脱出来，并向多元中心的方向发展。"② 另一方面，

---

① 王利荣：《我国刑罚体系结构再协调问题之思考》，《法商研究》2011 年第 3 期，第 103 页。

② 王晨：《刑罚体系的多元中心》，《法学》1993 年第 6 期，第 11 页。

在现代社会，随着经济犯罪和行政犯罪在整体犯罪中所占比例越来越大，矫正刑较之自由刑在某些方面更利于实现刑罚的目标和价值。“社区判决最好地代表了一个有效地应对犯罪和失序的尝试，这种尝试是通过运用依靠交往、说服、影响、训练和积极的帮助以及在保留和相对少地使用有限制的强制权力的方法。这些方法可能有非常广泛的应用，并且将至少教给我们一些有用的教训。”① 建立以自由刑和资格刑、矫正刑为中心的刑罚体系，关键在于恰当调适生命刑、自由刑与资格刑、矫正刑的比例。“按照威慑与矫正并重的刑法目的与刑罚功能考量，在具体安排各种刑罚要素的比重时，应当使着重体现威慑性的死刑、无期徒刑和长期徒刑等重刑，与着重体现矫正性的短期徒刑、管制、拘役、教养、社区服务、财产刑和资格刑等轻刑的比例关系保持大体相当，使死刑、自由刑、财产刑、资格刑形成轻重不等、彼此衔接、功能互补的严密的刑罚结构。”② 改革的最终目标，是改革传统的以自由刑为中心的橄榄型刑罚体系，建立以资格刑、矫正刑为底基、以自由刑为次层的金字塔型刑罚体系。

3. 建立前科消灭制度，充分保障有犯罪前科的人的权益

我国《刑法》第 100 条第 1 款规定：“依法受过刑事处罚的人，在入伍、就业的时候，应当如实向有关单位报告自己曾受过刑事处罚，不得隐瞒。”这便是前科报告制度。前科报告制度的规定，等于要求犯过罪的人在入伍、就业时将自己的犯罪记录公之于众，部队以及用人单位由此对应征、应聘者进行合理的评估与录用，多了一种参考与选择，其积极意义值得肯定。但是，立法者疏忽的是，在我国社会生活中，犯罪无疑具有标签化特征，一朝犯罪终生不得从事特定职业如公务员等，不但规定在相关法律法规之中，也植根于现实生活中。犯罪人即使在刑满释放后，也会持续地遭到社会歧视，其再社会化受到严重影响。

在司法实践中，就有人因为曾经犯罪而在就业、生活等方面遭受歧视。例如，刘某因年轻气盛，酒后替哥们儿出气，伤害一人，曾被判处有期徒刑 1 年。某企业来刘某所在的县招工，刘某在用工条件如年龄、文化程度、身体状况等方面均无问题，但因曾经有过犯罪记录而没被录用。③虽然说用人单位以“无犯罪记录证明”为录用的门槛是不妥当的，然而现实就是这样残酷。中国青年报曾刊发一篇报道，报道的主人公韩某说过这

① 〔英〕雷诺、〔英〕范斯顿：《解读社区刑罚：缓刑、政策和社会变化》，刘强、王贵芳译，中国人民公安大学出版社 2009 年版，第 163 页。

② 赵秉志主编：《刑罚体系结构的改革与完善》，北京师范大学出版社 2012 年版，第 18 页。

③ 《拒招有犯罪记录的人是否涉嫌就业歧视》，《检察日报》2010 年 12 月 11 日。

样一段话："我现在宁愿再进去。在监狱，至少不用操心养活自己，一个月还有 3 元钱工资，在监狱也够了。可现在出来了，我连养活自己都做不到。"① 这段话道出了一个刑满释放的人生活之路的艰辛。显然，对于国家而言，要想改变有前科的人再社会化的不利状况，改变人们观念上的偏见，远没有通过设定某种制度以实际效果消除歧视与偏见那样现实、有效。如果说在以身体刑、生命刑或者自由刑为中心的刑罚体系中，轻微犯罪因其范畴受到限制而不足以引起关注的话，那么在以自由刑和资格刑、矫治刑为中心的刑罚体系中，轻微犯罪因占据较大比率而没有理由被忽视。而因轻微犯罪导致特定资格或者权利被永久剥夺，显然更不公平。因此，构建以自由刑和资格刑、矫治刑为中心的刑罚体系，有必要建立前科消灭制度，这样可以保证在犯罪圈扩张后，最大限度地限制刑罚给犯罪人带来的弊端，充分保障有前科的人的权益。

前科消灭需要满足一定的条件，具体包括时间条件和表现条件。时间条件亦称形式条件，是指消灭前科的时间限制。有学者提出，时间条件"可以分别情况作不同规范：一是对受有罪宣告但未被判处刑罚的前科的消灭规定一个所需经过的时间；二是对被判处缓刑的前科的消灭规定适当的所需经过时间；三是对被单独判处附加刑的前科的消灭规定适当的所需经过时间；四是对被判处刑罚且执行完毕或被赦免的前科的消灭规定适当的所需经过时间，具体应根据原判刑罚的轻重确定几个不同档次的所需经过时间"②。表现条件又称实质要件，是指前科人的表现，主要是指前科者在法律规定的特定时间内是否有良好的表现，即是否再犯新罪。如果行为人表现良好，未再犯新罪，在法定期间过后，则可要求解除前科。③

目前，我国并没有建立前科消灭制度，司法实践中相关制度建设是从特定对象，即未成年人开始的。其法律依据是《刑法》第 100 条第 2 款规定，即"犯罪的时候不满十八周岁被判处五年有期徒刑以下刑罚的人，免除前款规定的报告义务"。自 2003 年河北省石家庄市首次试行未成年人前科消灭制度以来，各地纷纷开展了未成年人前科消灭制度的实验，进行着不同方式的探索与尝试。④ 然而，即便是针对未成年人的前科消灭制度，在司法实践中的执行状况也存在诸多问题，并不能达到预期的效果。"目

① 郑琳：《我不想再犯罪》，《中国青年报》2000 年 6 月 7 日。

② 马克昌主编：《刑罚通论》，武汉大学出版社 1999 年版，第 714 页。

③ 房清侠：《前科消灭制度研究》，《法学研究》2001 年第 4 期，第 92 页。

④ 于志刚：《前科消灭制度司法探索模式的批判性反思》，《法学评论》2013 年第 3 期，第 27 页。

前国内关于未成年人前科消灭模式的探索中，不可否认地带有某种程度的'司法作秀'味道，部分地区存在着手段与目的、初衷与效果背道而驰的尴尬局面。"① 事实上，不仅是针对未成年人，就是针对成年人也迫切需要建立前科消灭制度。前述韩某的现实遭遇，就充分说明犯过罪的人是如何"被逼上梁山的"，这从另一方面也说明了建立全面、系统的前科消灭制度的重要性。

（二）我国刑罚体系的微观完善

1. *增设矫正刑与资格刑，充分发挥刑罚的改造与矫治功能*

构建以自由刑和资格刑、矫正刑为主的刑罚体系，就必须发挥资格刑、矫治刑在司法实践中的作用。在我国现行刑法体系中，资格刑与矫治刑的作用相对有限。以资格刑为例，一方面，我国的资格刑仅限于剥夺政治权利，其适用范围非常窄。根据《刑法》第 54 条规定，政治权利具体包括选举权和被选举权，言论、出版、集会、结社、游行、示威自由的权利，担任国家机关职务的权利和担任国有公司、企业、事业单位和人民团体领导职务的权利。这四种资格对于一般人而言可谓极少发生关联，是否被剥夺影响甚微。另一方面，诸如驾驶资格、医生执业资格、会计师资格、税务师资格等常见的从业资格，因被排除在刑法规定的资格刑之外，故犯罪对这些资格并没有直接影响。此外，我国现有的资格刑主要是针对自然人的，针对单位的资格刑处于空缺状态，故增设单位资格刑是有必要的。单位犯罪的资格刑，可根据单位犯罪的性质、情节严重程度，配置以下几种资格刑：限制从事业务活动；停业整顿；强制撤销等。② 因此，适当增加资格刑的内容，对于充分发挥刑罚的教育改造功能具有积极意义。

至于矫治刑，我国刑罚体系中几乎没有其地位。管制从本质上来说属于自由刑，考虑到刑法规定"对判处管制的犯罪分子，依法实行社区矫正"，因而将之纳入矫治刑也说得过去。问题在于，管制在司法实践中的矫治效果十分有限，乃至于屡遭批评。管制刑的实施效果不理想主要表现在两个方面：一是我国一直保持着较低的管制适用率；二是管制适用效果不佳，公安机关对于管制的执行不够到位，一些管制犯实际处于失控状态，群众监督也难以落实。③ 于是，有学者主张增设社区服务刑。"可吸取社会服务令的合理之处，在我国刑法中规定强制社会服务，即判处犯罪

① 于志刚：《前科消灭制度司法探索模式的批判性反思》，《法学评论》2013 年第 3 期，第 27 页。

② 房清侠：《刑罚变革探索》，法律出版社 2013 年版，第 174 页。

③ 吴宗宪等：《非监禁刑研究》，中国人民公安大学出版社 2003 年版，第 472 页。

人在一定期限内从事公益的社会服务，从而改进管制，增强其强制性。”①笔者认为，有必要建立系统的矫治刑体系，同时将管制刑纳入矫治刑体系之中，使之不再成为独立的主刑。

特别值得提出的是，如果将犯罪划分成轻微罪、轻罪和重罪三种类型，那么增设矫治刑对于轻微罪而言意义重大。因为，轻微罪本来就是情节轻微、危害较轻的犯罪，在缺乏矫治刑的情况下，适用传统的主刑或者附加刑，很多时候并不能与其犯罪性质相匹配。而且，从刑法效果上看，轻微罪在很多时候只是由小的疏忽或者不良习性等造成的，判处矫治刑更能够对症下药，刑罚效果也更为明显。这也是为什么西方国家扩大使用矫治刑的主要原因所在。例如，对于轻微的醉酒型危险驾驶罪的犯罪人，让其通过周末服务令等形式，亲临现场观察、体会醉酒驾驶的危害及其带来的严重后果，较之判处几个月的监禁或者罚金，效果可能会更佳。因此，从犯罪之三分法以及贯彻速裁程序等角度来看，增设矫治刑也是很有必要的。

需要注意的是，虽然《刑法修正案（八）》规定了社区矫正，但只不过是刑罚执行的方式之一，并非确定其为刑罚，因而不能说明我国已在设置矫治刑上取得进展。总体来看，我国刑罚体系中矫治刑的缺乏是一大短板，不利于对越来越多的轻微犯罪的矫治与防范，完善刑罚体系很有必要适当增设矫治刑。

2. 完善现有刑种的主次定位，充分发挥既有刑种的功效

在我国刑罚体系中，主刑和附加刑的划分标准从来就不是人们关注的话题，理论上对之也鲜有探究。但是，这并不等于人们对主刑与附加刑的划分没有疑问，其中尤以罚金刑最为突出。人们对于罚金等财产刑缘何“沦落”为附加刑，历来存在不少争议。在笔者看来，罚金的惩罚与威慑力度以及适用率无疑是其中的重要原因。

财产刑通常不具有生命刑和自由刑那样的惩罚与威慑力度，但显然不可绝对化。因为，对于贪利型犯罪而言，有时财产刑可能较之生命刑和自由刑更具有威慑力。例如，当行为人获取报酬的能力较为低下时，判处罚金数万元就比判处 3 年有期徒刑可能更具有威慑力。在适用率方面，罚金刑也几乎可以与某些自由刑相媲美。毕竟，在当今经济犯罪比重不断攀升的情形下，罚金刑在司法实践中运用之频密是不争的事实。例如，从福建省龙海市人民法院 2007—2011 年刑罚适用情况来看，以罚金刑为核心的

① 吴宗宪主编：《中国刑罚改革论》（上册），北京师范大学出版社 2011 年版，第 143 页。

财产刑的适用比例分别为 33.18%、36.50%、39.56%、40.78% 和 43.68%。[1] 不难看出，罚金等财产刑在司法实践中的适用不但所占比例较大，且连年呈现不断增长的态势。与罚金刑的高适用率不同的是，其执行率却异常的低。例如，福建省永春县人民法院 2009 年公布的数据显示，虽然该院刑事案件的罚金刑适用比例高达 46.03%，在审结的刑事案件中占了很大一部分，但实际执行情况不甚理想。5 年里该院判处财产刑的 765 名被告人中的 193 名外来人员当中，只有 20 名被告人履行了罚金刑，履行率只有 10.36%。[2] 造成这种现象的原因无疑是多方面的，其中与罚金刑处于附加刑的地位不无关系。因为，在犯罪者看来，既然已经执行主刑，那么附加刑的执行便可有可无；在执行机关看来，在执行主刑的情况下，附加刑是否执行显然无大碍。

罚金刑的功效没有得以充分发挥，与前述管制等短期自由刑难以发挥应有功效，无疑形成鲜明对比。笔者认为，要想充分发挥罚金刑的功效，很有必要对之加以改革与完善。具体做法是提升罚金刑在体系中的地位，将之作为主刑。“1950 年国际刑法及监狱会议一致认为，罚金是代替短期自由刑的较好刑罚，一些国家法律允许法官可根据案件的具体情况，自由决定是否对该处短期自由刑的罪犯易处罚金。”[3] 同时，还需要进一步扩大罚金刑的适用范围，对所有贪利型犯罪都应该配置罚金刑，对某些非贪利型犯罪如侮辱罪、诽谤罪以及过失犯罪等，也可配置罚金刑。在罚金刑的适用方式上，应当改变选择制或者并科制为主的模式，代之以单科为主的模式。

3. *完善现有刑种的期限设置，使不同刑种之间实现有效衔接*

在我国现行刑罚体系中，主刑的刑期之间缺乏应有或者必要的衔接与协调，是显而易见的事实。除了管制与拘役之间的衔接有些莫名其妙外，在有期徒刑、无期徒刑以及死刑之间，刑期的设置也是存在问题的。例如，我国刑法规定有期徒刑的最高刑为 15 年，显然是偏低的。从世界各国刑法的规定来看，规定有期监禁最高刑期为 20 年以下的属于少数，多数规定为 20 年及以上。“一罪的最高刑期的规定，不满 20 年的看来偏低，因为即使判处最高刑，考虑到不少刑法存在减刑、假释的规定，可能执行不到 10 年罪犯就释放出狱了，这对于一些严重犯罪人来说是不甚适宜的。

①② 王衍松、吴优：《罚金刑适用研究——高适用率与低实执率之二律背反》，《中国刑事法杂志》2013 年第 6 期，第 11 页。

③ 张绍谦：《短期自由刑存废之研究》，《法学评论》1995 年第 5 期，第 11 页。

另外考虑到废除或者减少适用无期徒刑的趋势，有期徒刑的最高刑期宜长不宜短。”① 同时，如前所述，死刑过重、生刑过轻也是饱受诟病的话题。有学者就指出，相对于死刑过重，我国刑罚结构中存在的另一个问题是生刑过轻，这是因为，被判处死缓的罪犯一般实际被关押 18 年左右，被判处无期徒刑的罪犯一般实际被关押 15 年左右，被判处有期徒刑的罪犯一般实际被关押 12 年或 15 年左右，相对于被判处死刑的罪犯的要轻得多。②这样一来，“在死刑立即执行与有期徒刑之间就造成了很大的刑阶空档，同时又因死缓、减刑、假释甚至保外就医制度的存在，生刑的实际严厉性明显过轻，并与死刑立即执行形成了鲜明的对比”③。

因此，对现有刑种的期限加以改革，是完善刑罚体系不可或缺的。具体地说：首先，考虑到收容教养、收容教育等行政强制处罚所针对的轻微犯罪被纳入刑罚制裁之列，且醉酒驾驶、扒窃入罪等在实质上扩大了犯罪圈，因而有必要适当降低拘役的刑期。例如，将拘役的最低刑期降低为 15 日，以便和行政拘留的最高期限对接。其次，对于有期徒刑，可以考虑将其最高刑拔高，如规定为 20 年或者 25 年亦可，最高不超过 30 年。最后，对无期徒刑和死缓，应适当提高实际执行刑期。例如，将无期徒刑实际执行刑期提高至 20 年，将死缓的实际执行刑期提高至 25 年以上，都是可以考虑的。总之，不能使无期徒刑和死缓的实际执行刑期有时较有期徒刑的低，这很难让人接受。完善具体刑种的期限设置之后，使各刑种之间形成层次清晰、刑期分明、衔接有序的体系，保证不同社会危害的犯罪都能寻求到尺度合适的刑种或刑期，不至于同罪不同罚、相近犯罪处罚轻重差异巨大，或者轻重截然不同的犯罪处罚差异不明显。

① 孙明先：《中外刑法比较专论》，法律出版社 2011 年版，第 268 页。

② 陈兴良：《刑罚改革论纲》，《法学家》2006 年第 1 期，第 178 页。

③ 蔡一军：《刑罚配置的基础理论研究》，中国法制出版社 2011 年版，第 125 页。

主要参考文献

一、外文参考文献

（一）著作部分

1. 〔苏联〕A. H. 特拉伊宁：《犯罪构成的一般学说》，王作富等译，中国人民大学出版社1958年版

2. 〔苏联〕前苏联司法部全苏法学研究所主编：《苏联刑法总论》（上册），彭仲文译，大东书局1950年版

3. 〔苏联〕列宁：《列宁选集》（第2卷），人民出版社1960年版

4. 《苏维埃刑法论文选辑》（第1辑），中国人民大学刑法教研室编译，中国人民大学出版社1955年版

5. 《苏维埃刑法论文选辑》（第3辑），中国人民大学刑法教研室编译，中国人民大学出版社1957年版

6. 〔俄〕库兹涅佐娃、佳日科娃主编：《俄罗斯刑法教程》（总论）（上卷·犯罪论），黄道秀译，中国法制出版社2002年版

7. 〔俄〕Л. В. 伊诺加莫娃-海格主编：《俄罗斯联邦刑法》（总论），黄芳、刘阳、冯坤译，中国人民大学出版社2010年版

8. 〔德〕汉斯·海因里希·耶赛克、托马斯·魏根特：《德国刑法教科书》，徐久生译，中国法制出版社2001年版

9. 〔德〕耶赛克、魏根特：《德国刑法教科书》（总论），徐久生译，中国法制出版社2017年版

10. 〔德〕罗克辛：《德国刑法学总论》（第1卷），王世洲译，法律出版社2005年版

11. 〔德〕罗克辛：《德国刑法学总论》（第2卷），王世洲等译，法律出版社2013年版

12. 〔德〕罗克辛：《刑事政策与刑法体系》，蔡桂生译，中国人民大学出版社2011年版

13. 〔德〕冈特·施特拉腾韦特、洛塔尔·库伦：《刑法总论Ⅰ——犯

罪论》，杨萌译，法律出版社2006年版

14.〔德〕韦塞尔斯：《德国刑法总论：犯罪行为及其构造》，李昌珂译，法律出版社2008年版

15.〔德〕卡尔·拉伦茨：《法学方法论》，陈爱娥译，商务印书馆2003年版

16.〔德〕马克斯·韦伯：《社会科学方法论》，韩水法译，中央编译出版社2008年版

17.〔德〕拉德布鲁赫：《法哲学》，王朴译，法律出版社2005年版

18.〔德〕穆勒：《恐怖的法官——纳粹时期的司法》，王勇译，中国政法大学出版社2000年版

19.〔德〕魏德士：《法理学》，丁晓春、吴越译，法律出版社2005年版

20.〔德〕齐柏里乌斯：《法学导论》，金振豹译，中国政法大学出版社2007年版

21.〔德〕孟德斯鸠：《论法的精神》（上册），张雁深译，商务印书馆1961年版

22.〔德〕弗兰茨·冯·李斯特：《德国刑法教科书》，徐久生译，法律出版社2000年版

23.〔德〕京特·雅科布施：《规范·人格体·社会——法哲学前思》，冯军译，法律出版社2001年版

24.〔德〕恩施特·贝林：《构成要件理论》，王安异译，中国人民公安大学出版社2006年版

25.〔德〕黑格尔：《法哲学原理》，杨东柱、尹建军、王哲编译，北京出版社2007年版

26.〔德〕罗科信：《刑事诉讼法》，吴丽琪译，法律出版社2003年版

27.〔德〕马克思、恩格斯：《马克思恩格斯选集》（第4卷），人民出版社1972年版

28.〔德〕马克思、恩格斯：《马克思恩格斯选集》（第2卷），人民出版社1972年版

29.〔日〕山口厚：《刑法总论》，付立庆译，中国人民大学出版社2018年版

30.〔日〕野村稔：《刑法总论》，全理其、何力译，法律出版社2001年版

31.〔日〕大塚仁：《刑法概说》（总论），冯军译，中国人民大学出版

社 2003 年版

32. 〔日〕大塚仁：《犯罪论的基本理论》，冯军译，中国政法大学出版社 2003 年版

33. 〔日〕曾根威彦：《刑法学基础》，黎宏译，法律出版社 2005 年版

34. 〔日〕西原春夫：《刑法的根基与哲学》，顾肖荣等译，法律出版社 2004 年版

35. 〔日〕西原春夫：《犯罪实行行为论》，戴波、江溯译，北京大学出版社 2006 年版

36. 〔日〕西原春夫：《刑法、儒学与亚洲和平：西原春夫教授在华演讲集》，山东大学出版社 2008 年版

37. 〔日〕泷川幸辰：《犯罪论序说》，王泰译，法律出版社 2005 年版

38. 〔日〕川岛武宜：《现代化与法》，申政武等译，中国政法大学出版社 2004 年版

39. 〔日〕大谷实：《刑法总则讲义》，黎宏译，中国人民大学出版社 2008 年版

40. 〔日〕川端博：《刑法总论》，余振华译，元照出版有限公司 2008 年版

41. 〔日〕西田典之：《日本刑法总论》，刘明祥、王昭武译，中国人民大学出版社 2007 年版

42. 〔日〕高桥则夫：《规范论和刑法解释论》，戴波、李世阳译，中国人民大学出版社 2011 年版

43. 〔日〕平野龙一：《刑法的基础》，黎宏译，中国政法大学出版社 2016 年版

44. 〔日〕松原芳博：《刑法总论重要问题》，王昭武译，中国政法大学出版社 2014 年版

45. 〔意〕贝卡里亚：《论犯罪与刑罚》，黄风译，中国大百科全书出版社 1993 年版

46. 〔意〕杜里奥·帕多瓦尼：《意大利刑法学原理》，陈忠林译评，中国人民大学出版社 2004 年版

47. 〔意〕加罗法洛：《犯罪学》，耿伟、王新译，中国大百科全书出版社 1995 年版

48. 〔法〕卡斯东·斯特法尼：《法国刑法总则精义》，罗结珍译，中国政法大学出版社 1998 年版

49. 〔法〕孟德斯鸠：《论法的精神》，张雁深译，商务印书馆 2006 年版

50. 〔法〕笛卡儿：《第一哲学沉思集》，宫维明编译，北京出版社2008年版

51. 〔韩〕李在祥：《韩国刑法总论》，〔韩〕韩相敦译，中国人民大学出版社2005年版

52. 〔韩〕金日秀、徐辅鹤：《韩国刑法总论》，郑军男译，武汉大学出版社2008年版

53. 〔美〕布莱克：《正义的纯粹社会学》，徐昕、田璐译，浙江人民出版社2009年版

54. 〔美〕亚狄瑟：《法律的逻辑：法官写给法律人的逻辑指引》，唐欣伟译，法律出版社2007年版

55. 〔美〕约翰·盖格农：《性社会学——人类性行为》，李银河译，内蒙古大学出版社2009年版

56. 〔美〕保罗·H. 罗宾逊：《刑法的结构与功能》，何秉松、王桂萍等译，中国民主法制出版社2005年版

57. 〔美〕昂格尔：《现代社会中的法律》，吴玉章、周汉华译，译林出版社2008年版

58. 〔美〕梯利、伍德：《西方哲学史》，葛力译，商务印书馆2007年版

59. 〔美〕斯通普夫、菲泽：《西方哲学史：从苏格拉底到萨特及其后》，匡宏、邓晓芒等译，世界图书出版公司北京公司2009年版

60. 〔美〕希拉里·普特南：《事实与价值二分法的崩溃》，应奇译，东方出版社2006年版

61. 〔美〕道格拉斯·N. 胡萨克：《刑法哲学》，谢望原等译，中国人民公安大学出版社2004年版

62. 〔美〕丹尼斯·M. 帕特森：《法律与真理》，陈锐译，中国法制出版社2007年版

63. 〔美〕博登海默：《法理学——法哲学及其方法》，邓正来、姬敬武译，华夏出版社1987年版

64. 〔美〕乔治·P. 费莱彻：《刑法的基本概念》，王世洲译，中国政法大学出版社2004年版

65. 〔美〕哈伯特L. 帕克：《刑事制裁的限制》，梁根林等译，法律出版社2008年版

66. 〔美〕约书亚·德雷斯勒：《美国刑法精解》，王秀梅译，北京大学出版社2009年版

67. 〔美〕菲尼、岳礼玲选编：《美国刑事诉讼法经典文选与判例》，中国法制出版社 2006 年版

68. 〔美〕斯黛丽、弗兰克：《美国刑事法院诉讼程序》，陈卫东、徐美君译，中国人民大学出版社 2002 年版

69. 〔美〕美国法学会编：《美国模范刑法典及其评注》，刘仁文等译，法律出版社 2005 年版

70. 〔美〕泽尔：《视角之变：一种犯罪与司法的新焦点》，狄小华、张薇译，中国人民公安大学出版社 2011 年版

71. 〔美〕波斯纳：《法律的经济分析》，蒋兆康译，法律出版社 2012 年版

72. 〔英〕罗素：《宗教与哲学》，何兆武、李约瑟译，商务印书馆 1982 年版

73. 〔英〕杰里米·边沁：《论一般法律》，毛国权译，上海三联书店 2008 年版

74. 〔英〕彼得·斯坦、约翰·香德：《西方社会的法律价值》，中国人民公安大学出版社 1990 年版

75. 〔英〕J. C. 史密斯、B. 霍根：《英国刑法》，马清升等译，法律出版社 1999 年版

76. 〔英〕海泽尔·肯绍尔：《解读刑事司法中的风险》，李明琪译，中国人民公安大学出版社 2009 年版

77. 〔英〕雷蒙德·瓦克斯：《法哲学：价值与事实》，谭宇生译，译林出版社 2013 年版

78. 〔英〕安东尼·吉登斯：《现代性与自我认同：晚期现代中的自我与社会》，夏璐译，中国人民大学出版社 2016 年版

79. 〔英〕鲁珀特·克罗斯、菲利普·琼斯：《英国刑法导论》，赵秉志等译，中国人民大学出版社 1991 年版

80. 〔英〕雷诺、范斯顿：《解读社区刑罚：缓刑、政策和社会变化》，刘强、王贵芳译，中国人民公安大学出版社 2009 年版

81. 《国际刑法大会决议》，赵秉志等译，中国法制出版社 2011 年版

82. Frederick Schauer，Playing by the Rules：A Philosophical Examination of Rule-Based Decision-Making in Law and in Life，Oxford：Clarendon Press，1991

（二）论文部分

1. 〔苏联〕A. H. 特拉依宁：《犯罪概念和犯罪构成》，载《苏维埃

刑法论文选译》(第 2 辑),中国人民大学出版社 1956 年版

2. 〔苏联〕A. H. 特拉依宁:《犯罪的实质定义与“苏俄刑法典”第 6 条附则和第 8 条》,载《苏维埃刑法论文选译》(第 3 辑),中国人民大学出版社 1957 年版

3. 〔苏联〕A. A. 毕昂特科夫斯基:《社会主义法制的巩固与犯罪构成学说的基本问题》,载《苏维埃刑法论文选译》(第 1 辑),中国人民大学出版社 1956 年版

4. 〔德〕雅科布斯:《刑法保护什么:法益还是规范适用》,王世洲译,《比较法研究》2004 年第 1 期

5. 〔日〕大谷实:《日本刑法中正犯与共犯的区别——与中国刑法中的“共同犯罪”相比照》,王昭武译,《法学评论》2002 年第 6 期

6. 〔美〕克利福德·吉尔兹:《地方性知识:事实与法律的比较透视》,邓正来译,载梁治平编:《法律的文化解释》,生活·读书·新知三联书店 1997 年版

7. Robert S. Summers, Two Types of Substantive Reasons: The Core of a Theory of Common-Law Justification, 63 Cornell Law Review, 1978

8. A. K. W. Halpin, Hohfeld's Conceptions: From Eight to Two, 44 Cambridge L. J. 435 (1985), p. 435

9. Wesley Newcomb Hohfeld, Some Fundamental Legal Conceptions as Applied in Judicial Reasoning, 23 Yale L. J. 16 (1913—1914), p. 30

10. Albert Kocourek, Hohfeld System of Fundamental Legal Concepts, 15 Ill. L. R. 24 (1920—1921), p. 27

11. Walter Wheeler Cook, Hohfeld's Contributions to the Science of Law, 28 Yale L. J. 721 (1918—1919), p. 724

12. Isaac Husik, Hohfeld´s Jurisprudence, 72 U. Pa. L. Rev. 263 (1923—1924), p. 264; H. J. Randall, Hohfeld on Jurisprudence , 41 L. Q. Rev. 86 (1925), p. 93

13. Curtis Nyquist, Teaching Wesley Hohfeld's Theory of Legal Relations, 52 J. Legal Educ. 238 (2002), p. 257

14. Alan D. Cullison, A Review of Hohfeld's FundamentalLegal Concepts, 16 Clev. -Marshall L. Rev. 559 (1967), p. 564

15. Andrew Halpin, Rights, Duties, Liabilities and Hohfeld, 13 LEG 23 (2007), p. 26

16. Pierre Schlag, How to Do Things with Hohfeld, 78 Law &Contemp. Probs. 185 (2015), p. 197

17. H. Wellington, Commom Law Rules and Constitutional Double Standards: Some Notes on Adjudication, 83 Yale L. J. 221, 244 (1973)

18. Timothy J. Christian, The Limitation of Liberty: AConsideration of Section 1 of the Charter of Rights andFreedoms, U. B. C. L. Rev. 105 (1982), p. 111

19. Principles for the Design and Reform of Sentencing Systems, Federal Sentencing Reporter , Vol. 17, No. 5, 2005, p. 341

20. Meredith Hammers, Bifurcated Criminal Trials: A New Mandate Without Guidance, UMKC Law Review, Vol. 72, No. 4, 2004, p. 1141

21. Kip NELSON, Legislative Expansion of Judicial Bifurcation: North Carolina's Double-Edge Sword, Campbell Law Review, Vol. 36, No. 2, 2014, p. 202

22. Meiring de Villiers, Legal And Policy Analysis of Bifurcated Litigation, Columbia Business Law Review, Vol. 2000, No. 2, 2000, p. 154

23. D. A. Thomas, Sentencing-The Case For Reasoned Decisions. Published in Martin Wasik, The Sentencing Process, Dartmouth Publishing Co. Ltd, 1997, pp. 106-107

二、中文参考文献

（一）著作部分

1. 高铭暄主编：《新中国刑法学研究论述（1949—1985）》，河南人民出版社1986年版

2. 高铭暄：《刑法总则要义》，天津人民出版社1986年版

3. 高铭暄、马克昌主编：《刑法学》，北京大学出版社、高等教育出版社2011年版

4. 高铭暄、马克昌主编：《刑法学》（上编），中国法制出版社1999年版

5. 高铭暄主编：《刑法专论》（上下编），高等教育出版社2002年版

6. 高铭暄主编：《新编中国刑法学》（上册），中国人民大学出版社1998年版

7. 高铭暄、赵秉志：《刑罚总论比较研究》，北京大学出版社2008年版

8. 马克昌等主编：《刑法学全书》，上海科学技术文献出版社1993年版

9. 马克昌主编：《刑法理论探索》，法律出版社1995年版
10. 马克昌主编：《近代西方刑法学说史略》，中国检察出版社1996年版
11. 马克昌主编：《犯罪通论》，武汉大学出版社1999年版
12. 马克昌：《比较刑法原理——外国刑法总论》，武汉大学出版社2002年版
13. 马克昌主编：《刑法学》，高等教育出版社2003年版
14. 马克昌主编：《外国刑法学总论（大陆法系）》，中国人民大学出版社2009年版
15. 马克昌主编：《刑罚通论》，武汉大学出版社1999年版
16. 储槐植：《美国刑法》，北京大学出版社1996年版
17. 储槐植：《刑事一体化论要》，北京大学出版社2007年版
18. 王作富主编：《中国刑法适用》，中国人民公安大学出版社1987年版
19. 王作富主编：《刑法学》，中国人民大学出版社2004年版
20. 何秉松主编：《刑法教科书》（上卷），中国法制出版社2000年版
21. 张炳明主编：《刑法》，四川人民出版社1998年版
22. 苏惠渔主编：《刑法学》，中国政法大学出版社2007年版
23. 陈兴良：《走向哲学的刑法学》，法律出版社1999年版
24. 陈兴良：《口授刑法学》，中国人民大学出版社2007年版
25. 陈兴良：《刑法哲学》，中国政法大学出版社1997年版
26. 陈兴良：《刑法适用总论》（上卷），法律出版社1999年版
27. 陈兴良：《规范刑法学》（上），中国人民大学出版社2008年版
28. 陈兴良：《本体刑法学》，商务印书馆2001年版
29. 陈兴良、周光权：《刑法学的现代展开》，中国人民大学出版社2006年版
30. 张明楷：《犯罪论原理》，武汉大学出版社1991年版
31. 张明楷：《刑法学》，法律出版社2003年版
32. 张明楷：《法益初论》，中国政法大学出版社2003年版
33. 张明楷：《刑法学》，法律出版社2011年版
34. 张明楷：《刑法格言的展开》，法律出版社1999年版
35. 张明楷：《外国刑法纲要》，清华大学出版社2007年版
36. 张明楷：《刑法原理》，商务印书馆2011年版
37. 张明楷：《刑法学》（上），法律出版社1997年版

38. 赵秉志主编：《英美刑法学》，中国人民大学出版社 2004 年版

39. 赵秉志：《新刑法教程》，中国人民大学出版社 1997 年版

40. 赵秉志主编：《当代刑法学》，中国政法大学出版社 2009 年版

41. 赵秉志主编：《刑法修正案（八）理解与适用》，中国法制出版社 2011 年版

42. 赵秉志主编：《〈中华人民共和国刑法修正案（九）〉理解与适用》，中国法制出版社 2015 年版

43. 赵秉志：《犯罪未遂形态研究》，中国人民大学出版社 2007 年版

44. 赵秉志主编：《刑法争议问题研究》，河南人民出版社 1996 年版

45. 赵秉志主编：《刑罚体系结构的改革与完善》，北京师范大学出版社 2012 年版

46. 刘宪权、杨兴培：《刑法学专论》，北京大学出版社 2007 年版

47. 沈德咏主编：《〈刑法修正案（九）〉条文及配套司法解释理解与适用》，人民法院出版社 2015 年版

48. 冯亚东等：《中国犯罪构成体系完善研究》，法律出版社 2010 年版

49. 王世洲：《现代刑法学（总论）》，北京大学出版社 2011 年版

50. 周光权：《刑法诸问题的新表述》，中国法制出版社 1999 年版

51. 周光权：《刑法总论》，中国人民大学出版社 2007 年版

52. 徐久生：《刑罚目的及其实现》，中国方正出版社 2011 年版

53. 李洁：《犯罪既遂形态研究》，吉林大学出版社 1999 年版

54. 黎宏：《犯罪总论问题思考》，中国人民大学出版社 2007 年版

55. 黎宏：《刑法学》，法律出版社 2012 年版

56. 臧铁伟、李寿伟主编：《〈中华人民共和国刑法修正案（九）〉条文说明、立法理由及相关规定》，北京大学出版社 2016 年版

57. 范德繁：《犯罪实行行为论》，中国检察出版社 2005 年版

58. 陈一榕：《海峡两岸犯罪预备的比较研究》，《政法论坛》1998 年第 2 期

59. 薛瑞麟：《俄罗斯刑法研究》，中国政法大学出版社 2000 年版

60. 邢志人：《犯罪预备研究》，中国检察出版社 2001 年版

61. 侯国云、白岫云：《新刑法疑难问题解析与适用》，中国检察出版社 1998 年版

62. 许发民：《刑法的社会文化分析》，武汉大学出版社 2004 年版

63. 李海东：《刑法原理入门》，法律出版社 1998 年版

64. 彭文华：《犯罪构成范畴论》，中国人民公安大学出版社2009年版

65. 彭文华：《犯罪构成本原论及其本土化研究》，中国人民公安大学出版社2010年版

66. 彭文华：《犯罪既遂原理》，中国政法大学出版社2013年版

67. 苏宏峰：《犯罪未遂基本问题研究》，中国政法大学出版社2012年版

68. 金泽刚：《犯罪既遂的理论与实践》，人民法院出版社2001年版

69. 王志祥：《犯罪既遂新论》，北京师范大学出版社2010年版

70. 徐逸仁：《故意犯罪阶段形态论》，复旦大学出版社1992年版

71. 李恩慈：《犯罪形态与刑罚适用原理》，中国人民公安大学出版社2003年版

72. 徐光华：《犯罪既遂问题研究》，中国人民公安大学出版社2009年版

73. 刘之雄：《犯罪既遂论》，中国人民公安大学出版社2003年版

74. 史卫忠：《行为犯研究》，中国方正出版社2002年版

75. 姜伟：《犯罪形态通论》，法律出版社1994年版

76. 周少华：《刑法之适应性：刑事法治的实践逻辑》，法律出版社2012年版

77. 梁根林：《合理地组织对犯罪的反应》，北京大学出版社2008年版

78. 刘树德：《宪政维度的刑法新思考》，北京大学出版社2005年版

79. 郑伟：《重罪轻罪研究》，中国政法大学出版社1998年版

80. 王平：《中国监狱改革及其现代化》，中国方正出版社1999年版

81. 金鉴主编：《监狱学总论》，法律出版社1997年版

82. 武汉大学刑事法研究中心、德国马普外国刑法与国际刑法研究所：《中国死刑态度调研报告》，元照出版有限公司2010年版

83. 马松建：《死刑司法控制研究》，法律出版社2006年版

84. 薛梅卿主编：《中国监狱史》，群众出版社1986年版

85. 李希慧主编：《刑法修改研究》，武汉大学出版社2011年版

86. 张中秋：《中西法律文化比较研究》，中国政法大学出版社2006年版

87. 范忠信：《中西法文化的暗合与差异》，中国政法大学出版社2001年版

88. 叶希善：《犯罪分层研究——以刑事政策和刑事立法意义为视角》，中国人民公安大学出版社 2008 年版

89. 张智辉：《刑法理性论》，北京大学出版社 2006 年版

90. 房清侠：《刑罚变革探索》，法律出版社 2013 年版

91. 吴宗宪等：《非监禁刑研究》，中国人民公安大学出版社 2003 年版

92. 吴宗宪主编：《中国刑罚改革论》（上册），北京师范大学出版社 2011 年版

93. 孙明先：《中外刑法比较专论》，法律出版社 2011 年版

94. 蔡一军：《刑罚配置的基础理论研究》，中国法制出版社 2011 年版

95. 杨仁寿：《法学方法论》，中国政法大学出版社 1999 年版

96. 王瑾：《中华刑法论》，中国方正出版社 2005 年版

97. 陈瑾昆：《刑法总则讲义》，中国方正出版社 2004 年版

98. 陈子平：《刑法总论》，中国政法大学出版社 2009 年版

99. 林东茂：《刑法综览》，一品文化出版社 2007 年版

100. 林钰雄：《新刑法总则》，中国人民大学出版社 2009 年版

101. 许玉秀：《当代刑法思潮》，中国民主法治出版社 2005 年版

102. 许玉秀：《犯罪阶层体系及其方法论》，台湾成阳印刷股份有限公司 2000 年版

103. 高金桂：《利益衡量与刑法之犯罪判断》，元照出版有限公司 2003 年版

104. 陈朴生：《刑法专题研究》，政治大学法律系法学丛书编辑委员会编印 1988 年版

105. 韩忠谟：《刑法原理》，中国政法大学出版社 2002 年版

106. 蔡墩铭主编：《刑法总则论文选辑》，台北五南图书出版公司 1984 年版

107. 黄荣坚：《基础刑法学》（下），元照出版有限公司 2004 年版

108. 林山田：《刑法通论》（下），北京大学出版社 2012 年版

109. 柯耀程：《刑法释论 I》，一品文化出版社 2004 年版

110. 吕忠梅主编：《美国定罪指南——美国法官的刑事审判手册》，法律出版社 2006 年版

111. 《唐律疏议》，刘俊文点校，法律出版社 1999 年版

112. 王宠惠属稿：《中华民国刑法》，李秀清点校，中国方正出版社

2006 年版

113. 梁漱溟：《中国文化要义》，上海人民出版社 2011 年版

114. 范忠信：《中西法文化的暗合与交流》，中国政法大学出版社 2001 年版

115. 陈金钊等：《法律解释学》，中国政法大学出版社 2006 年版

116. 武汉大学刑事法研究中心、德国马普外国刑法与国际刑法研究所主编：《中国死刑态度调查报告》，元照出版有限公司 2010 年版

117. 李德顺：《价值论》，中国人民大学出版社 2007 年版

118. 袁贵仁：《价值学引论》，北京师范大学出版社 1991 年版

119. 马俊峰：《评价活动论》，中国人民大学出版社 1994 年版

120.《毛泽东选集》（第 5 卷），人民出版社 1997 年版

121.《毛泽东选集》（第 1 卷），人民出版社 1991 年版

122. 胡裕树主编：《新编古今汉语大辞典》，上海辞书出版社 1995 年版

123. 夏征农主编：《辞海》，上海辞书出版社 1990 年版

（二）论文部分

1. 高铭暄：《论四要件犯罪构成理论的合理性暨对中国刑法学体系的坚持》，《中国法学》2009 第 2 期

2. 高铭暄：《对主张以三阶层犯罪成立体系取代我国同性犯罪构成理论者的回应》，载赵秉志主编：《刑法论丛》（第 19 卷），法律出版社 2009 年版

3. 储槐植：《我国刑法中犯罪概念的定量因素》，《法学研究》1988 年第 2 期

4. 储槐植、张永红：《刑法第 13 条但书与刑法结构——以系统论为视角》，《法学家》2002 年第 6 期

5. 储槐植、张永红：《善待社会危害性观念——从我国刑法第 13 条但书说起》，《法学研究》2002 年第 3 期

6. 储槐植、张永红：《刑法第 13 条但书的价值蕴含》，《江苏警官学院学报》2003 年第 2 期

7. 储槐植、汪永乐：《再论我国刑法中犯罪概念的定量因素》，《法学研究》2000 年第 2 期

8. 储槐植、高维俭：《犯罪构成理论结构比较论略》，《现代法学》2009 年第 6 期

9. 陈兴良：《犯罪构成的体系性思考》，《法制与社会发展》2000 年

第 3 期

10. 陈兴良：《社会危害性理论——一个反思性检讨》，《法学研究》2000 年第 1 期

11. 陈兴良：《但书规定的法理考察》，《法学家》2014 年第 4 期

12. 陈兴良：《社会危害性理论：进一步的批判性清理》，《中国法学》2006 年第 4 期

13. 陈兴良、刘树德：《犯罪概念的形式化与实质化辨正》，《法律科学》1999 年第 6 期

14. 陈兴良：《刑罚改革论纲》，《法学家》2006 年第 1 期

15. 陈兴良：《刑法的价值构造》，《法学研究》1995 年第 6 期

16. 陈兴良：《论无过当之防卫》，《法学》1998 年第 6 期

17. 张明楷：《犯罪构成理论的课题》，《环球法律评论》2003 年秋季号

18. 张明楷：《危险驾驶罪的基本问题——与冯军教授商榷》，《政法论坛》2012 年第 11 期

19. 张明楷：《论〈刑法修正案（九）〉关于恐怖犯罪的规定》，《现代法学》2016 年第 1 期

20. 张明楷：《刑法第 140 条“销售金额”的展开》，载《清华法律评论》（第 2 辑），清华大学出版社 1999 年版

21. 张明楷：《论帮助信息网络犯罪活动罪》，《政治与法律》2016 年第 2 期

22. 赵秉志、陈志军：《社会危害性理论之当代命运》，《法学家》2011 年第 6 期

23. 赵秉志、陈志军：《社会危害性与刑事违法性的矛盾及其解决》，《法学研究》2003 年第 6 期

24. 莫洪宪、王登辉：《从劳动教养事由的类型化看制度重构》，《法学》2013 年第 2 期

25. 莫洪宪、马东丽：《刑罚和行政处罚的衔接与协调应对——以劳动教养制度的废除为视角》，《河南财经政法大学学报》2014 年第 1 期

26. 刘宪权、周舟：《〈刑法〉第 13 条“但书”条款司法适用相关问题研究——兼论醉驾应否一律入罪》，《现代法学》2011 年第 6 期

27. 刘宪权：《刑事立法应力戒情绪以〈刑法修正案（九）〉为视角》，《法学评论》2016 年第 1 期

28. 刘宪权、方慧颖：《帮助信息网络犯罪活动罪的认定疑难》，《人

民检察》2017 年第 19 期

29. 齐文远、周详：《社会危害性与刑事违法性关系新论》，《中国法学》2003 年第 1 期

30. 贾宇、林亚刚：《犯罪概念与特征新论》，《法商研究》1996 年第 4 期

31. 王世洲：《中国刑法理论中犯罪概念的双重结构和功能》，《法学研究》1998 年第 5 期

32. 黎宏：《罪刑法定原则下犯罪的概念及其特征———犯罪概念新解》，《法学评论》2002 年第 4 期

33. 黎宏：《判断行为的社会危害性时不应考虑主观要素》，《法商研究》2006 第 1 期

34. 梁根林：《“醉驾”入刑后的定罪困扰与省思》，《法学》2013 年第 3 期

35. 梁根林：《但书、罪量与扒窃入罪》，《法学研究》2013 年第 2 期

36. 蒋慧玲：《俄罗斯当代刑事立法关于犯罪概念的变革——兼与中国现行刑事立法相比较》，《现代法学》2003 年第 5 期

37. 游伟、赵运锋：《“社会危害性”的刑法地位及其运用》，《法律适用》2010 年第 9 期

38. 王志祥、姚兵：《论刑法第 13 条但书的功能》，载赵秉志主编：《刑法论丛》（第 18 卷），法律出版社 2009 年版

39. 王强：《我国〈刑法〉第 13 条但书规定新解——兼论但书在犯罪构成理论中的展开》，《法律科学》2011 年第 5 期

40. 詹红星：《社会危害性理论研究的逻辑前提》，《法学评论》2008 年第 4 期

41. 杨忠民、陈志军：《刑法第 13 条“但书”的出罪功能及司法适用研究》，《中国人民公安大学学报（社会科学版）》2008 年第 5 期

42. 郑金火：《犯罪概念的梳理与评价》，《中国刑事法杂志》2004 年第 5 期

43. 殷磊：《论刑法第 13 条功能定位——兼论（醉酒型）危险驾驶罪应一律入刑》，《政治与法律》2012 年第 2 期

44. 欧阳本祺：《犯罪构成体系的价值评价：从存在论走向规范论》，《法学研究》2011 年第 1 期

45. 李洁：《论定罪规范化应当缓行——以我国现行刑法立法模式为前提的研究》，《吉林大学社会科学学报》2011 年第 1 期

46. 谢望原、何龙：《“醉驾型”危险驾驶罪若干问题探究》，《法商研究》2013 年第 4 期

47. 殷磊：《论刑法第 13 条功能定位—兼论（醉酒型）危险驾驶罪应一律人刑》，《政治与法律》2012 年第 2 期

48. 何荣功、罗继洲：《也论抽象危险犯的构造与刑法‘但书”之关系——以危险驾驶罪为引例》，《法学评论》2013 年第 5 期

49. 冯军：《论〈刑法〉第 133 条之一的规范目的及其适用》，《中国法学》2011 年第 5 期

50. 谢杰：《“但书”是对抽象危险犯进行适用性限制的唯一根据》，《法学》2011 年第 7 期

51. 夏勇：《作为情节犯的醉酒驾驶——兼议“醉驾是否一律构成犯罪”之争》，《中国刑事法杂志》2011 年第 9 期

52. 付立庆：《刑法修正案八中的浪漫主义思维——以醉酒驾驶入罪为切入的反思》，《云南大学学报法学版》2011 年第 5 期

53. 陈家林：《论刑法中的扒窃——对〈刑法修正案（八）〉的分析与解读》，《法律科学》2011 年第 4 期

54. 车浩：《“扒窃”入刑：贴身禁忌与行为人刑法》，《中国法学》2013 年第 1 期

55. 陈璇：《社会相当性理论的源流、概念和基础》，载陈兴良主编：《刑事法评论》2010 年第 2 期

56. 张凯、张君：《“醉酒驾车”情节显著轻微的理解与适用》，载朱孝清等主编：《社会管理创新与刑法变革》（下），中国人民公安大学出版社 2011 年版

57. 陈家林：《论刑法中的扒窃——对〈刑法修正案（八）〉的分析与解读》，《法律科学》2011 年第 4 期

58. 于改之：《社会相当性理论的体系地位及其在我国的适用》，《比较法研究》2007 年第 5 期

59. 李晓明、陆岸：《社会危害性与刑事违法性辨析———重在从“罪刑法定”视角观之》，《法律科学》2005 年第 6 期

60. 周光权：《犯罪构成理论与价值评价的关系》，《环球法律评论》2003 秋季号

61. 周光权：《定罪规范化：可行性与难题》，《法律适用》2004 年第 4 期

62. 樊文：《罪刑法定与社会危害性的冲突》，《法律科学》1998 年第

1 期

63. 刘艳红：《社会危害性理论之辨正》，《中国法学》2002 年第 2 期

64. 刘艳红：《目的二阶层体系与“但书”出罪功能的自洽性》，《法学评论》2012 年第 6 期

65. 段立文：《对我国传统正当防卫观的反思——兼谈新刑法对正当防卫制度的修改完善》，《法律科学》1998 年第 1 期

66. 张小虎：《人身危险性与客观社会危害显著轻微的非罪思辨》，《中外法学》2000 年第 4 期

67. 王政勋：《论社会危害性的地位》，《法律科学》2003 年第 2 期

68. 王尚新：《关于刑法情节显著轻微规定的思考》，《法学研究》2001 年第 5 期

69. 李居全：《也论我国刑法中犯罪概念的定量因素——与储槐植教授和汪永乐博士商榷》，《法律科学》2001 年第 1 期

70. 苏青：《社会危害性理论的反思与改造——以法益视角为进路》，《法学评论》2011 年第 3 期

71. 韩永初：《犯罪本质论——一种重新解说的社会危害性理论》，《法制与社会发展》2004 年第 6 期

72. 王昭振：《犯罪构成视野中定量因素研究》，《中国刑事法杂志》2006 年第 3 期

73. 王志祥：《犯罪构成的定量因素论纲》，《河北法学》2007 年第 4 期

74. 郭泽强、胡陆生：《再论正当防卫的限度条件》，《法学》2002 年第 10 期

75. 王政勋、贾宇：《论正当防卫限度条件及防卫过当的主观罪过形式》，《法律科学》1999 年第 2 期

76. 杨忠民：《对正当防卫限度若干问题的新思考》，《法学研究》1999 年第 3 期

77. 游伟：《防卫权、正当性及其限度——对正当防卫问题的研究》，《政治与法律》1999 年第 1 期

78. 姜振丰：《关于正当防卫的几个问题的研究》，载刘守芬主编：《刑事法律专题研究》，群众出版社 1998 年版

79. 黄明儒、吕宗慧：《论我国新刑法中的无限防卫权》，《法商研究》1998 年第 1 期

80. 王作富、阮方民：《关于新刑法中特别防卫权规定的研究》，《中

国法学》1998 年第 5 期
81. 黎宏：《紧急避险法律性质研究》，《清华法学》2007 年第 1 期
82. 刘明祥：《论紧急避险的成立条件》，《国家检察官学院学报》1998 年第 1 期
83. 黄开诚：《关于犯罪预备和预备犯若干问题的再思考》，《武汉大学学报》2004 年第 6 期
84. 沈志民：《犯罪预备可罚性的本质探究——兼论抢劫罪犯罪预备的认定》，《吉林大学学报（社会科学版）》2003 年第 5 期
85. 郑延谱：《预备犯处罚界限论》，《中国法学》2014 年第 4 期
86. 董玉庭：《论实行行为》，《环球法律评论》2004 年第 2 期
87. 梁根林：《预备犯普遍处罚原则的困境与突围——〈刑法〉第 22 条的解读与重构》，《中国法学》2011 年第 2 期
88. 王志远：《〈刑法修正案（九）〉的犯罪控制策略视野评判》，《当代法学》2016 年第 1 期
89. 王胜华：《"预备行为实行化"立法的正当性根据》，《石河子大学学报（哲学社会科学版）》2017 年第 3 期
90. 何荣功：《预防刑法的扩张及其限度》，《法学研究》2017 年第 4 期
91. 黎宏：《〈刑法修正案（九）〉中有关恐怖主义、极端主义犯罪的刑事立法》，《苏州大学学报哲学社会科学版》2015 年第 6 期
92. 邵博文：《晚近我国刑事立法趋向评析——由〈刑法修正案（九）〉展开》，《法制与社会发展》2016 年第 5 期
93. 车浩：《刑事立法的法教义学反思——基于〈刑法修正案（九）〉的分析》，《法学》2015 年第 10 期
94. 阎二鹏：《预备行为实行化的法教义学审视与重构——基于〈中华人民共和国刑法修正案（九）〉的思考》，《法商研究》2016 年第 5 期
95. 赵秉志、袁彬：《中国刑法立法改革的新思维——以〈刑法修正案（九）〉为中心》，《法学》2015 年第 10 期
96. 梅传强：《我国反恐刑事立法的检讨与完善——兼评〈刑法修正案（九）〉相关涉恐条款》，《现代法学》2016 年第 1 期
97. 商浩文：《预备行为实行化的罪名体系与司法限缩》，《法学评论》2017 年第 6 期
98. 黎宏、申健：《论未遂犯的处罚范围》，《法学评论》2003 年第 2 期

99. 曲新久：《生产、销售伪劣产品罪的既遂、未遂与预备形态》，《人民检察》1998 年第 10 期

100. 刘之雄：《犯罪既遂论》，中国人民公安大学出版社 2003 年版

101. 王志祥：《论未遂刑为的处罚范围》，《山东公安专科学校学报》第 4 期

102. 邓定一：《共谋而未实行，不构成共同犯罪吗?》，《法学》1984 年第 6 期

103. 王昭武：《论共谋的射程》，《中外法学》2013 年第 1 期

104. 阎二鹏：《共谋共同正犯理论中国化的障碍及其解释对策》，《中外法学》2014 年第 1 期

105. 刘艳红：《共谋共同正犯论》，《中国法学》2012 年第 6 期

106. 林亚刚：《共同共谋止犯问题研究》，《法学评论》2001 年第 4 期

107. 杨俊超、贾长青、王志刚：《共谋抢劫而中途不参与如何处理》，《中国检察官》2007 年第 6 期

108. 郭寅、黄伯青：《共谋而未参与实行行为构成共同犯罪》，《人民司法》2011 年第 2 期

109. 章雨润：《论未参与实行行为共谋者的罪责》，《理论月刊》2011 年第 3 期

110. 袁彬：《中止犯若干问题比较研究》，《四川警官高等专科学校学报》2004 年第 6 期

111. 谢望原：《论中止犯减免处罚之根据——以比较刑法为视角》，《华东政法大学学报》2012 年第 2 期

112. 陈洪兵：《论中立帮助行为的处罚边界》，《中国法学》2017 年第 1 期

113. 陈洪兵：《中立的帮助行为论》，《中外法学》2008 年第 6 期

114. 刘艳红：《网络中立帮助行为可罚性的流变及批判——以德日的理论和实务为比较基准》，《法学评论》2016 年第 5 期

115. 黎宏：《论“帮助信息网络犯罪活动罪”的性质及其适用》，《法律适用》2017 年第 21 期

116. 曹波：《中立帮助行为刑事可罚性研究》，《国家检察官学院学报》2016 年第 6 期

117. 付玉明：《论刑法中的中立帮助行为》，《法学杂志》2017 年第 10 期

118. 赵运锋：《帮助信息网络犯罪活动罪的立法依据与法理分析》，《上海政法学院学报（法治论丛）》2017 年第 1 期

119. 孙万怀、郑梦凌：《中立的帮助行为》，《法学》2016 年第 1 期

120. 张伟：《中立帮助行为探微》，《中国刑事法杂志》2010 年第 5 期

121. 沈宗灵：《对霍菲尔德法律概念学说的比较研究》，《中国社会科学》1990 年第 1 期

122. 刘艳红：《无罪的快播与有罪的思维——“快播案”有罪论之反思与批判》，《政治与法律》2016 年第 12 期

123. 桑本谦：《网络色情、技术中立与国家竞争力——快播案背后的政治经济学》，《法学》2017 年第 1 期

124. 涂龙科：《网络内容管理义务与网络服务提供者的刑事责任》，载《法学评论》2016 年第 3 期

125. 孙道萃：《网络片面共同犯罪的制裁边界：兼议“快播”案》，载《浙江工商大学学报》2016 年第 4 期

126. 梁上上：《公共利益与利益衡量》，《政法论坛》2016 年第 6 期

127. 贺来：《个人责任、社会正义与价值虚无主义的克服》，《哲学动态》2009 年第 8 期

128. 于志刚：《共犯行为正犯化的立法探索与理论梳理》，《法律科学》2017 年第 3 期

129. 周光权：《网络服务商的刑事责任范围》，载《中国法律评论》2015 年第 2 期

130. 陈伟、谢可君：《网络中立帮助行为独立可罚性之肯定》，《山东科技大学学报（社会科学版）》2017 年第 5 期

131. 伍柳村：《试论教唆犯的二重性》，《法学研究》1982 年第 1 期

132. 欧爱民：《我国犯罪概念的宪法学透视》，《法商研究》2006 年第 4 期

133. 李洁：《罪刑法定之明确性要求的立法实现——围绕行为程度之立法规定方式问题》，《法学评论》2002 年第 6 期

134. 范淼：《司法定量模式引入的困境与解决》，《社会科学辑刊》2005 年第 1 期

135. 王世洲：《边缘构成加酌定起诉——关于德国刑法上一种划分罪与非罪方法的研究》，《外国法译评》1996 年第 1 期

136. 沈海平：《犯罪定量模式检讨》，《法学家》2015 年第 1 期

137. 王世洲：《中德划分罪与非罪方法的比较研究》，《南京大学法律评论》1999年秋季号

138. 张勇：《犯罪定量刑法模式的比较与选择》，《河北法学》2006年第5期

139. 郎士超：《我国刑法第十三条但书的立法与司法价值研究》，《黑龙江省政法管理干部学院学报》2013年第1期

140. 薛进展、杨亚民：《论犯罪概念中的“但书”规定》，《法学》2005年第12期

141. 冯亚东：《犯罪概念与犯罪客体之功能辨析——以司法客观过程为视角的分析》，《中外法学》2008年第4期

142. 白建军：《论具体犯罪概念的经验概括》，《中国法学》2013年第6期，第108页

143. 卢建平、叶良芳：《重罪轻罪的划分及其意义》，《法学杂志》2005年第5期

144. 郑丽萍：《轻罪重罪之法定界分》，《中国法学》2013年第2期

145. 姬忠彪、吴敬华：《论犯罪分类与刑事政策的关系及其发展趋势》，《山东警察学院学报》2006年第6期

146. 王文华：《论刑法中重罪与轻罪的划分》，《法学评论》2010年第2期

147. 黄开诚：《我国刑法中轻罪与重罪若干问题研究》，《现代法学》2006年第2期

148. 黄祥青：《刑法视野中的公正与效率价值论析》，《上海市政法管理干部学院学报》2001年第4期

149. 朱玉玲、金强星：《轻微刑事案件快速处理程序的效率保证》，《青岛科技大学学报（社会科学版）》2005年第1期

150. 王晨：《刑罚体系的多元中心》，《法学》1993年第6期

151. 姜涛：《“宽严相济”刑事政策的制度基础与价值边界》，《法商研究》2007年第1期

152. 郜占川：《我国现行刑罚体系之批判及完善进路管见》，《西部法学评论》2009年第6期

153. 黄晓亮：《论完善我国现行刑罚体系的原则与思路》，《当代法学》2010年第1期

154. 王新举：《论法律制度存在的社会现实基础——以从集团本位到个人本位的变迁为例》，《黑龙江省政法管理干部学院学报》2008年第

5 期

155. 吴加明、陈钢：《强制隔离戒毒与其他限制人身自由强制措施的衔接》，《上海政法学院学报（法治论丛）》2004 年第 1 期

156. 薛畅宇、刘国祥：《论改革和完善收容教养制度》，《中国人民会安大学学报》2004 年第 4 期

157. 王利荣：《我国刑罚体系结构再协调问题之思考》，《法商研究》2011 年第 3 期

158. 刘仁文：《保安处分：劳动教养制度的改革方向》，《中国党政干部论坛》2013 年第 1 期

159. 时延安：《劳动教养制度的终止与保安处分的法治化》，《中国法学》2013 年第 1 期

160. 魏东：《以刑法修正案形式规范劳动教养——侧重于劳动教养制度的实体法完善研究》，《北方法学》2013 年第 1 期

161. 江国华、周紫阳：《劳动教养制度废除背景下的社区矫正制度建设》，《湖南社会科学》2014 年第 1 期

162. 魏晓娜：《走出劳动教养制度的困局：理念、制度与技术》，《法学》2013 年第 2 期

163. 徐岱：《中国刑名及刑罚体系近代化论纲》，《吉林大学社会科学学报》2001 年第 6 期

164. 张绍谦：《短期自由刑存废之研究》，《法学评论》1995 年第 5 期

165. 房清侠：《前科消灭制度研究》，《法学研究》2001 年第 4 期

166. 于志刚：《前科消灭制度司法探索模式的批判性反思》，《法学评论》2013 年第 3 期

167. 王衍松、吴优：《罚金刑适用研究——高适用率与低实执率之二律背反》，《中国刑事法杂志》2013 年第 6 期

图书在版编目(CIP)数据

《刑法》第13条但书与刑事制裁的界限/彭文华著. —北京：中国人民大学出版社，2019.12
国家社科基金后期资助项目
ISBN 978-7-300-27730-1

Ⅰ.①刑… Ⅱ.①彭… Ⅲ.①刑法-研究-中国 Ⅳ.①D924.04

中国版本图书馆CIP数据核字（2019）第267244号

国家社科基金后期资助项目
《刑法》第13条但书与刑事制裁的界限
彭文华 著
Xingfa Di 13 Tiao Danshu yu Xingshi Zhicai de Jiexian

出版发行	中国人民大学出版社		
社　　址	北京中关村大街31号	**邮政编码**	100080
电　　话	010－62511242（总编室）		010－62511770（质管部）
	010－82501766（邮购部）		010－62514148（门市部）
	010－62515195（发行公司）		010－62515275（盗版举报）
网　　址	http://www.crup.com.cn		
经　　销	新华书店		
印　　刷	涿州市星河印刷有限公司		
规　　格	165 mm×238 mm　16开本	**版　　次**	2019年12月第1版
印　　张	22.5 插页2	**印　　次**	2019年12月第1次印刷
字　　数	387 000	**定　　价**	68.00元